U0120204

澄怀观道

古代中国的文化、文学与图像

吴光正 余来明 申万里 鲁小俊 编

Clean Heart

and

Find Rule:

Ancient Chinese Culture,

Literature

and

Images

凤凰出版社

图书在版编目（CIP）数据

澄怀观道：古代中国的文化、文学与图像 / 吴光正
等编. -- 南京：凤凰出版社，2023.7
ISBN 978-7-5506-3964-5

Ⅰ. ①澄… Ⅱ. ①吴… Ⅲ. ①中华文化－文化史－古
代②中国文学－古代文学史－文学史研究③艺术史－中国
－古代 Ⅳ. ①K220.3②I209.2③J120.92

中国国家版本馆CIP数据核字(2023)第119311号

书　　　名	澄怀观道——古代中国的文化、文学与图像
编　　　者	吴光正　余来明　申万里　鲁小俊
责 任 编 辑	吴　琼
装 帧 设 计	陈贵子
责 任 监 制	程明娇
出 版 发 行	凤凰出版社(原江苏古籍出版社)
	发行部电话 025-83223462
出版社地址	江苏省南京市中央路165号,邮编:210009
照　　　排	南京凯建文化发展有限公司
印　　　刷	安徽省天长市千秋印务有限公司
	安徽省天长市郑集镇向阳社区邱庄队真武南路168号
开　　　本	652毫米×960毫米　1/16
印　　　张	32
字　　　数	476千字
版　　　次	2023年7月第1版
印　　　次	2023年7月第1次印刷
标 准 书 号	ISBN 978-7-5506-3964-5
定　　　价	168.00元

(本书凡印装错误可向承印厂调换,电话:0550-7964049)

《吴全节十四象并赞卷》之"听松风象",绢本长卷,高51.8cm,长834.8cm,水墨设色,敷有金粉。美国波士顿艺术博物馆藏

仇英《桃源图》，文徵明题记落款时间为 1530 年。手卷，绢本水墨设色，高 32.2cm。芝加哥艺术博物馆藏

钱选《归去来辞图》,约1285年。纸本设色,26.0cm×106.6 cm。美国大都会艺术博物馆藏

梁楷《东篱高士图》，挂轴，绢本设色，71.5cm×36.7cm。
台北"故宫博物院"藏

李公麟《渊明归隐图》手卷局部，佚名摹，绢本墨色，高 37 cm。美国弗利尔美术馆藏

李公麟《白莲社图卷》局部，纸本设色，30.2cm×593.1cm。美国大都会艺术博物馆藏。南京博物馆藏有李公麟另一种《莲社图》，见正文

目　录

新技术与新文科

旧图像与新阐释

新技术与新文科

从文图学视角看潇湘八景
对亚洲景观文化的意义

新加坡南洋理工大学人文学院　　衣若芬

一、前言

"潇"与"湘"合为一词大约在魏晋时期,含义可以概括为两种:一是将"潇"作为"湘"的形容词,意思是"清深的湘水";二是"潇"指"潇水",与湘水合称"潇湘"。这两种解释都能从河流的名称导引向地理指涉,潇水和湘水汇流于湖南永州,之后湘水继续向北,注入洞庭湖。因此,"潇湘"的狭义解释是指永州;宽泛的理解则指整个湖南地区①。

"八景"的"景"字原意为"日光"。"八"和"景"合为一词起初用于道教。例如南朝宋陆修静(406—477)《洞玄灵宝斋说光烛戒罚灯祝愿仪》:

> 天尊言:建斋行道,四天帝王皆驾飞云绿軿、八景玉舆,从真人玉女,手把花旛,前导凤歌,后从天钧,白鹤狮子,啸歌邕邕,烧香散花,浮

---

① 衣若芬:《"潇湘"山水画之文学意象情境探微》,《云影天光:潇湘山水之画意与诗情》,台北:里仁书局,2013年,第31—82页。

空而来。瞻履行道，观听法音，天王下降，万灵朝焉。①

"飞云"相对于"八景"，形容天帝所乘神舆的灵动光彩，又如庾信（513—581）的《道士步虚词》：

> 无名万物始，有道百灵初。寂绝乘丹气，玄明上玉虚。三元随建节，八景逐回舆。……②

明代周玄贞《高上玉皇本行经集注》（简称《皇经集注》）卷四《神通品》：

> 尔时高虚清明，天主与诸天眷属，驭八景鸾舆，九光宝盖，奏玄歌妙乐，咏无量洞章，散天宝花，喷天真香，飞步游空，来诣道前。
>
> 注云：
>
> 八景，一作八宝妙景，一作八卦神景，一作八色光景。大抵天上神舆，周八方之景，备八节之和，故云八景。③

八景之"八"，既合于空间的"八方"和时间的"八节"（立春、立夏、立秋、立冬、春分、秋分、夏至、冬至八个节气），也合《易经·系辞》以"八"为最大的地数，与"八极""八风""八音"的"八"相近，都是表示非常多的意思④。

---

① 陆修静：《洞玄灵宝斋说光烛戒罚灯祝愿仪》第三章《授上品十戒选署禁罚》，《正统道藏》洞玄部威仪类，台北：新文丰出版公司，1985年，第16册，第498页。
② 逯钦立辑校：《先秦汉魏晋南北朝诗》，北京：中华书局，1993年，《北周诗》卷二，第2350页。
③ 周玄贞：《高上玉皇本行集经注》，《正统道藏》《续道藏》第57册，第157页。
④ 杨希枚：《中国古代的神秘数字论稿》，《"中央研究院"民族学研究所集刊》第33期（1972年），第89—118页。

　　地理上的"潇湘"和宗教上的"八景"①二者连结成"潇湘八景",意谓湖南的八种景观,是在北宋文人画家宋迪(约 1015—1080)描绘了八景图之后。随着"潇湘八景"在中国的传布,衍生了"西湖十景""嘉禾八景"之类的各种地方八景。12 世纪出使宋朝的高丽文臣和画家、13 世纪东渡日本的僧人,分别将"潇湘八景"诗画带至韩国和日本,孕育了东亚的地方景观文化。18 世纪出使清朝的越南使臣的陆路行程中会经过湖南,亲身感受"潇湘八景"。此外,琉球、新加坡、马来西亚等地,都有各自标举的八景,作为认识当地风光和人文的基本框架。

　　关于中国"潇湘八景"的文化渊源、历史发展和代表诗画作品,笔者已经著有《云影天光:潇湘山水之画意与诗情》②一书详论。关于东亚潇湘八景诗画的文化意象和抒情特征,也陆续撰写了论文发表③。本文在现有的

　　① 道教所谓的"八景",除了形容神舆的伟丽壮观,光彩焕然,还有几种指涉,例如八节的景象、八星(日、月、木星、火星、金星、水星、土星、北斗诸星)、八门(眼、耳、鼻、口、舌等)。参胡孚琛主编:《中华道教大辞典》,北京:中国社会科学出版社,1995 年,第 38 页。

　　② 衣若芬:《云影天光:潇湘山水之画意与诗情》。

　　③ I Lo-fen, "The East Asian Cultural Image: A Study on Eight Views of Xiao Xiang", Reconsidering the Sinosphere: A Conference to Critically Analyze the Literary Sinitic in East Asian Cultures, 30 March-1 April 2017, Houston, Rice University.

　　I Lo-fen, Ideal Wonderland: Korean "Eight Views of Xiao-Xiang" Poems and Folk Paintings in Joseon Dynasty, *Journal of Korean Literature* 38, November 2018, pp. 7 - 27.

　　衣若芬:《潇湘八景:东亚共同母题的文化意象》,《东亚观念史集刊》第 6 期(2014 年 6 月),第 35—55 页。

　　衣若芬:《소상팔경(潇湘八景):동아시아 공통 모티프의 문화형상》,숭실대학교 한국문예연구소,《한국문학과 예술》13, 2014.3,第 5—25 页。

　　衣若芬:《玉涧"潇湘八景图"の詩画と印章の研究》,(日本)《國華》第 1412 号(2013 年 6 月),第 5—18 页(田中伝译)。

　　衣若芬:《朝鲜安平大君李瑢及"匪懈堂潇湘八景诗卷"析论》,《域外汉籍研究集刊》第 1 辑(2005 年 5 月),第 113—139 页。

　　衣若芬:《苏轼对高丽"潇湘八景"诗之影响——以李奎报〈虔州八景诗〉为例》,《宋代文学研究丛刊》第 10 期(2004 年 12 月),第 205—229 页。

　　衣若芬:《高丽文人李仁老、陈澕与中国潇湘八景诗画之东传》,《中国学术》第 16 辑(2004 年 1 月),第 158—176 页。

　　衣若芬:《高丽文人对中国八景诗之受容现象及其历史意义》,(韩国)祥明大学校韩中文化情报研究所,权锡焕编:《한중 팔경구곡과 산수문화(韩中八景九曲与山水文化)》(서울:이회문화사,2004 年),第 59—72 页。

研究成果基础之上，拟进一步探讨潇湘八景和亚洲景观文化的关系。在研究思路方面，本文运用笔者近年提出的"文图学"视角，希望从文本解读和图像构成的原理，论述及阐释潇湘八景的文化意义。

二、文图学概说

文本和图像的研究称为"文图学"（Text and Image Studies）。"文图学"的"文本"（text）和"图像"（image）概念，是我积累了长年研究"题画文学"①"诗意图"②"文学（诗）美术（画）关系"等课题的结果③。

"文图学"的中文命名，避开"文学"一词的既定指涉，所以不称为"图文学"。"文图学"的观点吸收学习了符号学、语言学、新批评、结构主义、接受美学、读者反应理论，乃至于解构主义和后现代主义等学说思想，为了不让概念太过纠缠复杂，我只取意义的菁华浓缩提炼。扼要地说，"文图学"是一个跨界融合出的语词，含摄性强，从古代书画到时下视频弹幕，都是文图学希望能助读者/受众/用户一臂之力的适用场域。

---

① 所谓"题画文学"，向来有广义与狭义两种界定方式，狭义的"题画文学"单指被书写于画幅上的文字；广义的"题画文学"，则泛称"凡以画为题，以画为命意，或赞赏，或寄兴，或议论，或讽谕，而出之以诗词歌赋及散文等体裁的文学作品"。详参衣若芬：《苏轼题画文学研究》，台北：文津出版社有限公司，1999年。衣若芬：《三绝之美郑板桥》，台北：花木兰出版社，2009年。

② "诗意图"，又称"诗画"或"诗图"，是以诗文为题材，表达诗文内涵的绘画。绘画以古代典籍或文学作品为素材，依其取材与表现方式，大约有三种情形：一是作为整部书或局部篇章的插图或解说，如《山海经》图"《大荒经》图"《尔雅》图"《搜神记》图"等。二为图绘历史典故或民间传说，如东汉桓帝建和年间（147—149）山东嘉祥"武梁祠石刻画"，画荆轲刺秦王和专诸刺吴王图等，这一类的绘画又称为"历史故事画"或"故事人物画"。其三则为"诗意图"，有特定的文学文本作依据，除了叙说文学作品的内容，并阐发其义涵与意趣，以达画中物象与诗文情致交融之境。详参衣若芬：《宋代题"诗意图"诗析论——以题"归去来图"'憩寂图"'阳关图"为例》，《观看·叙述·审美——唐宋题画文学论集》，台北："中央研究院"中国文哲研究所，2014年，第266—329页。

③ 衣若芬：《"文图学"的建构之路》，"学与思"国际汉学研讨会，新加坡：南洋理工大学，2014年7月19—20日，后收入衣若芬主编：《学术金针度与人》，新加坡：八方文化创作室，2015年，第139页。衣若芬：《無學祖元贊〈白樂天像〉的文圖學的研究》，（日本）《白居易研究年報》第17号，东京：勉城出版，2016年12月，第96—124页（森岡ゆかり译）。衣若芬：《南洋风华：艺文·广告·跨界新加坡》，新加坡：八方文化创作室，2016年。

"文图学"的"文本"和"图像"概念范围较广,和既有的图像学、美术史、文化研究理论及方法不完全等同。先说"文本","文本"的提法在于其性质,超越"作品",松动作者与创作的垂直单向的关系,强调的是对所有人开放解释权、话语权的一种无阶级成见的民主。没有被"读取"的"文本"固然可以说自成、自证、自足,也可以说是自生自灭,就像没有被听见的喃喃自语被风吹散,终而消逝。所以,文本要以某一种形式存在,并和世界连结。声音、肢体、图绘是人类基本的表达方式,也是人和人沟通的媒介,自我"表达"和彼此"沟通"都有内在作用力,自我表达是个体对内心和外在世界的反应;彼此沟通则是"个体""他者""内外世界"三方的互动,产生趋动文明生发、文化运转的力量。

图1

文本是世界变化成长的能源,能源愈"便宜",容易取得和使用,功力愈大;相对的,沟通和传播的"成本"也较低,世界变化成长的速度随之而增快,试看口传叙事、印刷媒体和移动互联网的时代风貌便能得知。这和以往我们指称的,偏向于文字书写的文本不同,利用当代科技、影像、音乐、文字易于拼贴结合成新文本,不仅更丰富,也提供更宽阔的、需要一些说法支撑的空间。文图学便是试图为"不确定",甚至飞快到"不连续""看不懂"的流动力量,观察底下暗潮的态势。

文图学的"文本"从开放诠解的性质上讲,文图学的"图像",则是从可视的形式表现上讲。文本是人们自我表达(情绪、欲望、讯息、思想)、彼此沟通、记录和链接的行动单元，包括：

1. 肢体：文本身体（textual body）

姿态、眼神、表情、手势、动作、服装仪容、舞蹈等等。

2. 声音：声音/语言文本（sound/voice/language text）

无意或刻意发出的声音，比如兴奋时欢呼呐喊；跌倒时惊慌哀叫；婴儿的啼哭；战士的怒吼……乃至于音乐歌唱和语言。

3. 图绘："文字/文学文本"（word/literary text）和"图像文本"（image text）

文字尚未被发明之前，人类便懂得绘画和创造符号。结绳记事、甲骨占卜，都是带有符号和图像的性质。文字被有意识地排列组合为句子，联织句子为篇章，即近乎文学。

图像是文本的表现方式之一，包括：

1. 图：所有具可视性（visible）的视觉形式，例如符号（symbol）、图标（icon）、商标（logo）、绘画（painting）、图画（picture）、图案（pattern）、图形（graphics）、标志、照相、摄影、影像、线条、地图、色彩、印刷物等视觉语言（visual language）。

2. 形象：审美主体对客体的整体观察、归纳、总结、凝炼而成的认知和观念、评价。

3. 想象、意象：抽象的心灵图景。

经由探讨文本和图像的内涵与外缘，文图学研究的范围从古代美术、漫画、绘本、电影、商业广告、招牌标志，到时尚服饰、互联网、社交媒体、弹幕视频等，广泛宽阔。讨论其中生产机制、使用情形、衍绎流变、传播渠道、社会网络、政治要求、消费文化、视觉思维、价值判断、审美意识、艺术境界等等①。

文图学立基于历史、文学、艺术史、文献学、图像学、心理学、社会学等

---

① 衣若芬：《文图学：学术升级新视界》，《当代文坛》2018 年第 4 期，第 118—124 页。衣若芬：《文图学–동양 고전학 연구의 새로운 시각》（文图学：东洋古典学研究新视角），《大东文化研究》102（2018 年 6 月），第 9—40 页。

学科,跨界融合,试图解读和诠释过去由于学科分野和立场相异所忽略、所难以回答的问题。比如本文探讨的潇湘八景,牵涉山水、山水画、文学传统、文化记忆、景观审美等多层次多方面的课题。过去笔者曾经将其彼此的关系概括为以下的图示:

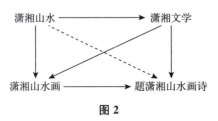

图2

当谈到何以本来"景"字的"日光"含义会扩充到"风景";本来专指湖南的"潇湘"能够从地理区域延伸到绘画类型和水墨风格,以至于使得冠有"潇湘"一词的山水画不必限于湖南风光,例如南宋画僧牧溪和玉涧的《潇湘八景图》画的是杭州西湖周边,米友仁的《潇湘白云图》及《潇湘奇观图》画的是江苏镇江。这些问题,笔者曾经提出看法,如今在文图学的理念架构下,能够较有把握地论述。

三、山水·风景·诗歌·绘画

让我们再看一次图1,人类文明的进展靠不断生发的各种文本前行,世界大齿轮里的两个小齿轮,一是"个体",一是"他者"。个体和他者互动,运转的力量牵带整个世界。"他者"可以指相对于自我的"其他人",也可以指自我所面对、所观察的人为或自然现象/景观。用于潇湘八景的形成脉络里,"他者"指的是潇湘山水。

从潇湘山水到潇湘八景图,经过了画家对山水可视化之后的客观再现及主观表现。也就是说,潇湘山水作为视觉文本,被诗人和画家解读成新的视觉文本,即潇湘八景图。这其中存在着"山水"与"风景"的辩证关系。

南朝宗炳《画山水序》云:

圣人含道映物，贤者澄怀味象。至于山水，质有而趣灵。是以轩辕、尧、孔、广成、大隗、许由、孤竹之流，必有崆峒、具茨、藐姑、箕、首、大蒙之游焉，又称仁智之乐焉。夫圣人以神法道，而贤者通山水以形媚道，而仁者乐，不亦几乎？

北宋沈括(1031—1095)《梦溪笔谈》记载宋迪的八景图：

> 度支员外郎宋迪工画，尤善为平远山水，其得意者有"平沙雁落""远浦帆归""山市晴岚""江天暮雪""洞庭秋月""潇湘夜雨""烟寺晚钟""渔村落照"，谓之"八景"。好事者多传之。①

对宗炳而言，山水是"道"的载体，因此"以形媚道"，画家"身所盘桓，目所绸缪，以形写形、以色貌色"，是为了通过笔墨呈现"道"之所在。宋迪则强调通过选取山水中不同时序、气候、天象的变化，展示景观的特点。可以说，山水是否能够使人"体道"，不是宋代画家的第一义，画家要主动掌握山水，把山水提炼出风景，才是要理。类似的观点，也见于北宋郭熙的《林泉高致》：

> 君子之所以爱夫山水者，其旨安在？丘园，养素所常处也；泉石，啸傲所常乐也；渔樵，隐逸所常适也；猿鹤，飞鸣所常亲也。尘嚣缰锁，此人情所常厌也。烟霞仙圣，此人情所常愿而不得见也。

在宗炳那里，山水的意义是存有先验的"道"；而到了北宋画家那里，山水的意义是能被人使用，更重视人定义山水而产生的"画意"，以及《林

---

① 〔宋〕沈括撰，胡道静校注：《新校正梦溪笔谈》，香港：中华书局，1987年，卷一七《书画》，第171页。按："潇湘八景"的内容首见于《梦溪笔谈》，北宋释德洪(惠洪)题咏"潇湘八景图"所书之"八景"名称略有出入，"平沙雁落"作"落雁"；"远浦帆归"作"归帆"。至南宋，"渔村落照"又有作"晚照"(如刘学箕、赵汝鐩诗)或"夕照"(如宋宁宗、刘克庄诗)者。

泉高致》所说的"画之景外意"。"画意"和"画之景外意",都不是先验,不证自明,而是依赖人的诠释,也就具有需要被解读才能有存在价值的"文本"性质。

虽然在魏晋的山水诗里,已经出现诗人描写自然时的"选景",例如曹操的《观沧海》:

> 东临碣石,以观沧海。水何澹澹,山岛竦峙。树木丛生,百草丰茂。秋风萧瑟,洪波涌起。日月之行,若出其中。星汉灿烂,若出其里。幸甚至哉,歌以咏志。

诗人的观看视角转移,构成了对沧海多方面的书写。六朝文学里直接使用了"风景"一词:

> 过江诸人,每至美日,辄相邀新亭,藉卉饮宴。周侯中坐而叹曰:
> "风景不殊,正自有山河之异。"皆相视流泪。①
> 自近代以来,文贵形似,窥情风景之上,钻貌草木之中。②

人类凭借日光而能观看万物,日光的变化影响万物在我们视觉中的成象。空气流动而产生"风",所以"风"是动态的,和日光的变化结合成"风景"。风景不像山水是天地自然既有实存的物象,人不看山水,山水依然在那里。风景要靠"观看",而且是有意识地观看,孟浩然(689—740)诗云"昔时风景登临地"③,刘禹锡亦谓"每遇登临好风景"④,为了取得一定的视野

---

① 〔南朝宋〕刘义庆辑:《世说新语·言语篇》,台北:"商务印书馆",据上海涵芬楼景印元刊本影印《四部丛刊》本,1979 年,第 29 页。

② 〔南朝宋〕刘勰:《文心雕龙·物色》,台北:"中华书局"《四库备要》本,1981 年,卷一〇,第 2 页上。又两京遗编本,"形"字作"则","钻"字作"锁"。《文心雕龙》,北京:中华书局《丛书集成初编》本,1985 年,卷一〇,第 63 页上。

③ 〔唐〕孟浩然:《和卢明府送郑十三还京兼寄之什》,〔清〕彭定求等编:《全唐诗》第 5 册,卷一五九,第 1629 页。

④ 〔唐〕刘禹锡:《忆乐天》,《全唐诗》第 11 册,卷三六五,第 4122 页。

或角度,看到某种景致,诗人要登山临水,或是在人造的建筑物中,比如亭台楼阁上,调整视线,设想一定范围的边框,像绘画构图似的取景。

既然是取景,为何潇湘八景只选了八种?"八"作为多数的概称,一说是最大的地理之数,与八卦之理相通。笔者则从沈约的《八咏诗》、杜甫(712—770)的《秋兴八首》《饮中八仙歌》、常建(708—765?)的《山居八咏》,到苏轼的《凤翔八观》,探讨文学作品里"八件一组"的规模形式,谈过律诗格律成熟对于八景名称四字一题、两两相对的封闭格套的影响。至此,"八景"不再只是道教的语汇,"八景"和"八境"相通,关键人物是苏轼。苏轼在为孔周翰题写《虔州八境图》时,手边可能也正在题写宋迪的《潇湘晚景图》。

风景既然是人们观看和选择的结果,便关涉欣赏标准和审美判断等问题,用更激进的观点来说,风景是权力的较量场[1]。潇湘八景除了"山市晴岚"应该是晨景之外,其余七景都是晚景,这似乎不是偶然的巧合。南宋邓椿在其《画继》(序约于南宋孝宗乾道四年,1168)一书中道:

> 宋复古八景,皆是晚景,其间"烟寺晚钟""潇湘夜雨",颇费形容。钟声固不可为,而潇湘夜矣,又复雨作,有何所见?盖复古先画而后命意,不过略具掩霭惨淡之状耳。[2]

约著于理宗嘉熙淳祐年间(1237—1252)[3]的赵希鹄《洞天清禄集》也说:

> 宋复古作"潇湘八景",初未尝先命名,后人自以"洞庭秋色"等目

---

① W. J. T. Mitchell ed. , *Landscape And Power*. Chicago:University of Chicago Press, 2002.

② 〔宋〕邓椿:《画继》,台北:"商务印书馆",1983 年《文渊阁四库全书》本,卷六,第7 页。

③ 据范成大《范村梅谱》云"嘉熙淳祐间赵希鹄作《洞天清录》",见〔清〕永瑢等撰:《四库全书总目》,北京:中华书局,1965 年,卷一一五,第 45 页 a。

之。今画人先命名,非士夫也。①

邓椿和赵希鹄的理解是:宋迪是先画了"掩霭惨淡"的山水画,才为之命名。基于宋迪在湖南任官的游观经验,为八景标上"潇湘"的主题。而类似的富有云雾朦胧、大气润泽的样态的山水画,给予观者迷离悠远的艺术氛围作品,都可以被归为潇湘题材。于是,只从视觉意象决定,松动了地理限制的潇湘八景,便容易散布和被接受,乃至于在其他区域落地成长。

潇湘八景成立之后,扩散衍生了一些地方八景,例如②:

作者	诗题	内容
曹勋 (1098?—1174)	题俞撝画八景	浙江观潮、鉴湖垂钓、吴松秋远、庐山雾色、海门夕照、赤壁扁舟、鄂渚晴光、潇湘雨过③
杨万里 (1127—1206)	题文发叔所藏潘子真水墨江湖八境小轴	洞庭波涨、武昌春色、庐山雾色、海门残照、太湖秋晚、浙江观潮、西湖夏日、灵隐冷泉④
蔡元定 (1135—1198)	麻沙八景诗	岱山夕照、烟村春雨、云岩山色、祇园溪声、松冈夜涛、莲湖晚风、武陵桥月、象岩晴雪⑤
章鉴 (1215—1294)	杭山八景	万松书舍、章洞春瀑、两涧鸣琴、双衢嘶马、石觀钓台、板岭云霞、凉亭风月、九宫霁雪⑥
元好问 (1190—1257)	方城八景	松陂烟雨、大乘夕照、莲塘夜月、炼真春暮、仙翁雪霁、落川云望、罗汉清岚、堵阳钓矶⑦

---

① 〔宋〕赵希鹄:《洞天清禄集》,收于黄宾虹、邓实编:《美术丛书》第 1 册,南京:江苏古籍出版社,1997 年,第 566 页。又参衣若芬:《赵希鹄〈洞天清禄集〉探析》,《艺林探微:绘画·古物·文学》,上海:华东师范大学出版社,2012 年。

② 参看内山精也:《宋代八景现象考》,《中国诗文论丛》第 20 集(2001 年 10 月),第 83—110 页。

③ 北京大学古文献研究所编:《全宋诗》第 33 册,北京:北京大学出版社,1999 年,卷一八九五,第 21183 页。

④ 北京大学古文献研究所编:《全宋诗》第 42 册,卷二二七八,第 26121 页。

⑤ 北京大学古文献研究所编:《全宋诗》第 46 册,卷二五〇一,第 28924—28925 页。

⑥ 北京大学古文献研究所编:《全宋诗》第 64 册,卷三三九七,第 40422 页。

⑦ 薛瑞兆、郭明志编纂:《全金诗》第 4 册,天津:南开大学出版社,1995 年,卷一二七,第 236 页。

续表

作者	诗题	内容
何子举 （?—1266）	清渭八景	清渭晴岚、箭山晚翠、北涧双流、指崖一览、桐畈犁耕、派溪钓隐、大陇秋云、高村夜月①
家铉翁 （1213—?）	鲸川八景	东城春早、西园秋暮、冰岸水灯、沙堤风柳、戍楼残照、客船晚烟、市桥月色、莲塘雨声②

我们可以将自然山水可视化为风景和山水画,实景化及本地化为地方景观的过程概括为下图:

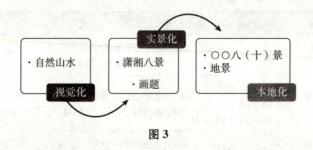

图3

四、东亚和南洋地方八景文化的构成

受到潇湘八景启发而生成的中国地方八景,随着外交官、画家、僧侣、诗人的往来中国而传播到韩国、日本、越南、新加坡、马来西亚等地。关于古代韩国、日本、越南的潇湘八景诗画和个别抒情特质,笔者已经有专文论述,本文拟就东亚和南洋的地方八景组成,思考其构成原则。笔者曾经从"经典化"（Canonization）、"政治化"（Politicization）、"概念化"（Conceptualization）、"抽象化"（Abstraction）、"本地化"（Localization）、"规

---

① 北京大学古文献研究所编:《全宋诗》第 62 册,卷三二九八,第 39392 页。
② 北京大学古文献研究所编:《全宋诗》第 64 册,卷三三四四,第 39960 页。又,这些八景诗尚不包括"八咏"的作品,如罗仲舒(1156—1229)有《芦江八咏》,盖为"东桥柳色""西浦潮痕""前野耕云""后江钓月""义塾书灯""祠堂议礼""芦山樵唱""竹林梵钟",见《全宋诗》第 51 册,卷二七二九,第 32111—32112 页。叶善夫有《芹溪八咏》,《全宋诗》第 72 册,卷三七七二,第 45504 页。李俊民《平水八咏》,《全金诗》第 3 册,卷九三,第 273 页。陈赓《蒲中八咏为师岩卿赋》,《全金诗》第 3 册,卷一〇四,第 441 页。陈庚《题师岩卿蒲中八咏》,《全金诗》第 4 册,卷一三七,第 369 页。段克己《蒲州八咏》,《全金诗》第 4 册,卷一四四,第 444 页。

范化"（Standardization）和"模块化"（Modularization）七个面向，探讨文图学与东亚文化交流研究的理论建设①，这七个面向也适用于理解八景文化的创生。

潇湘八景在潇湘文学与文化成熟且成为经典之后诞生。富含屈原以降左迁文人的"恨别思归"情怀，以及庄子影响的人生"和美自得"向往，这两股因政治上的出处进退主观或被动选择的力量，使得"潇湘"具有包容性和开放性，得以被视为抽象的概念。

前文罗列的宋金地方八景名称，已经展示了八景的基本规范化的形态，"××八景"的各景基本上都是四个字一组为题，作"地点＋风景"的组合。风景又可区分为自然气象和人事活动。地点显示"本地化"的现象，例如"赤壁""太湖"；自然气象和人事活动也有"本地化"的现象，例如"浙江观潮"，中秋的钱塘潮气势壮阔，是浙江独有的景观。

东亚和南洋的地方八景（十景）大致如下：

地区	名称	内容
韩国	松都八景②	紫洞寻僧、青郊送客、北山烟雨、西江风雪、白岳晴云、黄桥晚照、长湍石壁、朴渊瀑布
日本	近江八景	石山秋月、势多（瀬田）夕照、粟津晴岚、矢桥归帆、三井晚钟、唐崎夜雨、坚田落雁、比良暮雪
琉球	中山八景（球阳八景）③	笋崖夕照、斋村竹篱、泉崎夜月、临海潮声、长虹秋霁、龙洞松涛、城岳灵泉、中岛蕉园
越南	河仙十咏（河仙十景）④	金屿拦涛、屏山叠翠、箫寺晨钟、江城夜鼓、石洞吞云、珠岩落鹭、东湖印月、南浦澄波、鹿峙村居、鲈溪鱼舶

---

① 衣若芬：《文图学与东亚文化交流研究理论刍议》，《武汉大学学报》第 72 卷第 2 期（2019 年 3 月），第 101—107 页。I Lo-fen, "Text and Image Studies: Theory of East Asian Cultural Diffusion", *Journal of Cultural Interaction in East Asia* Vol. 10 2019, pp. 43－54.

② 衣若芬：《李齐贤八景诗词与韩国地方八景之开创》，《中国诗学》第 9 辑（2004 年 6 月），第 147—162 页。

③ 清康熙五十五年出使琉球副使徐葆光《奉使琉球诗》。

④ 鄚天赐（Mac Thiên Tú，1700—1780）于 1736 年继承父亲鄚玖为越南河仙镇总兵，继任初期邀揽文士作《河仙十咏》诗，得 320 首。

地区	名称	内容
中国台湾	台湾八景①	安平晚渡、沙鲲渔火、鹿耳春潮、鸡笼积雪、东溟晓日、西屿落霞、斐亭听涛、澄台观海
中国香港	香港八景②	旗山星火（香江灯火）、仙桥雾锁、鹅涧榕阴、鸭洲帆影、赤柱朝曦、扶林飞瀑、鲤门夜月、浪湾海浴
新加坡	星洲八景③	星洲初月、球场晚风、铁桥残照、马坡宿雨、旗山晴云、东陵夕霁、沙嘴晓烟、官亭夜涛
马来西亚	吉隆八景④	降真观瀑、邓苑寻芳、尼山远眺、情湖吊影、古洞探幽、龙窟观鱼、多逊温浴、千佛听经

从上表可以观察得知东亚和南洋的地方八景的"模块化"情形。所谓"模块化"，是将大范围的物象拆解成零件，便于灵活组合排列。对照"潇湘八景"和日本的"金泽八景"，这是最完整的移植潇湘八景并且依循规范的模块组合：

潇湘八景	金泽八景
潇湘夜雨	小泉夜雨
烟寺晚钟	称名晚钟
远浦归帆	乙舳归帆
山市晴岚	洲崎晴岚
洞庭秋月	濑户秋月
平沙落雁	平潟落雁

---

① 1696 年（清康熙三十五年）《台湾府志》。"台湾八景"随时代变化而有不同。参看 https://zh. wikipedia. org/wiki/%E5%8F%B0%E7%81%A3%E5%85%AB%E6%99%AF（检索日期：2019 年 2 月 14 日）。

② 成立于 1940 年前。参看 https://zh. wikipedia. org/wiki/%E9%A6%99%E6%B8%AF%E5%85%AB%E6%99%AF（检索日期：2019 年 2 月 14 日）。

③ 邱菽园（1873—1941）选订，见《天南新报》1902 年 6 月 11 日。

④ 林连玉（1901—1985）于 1922 年作《吉隆八景诗》，见邱克威：《林连玉〈吉隆八景诗〉释义：兼论林连玉的诗艺风格》，《台湾东南亚学刊》11 卷 2 期（2016 年 10 月），第 141—159 页。

续表

潇湘八景	金泽八景
渔村夕照	野岛夕照
江天暮雪	内川暮雪

"金泽八景"是将"潇湘八景"的各景题目前两个字用当地的地名置换，例如"称名晚钟"的"称名"即称名寺，"洲崎晴岚"的"洲崎"即洲崎神社。"晚钟""晴岚"作为模块，便于组合。

除了将潇湘八景的名称模块化，再如把既有的潇湘八景诗当成模块，题写在画上，制作新的"潇湘八景图"。16世纪日本画家云溪永怡的"潇湘八景图"取南宋玉涧的题潇湘八景诗；金玄成（1542—1621）题赞的"潇湘八景图"屏风（九州岛国立博物馆藏），取高丽诗人陈澕的题潇湘八景图诗，陈澕的诗作仿造释惠洪题宋迪的潇湘八景图诗，也是把释惠洪的诗模块化的结果。

潇湘八景的图像运用于绘画和版画，也复制在瓷器上。朝鲜画家郑敾（정선，1676—1759）和沈师正（심사정，1707—1769）画的"洞庭秋月图"，画面右方是岳阳楼，楼上旗飘扬，楼下的洞庭湖有舟船摇荡，远方浮现的是君山，天上一轮圆月高挂。同样的图景可见于朝鲜民画，以及18、19世纪的青花白瓷，例如Leeum Museum、韩国中央博物馆、大阪市立东洋陶瓷美术馆的藏品，尽管器型不同，都有类似的图样。虽然没有标题，我们从规范化的结果即能判断那几件青花白瓷的图样主题。

五、结语

本文从文图学的视角，探讨了潇湘八景的生成，文图学强调对视觉对象的观看及解读，"风景"便是人们观看和解读山水所选择的结果。在诗歌和绘画观念融合相通的北宋，诗歌的"八咏""八观"和绘画的"八境""八景"交会，从"潇湘"的文化底蕴形构"潇湘八景"，潇湘八景既是绘画题材，也是地方景观，向湖南以外开枝散叶，更向海外传播流衍。

　　归纳总结文化的接受与变异的原则，笔者提出"经典化""政治化""概念化""抽象化""本地化""规范化"和"模块化"七个方面，并且认为掌握此七个方面将有助于开展更宽阔的文化认知。人在潇湘画里行，人也在潇湘画里体会世界之美。

中国古代小说地理信息库
建设与地图发布

浙江大学人文学院　徐永明

世界上的万事万物，都有其存在、发生和变动的地理位置和活动轨迹。小说，作为叙事性的文学样式，无论是人们日常生活的记录抑或作者的虚构想象，作品里的人和事，都难以脱离特定的地理空间。譬如，《三国演义》里的主人公，大多是有籍贯的，叙述的大大小小的战争，也都是有地理位置的。又譬如，神魔小说《西游记》，唐僧师徒四人西天取经，小说也设置了西天取经路上一个又一个的地点和场景。这些地点和场景，大多是虚构的，有的是现实世界实际存在地在作品中的投影。在纸质时代，人们阅读小说作品，更多的是关注作品的情节结构、人物形象和主题思想，对作品涉及的地理信息却较少留意。随着数字化时代的到来，由于数字化的文本具有可全文检索、可数据关联、可计量统计、可空间定位、可网络分析、可视化等特点，小说地理信息库的建设已经成为数字化时代日益迫切的需要，也是今后小说智慧化数据不可逾越的一环。因此，本文着重来探讨一下小说地理信息数据库建设的必要性、具体内容及地图的制作和发布。

一、小说地理信息数据库建设的必要性

1. 电子本小说作品标识和显示的需要

阅读百度百科和维基百科的人都有这样的经验，在某一词条的介绍

中,大部分文本的字体是黑色的,但也有一少部分书名、人名或地名等词语的字体是蓝色或其他颜色标识的,点击这样标识的蓝色词语,就会链接到该词语所在的网页,显示该词语作为词条的解释。如下图百度百科中关于罗贯中的介绍(图 1),在介绍他寓居江南的经历,就有“元仁宗延祐”“关汉卿”“郑光祖”“四书五经”“慈溪”等词语是用蓝色字体标识的。点击这些词语,就会有这些词语的解释(图 2)。其间的关联,是因为后台建立了这些词语的结构化数据库,通过机器的自动识别和人工的编辑,建立了相互的关系。这种关联的功能,极大地方便了读者,大大节省了读者查找的时间。

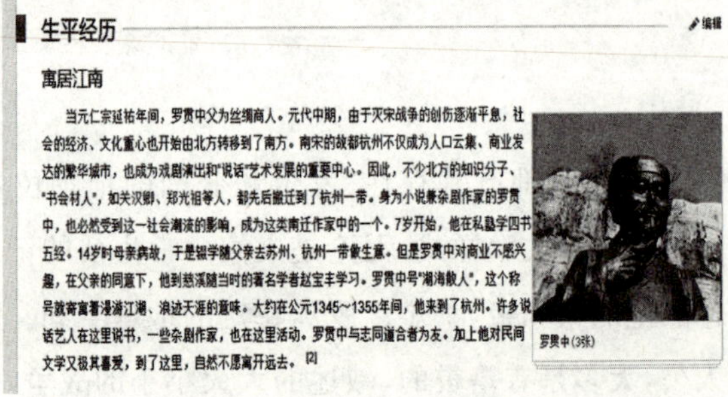

生平经历 编辑

寓居江南

当元仁宗延祐年间,罗贯中父为丝绸商人。元代中期,由于灭宋战争的创伤逐渐平息,社会的经济、文化重心也开始由北方转移到了南方。南宋的故都杭州不仅成为人口云集、商业发达的繁华城市,也成为戏剧演出和"说话"艺术发展的重要中心。因此,不少北方的知识分子、"书会材人",如关汉卿、郑光祖等人,都先后搬迁到了杭州一带。身为小说兼杂剧作家的罗贯中,也必然受到这一社会潮流的影响,成为这类南迁作家中的一个。7岁开始,他在私塾学四书五经。14岁时母亲病故,于是辍学随父亲去苏州、杭州一带做生意。但是罗贯中对商业不感兴趣,在父亲的同意下,他到慈溪随当时的著名学者赵宝丰学习。罗贯中号"湖海散人",这个称号就寄寓着漫游江湖、浪迹天涯的意味。大约在公元1345~1355年间,他来到了杭州。许多说话艺人在这里说书,一些杂剧作家,也在这里活动。罗贯中与志同道合者为友。加上他对民间文学又极其喜爱,到了这里,自然不愿离开远去。[2]

罗贯中(3张)

图 1　罗贯中生平(百度百科)

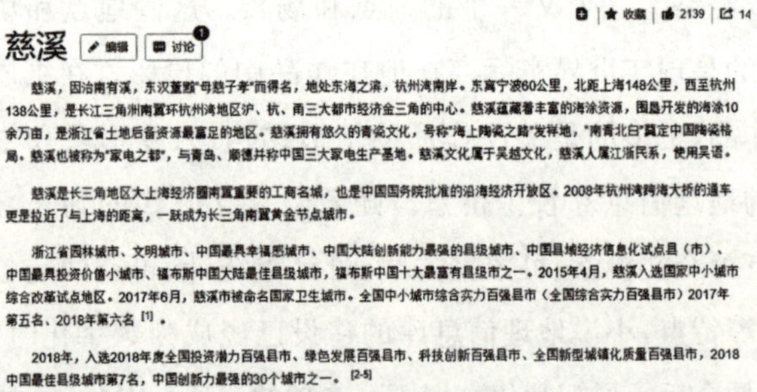

收藏 | 2139 | 14

慈溪 编辑 讨论 1

慈溪,因治南有溪,东汉董黯"母慈子孝"而得名,地处东海之滨,杭州湾南岸。东离宁波60公里,北距上海148公里,西至杭州138公里,是长江三角洲南翼环杭州湾地区沪、杭、甬三大都市经济金三角的中心。慈溪蕴藏着丰富的海涂资源,围垦开发的海涂10余万亩,是浙江省土地后备资源最富足的地区。慈溪拥有悠久的青瓷文化,号称"海上陶瓷之路"发祥地,"南青北白"奠定中国陶瓷格局。慈溪也被称为"家电之都",与青岛、顺德并称中国三大家电生产基地。慈溪文化属于吴越文化,慈溪人属江浙民系,使用吴语。

慈溪是长三角地区大上海经济圈南翼重要的工商名城,也是中国国务院批准的沿海经济开放区。2008年杭州湾跨海大桥的通车更是拉近了与上海的距离,一跃成为长三角南翼黄金节点城市。

浙江省园林城市、文明城市、中国最具幸福感城市、中国大陆创新能力最强的县级城市、中国县域经济信息化试点县(市)、中国最具投资价值小城市、福布斯中国大陆最佳县级城市,福布斯中国十大最富有县级市之一。2015年4月,慈溪入选国家中小城市综合改革试点地区。2017年6月,慈溪市被命名国家卫生城市。全国中小城市综合实力百强县市(全国综合实力百强县市)2017年第五名、2018年第六名 [1] 。

2018年,入选2018年度全国投资潜力百强县市、绿色发展百强县市、科技创新百强县市、全国新型城镇化质量百强县市,2018中国最佳县级城市第7名,中国创新力最强的30个城市之一。[2-5]

图 2　慈溪介绍

正是由于电子文本具有数据关联的功能,荷兰莱顿大学中国史教授魏希德(Hilde De Weerdt)和她的团队开发了一个名叫 Markus 的文本标识平台,其网址为 http://dh. chinese-empires. eu/beta/。该平台利用 CBDB(中国历代人物传记库)的数据库及其他数据库,将读者上传的古代文献文档自动标识,读者可以对自动标识出来的结果进行编辑修改,并可将最终的结果导入数据库,进行定量统计分析。除此之外,读者还可对标识的字词进行点击,平台的右侧会自动出现该标识字词的相关信息,如果是地名,平台还具有在地图上的定位功能。图示如下(图3):

图3　Markus 上传文本图示

我们从图中可以看到,上传文本后,机器自动对文本进行了标识,并根据词语的属性显示了不同的颜色。当然,机器的标识肯定会出现误标的情况,用户可以根据实际情况进行人工干预修改,直至完全正确。图中左侧文本地名"馀干",右侧精准地显示了其在地图中的定位,并显示了该地名所属的行政区域。Markus 之所以能够标识上传的文本并进行数据关联,主要的原因是因为项目的主持人魏希德教授是哈佛大学汉学家包弼德教授(Peter K. Bol)的博士生,她利用了包教授主持的 CBDB 和 CHGIS(中国历史地理信息系统)的数据。

除了百度百科、维基百科、Markus 这种数据标识和关联的平台外,一些数字化古籍产品也为读者提供了某些词语的数据关联功能。譬如,由香港迪志文化出版有限公司投资开发、上海人民出版社发行的电子版《四库全书》，就配了汉语字典，对某一个不认识的字鼠标点击，就会发出声音，并显示该字的解释。书同文公司开发的《四部丛刊》也有这一功能，但关联的字典是图片格式的《康熙字典》。

无论是平台也好，数字产品也好，目前所见的，大多还是比较简单、数量极其有限的数据关联。那种对经典文学读物的标识和数据关联的产品，目前还是极为少见。其主要的原因是学界的研究成果都还是以纸本的形式或非结构化的电子文本形式存在，结构性的数据库太少。此外，与学者们缺乏数据库意识，不主动建设结构化数据库的观念也有很大的关系。

2. 学术研究走向深入的需要

我们研究小说，是要研究和解决小说作者及作品中所有的问题。譬如，我们要研究一个作家，就要编这个作家的年谱，把他一生的事迹进行系年。在纸本时代，如果要将作家的行迹画一张示意图，我们也只能大致画一张草图示意而已。但在今天数字化的时代，我们可利用 GIS 制图技术，将作家到过的地方配上经纬度，精准定位，把他的事迹"画"在矢量化的地图上，这无疑给人以清晰直观、一目了然之感。这样的行迹图，不仅方便浏览和查询，而且还可以在 QQ、微信朋友圈、微博等平台分享，达到迅速传播的效果。除了作家行迹图，作品本身的地名也要建成地理信息数据库。譬如，《三国演义》中的人物，其籍贯、事迹、原型、出处等，需要建成数据库。此外，人物的社会关系、故事发生地、参与的人物、故事内容出处等，也需要建立数据库。只有这些数据库建立完备了，今后小说作品才能有后台数据支撑的标识、统计、定位、解释和可视化。

3. 旅游文化建设的需要

现在的地方政府都非常重视旅游文化产品的开发和宣传。小说的地理信息库建设，可以为地方的旅游文化讲好故事注入新的内容。譬如，当我们把小说家的行迹和诗词定位后发布在地图发布平台，地方上的人就很容易看到哪些作家到过这个地方，做了什么事，写作了哪些诗词。这样，在宣传地方文化的时候，就有故事可说了。又譬如，将历代小说作品中的地点定位，建立数据库，然后发布到平台上，那么，哪些作品的地点与本地有关,都有些什么样的故事情节,这也是很值得挖掘和宣传的。

4. 智慧数据建设的需要

以纸张为载体的纸本文献到以硅为载体的数字文献,是人类文明史上的一次伟大变革。数字文献具有可全文检索、计量统计、定位查询、可视化呈现、数据关联等功能,因此,未来的书籍,必然是集文字、图片、视频、VR、AI 等于一体的智慧书籍。以《红楼梦》为例,以后智慧的《红楼梦》读本,鼠标点点,就可出现字词句的解释、名物的照片、地名的定位、情节的视频、文本的翻译、版本的对照、人物的社会关系等多功能、集成式的智慧数据的显示方式。

二、小说地理信息数据库建设的内容

1. 作家行迹、日记数据库

古代小说有不少是无名氏之作,故作者无行迹可言。但有作者姓名的作品也还不少。对于生平可考,且事迹可系年的作者,均可建成个人行迹数据库,制作成行迹地图发布在学术地图发布平台上。除了上举学术地图发布平台已有的作家行迹外,其他历代重要的小说作家还有葛洪、陶渊明、刘义庆、沈约、元稹、牛僧孺、段成式、沈括、周密、陶宗仪、瞿佑、李昌祺、何良俊、梅鼎祚、陈继儒、谢肇淛、宋懋澄、江盈科、吕天成、凌濛初、袁于令、董说、张潮、纪昀、沈复、丁耀亢、曹雪芹、高鹗、李绿园、李汝珍、李宝嘉、梁启超、陈天华、吴沃尧、曾朴等。

小说家或相关人物的日记,也是很好的地理信息数据库。如冯梦龙的《燕都日记》《甲申纪事》、都穆的《使西日记》、袁中道的《袁小修日记》、董说的《东石涧日记》、姚燮的《旃蒙作鄂游申日杂作》、平步青的《栋山日记》、俞樾的《曲园日记》、王韬的《苕华庐日记》《蘅华馆日记》《弢园日记》《淞隐庐杂识》、王菼的《卧虎山人日记》等。

2. 小说家的诗文作品定位数据库

小说家的诗文作品,不少是有地理位置的,如创作地或内容相关地。这些诗文作品做成地图,也可以发布在学术地图发布平台。譬如,俞樾有一首无题诗："香雪楼头香满樽,楼前几树宋梅存。更摇燕尾舟边橹,遍历丁山湖里墩。"诗下有双行小注云："乙酉春,如杭州,道出唐西,于超山报福寺看梅,小饮香雪楼。楼前有老梅数株,云宋时物也,所坐曰燕尾船,泛于丁山湖,湖中多墩,往年人家多避兵于此。"①诗小注提到的"唐西",即运河边上的唐栖古镇,位于杭州市北部,距市区中心约 20 公里,明清时富甲一方,曾有"江南十大名镇之首"的说法。清代王同的《唐栖志》云："唐栖以官道所由,风帆梭织,其自杭而往者至此得少休,自嘉秀而来者亦至此而泊宿。水陆辐辏,商货鳞集,临河两岸,市肆萃焉。"②

图 4　丁山湖

丁山湖村,即为唐栖镇下辖的一个自然村,村因丁山湖(见图 4)而名。这里湖面宽阔,植被茂密,花果飘香,是一个休闲旅游的好去处。然而,本地人鲜有知道俞樾有关于丁山湖的诗,外地人也不会去关注此诗所描写的位置。如今,国家出台了《大运河文化带规划》,浙江省政府也提出了"诗路文化带"建设的项目,而丁山湖恰在大运河文化带上,故大学问家俞樾的这首诗,无疑为丁山湖增色不少。俞樾的丁山湖诗仅仅是一个个案,小说家与地方有关的诗一定不少,有待于我们挖掘,建立数据库。

3. 小说作品中的人物籍贯、网络、行迹及事件发生地数据库

小说中的地名,虚虚实实,有的很难坐实实际的地理位置。业师徐朔方先生在《〈金瓶梅〉的地理背景》一文中曾谈及清河县的定位时说："在第九十二回起的结尾几回中,在小说中清河和临清确实存在着互相接近以

---

①　〔清〕俞樾：《曲园自述诗》不分卷,清光绪《春在堂全书》本。
②　〔清〕王同：《唐栖志》卷一,清光绪十六年刊本。

至同一化的倾向。一方面作者清楚地写明两地相距七十华里,另一方面在具体描写中却又使人感到两地相距咫尺,仿佛同一地点一样。'这陈经济打了十棍,出离了(清河)守备府,还奔来(临清)晏公庙。'……"因此,徐先生说:"小说中的清河不是实际的清河,而是半虚半实的清河,因此赋予它以临清或别的城市的若干特色,那就不足为奇了,正如西门庆不是任何一个真实的清河人一样。"又说:"真实的清河县——临清——梁山泊附近的某地,阳谷的邻县,三者合一才是小说中的清河县,强调三者之一,而忽视其他两者,都不能正确地理解《金瓶梅》的地理背景。"①因此,小说中的地名不能等同于实际的地名。但是,小说情节故事,毕竟是在特定的地理背景下展开的,我们不妨以其对应的实际地名去定位,在地图上作上标记,这会有助于我们对作品的理解,同时也可能会容易发现作者在叙述时,因地理知识缺乏而暴露出的问题。

作品中的地理信息数据库,应包括人物籍贯数据库、人物社会网络关系数据库、主人公行迹数据库及事件发生地数据库。譬如《世说新语》,里面涉及大量的人物,这些人物不少是有籍贯的,故事发生地也是各各不同,假如做成可视化的人物籍贯分布图及故事发生地分布图,肯定有助于对作品的理解。而《三国演义》除了人物籍贯分布以外,主人公的行动轨迹、社会网络关系、大小战事等,也都可以做成地图在学术地图发布平台上发布。

4. 与小说作者、作品有关的故居、雕塑、碑刻、祠堂、纪念馆、景点等文化遗存数据库

历史上的著名人物,后人往往以各种方式纪念他,如建雕塑,或建故居,或建纪念馆等。这里既有创作小说的作者,如袁枚等,也有原是历史人物,后来成为小说中的人物形象的,如诸葛亮等。这些人物的雕塑、碑刻、故居、祠堂、纪念馆、墓地等,都应建成地理信息数据库。这个数据库,既包

---

① 徐朔方:《〈金瓶梅〉的地理背景》,收入《小说考信编》,上海:上海古籍出版社,1997年,第162—163页。

括文字介绍，也包括图片、视频及航拍等。譬如，诸葛亮的文化遗存就有山东临沂诸葛亮故居遗址，也有襄阳市古隆中（见图5）的诸葛亮故居。而诸葛亮的八阵图遗迹，有陕西勉县东南诸葛亮墓东、重庆奉节县南江边、四川新都县北30里牟弥镇三处。此外，诸葛亮的文化遗存还有河南南阳市卧龙冈、武侯祠，山东沂南县砖埠乡的"诸葛亮故里纪念馆"等。《金瓶梅》的文化景点有安徽黄山市的"金瓶梅遗址公园"、河北清河县武家那村武植（武大郎）古墓等。曹雪芹与《红楼梦》的文化景点有北京曹雪芹纪念馆、北京曹雪芹故居新馆、南京曹雪芹纪念馆、江宁织造府、辽阳曹雪芹纪念馆、北京大观园、河北省正定县荣国府等。

图5　古隆中

三、学术地图的制作与发布

建设中国古代小说地理信息数据库，主要的目的是为了制作成地图，发布在学术地图发布平台（http://amap.zju.edu.cn）上，供广大的用户查询和分析，从而推动中国古代小说研究的发展，为中国文史大数据的建设助力。

由浙江大学社会科学研究院（浙江大学"大数据＋学术地图创新团队"具体执行）与哈佛大学地理分析中心（The Center for Geographic Analysis, Harvard University）共建的学术地图发布平台（http://amap.

zju. edu. cn)自 2018 年 3 月 19 日上线以来,发布了 580 余幅数据地图、50 余万条数据。目前,与小说有关的地图有白行简(776—826)、洪迈(1123—1202)、施耐庵(约 1296—约 1370)、吴承恩(1506—1580)、王世贞(1526—1590,行迹图见图 6)、冯梦龙(1574—1646)、李渔(1611—1680)、蒲松龄(1640—1715)、吴敬梓(1701—1754)、袁枚(1716—1797)等古代小说家的行迹图。

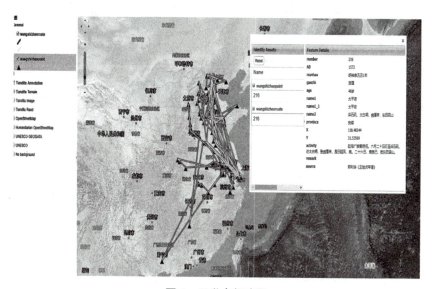

图 6　王世贞行迹图

对于"学术地图发布平台"上的地图资源,平台为用户提供发布、编辑、搜索、查看、定位查询及分享等多种功能(见图 7)。下面,分别作一简单介绍。

(1)发布地图:用户如果建好了一张含有经纬度的 excel 数据表,想要发布在学术地图发布平台上。其基本的路径:将 excel 另存为 CSV 格式。→通过 QGIS 软件导出为 Shapefile 格式(Shapefile 格式包含了后缀为 dbf、prj、qpj、shp、shx 的五个文件)。→将这五个文件上传到平台,形成图层。→点击图层,创建地图,选择天地图作为底图,给创建的地图取一个名字,保存。这样,一幅地图就算发布成功了。

图7　学术地图发布平台页面

　　(2) 编辑地图：对于上传的图层或创建完成的地图，平台提供了编辑功能。编辑的功能包括设置缩略图、设置样式、权限许可等。譬如，用户要对一个图层的使用权限进行设置时，平台即提供了这样几项设置选择："谁可以查看它？""谁可以下载？""谁可以改变元数据？""谁可以为该图层编辑数据？""谁可以编辑样式这一层？""谁可以管理它？"

　　(3) 搜索地图：对于发布的地图，平台提供了地图和图层名称的搜索功能。譬如，你要搜索地图名称中含"明代"的关键词，则可搜出"明代浙江卫所分布""明代妇女著述作者检索""浙江明代人物""明代驿站路线图"等多幅地图。如果输入"浙江"，则所有地图名称中含有"浙江"的地图都可搜出来。

　　(4) 查看地图：搜索到一幅地图后，即可在"查看地图"状态下浏览该地图。不过，在"查看状态"下打开的地图，仅仅为缩略图的放大版，还看不到隐藏在地图里的具体数据。只有在"识别"状态下，点击其中的图标，才会有信息出来。

　　(5) 链接功能：平台不仅是地理信息的汇集中心，而且是信息链接的枢纽。譬如，我们要制作一幅《三国演义》文化遗产分布地图，则网络上关于诸葛亮、关羽、赤壁等文化遗存的资源，都可以链接过来。

（6）定位查询：平台提供了对所有地图信息进行通检的功能。打开一幅地图后，在上方的菜单栏上，有"地名索引"的图标。在这个"地名索引"里，可输入一个地名，如"宁波"，则平台所有地图与宁波相关的图层信息都会出现。然后点击该图层，即可进入图层关联的地图中获取所需要的信息。如果仅仅是对该地点定位，只要双击该地名，就会在当前的地图中跳出含有地名的浮框，从而确定该地名的位置。"地名索引"不仅可以通检地名，而且可以对后台图层勾选的"人名""书名""年代"等关键字段进行定位查询。

（7）分享地图：读者可以分享自己发布的地图，也可以分享他人发布的地图。平台提供了 Email、Facebook、Twitter、Google ＋、微信、QQ、QQ空间、腾讯微博、新浪微博、人人网、百度贴吧、豆瓣等 10 余种媒体的分享途径。

四、几点思考

1. 传统小说的研究，离不开传统的方法（如考据、赏析、语词分析等），但新的技术手段和呈现方式，可以为诗词研究带来新的活力，两者是相辅相成的关系。譬如，小说家的年谱，在地图上以行迹图的方式呈现，实现了空间和时间的统一，给人以直观明了的印象。同时，读者获取作家活动信息的效率大大提高。作家行迹图的制作，是建立在年谱的基础之上，详实完备的年谱，是作家行迹图精确可靠的保障。而群体作家或物体的分布，是建立在大数据的基础之上，有了大数据，才可以进行定量和定性分析。

2. 由于地图平台上的图层可以通过"地名索引"通检，这为我们快速了解一个地方相关的信息提供了极大的便利，从而使我们的地域文化研究有了大数据的支撑。此外，学术地图平台的定点信息和定位查询功能，对地方的旅游文化建设具有重要意义。

3. 中国古代文学的历史源远流长，浩如烟海的文学文献，有着大量的地理信息数据库需要我们去建设，这是开天辟地以来前人未曾做过的事业。我们期待有更多的研究者来加入我们的队伍，共同为建设中国古代文学的地理信息数据库事业而努力。

数字化时代诗歌注释存在的问题及对策

——以《唐诗三体家法汇注汇评》补注过程中发现的诸家疏误为例*

中国艺术研究院《文艺研究》编辑部　　陈斐

注释之事，在我国源远流长，尤以经书注疏和诗歌注释最为显著。在长期发展过程中，逐渐形成了一套独特的理念、方法和形式，以故有人将其看作一门专门的学问——注释学①。就工作程序而言，注家一般通过查阅辞书、韵书、类书等文献，从前人或时人的语用实践中寻找佐证，对某些字词、语句等进行注解、阐释。这带有一定的信息处理性质。而近二三十年来，随着电子技术的飞速发展，人类已进入"数字化时代"。这场信息革命对政府管理、商业营销乃至人们的生活方式都施与了重大影响，反映在学术界，主要体现为各种数据库的不断问世与普及。现在，与注释相关者不仅有"瀚堂典藏""中国基本古籍库""文渊阁四库全书""中国方志库"等古籍库，也有"汉语大词典电子版""中国工具书网络出版总库"等工具书库，还有"中国知网""读秀"等汇集现当代学术研究成果的论著库。它们确实为带有信息处理性质的注释工作带来极大便利：过去学者为寻访一部

＊　本文承北京大学中文系蒋绍愚先生审读、赐教，谨此致谢！

①　参见汪耀楠《注释学》，北京：外语教学与研究出版社，2010 年；陈永正《诗注要义》，上海：上海古籍出版社，2017 年。为避繁琐，本文所引论著，仅在第一次征引时注全版本信息，以后只随文括注页码或卷次；常见古籍一般不注。

书,可能跋山涉水、四处乞借,现在则可以对着电脑屏幕查阅到研究需要的绝大多数书籍;过去学者为查找一条书证,可能积年累月,现在则可以任意设定范围进行任意词的检索,瞬间即得……

然而,正像有些史学研究者指出的:"借助先进的电脑网络手段,我们可以快速、便捷地检索到大量史料,而受到知识结构、学术积累和理论修为的局限,我们却无法确保自己能够准确分析鉴别和合理地运用史料。"①同样,数字化尽管为注释之学提供了检索的便利,但并没有像想象的那样插上腾飞的翅膀。相反,数字化也会诱使人们不读书②,依赖于检索,从而使其眼界更加狭小、素养愈加浅薄、识见越发低下。如果不加以反思、调整,可能会使注释工作乃至整个古典研究陷入困境而难以自拔。因为在某种程度上,注释水平折射的是学界整体的文本解读水平。一切研究,不管研究什么、用什么理论或方法,都应以对文本正确、可靠的解读为基础,否则只能是沙滩上的楼阁。这是特别令人忧虑的。

笔者近年在为《唐诗三体家法汇注汇评》做补注的过程中,就深切体会到了数字化的两面性。1946年,刘永济曾在演讲中指摘当时学界易犯之过失,开头说:"今所举之过失,亦只就其荦荦大者言,不能备,亦不能详……惟今所论及者,乃为何种过失而非何人过失,论事论理而非论人。所重在事理者,事理明,则吾人治学不致再蹈此失,是积极的而非消极的,是补救的而非指责的。故但举事例,而不出人名,此点务须了解。"③笔者犹豫了好久,最后决定抱着"可怜身是眼中人"(王国维《浣溪沙·山寺微茫背夕曛》)的态度,蹑武先贤,将发现的问题坦诚地撰文表达出来,恳请方家斧正,并期望引起进一步的讨论、反思。

《唐诗三体家法》是南宋周弼编辑的一部专选五律、七律、七绝三体的

① 陈爽:《回归传统:浅谈数字化时代的史料处理与运用》,《史学月刊》2015年第1期。

② 四库馆臣批评带有一定"数字化"特征的类书时即言:"此体一兴,而操觚者易于检寻,注书者利于剽窃,辗转稗贩,实学颇荒。"(《钦定四库全书总目》卷一三五"子部类书类序")可谓有先见之明。

③ 刘永济:《今日治学易犯之过失(1946年2月18日在总理纪念周上的演讲)》,《国立武汉大学周刊》第357期。

唐诗选本,选诗以中、晚唐为主,共选了167位诗人的494首诗作。此书在我国元、明时期及日本非常流行。笔者在辑录完圆至、裴庾、盛传敏、王谦、高士奇、何焯等人的注评后,为使整理本成为一个较为完善的注本,又作了补注。补注时,首先参考今人所著学术性较强的唐诗别集、选本之笺注本,若其已注明,则径直采用;其有疏误,亦时或纠辨,并抒己见。下文即胪列、分析笔者补注过程中发现的有代表性的疏误。需要特别说明的是,笔者仅仅查阅了相关注本中为《唐诗三体家法》所选诗作(一般为三四首)的注释,其他部分未及细察,故本文所举不足以说明这些注本的整体质量。

漏注典故

所谓"典故",一般指诗文等作品中引用的故事或有来历的语词。典故能被人一再引用,其重要性不言而喻。人们使用典故,往往会进行提炼、压缩。从这个角度看,典故是中华传统文化的浓缩。古代诗文,特别是"诗歌,力求简练,用最少的文字表现最丰富的内容"(《诗注要义》,P. 112),故最宜用典。用典"是诗法的核心"(《诗注要义》,P. 111),"为达意抒情最经济而巧妙之方法"(缪钺《论宋诗》),可以雅化言辞、丰富内涵、委曲抒情、深化意蕴。而注出诗人所用典故,则是"注家首要的工作"(《诗注要义》,P. 114)。由于古人和今人知识结构、生活经验、书写语体等存在较大差异,今人对于古人所用典故及其用典方式已有隔膜,注释典故时往往会发生漏注、误注和误释现象。

先说漏注。古人用典,崇尚如"水中着盐"(蔡绦《西清诗话》),讲究"合机,不啻自其口出"(《文心雕龙·事类》)。职是之故,诗中的不少语词,往往既可就字面解,又是用典,有深层的意蕴。若当作寻常语词一览而过,便会漏注。"注家作注,必先假定诗中'无一字无来处',穷搜群籍,才有可能避免失注。"(《诗注要义》,P. 115)如钱起五律《哭空寂寺玄上人》首联:"凄然双树下,垂泪远公房。"①"双树"看似寻常,实有典故。按,娑罗双树,也

---

① 本文所引唐诗,除特别说明者外,皆据彭定求等编《全唐诗》,北京:中华书局,1960年。

称双林,为释迦牟尼入灭之处。《大般涅槃经》卷一:"一时佛在拘尸那城,力士生地,阿利罗跋提河边,娑罗双树间……二月十五日临涅槃。"诗人用来写僧人圆寂,可谓恰切。可惜,大陆和中国台湾两种《钱起诗集校注》①(P. 108、P. 278)皆未注出。

贯休五律《春山行》尾联:"因思石桥月,曾与道人期。"②此诗《天台集》卷下题作《春日行天台山》,结合诗人行踪,知"石桥"即石桥山,在今浙江天台县北。《(嘉定)赤城志》卷二一:"石桥,在县北五十里,即五百应真之境,相传为方广寺。有石梁架两崖间,龙形龟背,广不盈咫,其上双涧合流,泄为瀑布,西流出剡中。梁既峭危,且多莓苔,甚滑,下临绝涧,过者目眩心悸。""道人",道士、和尚等修道之高人、逸士。天台山为佛教胜地,故云。光就字面注出这些还不够,因为此联同时暗用张良在下邳圯上与黄石公期,后黄石公赠其《太公兵法》典,事见《史记·留侯世家》。"圯",司马贞索隐:"李奇云:'下邳人谓桥为圯。'……应劭云:'沂水之上也。'"《贯休歌诗系年笺注》③(P. 354)未注。

典故按性质可以分为事典和语典。事典除了一些特殊情况外,一般来说有特定的时、地、人、事等要素出现,相对容易引起警觉。语典则因为引用的是古代典籍中的某个语词,且经过了压缩,如果对相关典籍不熟悉的话,往往会遗漏。如羊士谔五律《林馆避暑》颈联:"静胜朝还暮,幽观白已玄。"《全唐诗广选新注集评》④第 6 卷(P. 106)谓:"静胜","安谧宁静之美景胜地"。"白已玄","从白天到天黑"。《增订注释全唐诗》⑤第 2 册(P. 1285)注释略同。二书皆仅从字面着眼,未究典源。按,"静胜",谓以静取胜。《老子》第四十五章:"躁胜寒,静胜热,清静为天下正。"又第六十一章:"牝常以静胜牡,以静为下。"《尉缭子·攻权》:"兵以静胜,国以专胜。"后引

---

① 王定璋校注:《钱起诗集校注》,杭州:浙江古籍出版社,1992年;阮廷瑜校注:《钱起诗集校注》,台北:新文丰出版股份有限公司,1996年。

② "道",《全唐诗》作"故(一作道)",此从本集。

③ 胡大浚笺注:《贯休歌诗系年笺注》,北京:中华书局,2011年。

④ 周蒙、冯宇主编:《全唐诗广选新注集评》,沈阳:辽宁人民出版社,1994年。

⑤ 陈贻焮主编:《增订注释全唐诗》,北京:文化艺术出版社,2001年。

申指静闲之胜地。这里既言心态，又指物境。"幽观"，细察、深思。柳宗元《东明张先生墓志》："幽观其形，与化相冥。""白已玄"，《汉书·扬雄传下》："哀帝时丁傅、董贤用事，诸附离之者或起家至二千石。时雄方草《太玄》，有以自守，泊如也。或嘲雄以玄尚白，而雄解之，号曰《解嘲》。"颜师古注："玄，黑色也。言雄作之不成，其色犹白，故无禄位也。"《老子》第二十八章："知其白，守其黑，为天下式。为天下式，常德不忒，复归于无极。知其荣，守其辱，为天下谷。为天下谷，常德乃足，复归于朴。"此联谓林馆从早到晚都非常幽静，自己流连其中，不觉天色已晚；亦暗含观山水而悟道，领会以静取胜、知白守黑、荣辱进退之理，唤起尾联"家林正如此，何事赋归田"。

咏物诗在描绘所咏物象的同时，往往随寓感兴、别入外意。注家若仅从物象着眼，常常会忽略诗人借典故表达的重要外意。如孙欣五律《奉试冷井诗》颈联："铜瓶向影落，玉甃抱虚圆。"这是一首咏物诗。按，"玉甃"，井壁的美称。"甃"，以砖瓦等砌的井壁。"虚"，既指井内空间，又指思想上无欲无为。《老子》第十六章："致虚极。"《韩非子·解老》："所以贵无为无思为虚者，谓其意无所制也。""抱虚"，庾阐《游衡山诗》："寂坐挹虚恬，运目情四豁。""圆"，既指井壁之形，也指周到通达的境界。《文子·微明》："老子曰：'凡人之道：心欲小，志欲大；智欲圆，行欲方。'"《增订注释全唐诗》第1册（P. 1682）忽略了"抱虚圆"三字蕴含的哲思，漏注。

古人作诗，有"偷意""夺胎换骨"之说，大体指某个诗句在诗意上与前代典籍中的某句话或某件事存在或同义、或引申、或推衍、或翻案等关系，但却另外措辞，重新组织表达。这是对注家综合功力的最大考验，稍有不慎，就会漏注。如石召五律《送人归山》首联："相逢唯道在，谁不共知贫。"意本《论语·卫灵公》："子曰：'君子谋道不谋食。耕也，馁在其中矣；学也，禄在其中矣。君子忧道不忧贫。'"《增订注释全唐诗》第5册（P. 179）未注。这个例子还不算太难，因为诗句中提到了"道""贫"二字，毕竟留下一点线索。最难的是"用其事而隐其语"（《诗人玉屑》卷七）——诗句与典源在字面上没有任何联系。如于武陵五律《南游有感》首联："杜陵无厚业，不得驻车轮。""杜陵"，在今陕西西安东南，系武陵家乡。"厚业"，殷实的家业。此联谓因贫而宦游,意本《孟子·万章下》:"仕非为贫也,而有时乎为贫。"正与诗题"南游"和尾联"又渡湘江去,湘江水复春"相呼应。《增订注释全唐诗》第4册(P.327)未注。

诗人有时会将多个典故组织在一起并用。遇到这种情况,注家要探河穷源、剥蕉至心,细致寻绎,以免遗漏。概括而言,大致有三种情况。第一,"融两典或数典为一"①而用之。如杜甫"《客居》诗'壮士敛精魂',既效谢客'幽人秘精魂'句法,又用江淹赋'拱木敛魂',不仅《古蒿里歌》也"(李详《杜诗证选序》)。第二,某个典故,经过历代诗人的辗转袭用,形成了如祖、父、孙般的传承关系。须将相关的祖典、父典等悉数注出,诗意才能洞白。如孟浩然《望洞庭湖赠张丞相》:"欲济无舟楫。"祖典为《尚书·说命上》:"若济巨川,用汝作舟楫。"父典为《后汉书·张衡传》所载《应间》:"学非所用,术有所仰,故临川将济,而舟楫不存焉。"后者是孟诗直接所从出。以上两种情况,《诗注要义》(P.127—129、175—176)、《用典研究》②(P.226—241)论之已详。此外,笔者发现还有第三种情况:诗中某个语词,像岩层一样,层层累积了多层典故,只有将其全部注出,才能洞晓诗意。如王维七绝《寒食汜上作》首联:"广武城边逢暮春,汶阳归客泪沾巾。""广武城",《王右丞集笺注》③(P.265)注引《通典》,云为"河南府汜水县",并列举历代沿革。此可谓第一层典故。《王维集校注》④(P.67)认为,此诗为王维开元十四年(726)任济州司仓参军秩满,西归途中作,注云:"广武城:古城名,有东、西二城,在唐郑州荥泽县西二十里(见《元和郡县志》卷八),今河南荥阳东北广武山上。楚、汉相争时,项羽、刘邦曾分别屯兵于东、西城,隔涧对峙。"兼注第一、第二层典故。至此,仍令人难以理解为什么王维途经此地,会"泪沾巾"。其实,与"广武城"相关的阮籍叹典,与此诗关系更为密切,可谓第三层典故。《三国志·魏书·阮籍传》"官至步兵校尉"裴松之注

① 钱仲联:《沈曾植集校注·发凡》,北京:中华书局,2001年,第10页。
② 罗积勇:《用典研究》,武汉:武汉大学出版社,2005年。
③ 赵殿成笺注:《王右丞集笺注》,上海:上海古籍出版社,1984年。
④ 陈铁民校注:《王维集校注》,北京:中华书局,1997年。

引晋孙盛《魏氏春秋》："(阮籍)尝登广武，观楚、汉战处，乃叹曰：'时无英才，使竖子成名乎！'"当时王维被贬为济州司仓参军已满四年，官卑品低，故暮春离任，途经广武城，想起阮籍的慨叹，难禁感时伤逝、怀才不遇之情，不由得泪湿佩巾。只有弄清了与广武城相关的这三层典故，才能全面、透彻地理解诗人的情感。

有些漏注，系因该典过于冷僻。遇此，注家亦应如《诗注要义》(P. 174)所云："标出'未详''待考'等阙疑之辞，以俟高明指教。"这样，既能显示注家"知之为知之，不知为不知"的诚实态度，也便于后来者集中精力解决疑难。一些僻典，今天利用数据库检索就可以解决。如严维五律《赠别至弘上人》首联："最称弘偃少，早岁草茅居。""弘偃"为何人？《增订注释全唐诗》第2册(P.641)未注。笔者查阅与唐代人名有关的辞书甚至检索"中国工具书网络出版总库"，都没有结果。后来通过检索"读秀"等数据库，辗转搜寻，终于查到了出处。原来"弘偃"乃公孙弘、主父偃的简称。二人皆汉武帝时人，且都出身贫寒，后公孙弘官至丞相，封平津侯；主父偃官至中大夫，被拜为齐相。《汉书·公孙弘传》："公孙弘……少时为狱吏，有罪，免。家贫，牧豕海上。年四十余，乃学《春秋》杂说。"同书《主父偃传》："主父偃，齐国临灾人也。学长短纵横术，晚乃学《易》《春秋》、百家之言。游齐诸子间，诸儒生相与排傧，不容于齐。家贫，假贷无所得，北游燕、赵、中山，皆莫能厚，客甚困。"谢灵运《撰征赋》："相端、非之两骄，遭弘、偃之双黜。"这样解释"弘偃"，就与下句"早岁草茅居"相贯通了。原来，作者乃用"弘偃"美称至弘上人。

误注典故

质言之，用典乃原有的典故文本和现在所欲说写的文本之间的相遇融合。同一个典故，因为说写语境、表达重心和对仗、押韵、平仄、字数等文体规范的不同，可以衍生出不同的典面。"所谓典面，是指典故的短语化的表达形式……典面的形成既与典源及它的原初的语言表达和原初的典义有关，也与历来的用典过程中各种语言内和语言外的因素对它的影响有关。"(《用典研究》,P. 288—289)作注即是结合诗意对典面进行"破译""解码",以寻其典源。这要求注家对相关典故的使用范围、意涵及典面形成的规律等有充分的了解,一有不慎,便会张冠李戴、发生误注。一般来说,误注通常发生在两个典面、意思相近的典故之间,《诗注要义》(P. 189)称为"邻典"。下面略举数例。

刘禹锡七律《松滋渡望峡中》前半首:"渡头轻雨洒寒梅,云际溶溶雪水来。梦渚草长迷楚望,夷陵土黑有秦灰。"何焯评云:"起用黄梅雨。"(《唐三体诗》①卷四)《刘禹锡全集编年校注》②(P. 210—211)亦注曰:"寒梅:指梅雨。《太平御览》卷九七〇引《风俗通》:'五月有落梅风,江淮以为信风,又有霖霪,号为梅雨。'""诗云'轻雨洒寒梅',当元和十年夏自京赴连州道中作。"按,黄梅雨,指初夏时节,江淮流域持续较长的阴雨天气。因时值梅子黄熟,故称。此季节空气长期潮湿,器物易霉,故又称霉雨。将"寒梅"释为黄梅雨,不妥:其一,与诗中所写"雪水""草长"等冬末春初之景扞格;其二,不符合"黄梅雨"一典之用典习惯。梅雨季节,天气炎热,罕见诗人用"寒"形容,更不用说以"寒梅"代称梅雨。诗中的"寒梅",应指梅花,因其凌寒开放,故称。

马戴五律《集宿姚侍御宅怀永乐宰殷侍御》:"石田虞芮接,种树白云深。穴闭神踪古,河流禹凿深。樵人应满郭,仙鸟几巢林。此会偏相语,曾供雪夜吟。"《马戴诗注》③(P. 109)注云:"白云,古用以寓亲友之思。"《大唐新语·举贤》:"(狄仁杰)登太行,南望白云孤飞,谓左右曰:'吾亲所居,近此云下!'"按,此典乃思亲专用,罕见用于友朋之间者(参见《汉语典故大辞典》④,P. 21)。诗人所怀"殷侍御",指殷尧藩。此人"为性简静,眉目如画。工诗文,耽丘壑之趣。尝曰:'吾一日不见山水,与俗人谈,便觉胸次尘土堆

---

① 周弼编,高士奇补正,何焯批校:《唐三体诗》,清光绪十二年(1886)泸州盐局朱墨套印本。
② 陶敏、陶红雨校注:《刘禹锡全集编年校注》,长沙:岳麓书社,2003 年。
③ 杨军、戈春源注:《马戴诗注》,上海:上海古籍出版社,1987 年。
④ 赵应铎主编:《汉语典故大辞典》,上海:上海辞书出版社,2010 年。

积，急呼浊醪浇之，聊解秽耳！'"（《唐才子传》卷六）故诗人用了不少与仙人、隐士有关的语词、典故，以美其虽出仕为官，然葆有高逸情怀。诗中的"白云"，喻归隐。左思《招隐诗二首》之一："白云停阴冈，丹葩曜阳林。"又，马诗末句暗用子猷访戴典，而子猷所吟者恰为左思《招隐诗》。《世说新语·任诞》："王子猷居山阴。夜大雪……咏左思《招隐诗》。忽忆戴安道……即便夜乘小船就之。经宿方至，造门不前而返。人问其故，王曰：'吾本乘兴而行，兴尽而返，何必见戴？'"

韦庄七律《咸阳怀古》尾联："莫怪楚吟偏断骨，野烟踪迹似东周。"《韦庄集笺注》①（P. 365—366）："楚吟偏断骨：盖指李斯临刑怀念故土。斯为楚之上蔡人，《史记》卷八七《李斯列传》载斯为赵高所陷害，'二世二年七月，具斯五刑，论腰斩咸阳市。斯出狱，与其中子俱执，顾谓其中子曰：吾欲与若复牵黄犬俱出上蔡东门逐狡兔，岂可得乎！遂父子相哭，而夷三族。'《左传·成公九年》载楚国乐师钟仪因于晋国，操琴作楚声，范文子曰：'乐操土风，不忘旧也。'"此注与全诗意脉、主旨相悖，且其所引李斯、钟仪事罕见用"楚吟"称之者（参见《汉语典故大辞典》，P. 885—886、641）。按，"楚吟"，指《楚辞》哀怨的歌吟。谢灵运《登池上楼诗》："祁祁伤豳歌，萋萋感楚吟。"《楚辞》中的《哀郢》等篇章，抒发了楚国都城被秦国攻陷的沉痛之情。这里乃诗人自谓其讴吟。此诗乃登楼远眺、怀古伤今之作，首联"城边人倚夕阳楼，城上云凝万古愁"破题，中二联写秦汉兴废事，尾联呼应首联，以伤今收束，意谓：不要惊讶我的讴吟为何如此悲伤，是因为看到秦苑汉宫沦没于野烟荒草之中，联想到飘飘欲坠的国势，我的心情也像周大夫行役、看到故宗庙宫室尽为禾黍一样啊。

有些字词，看似平常，但实际上随着社会生活的变迁，在语用实践中已发展为一个新的典故，而诗人往往喜欢"以本朝故实用入诗句"（毛奇龄《西河合集·诗话》卷八）。注家若还按原先、通常的理解作注，便会出现疏误。如王周五律《道院》首联："白日人稀到，帘垂道院深。""道院"，《增订注

---

① 聂安福笺注：《韦庄集笺注》，上海：上海古籍出版社，2002 年。

释全唐诗》第5册(P. 100)未注;《汉语大词典》①第10卷(P. 1074)、《辞海》②(P. 805)、《宗教大辞典》③(P. 171)、《中国古代名物大典》④(P. 844)皆解作道士所居之庙宇,规模稍小于宫、观,书证皆首列此诗。按,以上诸权威辞书的解释皆为此词本义,并不符合此诗语境,因为此诗末联明明云:"谁知是官府,烟缕满炉沈。"实际上,诗中的"道院",隐含着这样一个典故:五代、宋、元时期,士大夫往往用"道院"借指公事稀少的地方官署。如宋代江阴军位置偏僻,北拒长江,过客不多,公事稀少;通州南阻长江,东北濒海,士大夫少至此处,民俗淳厚,讼稀事简。在二州仕宦极为优逸,故士大夫称江阴军为"两浙道院",通州为"淮南道院"。又吴渊有《江东道院赋》,云:"于是有厌承明之入直,乞铜虎以典州。凡中朝之人士,多出守而来侯,皆得以逃其瘵旷而遂其优游……尔乃夜已既而更杀,日将晡而鼓挝。虽两衙其不废,纵数刻而已休。盖赋税输官而络绎,靡烦程督;讦讼造庭而希简,无可应酬。故治事之时每短,而退食之暇常遒。虽谓之邦伯郡守,实偶乎黄冠羽流。"

释典不确

古人用典的根本目的,是为了借典故抒写当下情事。注家不但要寻源究本,注明某个典故的来源,还要阐明其表达的"今情""今意"。有时,注家虽注出了典源,但在阐发"今情""今意"时却不够准确、全面,甚至犯错。

注家应全面、细致地审视典源,将与所注诗句有"互文"关系的内容悉数注出,在此基础上进行阐发。如果仅按该典通常的用法作注,有时会遗漏一些关键信息。如张籍七绝《感春》首联:"远客悠悠任病身,谢家池上又逢春。"按,谢灵运《登池上楼》:"狗禄反穷海,卧疴对空林。衾枕昧节候,褰开暂窥临……池塘生春草,园柳变鸣禽。"钟嵘《诗品》卷中"宋法曹参军谢

---

① 罗竹风主编:《汉语大词典》,上海:汉语大词典出版社,2001年。
② 夏征农、陈至立主编:《辞海(第6版典藏本)》,上海:上海辞书出版社,2011年。
③ 任继愈主编:《宗教大辞典》,上海:上海辞书出版社,1998年。
④ 华夫主编:《中国古代名物大典》,济南:济南出版社,1993年。

惠连诗"条引《谢氏家录》:"康乐每对惠连,辄得佳语。后在永嘉西堂,思诗竟日不就,寤寐间,忽见惠连,即成'池塘生春草'。故尝云:'此语有神助,非我语也。'"《张籍集系年校注》①(P. 694)亦注明了此典,但引谢诗,仅引了脍炙人口的"池塘"二句,忽略了谢诗"徇禄反穷海,卧疴对空林"与张诗"远客悠悠任病身"之间的互文关系。

再如李绅七律《欲到西陵寄王行周》:"西陵沙岸回流急,船底黏沙去岸遥。驿吏递呼催下缆,棹郎闲立道齐桡。犹瞻伍相青山庙,未见双童白鹤桥。欲责舟人无次第,自知贪酒过春潮。"颈联"伍相青山庙",《李绅集校注》②(P. 9—11)注引明吴凤翔等《无锡县志》释之,不妥有三:其一,引书非典故的最早出处。其二,首联所云"西陵"在今浙江萧山市西北十里西兴镇,则庙当在不远处,却注在无锡县,位置不对。其三,未阐明该典隐含的"胥潮"义,这就难以解释诗人频繁瞻望伍子胥庙的缘由。按,《史记·伍子胥列传》:"吴以伍子胥、孙武之谋,西破强楚,北威齐晋,南服越人。"后因受谗,开罪吴王。"乃自刭死。吴王闻之大怒,乃取子胥尸盛以鸱夷革,浮之江中。吴人怜之,为立祠于江上,因命曰胥山"。青山,即胥山,江南胥山不止一处,这里指今浙江杭州南之吴山。相传伍子胥死后化为潮神。《吴越春秋·夫差内传》:"吴王闻子胥之怨恨也,乃使人赐属镂之剑……子胥……遂伏剑而死。吴王乃取子胥尸,盛以鸱夷之器,投之于江中……子胥因随流扬波,依潮来往,荡激崩岸。"《太平广记》卷二九一引《钱唐志》:"伍子胥累谏吴王,赐属镂剑而死。临终,戒其子曰:'悬吾首于南门,以观越兵来。以鲗鱼皮裹吾尸,投于江中,吾当朝暮乘潮,以观吴之败。'自是自海门山,潮头汹高数百尺,越钱塘渔浦,方渐低小。朝暮再来,其声震怒,雷奔电走百余里。时有见子胥乘素车白马在潮头之中,因立庙以祠焉。""犹瞻"句既言船只搁浅耽误行程,又含盼潮得渡之意。

阐释典故,应紧扣典源、参照相关用例,不能额外生发。雍陶七绝《宿

---

① 徐礼节、余恕诚校注:《张籍集系年校注》,北京:中华书局,2011年。
② 卢燕平校注:《李绅集校注》,北京:中华书局,2009年。

嘉陵驿》:"离思茫茫正值秋,每因风景却生愁。今宵难作刀州梦,月色江声共一楼。"按,"刀州梦",《晋书·王浚传》:"浚夜梦悬三刀于卧屋梁上,须臾又益一刀。浚惊觉,意甚恶之。主簿李毅再拜贺曰:'三刀为州字,又益一者,明府其临益州乎?'及贼张弘杀益州刺史皇甫晏,果迁浚为益州刺史。"《雍陶诗注》①(P.63)释云:"陶为益州(成都)人,故以刀州梦言乡梦。"不确。此诗抒发羁旅思乡之情,诗人期望到故乡为官(这样就不用辞亲远游了),故欲作"刀州梦",然月色恼人、江声聒耳,辗转反侧,愁不堪言。且古无用此典指"乡梦"之例,而是多用来指官吏的调迁升职或到益州一带任职(参见《汉语典故大辞典》,P.783)。这里应指后者。岑参《送严黄门拜御史大夫再镇蜀川兼觐省》:"刀州重入梦,剑阁再题词。"同此。

同一个典故,在后世使用中可能会产生多种不同的意义。诗中所言究竟为何,要结合全诗语境和典面细致分析,不能仅从自己熟悉的意义出发臆解。如祖咏五律《江南旅情》颈联:"剑留南斗近,书寄北风遥。"此诗入选《千家诗》,流传颇广。"南斗",星名。即斗宿,有星六颗。在北斗星以南,形似斗,故称。古人将星宿的位置和地上州、国的位置相对应。南斗和南方一带对应,故亦泛指南方。"剑留南斗近"用何典?《全唐诗广选新注集评》第2卷(P.574)及大多数《千家诗》注本未注。按,这里用"剑"借代"佩剑之人",乃诗人自指。同时,亦用剑气冲斗、牛典。《晋书·张华传》谓吴灭晋兴之际,天空斗、牛二宿之间常有紫气。张华闻雷焕妙达纬象,乃邀与共观天文。焕曰"斗、牛之间颇有异气",是"宝剑之精,上彻于天耳",并谓剑在豫章丰城。华即补焕为丰城令,"焕到县,掘狱屋基,入地四丈余,得一石函,光气非常,中有双剑,并刻题,一曰龙泉,一曰太阿。其夕,斗、牛间气不复见焉"。焕得剑,遣使送一剑与华,留一自佩。"华诛,失剑所在。焕卒,子华为州从事,持剑行经延平津,剑忽于腰间跃出堕水"。但见两龙各长数丈,光彩照水,波浪惊沸,于是失剑。《增订注释全唐诗》第1册(P.962)虽注明了此典,但谓"用双剑分合事……诗文中常以双剑喻夫妻。此

---

① 周啸天、张效民注:《雍陶诗注》,上海:上海古籍出版社,1988年。

句意谓自己与妻别离，独留南方"，可谓失之交臂。按，此典虽可用来抒写友朋、夫妇之间的离合，但典面通常会表明有两把剑，一般还会出现"双""合""会"等字样，如"剑合双龙""延津剑会（合）"等（参见《汉语典故大辞典》，P.240—244）。此诗云"剑留南斗近"，从典面看，并没有提及双剑分合，只在暗示剑光直冲斗、牛，以喻杰出人才有待识者发现。宋之问《送杜审言》："可惜龙泉剑，流落在丰城。"意思略同。"南斗"句既写诗人滞留南方，又暗含怀才不遇之意，与尾联"无媒"（亦暗谓进身无路）呼应。

一些典故，有特殊的适用范围或对象，阐释要与此切合，不能随意发挥。如李嘉佑五律《送王牧往吉州谒王使君叔》："细草绿汀洲，王孙耐薄游。年华初冠带，文体旧弓裘。野渡花争发，春塘水乱流。使君怜小阮，应念倚门愁。"尾联"倚门"，出自《战国策·齐策六》："王孙贾年十五，事闵王。王出走，失王之处。其母曰：'女朝出而晚来，则吾倚门而望；女暮出而不还，则吾倚闾而望。'"后因以"倚门"或"倚闾"谓父母望子归来之心殷切。《唐人律诗笺注集评》①（P.477）虽注明了此典，但阐释有误："'倚门'则从对方（使君叔）着笔"，"二句说，料想此刻，使君叔定倚门而望，盼念侄子到来"。这样解释既不符合用典习惯，也不符合诗意。按，"倚门"多指父母（特别是母亲）盼子归来，罕见用在叔侄之间（参见《汉语典故大辞典》，P.609—610）。王牧此行当是干谒求仕，首联"薄游"即点明了这种目的。颔联美其年轻有文彩，能承家学。尾联宽慰其心，谓叔父看在其父母倚门悬盼的份上，也会怜爱侄儿，遂其所愿。

诂词未切

孔颖达云："诂者，古也。古今异言，通之使人知也。"（《毛诗正义·关雎诂训传》）对于那些在现代汉语中已经不常用或用法有所变更的生词僻字，注释应加以训诂。对此，大多数注家会参阅《汉语大词典》《辞源》《辞海》等权威辞书。然而，权威辞书也不能迷信、照搬，因为：一方面，有时语

---

① 陈增杰编著：《唐人律诗笺注集评》，杭州：浙江古籍出版社，2003年。

词在诗句中的特定意涵可能是辞书某个义项的引申或细化①,甚或越出其所列义项,需要注家另外阐释②。另一方面,辞书成于众人之手,难免会出现诂词不当或书证未引原始出处、断章取义、张冠李戴等疏漏。而"有一字非其的解,则于所言之意必差"(戴震《与某书》)。下面略举数则诂词未切的例子。

戴叔伦五律《江上别张欢》尾联:"今日扁舟别,俱为沧海人。""沧海人",《戴叔伦诗集校注》③(P.7)注云:"喻怀抱大志而未荣达之人。《抱朴子·穷达》:'小年之不知大年,井蛙之不晓沧海,自有来矣。'"此解或是受李白名句"长风破浪会有时,直挂云帆济沧海"(《行路难三首》之一)的影响,与全诗倦于行役之悲凉、凄苦情调不协。按,"沧海人",指在沧海中浪迹之人,一般指隐逸之士。传说"沧海"为仙人居所。《海内十洲记》:"沧海岛在北海中,地方三千里,去岸二十一万里,海四面绕岛,各广五千里。水皆苍色,仙人谓之沧海也。"孔子亦有"道不行,乘桴浮于海"(《论语·公冶长》)之志。唐张贲《酬袭美先见寄倒来韵》:"寻疑天意丧斯文,故选茅峰寄白云。酒后只留沧海客,香前唯见紫阳君。"宋周锷《望春山》:"缅彼沧海人,偕我蓬莱宫。采芝当永年,还丹有玄功。朗诵招隐篇,飞空快埃风。"《佩文斋咏物诗选》卷二九所录明张羽《立秋日早泛舟入郭》:"好爵岂不怀,卫生乃其要。寄谢沧海人,予亦堪同调。"皇甫涍《春日之海上答伯兄叔弟二首》之一:"不逐春潮返,长为沧海人。"康海《丁丑岁十月一日得伯循书将以是月见访得五首》之三:"俱是沧海人,安计尘俗事。"以上诸诗中的"沧海客"或"沧海人",皆明确指隐逸、高蹈之士。又"沧海人"亦指居无常所、四处漂泊之人,犹东西南北之人也。韩翃《送王光辅归青州兼寄储侍郎》:"远忆故人沧海别。"李益《喜见外弟又言别》:"别来沧海事。"叔伦仕途坎坷,颇

---

① 注释属于随文释义,具有具体性和单一性,而词典义项则具有概括性和多义性。参见汪耀楠《注释学》,第359—364页。

② 如刘商《春日卧病》尾联"不能忧岁计,无限故山薇"之"不能",据诗意,当解作"不用"。王绩《题酒店楼壁绝句八首》之五:"饮时含救药,醉罢不能愁。"高适《宋中遇刘书记有别》:"末路终离别,不能强悲哀。男儿争富贵,劝尔莫迟回。"此义项现有辞书皆未阐释。

③ 蒋寅校注:《戴叔伦诗集校注》,上海:上海古籍出版社,2010年。

多不遇之感，故有此叹。李频《送友人下第归宛陵》："共泣东风别，同为沧海人。"亦同此意。

曹松五律《秋日送方干游上元》尾联："后夜分遥念，诸峰霜露生。"《汉语大词典》第 10 卷（P. 1143）"遥念"条第一个义项云："谓想得很远。"书证列此诗。这个解释与动词"分"无法贯通。这里的"遥念"，犹远念，因与思念对象相距遥远，故称。黄生《唐诗摘钞》卷一释此联云："'后夜'略断，以下五字续之，'分遥念'三字另读，云：后夜诸峰霜露生时，幸分遥念及我。"甚是。宋谢翱《二月十日》："野色生遥念，空江滞此身。"

唐彦谦《韦曲》："欲写愁肠愧不才，多情练漉已低摧。穷郊二月初离别，独傍寒村嗅野梅。""练漉"，《汉语大词典》等辞书未收；《全唐诗广选新注集评》第 10 卷（P. 106）注云："谓月亮。练，白色。漉，莹润。"月亮不能言"低摧"，此注误。按，"练"，煮熟生丝或生丝织品，使之柔软洁白。《周礼·冢宰·染人》："凡染，春暴练，夏纁玄。"郑玄注："暴练，练其素而暴之。""漉"，过滤。白居易《黑潭龙》："家家养豚漉清酒，朝祈暮赛依巫口。""练漉"为同义复词，指淘汰、筛选。高士奇《续唐三体诗序》："淘汰练漉，续兹三体。"引申为煎熬、磨炼。《古今图书集成·博物汇编·艺术典》卷六八一"选择部汇考一·吉凶时日善恶宿曜经·二十七宿所为吉凶历"："调习象马，练漉鹰犬。"这里用引申义。又"多情"，富于感情，这里谓心。"多情"句谓多情之心经过种种煎熬、磨炼，已有点憔悴了。何焯评末句即云："梅最先发，偏犯寒威。自比有才而遭'练漉'耳。"（《唐三体诗》卷一）齐己《谢王秀才见示诗卷》："谁见少年心，低摧向苦吟。"《日本诗话二十种·竹田庄诗话》①（P. 271）引松冈信好《送别》："我心练漉尔知否？悲莫悲兮生别离。"

褚载七律《赠道士》首联："簪星曳月下蓬壶，曾见东皋种白榆。""簪星曳月"为何意？《增订注释全唐诗》第 4 册（P. 1251）未注。《汉语大词典》第 8 卷（P. 1242）释为"形容佩带光彩耀眼"，书证首列《唐才子传》卷八："时京师诸宫宇女郎，皆清俊济楚，簪星曳月，唯以吟咏自遣，玄机杰出，多见酬酢

---

① 马歌东编：《日本诗话二十种》，广州：暨南大学出版社，2014 年。

云."次列此诗。按,《汉语大词典》释义未考虑鱼玄机等"诸宫宇女郎"及褚载所赠对象的道士身份,不确。"簪星",道士所戴星冠上镶有星宿图像,故称。李颀《王母歌》:"头上复戴九星冠,总领玉童坐南面。""曳月",谓腰间带有圆形玉佩。"蓬壶",即蓬莱,传说中的海中仙山。诗人暗誉道士为神仙,自天界下凡。

某个语词,诗人可能有意"双关",在原义之外通过同音或多义关系指涉另外一个意思,注家应将其全部注出,不能遗漏。如杜牧七绝《题禅院》首联:"觥船一棹百分空,十岁青春不负公。"《杜牧集系年校注》①(P. 451)云:"百分空,意为忘却一切世俗之事。"没有点明原义。按,"觥船",指容量大的饮酒器。"百分",犹满杯。陆弘休《和睿家洲宴游》:"酒满百分殊不怕,人添一岁更堪愁。"则"百分空"首先指将满杯的酒一饮而尽。如此注解,才能使人领会诗语的双关之妙。

白居易《寻郭道士不遇》:"郡中乞假来相访,洞里朝元去不逢。"《白居易诗集校注》②(P. 1355):"朝元,朝见元君。《抱朴子内篇·金丹》:'元君者,老子之师也。'李益《登天坛夜见海》:'八鸾五凤纷在御,王母欲上朝元君。'吕岩《七言》:'玉京殿里朝元始,金阙宫中拜老君。'"此注书证中的"元君"与"元始"非同一尊神,元始乃元始天尊,故"朝元"并不能看作"朝元君"或"朝元始"的简称。按,道家言"朝元",一般有二义:一指朝拜老子。唐皇室姓李,故高宗追号老子李耳为"太上玄元皇帝",并在华清宫建朝元阁以祠之。二为内丹术语,说法不一,多指五脏之气汇聚于天元(脐),参见《太上老君说常清静经注》《钟吕传道集·朝元》《性命圭旨》等。道教认为:"内丹炼到极致,元神可以自由出入身体,超脱后,如果厌居仙境,尚可返回'传道',积行于人间,然后受天书返归仙境。"③吕岩《别诗二首》之一:"朝朝炼液归琼垄,夜夜朝元养玉英。"白诗二义皆通。类似者还有姚鹄《玉真观寻赵尊师不遇》:"羽客朝元昼掩扉,林中一径雪中微。"吕岩《宿州天庆观殿门

---

① 吴在庆校注:《杜牧集系年校注》,北京:中华书局,2008 年。
② 谢思炜校注:《白居易诗集校注》,北京:中华书局,2006 年。
③ 丁培仁:《北宋内丹道述略》,《上海道教》1991 年第 3 期。

留赠符离道士》："云迷鹤驾何方去，仙洞朝元失我期。"

错解地名

名物亦是注释的重点和难点。"在各类的名物中，以人名、地名、职官、方言俗语、天文历法、方术、释道等尤易致误。"（《诗注要义》，P. 70）这里仅说"注家最易舛讹"（惠栋《渔洋山人精华录训纂·凡例》）的地名。

有些地名用词，既可按泛称解，又可按专名解，注家应结合诗意、地理地貌、诗人行实等综合分析。如贾岛七律《早秋寄题天竺灵隐寺》颈联："山钟夜渡空江水，汀月寒生古石楼。"《贾岛集校注》[①]（P. 483）注云："江，指钱唐江，即古之浙江……石楼，山名，位于今浙江鄞县南四明山中。"按，天竺、灵隐二寺，分别在今浙江杭州西十余里天竺山麓和灵隐山麓，距离钱塘江约十多公里，距离鄞县四明山甚远。此注释"江"甚是，谓"石楼"为山名，误。此联烘托寺庙形胜，气势恢弘，景象开阔，堪与宋之问《灵隐寺》名句"楼观沧海日，门对浙江潮"相媲美：上句由近及远，从听觉入手，较实；下句由远及近，从视觉和触觉入手，较虚。据诗意，"石楼"当在寺内。又山、川等自然景观罕见用"古""今"等时间词形容之例，诗人怀古悼今，往往感慨自然风景不殊，宫殿、人事等有兴废、变迁。诗中既云"汀月""古"，则"石楼"非山，当泛指石筑的楼台。如齐己《匡山寓居栖公》："树影残阳寺，茶香古石楼。"

再如刘禹锡七律《松滋渡望峡中》。"峡中"，《唐诗选》[②]下（P. 121—122）释为"在秭归县东"，《刘禹锡选集》[③]（P. 174）注为"唐峡州地"，显然皆当作唐代峡州理解。按，峡州，又作硖州。唐代贞观九年移治步阐垒（今宜昌市）。辖境相当今湖北宜昌市市区及枝江、长阳、远安等县地。诗的题目和正文往往互相呼应，此诗正文涉及景、地十分开阔，特别是尾联所写"十二碧峰何处所，永安宫外是荒台"，远在峡州之西。而松滋渡在今湖北松滋

① 齐文榜校注：《贾岛集校注》，北京：人民文学出版社，2001 年。
② 中国社会科学院文学研究所选注：《唐诗选》，北京：人民文学出版社，1978 年。
③ 吴汝煜选注：《刘禹锡选集》，济南：齐鲁书社，1989 年。

市西,乃长江上的重要渡口,由此不远即入三峡,故诗人由此眺望。可见,此诗诗题中的"峡中",应泛指三峡之中。

诗人作诗时,有时会出于对仗、韵脚、平仄等方面的考虑,对某些地名加以调整,如增删一二字或改为一个泛称。注家如能考出此地,自应确切注出。如皇甫曾五律《晚至华阴》颔联:"云霞仙掌出,松柏古祠深。"按,"仙掌",指华山东峰仙人掌峰。《文选》卷二张衡《西京赋》:"缀以二华,巨灵赑屃,高掌远跖,以流河曲,厥迹犹存。"薛综注:"华,山名也。巨灵,河神也。巨,大也。古语云:此本一山,当河水过之而曲行,河之神以手擘开其上,足揣离其下,中分为二,以通河流。手足之迹,于今尚在。""古祠"何指,《大历诗略笺释辑评》①(P.451)、《增订注释全唐诗》第1册(P.1724)等皆未加注。从诗人将其与"仙掌"对举看,当亦为特指,并有联系。而且,此祠年代久远且被松柏掩映,可见非一般的小庙。华阴县正好有巨灵祠,为汉武帝始建。《西岳华山志》:"《遁甲开山图》云:巨灵,得玄元之道,与元气一时而生,混沌之师九元祖也。汉武帝观仙掌于县内,特立巨灵神祠焉。"崔颢《行经华阴》:"武帝祠前云欲散,仙人掌上雨初晴。"正将巨灵祠和仙掌峰对举。故皇甫曾诗中的"古祠"当即巨灵祠,诗人或是为了对仗的需要,对其名称做了改写。

有些地名,诗中往往用借指、虚指或简称,注家应结合诗意、诗人行履及时人语用习惯等综合判断,不能臆解。"借指"谓诗人喜用古名代今名,注家应对历代政区沿革有所了解。"虚指"如"古人诗中的燕然、龙沙、楼兰以及扬雄宅、庾公楼等名词,或实或虚,必须具体分析"。柳永《法曲第二》词"香径偷期"之"香径",犹花径,不能胶柱鼓瑟,指实为吴王采香径(《诗注要义》,P.70)。"简称"如姚合五律《送殷尧藩侍御游山南》。《姚合诗集校注》②(P.50)云:"山南:长安之南的终南山。"若殷氏真是到长安郊外的终南山游览,用不了几天就回来了,断无写诗相送之理。而且,罕见唐人乃至

---

① 乔亿选评,雷恩海笺释:《大历诗略笺释辑评》,天津:天津古籍出版社,2008年。

② 吴河清校注:《姚合诗集校注》,上海:上海古籍出版社,2012年。

古人以"山南"称终南山。按,唐人诗文中提到的"山南",一般指山南道,如孙逖《送魏骑曹充宇文侍御判官分按山南》、卢纶《送畅当赴山南幕》、白居易《洛下闲居寄山南令狐相公》等。如果不是指山南道,则会在"南"字前面加山名,以相区别,如张九龄《奉使自蓝田玉山南行》、李益《华山南庙》、皮日休《题支山南峰僧》等。山南为全国十道之一,唐贞观元年置。辖境相当今四川嘉陵江流域以东,陕西秦岭、甘肃嶓冢山以南,河南伏牛山西南,湖北涢水以西,自重庆市至湖南岳阳市之间的长江以北地区。开元二十一年分为山南东道、山南西道。东道治所在襄州(今湖北襄阳市),西道治所在梁州(后改兴元府,今陕西汉中市)。殷尧藩曾游山南,并客居二十年,作有《襄口阻风》《游山南寺二首》等诗,其《暮春述怀》云:"为客山南二十年,愁来恍近落花天。"又殷诗中纪年,例以中举离家为准。据此推测,姚合诗当作于大和五年秋,时合在京任刑部郎中。殷氏履历详参吴企明撰《唐才子传校笺》[①]第 3 册(P. 68)"殷尧藩"条。

有些地名,若查资料,会发现一名多地或一地多名,究竟何指,亦应综合分析。如崔涂七律《过绣岭宫》。按,"绣岭宫"有二:其一旧址在今河南省陕县,唐高宗显庆三年建;其二即华清宫,因建于今陕西西安骊山西绣岭之上,故称绣岭宫。《唐代长安词典》[②](P. 474):"绣岭,骊山的两个主要山峰总称。因山上广植松柏花卉,状如锦绣,故名绣岭。在唐代,东绣岭主要有石瓮寺、红楼绿阁等建筑,旁临骊山瀑布,包纳了芝兰谷、玉蕊峰等观赏区。西绣岭有三峰:第一峰上有周代遗址烽火台;第二峰上有王母殿,唐华清宫缭墙罗城南门即在该处;第三峰上有朝元阁,上有羯鼓楼,下有长生殿。华清宫的山上建筑,多在西绣岭上。"《增订注释全唐诗》第 4 册(P. 1089)、《全唐诗精华》[③](P. 2068)等沿袭何焯等人的旧说,认为乃在河南陕

① 辛文房撰,傅璇琮主编:《唐才子传校笺》,北京:中华书局,1987 年。
② 张永禄主编:《唐代长安词典》,西安:陕西人民出版社,1990 年。
③ 佟培基主编:《全唐诗精华》,西安:太白文艺出版社,2000 年。

县者。《陕县志》①(P. 436)、《三门峡名胜诗选》②(P. 83)等陕县或三门峡市地方文史书籍亦收录了该诗。其实,若仔细分析诗中"一曲铃""香辇""缭垣""东流""下翠岑"等语词,知其地当指与杨贵妃、温泉相关之华清宫。此诗为《唐诗三体家法》所选,何焯批注云:"《唐·地理志》:'陕州峡石县本崤,有绣岭宫,显庆三年置。'与华清两地,诗意却作一事说。"(《唐三体诗》卷四)可见,何焯已察觉到诗人所言当指华清宫,只是他不知华清宫别称绣岭宫,故当面错过。

有些地名或与其相关的名词,看似寻常,实有特定所指,若按常识理解,往往会出现疏误。如温庭筠七律《开圣寺》:"……出寺马嘶秋色里,向陵鸦乱夕阳中……犹有南朝旧碑在,耻将兴废问休公。"一般人看到"南朝",往往会联想到以建邺(今南京)为基业的宋、齐、梁、陈。《温庭筠全集校注》③(P. 279—280)即引张祜同题诗,注云:"寺在润州丹阳。温此诗写景与张诗有相似处(张诗'萧帝坏陵',温诗'向陵',又曰'南朝旧碑'),当同指润州丹阳之开圣寺。或谓指荆州四望山之开圣寺,疑非。荆州不可能有南朝帝陵。""此诗疑会昌元年秋归吴中旧乡途中所作。"注者云"寺在润州丹阳",未引任何史料,仅在注"陵"时,引《元和郡县图志》卷二五"江南道一·润州":丹阳县有南齐宣帝、高帝及梁文帝、武帝诸陵,可见乃推测之辞。笔者多方查找,亦未找到润州丹阳有开圣寺的记载。丹阳自是南朝诸帝陵墓较为集中的地方,故注者首先想到并推测寺亦在此地,然而真相有时在常识之外。按,《舆地纪胜》卷六四"荆湖北路·江陵府上·景物下":"开宝寺,在江陵界,有后梁宣、明二帝陵。"卷六五"荆湖北路·江陵府下·古迹"又曰:"梁宣、明二帝陵,在府西北六十里纪山,即宣帝陵,西即明帝陵。"《(光绪)荆州府志》卷二八"寺观":"开圣寺,在纪山。梁建,久废。《江陵志余》:梁宣、明帝百八寺之一也。"纪山,原名四望山,唐时改名为纪山,在今湖北省沙洋县纪山镇。《续高僧传》卷二七《感通篇中》有《隋初荆州四

---

① 陕县地方史志编纂委员会编:《陕县志》,郑州:河南人民出版社,1988 年。

② 舒绍昌、马自立主编:《三门峡名胜诗选》,郑州:中州古籍出版社,1992 年。

③ 刘学锴校注:《温庭筠全集校注》,北京:中华书局,2007 年。

望山开圣寺释智旷传》。后梁（555—587），又称北梁，南北朝时期萧氏在江陵建立的政权，乃西魏、北周之附庸。宣、明二帝，指后梁宣帝萧察及其子明帝萧岿，事见《北史·僭伪附庸传》。宋人刘挚五排《梁宣明二帝陵》自注概括二帝事迹颇为精到，因录于下："宣、明二帝，萧察、萧岿也。初，湘东王绎平侯景之乱，即位江陵，改元承圣。三年，兄之子岳阳王察引西魏兵攻绎，害之。寻臣于魏而称帝于江陵。传子岿，岿传子琮。通三十年，为隋所灭。"唐人关于开圣寺和宣、明二帝陵、碑的诗，尚有李涉《题开圣寺》、刘禹锡《后梁宣明二帝碑堂下作》："千行宰树荆州道，暮雨萧萧闻子规。"元稹《楚歌十首（江陵时作）》之七："梁业雄图尽，遗孙世运消。宣明徒有号，江汉不相朝。碑碣高临路，松枝半作樵。唯余开圣寺，犹学武皇妖。"以上诸人皆曾路过荆州或在荆州任职。可见，温庭筠诗中的"开圣寺"，亦在荆州，诗当为其咸通二年（861）至三年间在荆南节度使萧邺幕下任从事时所作。

一些比较冷僻的地名，前人限于条件，常常失注。今日借助"读秀""中国基本古籍库"等数据库检索，时有拾遗、补阙之喜。如钱起五律《哭空寂寺玄上人》。"空寂寺"，大陆和中国台湾两种《钱起诗集校注》（P. 108、P. 278）皆未加注。据《明清西安词典》①（P. 577）和《秦岭碑刻经眼录》②（P. 217—218），知旧址位于今陕西蓝田县东北四十五里厚镇乡东嘴村。唐初敕建。宝应二年曾立《大唐空寂寺故大福和尚之碑》，陆海撰，惟嵩书。此寺曾于宋元祐二年与清康熙四十五年重修。现寺毁，碑存于蓝田县水陆庵。再如郑巢五律《瀑布寺贞上人院》。"瀑布寺"，《增订注释全唐诗》第3册（P. 1036）未注。按，此寺旧址在今浙江天台县之天台山。司空曙《寄天台秀师》："天台瀑布寺，传有白头师。"《桐柏仙域志》③（P. 239）云，南朝宋文帝元嘉二年，僧法顺创建。"在天台之西约一里处。左右有长达百丈状如垂霓蔽崖而下的飞瀑，因名。寺院南对九垄山（后名九峰山），可引灵溪水入香积厨。寺西北数百米处是百丈岩。"

---

① 张永禄主编：《明清西安词典》，西安：陕西人民出版社，1999年。
② 吴敏霞等：《秦岭碑刻经眼录》，西安：三秦出版社，2014年。
③ 赵子廉：《桐柏仙域志》，北京：中央编译出版社，2012年。

抉择失当

段玉裁《与诸同志书论校书之难》曰："校书之难，非照本改字不讹不漏之难，定其是非之难。"其实不止校书，注释在很大程度上亦是如此。特别是在辞书编纂得愈来愈完善、细密的数字化时代，只要肯用心，要检索到某个语词、典故，并非难事，难就难在从辞书所列的众多义项中进行正确的抉择，选取最切合诗意的那个义项进行阐释，有时一字之差会导致全句或全诗错解。这是对注家感悟力、诗学修养、学术功底、眼光识力等"才学识"的综合考验。

注家面临的第一个抉择，在文字校勘方面。一个字词，或有多个异文，注家应结合诗意、版本和平仄、押韵、对仗等诗律知识，择善而从。姚合五律《游春十二首》之二颈联："树枝风掉软，菜甲土浮轻。""掉"，《姚合诗集校考》①(P.77)、《姚合诗集校注》(P.300)皆作"棹"，后者注云："风棹：风中行驶的船。"然《全唐诗》、元刊本《唐三体诗说》②皆作"掉"。《姚合诗集校考》和《姚合诗集校注》皆云参校了《全唐诗》，但又未出任何校勘记，当是整理者认为"棹"是，而按目前古籍整理的惯例："凡底本不误而他本误者，一般不出校记。"③然根据律诗的对仗原则，"掉"所在位置应该是一个动词，如此才能和"浮"对得上，而"棹"为名词，对不上。或许整理者亦想到了此点，但又觉得"掉"讲不通，所以两相权衡，选择了"棹"。事实上，此诗用的是"掉"的"摆动、摇动"义。《文选》卷九扬雄《长杨赋》："拮隔鸣球，掉八列之舞。"李善注引贾逵《国语注》曰："掉，摇也。"此义现代汉语中还有保留，如"尾大不掉""掉臂而行"，只不过不太常用。"树枝风掉软"，谓树枝在春风的频繁吹动下变得柔软起来，描绘万物复苏景象，颇为精细、形象。

注释过程中，更要细读全诗，通盘考虑。对某个字词义项的抉择、阐

---

① 刘衍整理：《姚合诗集校考》，长沙：岳麓书社，1997年。
② 周弼编，圆至注：《唐三体诗说》卷一六，台湾"国家图书馆"藏元刊本。
③ 程毅中：《古籍校勘释例》，许逸民：《古籍整理释例》，北京：中华书局，2011年，第40页。

释，不仅要能放置在全句、全篇讲得通，还要能在联系诗人的生平、行踪及其态度、主张甚至同时代的相关诗作及中国诗学的传统时也讲得通。这是因为，所有的文本、语词都和历史上、同时代的其他文本、语词有着或近或远、或多或少的"互文"关系，我们应将其放置在特定的文本、语词网络中进行阐释。如司空曙七律《酬张芬有赦后见赠》："紫凤朝衔五色书，阳春忽布网罗除。已将心变寒灰后，岂料光生腐草余。建水风烟收客泪，杜陵花竹梦郊居。劳君故有诗相赠，欲报琼瑶恨不如。"《司空曙诗集校注》[①]（P.126—127）："杜陵：指杜甫。戴复古《答杜子野主簿》'杜陵之后有孙子，自守诗家法度严。'此感慨经丧乱漂泊的杜甫，以借指诗人自己。花竹：指杜甫漂泊在外居处的花竹，代指杜甫在成都郊外的家。郊居：郊外的居所。杜甫因安史之乱避难蜀中，客居成都郊外。此以杜甫的境遇喻指自己在长林的经历。"按，此诗为司空曙贬建水流域的长林县时所作。上注不妥有三：其一，罕见唐人称杜甫为"杜陵"，《汉语大词典》第4卷（P.751）、《辞源》（P.819）此义项下，所举皆为宋代书证。其二，"杜陵"与"建水"相对，后者为地名，前者当亦如是。其三，若"杜陵"句喻指诗人在贬所的经历，则"梦"字没有着落。"梦"者，日思梦想之谓也，诗人已在贬所，为何还要"梦"在贬所的生活？而且，诗人显然不会期待这种生活，故闻赦后万分惊喜。诗中的"杜陵"，应按其本义解作地名。其地在今陕西西安市东南，古为杜伯国，秦置杜县，汉宣帝筑陵于东原上，因名杜陵，并改杜县为杜陵县。唐时不少诗人居于此地。"建水"联谓：得闻大赦消息，长期以来在贬所建水流域因望乡思君而流的眼泪可以收住了，已经迫不及待地做回杜陵赏花观竹、过悠闲生活的好梦了。

戴叔伦七绝《湘南即事》首联："卢橘花开枫叶衰，出门何处望京师。""卢橘"，《戴叔伦诗文集笺注》[②]（P.311）、《戴叔伦诗集校注》（P.42）皆注为金橘。后者比较谨慎，注末云："关于卢橘究为何物，古人曾辩说纷纭，参看

① 文航生校注：《司空曙诗集校注》，北京：人民文学出版社，2011年。
② 戴文进笺注：《戴叔伦诗文集笺注》，南京：南京师范大学出版社，2013年。

《艺苑雌黄》、陶宗仪《南村辍耕录》、吴景旭《历代诗话》、李时珍《本草纲目》。"结合《汉语大词典》等辞书可知，"卢橘"有两个义项：一指金橘，一指枇杷。金橘夏季开花，秋、冬实熟；而枇杷则在秋天或初冬开花，夏天果熟。戴诗云"卢橘花开枫叶衰"，由"枫叶衰"知时令当秋，此时始花者应是枇杷。宋之问《登粤王台》："冬花采卢橘，夏果摘杨梅。"刘禹锡《晚岁登武陵城顾望水陆怅然有作》："霜轻菊秀晚，石浅水纹斜。……清风稍改叶，卢橘始含葩。"许浑《别表兄军倅》："卢橘花香拂钓矶，佳人犹舞越罗衣。三洲水浅鱼来少，五岭山高雁到稀。客路晚依红树宿，乡关朝望白云归。"许浑《病间寄郡中文士》："卢橘含花处处香，老人依旧卧清漳。心同客舍惊秋早，迹似僧斋厌夜长。"樊珣《状江南（仲夏）》："卢橘垂金弹，甘蕉吐白莲。"李商隐《九成宫》："十二层城阆苑西，平时避暑拂虹霓……荔枝卢橘沾恩幸，鸾鹊天书湿紫泥。"以上诸诗中的"卢橘"，据所写物候推断，亦为枇杷。《沈佺期宋之问集校注》①(P. 571)、《丁卯集笺证》②(P. 458、504)、《李商隐诗歌集解》③(P. 1660)等皆注为金橘，《刘禹锡全集编年校注》(P. 179)谓指"枇杷，或云金橘之别名"，不确。

郑谷七律《中年》颔联："情多最恨花无语，愁破方知酒有权。"《郑谷诗集笺注》④(P. 348)注"愁破"句云："酒有权，谓酒量无定，因心情而易，句即以酒浇愁之意。"此注有以下疏误：其一，将"酒"解为"酒量"，犯了"增字为训"的忌讳。其二，将"有权"解作"无定"，乃据"权"之"权宜，变通"义引申而来。实际上，"权"在这个意义上常和"经"或"常"对言，一般说"行权"，但不能和"有"一起组词。这里的"权"，当解作权柄、威势。"愁破"句乃设想之辞，从反面说：只有愁破了才知浇愁之酒的权柄、威势，则实际上愁难浇破，酒亦"无权"，句意与李白《宣州谢朓楼饯别校书叔云》"举杯销愁愁更愁"、唐彦谦《无题十首》之八"酒兵无计敌愁肠"略同。

---

① 陶敏、易淑琼校注：《沈佺期宋之问集校注》，北京：中华书局，2001 年。

② 罗时进笺证：《丁卯集笺证》，北京：中华书局，2012 年。

③ 刘学锴、余恕诚集解：《李商隐诗歌集解》，北京：中华书局，2004 年。

④ 严寿澄、黄明、赵昌平笺注：《郑谷诗集笺注》，上海：上海古籍出版社，2009 年。

李嘉祐《送王牧往吉州谒王使君叔》首联："细草绿汀洲，王孙耐薄游。"按，"耐"，同"奈"，无奈、奈何。杜甫《七月三日亭午已后较热退晚加小凉稳睡有诗因论壮年乐事戏呈元二十一曹长》："亭午减汗流，北邻耐人聒。"此联意本《楚辞·招隐士》："王孙游兮不归，春草生兮萋萋。"姚鼐《今体诗钞》五言卷七释此联云："诗言此细草初绿时，一少年遽堪远游乎？"甚是。又此联与尾联"使君怜小阮，应念倚门愁"呼应，知王牧此游明显有干谒求仕之动机。故这里的"薄游"，意指为薄禄而宦游于外。夏侯湛《东方朔画赞并序》："以为浊世不可以富贵也，故薄游以取位。"《汉语大词典》第9卷（P. 577）将此诗列为"薄游"条"漫游，随意游览"义项之首条书证，误。

司空曙五律《过庆宝寺》尾联："禅宫亦销歇，尘世转堪哀。""转"，文航生《司空曙诗集校注》（P. 40）释为"反而；反倒"，误。此联上下句之间句意没有转折，而是递进关系，意谓：尘世之外的寺庙都破败了，尘世之可悲就更不用说了。"转"，应解为"更加，愈"。杜甫《送李校书二十六韵》："小来习性懒，晚节慵转剧。"何焯评曙诗云："此假废寺以寓天宝乱后两都禾黍、万姓虫沙，触目可悲，不徒作也。文明大历才子，当论其世。"（《唐三体诗》卷五）

古汉语中，单音节词占了很大比重，一个字往往兼具两个以上的词性。诗中所用究竟为何种词性，须结合诗意和古汉语的语法、搭配等整体抉择。如贾岛五律《送耿处士》尾联："迢递不归客，人传虚隐名。"《贾岛集校注》（P. 149）注云："虚，深山。"既不符合语法，也与诗意扞格。这里的"虚"，乃副词，当解作"虚假、不真实"。《史记·孟尝君列传》："世之传孟尝君好客自喜，名不虚矣。"所谓"虚隐"，指隐居养望、走终南捷径。如南朝齐周彦伦隐于钟山，后应诏为令，欲过此山，孔稚圭作《北山移文》以讥之。古人言"归"，一般指返回家乡或常住地。此联劝耿处士早归，意谓：那些远游不归的人，人们会讥笑说他们的隐居是虚假的。

有时注家可能会面临诗句的语法结构该如何划分的问题，这亦要联系全篇的诗意和意脉综合判断。李白五绝《见京兆韦参军量移东阳二首》之一："潮水还归海，流人却到吴。相逢问愁苦，泪尽日南珠。"有人认为：

"这里'却到'与'还归'对文,'却'就是回、还之意。"①结合题目细察诗意可知:流放的友人仅仅量移东阳,并没有被赦归,故诗人面对落潮即景生情,发为怨辞。诗中的"还"(尚且)与"却"皆为虚词,对举成文,与上、下联之间诗意的对比、转折紧密呼应。若将"却到"与"还归"看作同义复词,则此联意脉不畅。诗意谓:潮水尚且能够在涨上来之后回归大海,流人却未被赦归,又流放到吴地(即东阳)去了。类似用法诗中常见,如王维《早秋山中作》:"岂厌尚平婚嫁早,却嫌陶令去官迟。"丘为《竹下残雪》:"还对读书牖,且关乘兴心。"宋戴复古《无策》:"梦蕉还得鹿,缘木可求鱼?"以上诸诗中的"还"与"却"皆为虚词,且与"岂""且"等虚词对举,将上、下联绾合为一个完整、连贯的表达。

王夫之《夕堂永日绪论内编》:"作诗亦须识字,如'思''应''教''令''吹''烧'之类,有平仄二声,音别则义亦异。"注诗亦然。遇到多音字时,要格外谨慎,须结合诗意、平仄等整体分析,不能沿着思维惯性按该字常见的读音曲说歪解。如李咸用五律《春日》:"浩荡东风里,裴回无所亲。危城三面水,古树一边春。衰世难修道,花时不称贫。滔滔天下者,何处问通津。"《唐诗三百首续编》②(P.188)释"花时"句云:"春日花开满院,怡然自乐,也不算贫寒了。"《唐人律诗笺注集评》(P.1099)亦谓:"春时花开满庭,可相慰藉,也就不觉得贫寒了。"二人皆将"称"当平声(chēng)解。所谓"算""觉得",皆据"称"在平声时的"叫做、称做"义引申。这样解释,不仅不合平仄,也与全诗情调、意脉相悖。这里的"称",当按去声(chèn)解作"相称、符合",如此才符合平仄、意脉等。诗意谓:春暖花开时节,恰好适宜靓装出游;面对艳丽的花朵和权贵豪奢的装束,愈加觉得自己寒碜窘迫、格格不入。

---

① 郭在贻:《也谈"娇儿不离膝,畏我复却去"——兼与萧涤非先生商榷"却"字的义训问题》,《郭在贻文集》第1卷,北京:中华书局,2002年,第266页。李白此诗,《唐诗三体家法》未选,这里为了说明问题,亦一并言之。

② 吴战垒选注:《唐诗三百首续编》,合肥:安徽文艺出版社,1990年。

误会诗意

钱锺书曰："乾嘉'朴学'教人，必知字之诂，而后识句之意，识句之意，而后通全篇之义，进而窥全书之指。虽然，是特一边耳，亦只初桄耳。复须解全篇之义乃至全书之指（'志'），庶得以定某句之意（'词'），解全句之意，庶得以定某字之诂（'文'）；或并须晓会作者立言之宗尚、当时流行之文风、以及修词异宜之著述体裁，方概知全篇或全书之指归。积小以明大，而又举大以贯小；推末以至本，而又探本以穷末；交互往复，庶几乎义解圆足而免于偏枯，所谓'阐释之循环'（der hermeneutische Zirkel）者是矣。"①此言精辟地道出了注释之学的阐释原则：微观层面的典故、字词、名物等的训诂，实与宏观层面的诗意阐发互为表里、交相促进。任何一方出了问题，都会影响到另一方。上文所论侧重于微观层面的疏误，这里再举几例宏观诗意阐发有误或意脉把握不当的例子。

畅当《军中醉饮寄沈八刘叟》："酒渴爱江清，余酣漱晚汀。软莎欹坐稳，冷石醉眠醒。野膳随行帐，华音发从伶。数杯君不见，都已遣沈冥。"此诗一作杜甫诗。据吴企明考证，作者当为畅当②。关于诗的意脉，历来解说纷纭。《杜诗详注》③卷一三（P. 1147）云："此诗不乐居幕府而作也。上四言草堂醉后，有徜徉自得之兴。下四言军中陪宴，非豪饮畅意之时。沈、刘盖草堂同饮者，故寄诗以见意。《杜臆》以此章为倒叙，从既醉已后，遡军中初饮之事。但饮只数杯，何至酒渴而漱，坐眠方醒乎？首尾不相合矣。又卢注谓座中不见两君，故数杯便觉沉冥，此说亦非，军中设宴，原非幽人同席，何必以不见为怅耶？此须依《杜臆》作十字句，言数杯之后，君不见我沉冥乎？"其实此诗写了两次宴饮，一主一余，主饮为背景，仅用"酒渴"二字

①　钱锺书：《管锥编》第 1 册，北京：生活·读书·新知三联书店，2001 年，第 327—328 页。
②　吴企明：《杜甫诗辨伪札记》，《唐音质疑录》，上海：上海古籍出版社，1985 年，第 30—31 页。
③　杜甫著，仇兆鳌注：《杜诗详注》，北京：中华书局，2004 年。

交代,余饮为主脑,肆笔铺陈。全篇从主饮写起,因酒后口渴,故在水边汲流(或许是烹茶)以漱,然余酣难消,不觉醉眠,醒后复聚餐行乐。"晚汀"与"行帐"正相呼应,写宴饮场所。因已进行过主饮,所以这次余饮,大家不过数杯,便都酩酊大醉,进入沉冥之境。如此连续纵饮行乐,实在酣畅之极,可惜君不与会也(题既言"寄",则沈、刘不与饮明矣)。开篇气盛声重,后面如话家常,寥寥数笔便使"酣"情"醉"态跃然纸上。

李益七绝《写情》:"水纹珍簟思悠悠,千里佳期一夕休。从此无心爱良夜,任他明月下西楼。"《唐诗选》①(P. 438)云:"一夕休:有约不来,空空等了一夜。"不确。若是仅"空空等了一夜",则希望还没有破灭,以后还可以再约、再等,何来尾联绝望之语?按,"一夕休",指某种情事、状态、人物等在一夜之间突然终止或死亡。宋杨亿《戊申年七夕五绝》之四:"神女欢娱一夕休,月娥孀独已千秋。"元侯克中《止崔左丞入广》:"乔松傲雪三冬好,蔓草经霜一夕休。"明胡俨《徐州十二咏·燕子楼》:"妙舞清歌一夕休,繁华销尽彩云收。"李诗首联盖谓:日日夜夜期盼的千里之约、美好之会,就在这一夜之间化为泡影,应是收到了绝交的音讯。俞陛云《诗境浅说·续编二》②(P. 193)曰:"诗题曰'写情',实即崔国辅怨词之意,因此生已休,虽有余情,不抵深怨也。首二句言,冰簟夜凉,悠悠凝思,相思千里,正在抢指佳期,乃方期鸾镜之开,遽断鹊桥之望。故后二句写其怨意,谓璧月团圞,本期双照,而此后良宵,已成独旦,则无情明月,一任其西下楼头耳。"

郑谷七绝《曲江春草》:"花落江堤簇暖烟,雨余草色远相连。香轮莫辗青青破,留与愁人一醉眠。"《郑谷诗集笺注》(P. 212)题注云:"曲江:见卷一曲江注。按唐李绰(淖)《岁时记》:'上巳锡宴曲江,都人于江头禊饮,践踏青草。'诗似即此感发。"此注忽视了诗中蕴含的落第之悲。按,"曲江",即曲江池,在今陕西西安东南。唐时为游赏胜地,"花卉环周,烟水明媚。都人游玩,盛于中和、上巳之节"(《剧谈录》卷下《曲江》)。进士及第,例题

---

① 马茂元选注:《唐诗选》,上海:上海古籍出版社,1999年。
② 俞陛云:《诗境浅说》,北京:北京出版社,2014年。

名雁塔，并由皇帝赐宴曲江杏园。刘沧《及第后宴曲江》："及第新春选胜游，杏园初宴曲江头。"郑诗末联"香轮"，当是登第赴杏园宴或踏青赏玩之得意人所乘，"愁人"乃诗人自称，下第失意之悲见于言外。杜牧《杏园》："夜来微雨洗芳尘，公子骅骝步贴匀。莫怪杏园憔悴去，满城多少插花人。"与此诗情调相似。

韦庄七律《咸阳怀古》颈联："李斯不向仓中悟，徐福应无物外游。"《韦庄集笺注》(P. 365)注引《史记·李斯列传》载斯少时因"厕中鼠""仓中鼠"悟得"人之贤不肖譬如鼠矣，在所自处耳"及《秦始皇本纪》"遣徐市发童男女数千人入海求仙人"事，甚是；但又云此联"盖谓若非李斯佐秦并天下，则无徐福入海求仙之事"，不妥：其一，此诗主旨为感慨兴亡、怀古伤今，此解与其不合。其二，此解与韦庄对李斯"仓中悟"的一贯态度相悖。韦庄《题李斯传》："蜀魄湘魂万古悲，未悲秦相死来时。临刑莫恨仓中鼠，上蔡东门去自迟。"《同旧韵》："安羡仓中鼠，危同幕上禽。期君调鼎鼐，他日俟羊斟。"细揣诗意，知此联虽然用了"不向""应无"等词，但上、下联之间并无因果关系，而是谓：李斯不悟仓中亦难常恃，徐福海外求仙也为虚妄，但人主偏偏宠信、重用这样的小人，社稷能不亡乎？正如何焯评云："李斯既贪，徐福更妄。贪者其欲无极，奉己而不顾国家；妄者分外凿空，惑主以邀身利。二者相循而唐之为唐扫地无余矣。"(《唐三体诗》卷四)

王贞白五律《云居长老》后半首："不说有为法，非传无尽灯。了然方寸内，应祗见南能。"《王贞白诗集》①(P. 37)释尾联云："诗写云居长老没有宣传佛法普渡众生的高志，只是一心一意想做个南能一样的和尚。正是这样踏踏实实、点点滴滴修炼，最终成了云居长老。"流于臆猜。按，"有为法"，与"无为法"相对，泛指一切处于相互联系、生灭变化中的现象，即"缘起法"。"有为法"以生、住、灭、异等四"有为相"为其特征。小乘佛教用"有为"说明"无常"，大乘佛教则用"有为"说明诸法实相、唯识无境、一切唯心等。"无尽灯"，谓以一灯点燃千百盏灯，比喻以佛法度化无数众生。"南

---

① 毛小东、蒋敦鑫、徐敬恩编注：《王贞白诗集》，南昌：江西人民出版社，2013年。

能",指慧能,由其开创的禅法,主张"不立文字""教外别传""直指人心""见性成佛",将"顿悟"视为成佛的唯一途径。颈联谓云居长老所修持的慧能禅法,和一般佛教宗派借助语言文字说法从而开导众生不同。尾联承此意,赞誉长老像慧能一样明心见性、立地成佛。

该详未详

注释的最高目标是洞明诗心、探得诗意。正如仇兆鳌所云:"注杜者必反复沉潜,求其归宿所在,又从而句栉字比之,庶几得作者苦心于千百年之上,恍然如身历其世,面接其人,而慨乎有余悲,悄乎有余思也。"(《杜诗详注·原序》,P.2)欲达此目的和境界,注家除了诂训典故、语词、名物等,还应对诗歌涉及的本事时事、民俗事象、礼仪风尚、诗法意脉、比兴寄托等加以阐释。然而,不少诗注往往在这些应该详细阐发之处有所疏略甚至遗漏。

本事不能挂漏。崔涂七律《春夕》:"水流花谢两无情,送尽东风过楚城。胡蝶梦中家万里,子规枝上月三更。故园书动经年绝,华发春唯满镜生。自是不归归便得,五湖烟景有谁争?"按,《舆地纪胜》卷一六二"潼川府路·渠州·诗"录此诗,诗末注云:"冲相寺距州城四十里,乃定光佛道场。此诗古(故)老相传,是唐相崔涂,僖宗时避乱至蜀所题。今无墨迹存,惟定光岩间有题云:'前进士崔涂,由此间(闲)眺,翌日北归。'"《全蜀艺文志》卷六四载崔涂《渠州冲相寺题名》:"中原黄贼煽乱,前进士崔涂避地于渠州,春日独游冲相寺,由此登眺,翌日北归。"唐时渠州治流江县(今渠县),辖境相当今四川渠县、大竹、邻水、广安等县、市地。战国时期,渠州一带为楚之附属小国賨国所在地,故首联称为"楚城"。《蜀水经》卷一四"渠江":"渠县,故賨国也,芈姓子爵,亦作宗。顷王四年,执宗子,围巢,即此。"冲相寺,隋建,本名药寺,为定光古佛道场,唐赐额曰"冲相"。在今四川广安市广安区肖溪镇东北冲相村。唐宋时期为渠江流域著名梵刹,气势恢宏。寺后有定光岩摩岩造像及唐、宋题记三十余处。

时事当发明之。"诗史互证"是中国古代诗歌注释的优良传统。注家应"因诗以考史,援史以证诗,一一疏通证明,使作者本指,显然呈露"(赵翼

《瓯北诗话》卷九)。如赵翼七绝《经汾阳旧宅》:"门前不改旧山河,破庙曾轻马伏波。今日独经歌舞地,古槐疏冷夕阳多。"《赵翼诗注》①(P.129):"汾阳旧宅,唐代名将汾阳王郭子仪的旧宅。郭子仪(697—781),华州郑县(今陕西华县)人,以武举累官至天德军使兼九原太守,曾平定安史之乱,后进封汾阳郡王。代宗时,曾联合回纥,共拒吐番入侵。新旧《唐书》有传。"对时事背景的介绍到此为止,并没有点明郭子仪因重整山河之大功,被朝廷盟誓封爵,但死后不久,其后人陆续遭贬,田宅奴婢被人侵夺。而这,才是诗人兴感之缘由。按,《旧唐书·郭子仪传》载:"子仪薨后,杨炎、卢杞相次秉政,奸诡用事,尤忌勋族。子仪之婿太仆卿赵纵、少府少监李洞清、光禄卿王宰,皆以家人告讦细过,相次贬黜。曜(子仪长子)家大恐,赖宰相张镒力为庇护。奸人幸其危惧,多论夺田宅奴婢,曜不敢诉。德宗微知之,诏曰:'尚父子仪,有大勋力,保乂皇家,尝誓以山河,琢之金石,十世之宥,其可忘!其家前时与人为市,以子仪身殁,或被诬构,欲论夺之,有司无得为理。'"山河",暗用山河之誓典。《史记·高祖功臣侯者年表》:"封爵之誓曰:'使河如带,泰山若厉。国以永宁,爰及苗裔。'"意谓即使黄河隘如衣带、泰山小如砺石,而功臣的封国永存、功勋永在、爵禄世代久传。《唐诗别裁集》卷二○评此诗曰:"见山河如故,而恢复山河者已不堪凭吊矣。可感全在起句。"

诗中抒写的情事,有时会在诗人本人或同时代其他作家的诗文(特别是酬唱诗、赠答诗)中多次出现,而且每次限于主题及表达形式,抒写的视角、重点、范围、措辞等或有不同。作注时要尽量全面地搜集相关资料,综合分析,并取重要者以为互证。如刘沧七律《旅馆书怀》前半首:"秋看庭树换风烟,兄弟飘零寄海边。客计倦行分陕路,家贫休种汶阳田。"注可引其《怀汶阳兄弟》:"回看云岭思茫茫,几处关河隔汶阳。书信经年乡国远,弟兄无力海田荒。"祖咏五律《汝坟别业》首联:"失路农为业,移家到汝坟。"注可引其《归汝坟山庄留别卢象》:"淹留岁将晏,久废南山期。旧业不见弃,

---

① 谭优学注:《赵翼诗注》,上海:上海古籍出版社,1985年。

还山从此辞。沤麻入南涧，刈麦向东灾。"再如崔涂七律《过绣岭宫》颔联："三城帐属升平梦，一曲铃关怅望心。"按，"三城"，指韩国公张仁愿在河套的黄河北岸所筑东、中、西三受降城（今属内蒙古）。《旧唐书·张仁愿传》：神龙三年，仁愿"于河北筑三受降城，首尾相应……自是突厥不得度山放牧，朔方无复寇掠"。"属"，音"zhǔ"，依托，寄托。诗意谓：玄宗以为三受降城早已筑就，国有桢干，朔方无事，升平可期，孰料不久即发生了安史之乱，车驾幸蜀，美人难保，归来只能自制《雨霖铃》曲聊寄思念之情耳。杜甫《诸将五首》之二："韩公本意筑三城，拟绝天骄拔汉旌。岂谓尽烦回纥马，翻然远救朔方兵。胡来不觉潼关隘，龙起犹闻晋水清。独使至尊忧社稷，诸君何以答升平。"

诗中涉及某个民俗事象，最好举相关史料以证之。如章孝标《田家》："田家无五行，水旱卜蛙声。"①按，"五行"，水、火、木、金、土。构成各种物质的五种元素，古人常以此说明宇宙万物的起源和变化，也用于纪时或说明时节之更迭。"卜"，占卜，引申为推断、预测。《本草纲目》卷四二："田鸡、水鸡、土鸭，形称虽异，功用则一也……《考工记》云：'以脰鸣者，蛙黾之属。'农人占其声之早晚大小，以卜丰歉，故唐人章孝标诗云：'田家无五行，水旱卜蛙声。'"《清嘉录》卷三②（P. 44）"三月"《田鸡报》："（三月）三日，农民听蛙声于午前后，以卜丰稔，谓之'田鸡报'。谚云：'田鸡叫拉午时前（延先切），大（读作度）年在高田。田鸡叫拉午时后，低田弗要愁。'……案，范成大诗：'薄暮蛙声连晚闹，今年田稻十分秋。'褚人获《坚瓠集》云：'吴中以上巳蛙鸣，则无水患。谚云：三月三个虾蟇，禁口难开。'又九县《志》皆载占谚云：'午前鸣，高田熟。午后鸣，低田熟。'并载唐人诗云：'田家无五行，水旱卜蛙声。'"农业生产与水旱密切相关，故"卜水旱"即是"卜丰歉"。

诗中涉及某种特殊的礼仪、风尚，有时从字面看不是那么显豁，注释要适当发明、阐释。这里以与佛、道相关者为例。如贾岛五律《山中道士》

---

① 此诗《全唐诗》题作《长安秋夜》（一作《田家》），据内容看，应是《田家》。
② 顾禄著，来新夏点校：《清嘉录》，上海：上海古籍出版社，1986 年。

颈联："白石通宵煮，寒泉尽日春。""煮白石"，旧传神仙、方士烧煮白石为粮，后因借指道家修炼生活。《神仙传》卷一"白石生"云其人乃"中黄丈人弟子也，至彭祖之时已年二千余岁矣……常煮白石为粮，因就白石山居，时人号曰白石生"。《抱朴子内篇·杂应》："引石散，以方寸匕投一斗白石子中，以水合煮之，亦立熟如芋子，可食以当谷也。"上句所写既非寻常之事，则下句"寒泉尽日春"亦当不是普通的春米。按，唐代有些道教徒用水碓春云母等物服之或炼丹。白居易《寻郭道士不遇》云："药炉有火丹应伏，云碓无人水自春。"自注云："庐山中云母多，故以水碓捣炼，俗呼为云碓。"李白《送内寻庐山女道士李腾空二首》之一："水春云母碓，风扫石楠花。"再如王维《过乘如禅师萧居士嵩丘兰若》："食随鸣磬巢乌下，行踏空林落叶声。""磬"，寺院中召集众僧用的云板形鸣器或诵经用的钵形打击乐器。僧人过堂用斋时有鸣磬、念佛等仪式，今日尚然。

诗中涉及艺术史、学术史上的某个现象、事件，应予点明。如李群玉五排《三月五日陪裴大夫泛长沙东湖》尾联："从今留胜会，谁看画兰亭。""胜会"，犹盛会。"兰亭"，在今浙江绍兴西南之兰渚山上。东晋永和九年王羲之、谢安等同游于此。羲之作《兰亭集序》，略云："暮春之初，会于会稽山阴之兰亭，修禊事也。群贤毕至，少长咸集……引以为流觞曲水，列坐其次。虽无丝竹管弦之盛，一觞一咏，亦足以畅叙幽情。"此事后来成为画家乐于表现之画题。俞松《兰亭续考》卷二引李心传记云："王右丞所画《兰亭图》，祐陵标题，仍书何延之所作记于后。"李频《府试观兰亭图》："往会人何处，遗踪事可观……笔想吟中驻，杯疑饮后干。"今传者有明文徵明《兰亭修禊》卷（北京故宫博物院藏）、清樊沂《兰亭修禊图》卷（美国黄君实旧藏）等。

有些诗句，就句法、诗意而言，乃化用自前人、时人乃至诗人自己的诗句，应尽量点明。如景池五律《秋夜宿淮口》颈联："树静禽眠草，沙寒鹿过汀。"化自钱起《山中酬杨补阙见过》："幽溪鹿过苔还静，深树云来鸟不知。"

诗中某些特殊的艺术手法，亦应适当分析。如喻凫《龙翔寺居喜胡权见访因宿》："冲桥二水急，扣月一钟残。"按，下句谓钟一敲动，其声远扬，连高空的月亮也仿佛被扣响了，以此映衬钟声之清越。喻凫龙翔寺诗多次写到钟声，如《夏日龙翔寺寄张侍御》："晓月僧汲井，残阳钟殷台。""扣月""殷台"，笔法相同，只是一虚一实罢了。又李贺《秦王饮酒》："羲和敲日玻璃声。"钱锺书《谈艺录》①(P. 133)言"长吉曲喻"，特意拈出，津津乐道，谓："长吉乃往往以一端相似，推而及之于初不相似之他端……日比琉璃，皆光明故；而来长吉笔端，则日似玻璃光，亦必具玻璃声矣。"准此，喻凫言"扣月"，亦曲喻也。盖拟月为玉盘，言其光色也，乃常人之意。诗人则进一步发想，谓月之光色既如玉盘，则其亦如玉盘之"硁硁"可"扣"矣，其思既在人意之中又越意表之外。长吉言"敲日"，尚借"玻璃声"暗示；喻凫言"扣月"，则仅以残钟比衬，其喻似更曲、更妙矣。

繁冗失裁

注释应明畅贴切、详略得当。对于何者须注、何者不注、何时须详、何时要略，注家应充分考虑读者的接受水平，心中有数。不少诗注，遇到浅近、习见的语词、典故，每每连篇累牍地阐说、征引，恨不得连"长江黄河""风云月露"都加注，而对于那些深奥难懂、读者真正期待有所解释的典故或疑难，却付之阙如。这个倾向，古人已有所批评、反思。近年来，随着电子检索愈来愈便捷，注释中的繁冗失裁现象也越来越严重，浮词、游词举不胜举。如岑参七绝《逢入京使》首联："故园东望路漫漫，双袖龙钟泪不干。"《岑嘉州诗笺注》②(P. 765—766)注云：

> 龙钟：此字义释甚多。一、谓竹名，字亦从竹，或作鐘笼。马融《长笛赋》："惟鐘笼之奇生兮，于终南之阴崖。"李善注引戴凯之《竹谱》曰："鐘笼，竹名。"《南越志》云，罗浮山有龙钟竹。二、谓石名。《洞冥记》云："阳关之外花牛津时时得异石，高三丈，立于望仙宫，因名龙钟石。"三、或从足，作躘踵，亦作躘蹱。《集韵》引《埤苍》："躘蹱，行不进

---

① 钱锺书：《谈艺录》，北京：生活·读书·新知三联书店，2007年。
② 岑参著，廖立笺注《岑嘉州诗笺注》，北京：中华书局，2004年。

貌。"《玉篇》云："小儿行貌。"四、谓老病。明周祈《名义考》六："龙钟切癃字，潦倒切老字，欲言癃，欲言老，即以龙钟潦倒言之。后有释者皆不得其意而臆说也。"五、穷困失意。萧颖士《为南阳尉六舅上邓州赵王笺》："累年以来，凶险荐至，两兄一弟，俎谢连及，嫠孤空室，苦盖在庭……龙钟茶苦，毕备于此。"李华《卧疾舟中相里范二侍御先行赠别序》："华也潦倒龙钟，百疾丛体，衣无完帛，器无兼蔬，以妻子为僮仆，以笠屦为车服。"六、沾湿貌。《荀子·议兵》"陇种东笼而退"唐杨倞注："东笼与涷泷同，沾湿貌。"东笼亦作笼东。《北史·李穆传》宇文泰芒山之败，敌兵追及，李穆以马鞭击泰背骂曰："笼东军士，尔曹主何在？尔独在此！"泰因免于难。盖以马中矢坠地沾湿，故曰笼东，亦龙钟也。《方言》："泷涿谓之沾渍。"此为龙钟音转。《论衡·自纪》："笔泷漉而雨集，言溶瀺而泉出。"泷漉为泷涿之音转，亦龙钟也。楚人则以泪湿为龙钟。王褒《与周弘让书》："援笔揽纸，龙钟横集。"此言下泪也。卞和《退怨歌》"空山歔欷涕龙钟"，言鼻涕交流也。唐李匡乂《资暇集》则谓龙行雨时上下所践，因而淋漓沾溅云云，此说实不可取。七、《苏氏演义》曰："龙钟者，不昌炽、不翘举貌，如鼙鼛、拉搭、解纵之类。"此义甚奇，少见用者。岑诗此字，要以泪湿为义。

让人仿佛是在读专门汇集训诂资料的《故训汇纂》之类的辞书。姑且不论所列义项及书证颇为凌乱，有不少系对这个叠韵联绵词的穿凿理解，仅就注释工作的本分而言，亦远远地越界了，繁冗得很。一个词可能有多个读音、多个义项，注家只要注明诗中特定语境下的意涵即可，若有必要，顶多旁涉与该意涵有关的义项，以明其意之来源，无需獭祭。同一首诗同一个词的注释，问世较早的马茂元《唐诗选》(P. 242)云："双袖句：以袖拭泪，袖已湿而泪仍不止。龙钟，涕泪流溢貌（见方以智《通雅》）。"《岑参集校注》[①](P. 104)曰："龙钟：沾濡湿润貌。明方以智《通雅》谓，'龙钟'转为'泷涷'，

---

① 陈铁民、侯忠义校注：《岑参集校注》，上海：上海古籍出版社，2004 年。

《广韵·一东》：'涷，泷涷，沾渍。'"可谓简明扼要。

对策建议

1980 年，郭在贻在《学术月刊》发表《漫谈古书的注释》一文，将古书注释中的问题归纳为望文生训、增字为释、误解俗语词、以今例古、当注而不注五条，并举了平日涉猎所及的一些选本中的疏误作例子。如果将郭先生文章和本文对读，会发现：本文所举疏误整体上说层次更低、类型更多；郭先生所举多为有着高深学养的专门名家"智者千虑，或有一失"，或者本身为注释、训诂之疑难，而笔者所举只有少数属于这种情况，大多数是因为新生代注家对诗歌的整体感悟力和解读力不高、诗学修养和国学根底薄弱造成的。而从郭先生文章发表到本文撰写的三十多年，正是辞书编纂得越来越细密、数字化从滥觞到发展再到如火如荼、沾溉万家的时期。所以，某种程度上说，本文所举疏误，可以看作数字化时代诗歌注释的"时代症候"，也折射了这个时代古典研究赖以为根基的文本解读状况。作为个中人，我们必须清醒地意识到：数字化既为我们带来了资料检索的便利，同时也在潜移默化地改变着我们的习得方式、问题意识和研究模式，侵蚀着我们在"专业化"的教育下本来就先天不足的文本感悟力和解读力、诗学修养和国学根底。而提高、夯实这些能力、修养和根底，是端正学风、进行必要的技能训练之外，身处数字化时代的我们提升注释乃至整个古典研究水平的关键所在和治本之方。笔者以为，可从以下两个方面着手：

其一，重视经典，回归文学。

不少学者对当下文学研究呈现出的"边缘化"倾向和偏离文学本位的现象表示忧虑。这些倾向和现象与新生代学者的文本感悟力和解读力不高、诗学修养和国学根底薄弱已形成互为因果的恶性循环关系。所谓"边缘化"，是目前人文学术的普遍"症状"，主要指学者的视野慢慢萎缩，越来越无力也不想回应学科核心问题和重大社会问题①。以文学研究而言，近

---

① 陈斐：《透视人文学术研究的"边缘化"》，《中华读书报》2016 年 12 月 1 日。

二三十年，研究的范围和广度是大大地拓展了，以前很少注意的二三流作家及其作品都得到了挖掘，但与经典相关的核心问题却没有突破甚至罕见问津，研究中孤立、静止、片面地看待问题的现象越来越严重，研究的整体水平并没有得到提升，甚至可说有所滑坡。这与目前"量化"考评体系的驱动也有关系：因为核心问题的探究往往耗费时力，在多出"成果"的压力下，不少学者避难就轻、避主就次，倾向于选择一些琐碎、便于操作的选题不断"重复"自己，才情、学识不但没有得到涵养、提升，反而被"稀释"了。然而，从超越当下功利计较的历史视角看，学术又是客观、无情的奥林匹克竞赛，站在领奖台上的必然是高水平的胜出者，低层次的"成果"再多也没有用。而经典的细读、核心问题的探究，正是提升文本感悟力和解读力、夯实诗学修养和国学根底、提高识见乃至研究水平的不二法门。

二十世纪八九十年代以来，随着"文化热"的兴起，不少学者从哲学、历史学、宗教学、社会学等文化视角观照文学。这对于本来就具有"大文学""杂文学"属性的中国文学来说无可厚非，甚至是必要的。问题是，这种来自多维文化视角的观照大多没有落实、聚焦于"文学"本位，并非结合对文学文本的细致阅读和感悟，探究一定时期的哲学、历史、宗教等是如何影响了文学内在风貌及其规律的演变，而不过是把这些学科的理论、方法甚或结论拿来，寻找一些文学作品作为论据"演练"一番罢了。此类研究从根本上消解了文学作品的审美性与文学性，偏离了文学研究的方向，称为其他学科或文化史研究的分支或许更为恰当。正如布鲁姆所讽刺的："文学研究者变成了业余的社会政治家、半吊子社会学家、不胜任的人类学家、平庸的哲学家以及武断的文化史家。"①其中，尤以古代文学研究的"历史化"倾向最为突出。特别是近年来，借助数据库检索带来的便利，很多学者斤斤于作家生平和作品系年的考据。钱锺书早在 1933 年批评过的，自清代朴学以来"使文学研究和考据几乎成为同义名词，使考据和'科学方法'

---

① 哈罗德·布鲁姆：《西方正典》，江宁康译，南京：译林出版社，2005 年，第 412 页。

几乎成为同义名词"①的现象再次上演,其流弊正如程千帆所提醒的那样:"企图用考证学或历史学的方法去解决属于文艺学的问题……议论虽多,不免牛头不对马嘴。"②而这种偏离文学本位的研究之所以会流行成风,亦与新生代学者文本感悟力和解读力不高有关。他们难以深入文本,所以大多这样"在文学的外围打转",或者说使"文学为别的学科打工"③。不过话又说回来,如果不重视经典细读、回归文学本位,感悟力和解读力就永远无法得到提升。我们必须下狠心打破这种恶性循环。

其二,提倡学诗,重构诗学。

在中国古代,"创作"在整个文学活动中处于核心位置,不仅文学的评论者、研究者兼具作家身份,有着深切的创作体验,而且,关于文学的评论、研究皆以提升创作能力为旨归,创作、评论、研究三者之间呈现出良好的互动局面。近代以来,在"西学东渐"的大背景下,我们从西方引进了另外一套学术体制和教育制度,开启了学术与教育的现代转型。文学研究与教育不再以"创作"为中心。如龙榆生《今日学词应取之途径》即云:"词学与学词,原为二事。"大学中文系不以培养作家为使命,而以文学"知识"的生产与传授为核心,教师、学生的考核、评价皆是如此。在"新文化运动"破旧立新的旗鼓声中,旧文体的创作更是不具备合法性。这样,创作、评论、研究三者应该具有的互动局面就被人为地打破了。老一辈学者因为生活在传统文化氛围还比较浓郁的时代,大多具备诗词等旧文体创作的个人体验和扎实的国学根底(这与现代文学研究、教育体制无关,并不是其激励、培养的结果),因此能在一定程度上弥补这种打破带来的不足;而当学术传承的接力棒传递到没有这些优势的新生代学者手中时,其危害就比较明显地呈现出来了。就其大端而言,主要是这种经过现代转型的文学

① 钱锺书:《写在人生边上·人生边上的边上·石语》,北京:生活·读书·新知三联书店,2002 年,第 179 页。

② 程千帆:《相同的题材与不相同的主题、形象、风格——桃源诗的比较研究》,莫砺锋编:《程千帆选集》,沈阳:辽宁古籍出版社,1996 年,第 865 页。

③ 张剑:《新世纪宋代文学研究的问题与思考》,《文学遗产》2014 年第 2 期。

研究，是在由西方引进的学制和学科体系的规范下，从西方引进的文学理论出发，撷取中国素材进行理论推衍，而非走研究应该走的从"作品细读"到"现象考察"再到"理论提升"的理路。如此"生产"出来的文学"知识"及以这种"知识"为中心的文学教育，很大程度上消解了文学的民族特色、审美属性及"以文化人"功能，能否"触摸"到中华数千年博大精深之文学的精华都是值得怀疑的，更不用说"接续"了。本文所举近年唐诗注释中的疏误，某种程度上正展现了这样一套文学研究与教育体制的"沙滩"一般的根基。职是之故，今天，越来越多的学者意识到重构中国学术话语及"中国文学的理论"①之必要，不过却又很难落实。笔者以为，主要是因为：当下文学创作与评论、研究处于断裂状态，人们对文本的感悟力和解读力不高，因而也就无法深切地体会古代文学作品及评论之精妙、进而提炼与之切合的文学理论②。在此情势下，我们的文学研究与教育应该有所调整，适当修复与创作的互动关系。尽管古今文体、语体已经发生了大的变革，没有必要人人都这么做，但起码从事古代文学研究的学者，应该了解、具备相关文体的创作技能和体验，如此才能味辨淄渑、言中肯綮，获得较高的文本感悟力和解读力。诗歌因为与母语联系更为密切，更呼唤研究者具备创作方面的体验。只有这样，重构中国学术话语、"中国文学的理论"才不会沦为口头上的空谈，而且，还会启发、引导人们从创作视角审视我们的文学传统，进而为当下文学创作提供更为切实的启示。

---

① 这里套用程千帆的说法。程先生说："从理论角度去研究古代文学，应当用两条腿走路。一是研究'古代的文学理论'，二是研究'古代文学的理论'。前者是今人所着重从事的，其研究对象主要是古代理论家的研究成果；后者则是古人所着重从事的，主要是研究作品，从作品中抽象出文学规律和艺术方法来。"程千帆：《古典诗歌描写与结构中的一与多》，《程千帆选集》，第848—849页。笔者所谓重构"中国文学的理论"，是指秉持历史意识和国际视野，以西方文论为参照，从中国文学作品的细读出发，结合历代文论家的研究成果，进行理论提炼与建构。

② 主张"词学与学词，原为二事"的龙榆生，晚年观点亦有改变。据钱鸿瑛回忆，20世纪60年代，她曾向龙先生求教，"龙先生告诉我，学词不能只学理论，还应该有实践，自己会写，'填词'与'词学'二者兼顾才是为学根本，才能体会个中甘苦"。邓菀莛：《探寻词的艺术世界——钱鸿瑛研究员访谈录》，《文艺研究》2019年第3期。

芝加哥大学藏数字卷轴画：
从教学工具到开放学术资源

［美］阿曼达·瑞宾（**Amanda Rybin**）著　李婷宜译

芝加哥大学数字卷轴画项目（http：//scrolls. uchicago. edu.）最初是作为一个特定的教师教学需要开始的：当手头的工具无法准确表示这些艺术作品时，我们如何在课堂上显示卷轴画的图像？为了回答这个问题，东亚艺术中心与众多校园合作伙伴协商后发起了一个长期项目。其结果是创建了一个新的基于网络工具，并最终为东亚艺术学者提供了一个公开的可访问资源。视觉资源中心与校园和全球博物馆合作，协助开发了数字卷轴画项目。笔者描述了这一教师需求如何演变成一种以高度协作开发潜在应用程序的努力，这可能远远超出项目的最初意图。

引言

手绘卷轴画是东亚传统绘画的一种重要类型。它通常水平地被绘制在丝绸或纸张上，通过左手展开画卷同时右手滚动卷轴的方式来欣赏，每次只能目验一个部分①。作为连续的并且通常是叙事性的作品，卷轴结合

---

① 书画名物展，台湾"故宫博物院"，http://www. npm. gov. tw/english/exhbition/ehan0101/ehan0101. htm.

了文字和图像，让观众可以进行一种特殊的、亲密的参与。

博物馆中的原画太贵重，太脆弱，无法频繁进行处理，也很少被完整展示。当它们在博物馆中被展示时，通常被放置在玻璃柜中，每次只展开一大部分①。这种显示方法可以突出显示卷轴中的重要部分，甚至揭示卷轴是如何分节绘制的，但它必然会限制观众与整个作品的互动（图1）。

图1 威廉玛丽学院斯威姆图书馆特别收藏研究中心（Special Collections Research Center, Swem Library, College of William and Mary）于2012年4月12日—5月28日的"三圣书画展"，展出王羲之《远宦帖》（约303—361）摹本。图片由威廉玛丽学院斯威姆图书馆特别收藏研究中心提供，禁止商用及编辑。请参阅该文档的在线版本，以获得此图像的彩色版。

在教室里学习时，卷轴也会被碎片化地展示出来，主要通过35毫米的感光胶片或数字幻灯片进行静态的局部再现。这种特殊的观看方式扭曲了卷轴的时间和空间特性，限制了教学方法。例如，数字图像经常通过 PowerPoint 显示，但不支持缩放、平移或滚动。局部细节与大叙事脱节，因此很难评价它们与整体的渐进关系。芝加哥大学的数字

---

① 书画名物展，台湾"故宫博物院"，http://www.npm.gov.tw/english/exhbition/ehan0101/ehan0101.htm.

卷轴画项目就是为了寻找更好的课堂学习方法而开展的。

范围、所需功能和类似项目

最初的项目范围是希望找到一种解决方案，用于在芝加哥大学的教室里展示卷轴画的大图像。这是与艺术史系三名教授东亚艺术的教职人员协商后确定的，他们表达了他们在教学中所关注的内容。这些教授都至少讲过一节关于卷轴画的课，他们在这些课堂中，实施了针对这一宽泛主题（指如何展示卷轴画——译注）的各种方法。为了使项目有用，所展示的图像要能够代表各种时代和风格。

由于特定的教职员工直接与东亚艺术中心（Center for the Art of East Asia，简称 CAEA）、视觉资源中心（Visual Resources Center，简称 VRC）的工作人员接触，因此我们没有对芝加哥大学的其他用户的需求进行全面调查。相反，我们创建了一个由东亚艺术中心（CAEA）副主任领导的核心小组，其中包括三名东亚艺术史教师、视觉资源中心（VRC）工作人员以及芝加哥大学人文研究计算系（Humanities Research Computing，简称 HRC）的工作人员。该小组的教职人员与东亚艺术中心（CAEA）的副主任一起，列出了常用数字图像数据库（如 ARTstor 和 LUNA，芝加哥大学用于图像收集的商业解决方案）中缺少的所需功能。

这些数据库中的标准图像视图包括缩放、平移（单击并向左、向右、向上或向下拖动图像）、显示数据和以最大分辨率查看的功能。大多数数据库还允许图像下载和图像分组以供日后参考引用。核心小组的需求列表中包括以下功能：缩放、平移、数据显示、最大分辨率视图、图像注释、自动滚动（从右到左和从左到右的匀速滚动）、全屏视图以及整个滚动的概览导航视图（以提供情境感）。ARTstor 和 LUNA 不支持最后四个功能，而且它们有一些对我们来说不必要的功能，例如图像下载和图像分组。我们在教学范围内没有下载的需要，反而希望能有一个动态界面,可以在其中查看卷轴的滚动,操作它并讲解它所在的情境。将其从系统中抽离出来会违背这一初衷。

在创建功能齐全的网站之前,我们尝试使用 LUNA 系统,该系统用于书籍扫描,并且在校园内随时可用。然而,卷轴画图像的大小确实是一个挑战。虽然 LUNA 可以处理非常大的图像,但一些长卷轴仍然太大,无法以最大分辨率上传。数字化的卷轴画,即使从摹本或其他书籍复制品中扫描,通常也会超过两千兆字节,它们的长边尺寸通常超过40000 像素。我们尝试以低分辨率制作副本,并将这些卷轴加载到LUNA 上,以方便上传。遗憾的是,这样操作会破坏局部的观看效果,这便是创建高分辨率图像的首要原因。

核心小组开始参考其他大学和博物馆为使其卷轴可在线查看所做的工作。在哈佛大学的哈佛燕京图书馆,佩措尔德(Petzold)收藏的日文卷轴已经部分数字化,现在公众可通过哈佛图书馆目录 HOLLIS 查阅 500 个卷轴①。目录的图像查看界面允许用户缩放、平移、旋转和更改全图像视图的大小,极大地方便了单个卷轴的研究。该界面是集成到图书馆网站以及 ARTstor 和 LUNA 中的图像查看器的典型界面。但是,该界面不包括注释复杂版本、题词或运行特定于卷轴程序(如自动滚动)的功能。

另一个令人印象深刻的项目是中国清代盛世皇家纪实长卷,由哥伦比亚大学的亚洲教育工作者计划(Columbia University's Asia for Educators Program)和视觉媒体中心(Visual Media Center)与大都会艺术博物馆(Metropolitan Museum of Art)合作。该网站仔细挑选并情境化了清代创作的四个"南巡图",以记录康熙和乾隆皇帝对帝国各

---

① 佩措尔德(Petzold)收藏的日本卷轴(Petzold Collection of Japanese Scrolls),哈佛燕京图书馆(博客),2012 年 10 月 5 日,http://blogs. law. harvard. edu/yenching/? cat=330.

个角落的巡访①。交互式卷轴查看器允许用户沿着大清帝国的历史地图和时间轴查看卷轴②，用户还可以选择"探索卷轴"，在一个单独的窗口中打开它们。在这个视图中，用户可以进行缩放，向各个方向平移、关闭指南，然后重置视图。这个网站显然提供了除自动滚动功能外，我们教师需求的几乎所有功能，而它的优势也十分有限：只对四个特定的卷轴进行深入研究。该网站的图像查看器可作为类似项目的合适模型。这个网站仍然没能完全满足我们教员的需求，也没有满足我们对网站存有大量材料的需要。

意识到没有现成的系统或项目可以满足芝加哥大学的需求，我们继续讨论并进一步修改了界面需求清单。我们对其进行扩展，使其能够打开和关闭注释、通过各种数据字段（如博物馆名）进行浏览，以及以英语、中文和日语进行搜索。人们还希望最好能有一个可以在移动设备上界面美观的网站。

公共资源

随着讨论和想法的继续发展，核心小组意识到我们不仅在满足教师的需求，而且面临着一个独特的机遇。事实上，我们是创建资源，而不是利用一个基础的订阅系统（如 ARTstor），这意味着我们可以从授权协议的约束中解放出来，我们意识到可以分享我们创造的东西。

为其他研究机构进行广泛研究和表现的内容设计一个独特的目录界面令人兴奋，部分原因是这意味着我们的项目可能在我们的小社团之外能有用。为更广泛的学术人群服务是东亚艺术中心（CAEA）的使命：助力人们对东亚艺术和视觉文化日益增长的兴趣，并支持大学完成

①② 《中国清代盛世皇家纪实长卷：乾隆南巡图》《中国清代盛世皇家纪实长卷：康熙南巡图》，哥伦比亚大学，2005 年，http://www.learn.columbia.edu/nanxuntu/start.html.

以这一身份创造和传播知识的使命①。除学术需求外，我们还意识到，用于查看数字化卷轴的动态界面可能对收藏艺术品真迹的博物馆有用。如果我们收录了来自这些机构的高质量图片并被允许在我们的网站上公开展示它们，博物馆就可以链接到我们的网站，作为加强对其藏品的研究并进一步履行其教育使命的一种方式。

作为东亚艺术中心（CAEA）使命的一部分，本着为学术和博物馆社区提供更开放的访问权限的利他态度，项目的范围扩展到了公共领域。这一范围的变化意味着，当我们向博物馆购买图像时，需要就在线公开展示的版权进行谈判。此外，查看我们从书本上扫描的卷轴还需要使用芝加哥大学的身份登录。从博物馆购买图像还有一个额外的好处，那就是它的图像质量比我们从印刷品上扫描到的任何图像都要高得多。因为现在项目的范围还包括从博物馆购买图像，除了支付学生扫描员和编目员在视觉资源中心（VRC）工作的报酬外，我们意识到这个项目需要外界的支持。为此团队准备撰写一系列的资助提案。

合作伙伴

一旦该项目被完全定义为一个以动态界面向公众呈现高质量图像的独特机会，芝加哥大学的数字卷轴画项目开始寻求与校园团体和世界各地博物馆之间的合作。为了促进协作过程，我们在早期进程中规定了以下组织分工：

芝加哥大学东亚艺术中心（Center for The Art of East Asia at The University of Chicago）：指导、授权写作和交流

在凯瑟琳·R·蒋（Katherine R. Tsiang）的指导下，东亚艺术中心（CAEA）发起了这个项目，在校园和博物馆的合作伙伴之间建立联

---

① "东亚艺术中心：关于我们"，芝加哥大学，2009 年 9 月 9 日，http://lucian. uchicago. edu/blogs/caea.

系，并领导最初的拨款申请书撰写工作。中心还制定了网站的公共内容范围和概念框架。

芝加哥大学艺术史系（Department of Art History Faculty at The University of Chicago）：概念与内容

艺术史系的教员为拓展馆藏内容提供了专家建议，以满足他们的教学需要。教师们还帮助制定项目的范围，以确定它如何对大学以外的学术社区有用。

芝加哥大学视觉资源中心（Visual Resources Center at The University of Chicago）：制作和编目

视觉资源中心（VRC）提供元数据指导，训练学生制作图像、目录、研究室空间和网页设计咨询。视觉资源中心（VRC）继续存储高分辨率的 tiff 格式文件，并与芝加哥大学人文研究计算系（HRC）沟通以获得技术支持。

芝加哥大学人文研究计算系（Humanities Research Computing Department at The University of Chicago）：网络开发与设计

芝加哥大学人文研究计算系（HRC）的工作人员以各种方式提供帮助，包括开发测试版网站和之后的网站更新。他们推进了联盟网站（Drupal）站点的重新设计，并简化了图像和数据上传过程。

起捐献作用的博物馆：为学术团体提供内容

来自全国各地的博物馆和一家国际博物馆同意为该项目提供高质量的图像。书面协议规定，图像将通过网页界面免费提供公众查阅（不提供下载）。

大事年表

东亚艺术中心（CAEA）于 2005 年发起了"数字卷轴画项目"，以支持芝加哥大学东亚绘画课程的教学，并进一步推进中心的发展[①]。2006 年，东亚艺术中心（CAEA）在与视觉资源中心（VRC）和芝加哥大学人文研究计算系（HRC）协商后起草了几份拨款提案。这些提案概述了项目的需要及其覆盖范围、潜在的技术基础设施、预算信息，以及在初期资金资助后维持项目的计划。这些提案的成功对项目推进至关重要，当大学内外的基金会给予资助时，项目组的所有成员都非常高兴。

从 2008 年到 2010 年，我们看到了该项目第一个公开网站的初步发展。网站功能包括缩放、自动滚动、平移、查看最大分辨率以及查看注释和转录。即使是最大的滚动图片，也可以通过 Zoomify 软件先将它们转换成小的平铺窗口，从而保证了即使是非常大的高分辨率卷轴文件也可以通过无线网络快速浏览。这一时期也看到了大量的内容增长和博物馆的贡献，包括斯马特美术馆（Smart Museum of Art）、圣路易斯美术馆（St. Louis Art Museum）、波士顿美术博物馆（Museum of Fine Arts，Boston）和北京故宫博物院（Palace Museum in Beijing）。

每个卷轴图像都创建了一个高质量的、完整的描述性记录数据。视觉资源中心（VRC）使用了符合 VRA Core 4.0 的通用版本（FileMaker Pro）关系数据库（VCat），这似乎是追踪与数字卷轴画相关的元数据的复杂性和一致性的理想解决方案。视觉资源中心（VRC）同意监管卷轴的编目工作，这将主要由实习的学生完成。此外，视觉资源中心（VRC）还提供了关于图像质量、实验室空间、学生培训和网络上传过程监督的指导方案，包括使用 Zoomify 将图像转换为平铺的

[①] "数字卷轴画项目：关于我们"，东亚艺术中心，芝加哥大学，http://scrolls.uchicago.edu/about.

图像。

虽然在此期间创建的测试版网站包含了所有最初想要的功能,但它仍不能满足诸如打开和关闭注释、以英语和东亚语言进行搜索以及浏览各种数据字段的次要需求。它在移动设备上的显示效果也不好。

2011 年,根据大学不断变化的需求,在芝加哥大学人文研究计算系(HRC)的建议下,网站以联盟网站(Drupal)为后端进行重新设计。芝加哥大学人文研究计算系(HRC)已经广泛使用联盟网站(Drupal)开发学术部门的网站,现有的联盟网站(Drupal)主题很容易定制,所以我们可以纳入所有原始的卷轴查看器的功能以及新的请求。联盟网站(Drupal)仍然使用我们用 Zoomify 处理过的图片,这意味着从旧站点迁移的过程相对来说比较轻松。它还可以整合东亚语言进行搜索和浏览,这是一个巨大的优势。

在 2012 年和 2013 年,项目持续推动收录更多博物馆生成的目录——这一次的图片来自纳尔逊·阿特金斯博物馆(Nelson-Atkins Museum)和芝加哥艺术学院(Art Institute of Chicago)。现在网站架构和工作流程序已经建立,视觉资源中心(VRC)和芝加哥大学人文研究计算系(HRC)已经承诺持续协助图像处理、编目和网站维护。对其他目录的推动将在 2013 年、2014 年,甚至更长时间内继续进行。

协作

高校单位间的合作在某种程度上是显而易见的。视觉资源中心(VRC)曾与东亚艺术中心(CAEA)和芝加哥大学人文研究计算系(HRC)合作过其他成像项目,工作人员经常互相讨论以满足教师的需求。我们基于之前的数字化工作和员工的专业知识进行明确分工。然而,一旦项目成为公共资源,向博物馆说明这一项目的必要性并争取他们的合作无疑是至关重要的。为了实现广泛的应用和价值,并实现拨款提案中设定的目标,我们必须证明数字卷轴画项目是一个不仅对芝加哥大学,而且对全世界东亚艺术学者来说都有价值的资源。这意味着网站上的图片必须是质量上乘的,而且收录的图像越多越好。我们的教师首先选择了卷轴画,并根据他们的课程相关性和广泛的学术兴趣添加到所需列表中。东亚艺术中心(CAEA)的工作人员随后通过电子邮件向馆长和其他博物馆联系人发送了申请。

在过去的二十年里,收藏有重要卷轴画的博物馆在数字化方面做出了令人钦佩的努力。然而,如上所述,由于它们的大小、形状和内容限制,卷轴画没有被更多的传统数字图像界面所利用,这包括ARTstor、LUNA,以及博物馆收藏数据库。我们对图片的正式需求突出表明,缺乏一个现成的系统来充分再现观看叙事卷轴的过程。令我们高兴的是,到目前为止,我们接触到的每一个博物馆都确信我们的教学需求也反映了他们的收藏需求,他们因此同意参与这一项目。

东亚艺术中心(CAEA)是一个使命驱动性的存在,它旨在创造和传播东亚艺术知识,这意味着许多博物馆馆长已经与它们的工作人员很熟悉,并愿意参与讨论。有几家博物馆甚至决定免费提供图片,理由是该网站将为研究它们的藏品增加价值。

大多数博物馆通过对真迹进行数码摄影向我们提供卷轴。他们把这些照片传给视觉资源中心(VRC)的工作人员,由他们合并在一起,进行编目,并上传到卷轴画网站。许可协议还指出,视觉资源中心(VRC)将把完整的、合并好的卷轴图像归还给博物馆,让他们按照自己的意愿使用,这种非盈利性质的行为使该项目对各方都有利。

与芝加哥大学以外的机构进行合作并非没有挑战。视觉资源中心(VRC)的工作人员同时操作自己负责的数字化和编目工作以及多个博物馆肖像权部门的交付工作。在我们最忙的时候,我们与多个博物馆合作了多达20幅卷轴;在进展较慢的时期,我们经常会在几周内得不到联系人的回复。因此,我们的工作流程必须非常灵活,使我们能够在必要时以非常快的速度工作,并在博物馆工作暂停时进行额外的注释、转录和图书扫描来弥合工作。与我们合作的博物馆很高兴成为这个项目的一份子,最初对他们不愿意公开图像的担心完全是多余的。

结果

"数字卷轴画项目"现在拥有近60幅高分辨率的卷轴,这些卷轴对外公开(图2)。我们无法从博物馆购买到的卷轴图像都是从书本上扫描的,这些图像只提供给芝加哥大学附属机构,需要大学证书才能登录,这个私有档案馆里有123卷卷轴。

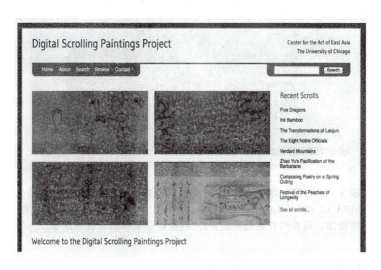

图2 芝加哥大学的数字卷轴画项目网站(http://scrolls. uchicago. edu.)。图片由芝加哥大学提供。请参阅在线版本的文件,以获得该文件的彩色版图像。

图3中的截图展示了新的联盟网站(Drupal)站点的界面功能。缩放图标位于左上角。1:1图标允许用户快速缩放到最大分辨率。左下角的箭头图标可以启动从右到左的自动滚动功能(反之亦然)。我们的研究助理写的注释出现在卷轴上的白框里,这些可以通过右上角的堆叠矩形图标来打开和关闭。如果用户希望整理屏幕上原始的注释内容,右上角的计算机图标能把没有注释和编目信息的滚动条放大为全

屏视图。右下角的导航窗格能让用户一眼看到他们所在的视图在整个卷轴内的位置。此外，数据字段现在是完全可浏览的，并且可以通过英文、中文和日文搜索原始的注释内容。该站点在移动设备上的显示也很美观（图 4）。

图 3 芝加哥大学的数字卷轴画项目：捣练图（局部），宋徽宗绘，MFA 12. 886，http://scrolls. uchicago. edu. 照片© 2014 波士顿美术博物馆。请参阅在线版本的文件，以获得该文件的彩色版图像。

新的改良过的卷轴画网站已经满足了为教学提供一个真实、原始卷轴性质的图像资源这一最主要的教学需求。一位艺术史系的教员最近讲述了她在课堂上使用自动卷轴功能"玩"一幅卷轴画的操作，并提到学生们对叙述的节奏作出了分析，这些是他们在静态的局部画面中可能不会注意到的。她还说自己有了新习惯，即在网站上布置某个卷轴的作业，让学生在家解读。由于该网站如此近距离地再现了真实卷轴的个人浏览体验，并允许注释和抄写，因此显然不会出现关于卷轴主题的讨论，如艺术家如何转换场景。在这种情况下，图片成为主要的文本。

图4　芝加哥大学的数字卷轴画项目：捣练图（局部），宋徽宗绘，MFA 12.886，在 iPad 上观看，http://scrolls.uchicago.edu.照片Ⓒ 2014 波士顿美术博物馆。请参阅在线版本的文件，以获得该文件的彩色版图像。

这个新的网络界面也允许个人研究以其感兴趣的方式拓展。例如，将极高分辨率的图像与网站的缩放功能相结合，突出卷轴的重要性，这一方式对普通的博物馆游客、图书学者或艺术家用户来说是不可能完成的。参观者可以看到颜料的纹理以及不同介质的分层和混合（图5）。该项目的研究助理学生最近告诉我们："在过去的十年中，许多关于欧美艺术的学术研究揭示了材料、表面（纹理）、介质和材料的复杂含义。图像放大功能在很多方面为将这一学术新趋势扩展到中国画提供了一个具有创新性的跳板。"[1]

由于在网站上扩大了公众对高分辨率卷轴画的访问权限，我们听说世界各地的图书馆员和博物馆专员都有意愿向用户展示我们的网站。例如，维多利亚和阿尔伯特博物馆（Victoria and Albert Museum）将在我们网站上从波士顿美术博物馆（Museum of Fine Arts）借来一

---

[1]　颜昆西（Quincy Ngan）于 2013 年 2 月 13 日给作者的电子邮件。

图 5　芝加哥大学的数字卷轴画项目：捣练图（局部），宋徽宗绘，MFA 12.886，http://scrolls.uchicago.edu.照片© 2014 波士顿美术博物馆。请参阅在线版本的艺术文件的彩色版图像。

幅卷轴，用于即将举行的展览，博物馆的副主任已经向我们询问他们是否可以把网站纳入展览的参观指南中①。希望随着更多学者和策展人发现这个项目，我们的这一努力可以以其他意想不到的方式扩展。

未来的计划和目标

未来的一个明确目标是继续扩展网站的内容。虽然自 2010 年首次推出以来，我们在公共和私有网站上的卷轴数量增加了两倍多，但为了保持相关性，我们必须继续扩大这一资源的广度（卷轴数量）和深度（高质量的目录记录和标记，并添加相关材料的链接）。最近我们与大都会艺术博物馆（The Metropolitan Museum of Art）达成的一项协议确定了该网站将在 2014 年初收录这座著名机构的卷轴。这种关系将

----

① 2013 年 8 月 7 日，贝丝·麦基洛普（Beth McKillop，维多利亚与阿尔伯特博物馆副馆长）以电子邮件的形式致张凯西（Kathy Tsiang）。

持续下去，其中将包括收录他们收藏的大量中国和日本的卷轴。

我们希望与博物馆建立积极的、互惠的关系，相信我们网站的架构能在东亚艺术研究中产生重要价值。图片来自有意在我们的网站上公开其藏品的博物馆。通过不断扩大公众可查看的内容，我们希望实现我们的最终目标：成为一个综合性的数字卷轴画数据库。

最后，轻松缩放、平移、滚动、导航和注释艺术作品的功能并不局限于东亚卷轴画。该网站的功能可能会适用于其他种类的艺术品。其他机构的图书馆员和教职员工都表示有兴趣修改我们的联盟网站（Drupal）技术参数，以满足他们自己的教学需求。在我们自己的艺术史系，研究东亚艺术以外的教员们已经提出，是否有可能重新设计网站的框架，以突出类似的大型或全景图像，如壁画、挂毯或地图，这是一个值得进一步探索的富矿。

致谢

笔者感谢所有参与数字卷轴画项目的人，尤其要感谢东亚艺术中心的凯瑟琳·R·蒋（Katherine R. Tsiang）。没有她的远见，这个项目就不会成型。特别感谢梅根·马肯（Megan Macken），视觉资源中心的前主任，她的勤奋使网站的想法成为现实。非常感谢人文研究计算系，在彼得·莱纳德（Peter Leonard）和彼得·托尔森（Peter Thorson）的领导下，在伊莱·托尔克森（Eli Thorkelson）的不断帮助下，该网站发展成为一个界面美观、功能丰富的资源库。感谢艺术历史系的老师们，特别是冯平（Ping Foong）、切尔西·福克斯韦尔（Chelsea Foxwell）和巫鸿（Wu Hung），他们希望在课堂上真实地展示艺术作品，并致力于创新和技术驱动的教学方法，使得这个项目成为可能。

非常感谢资助我们的机构，包括布莱克莫尔基金会（Blakemore Foundation）、芝加哥大学人文学部（University of Chicago Division of the Humanities）、芝加哥大学普罗沃斯特学术技术创新项目（University of Chicago Provost's Program for Academic Technology Innovation) 以及芝加哥大学妇女委员会(University of Chicago Women's Board)。感谢参与展览的博物馆，包括芝加哥艺术学院（Art Institute of Chicago)、大都会艺术博物馆（The Metropolitan Museum of Art)、波士顿美术博物馆(Museum of Fine Arts，Boston)、纳尔逊·阿特金斯博物馆(Nelson-Atkins Museum)、北京故宫博物院(Palace Museum in Beijing)、斯玛特艺术博物馆(Smart Museum of Art)和圣路易斯艺术博物馆（St. Louis Art Museum)。感谢北美艺术图书馆协会（Art Libraries Society of North America)在其 2013 年年会期间接受了关于卷轴画网站的海报展示，并感谢艺术文献编辑朱狄·戴克(Judy Dyki)建议我将海报撰写成本文。

旧图像与新阐释

汉画像"击猿图"内涵探析[*]

武汉大学文学院　曹建国

　　汉画像中有一种题材为大家所熟悉,它的叙事要素由类似猿猴的动物和人物组成,具有一定的情节性。大致内容为这种类似猴子的动物正在被人追赶或击杀,类猿动物的另一边有一妇人,或藏身于山洞,或站在屋檐下,似乎正在欣赏人和类猿动物间的冲突。这类图像因为缺少榜题或题记等文字材料,故而学术界对这类图像的释读尚有很大的分歧。而解读这类画像,牵涉民俗文化、故事母题的承传与演变,以及不同区域的文化交流等多种因素,因而十分复杂。但随着这类图像发现的逐渐增多,尤其是细节丰富的墓葬出现,为解读这种画像文本提供了某种可能性。缘此,本文将根据有关传世文献和考古资料,对这类图像的原型及其作为墓葬仪式美术的内涵等诸问题进行讨论,在此基础上进一步讨论其在后世的文学表达。不当之处,企望方家指教。

一、汉画像中的"击猿图"

　　这类画像最为突出的特征是有人欲击杀猿怪,故称之为"击猿图"。目

---
　　* 本文为国家社科基金重大攻关项目"唐前出土文献及佚文献文学综合研究"(17ZDA254)阶段性成果。

前这类画像石主要发现在四川,总共有七幅。依次述说如下。

图1为拓片,著录于闻宥《四川汉代画像选集》图32①。根据闻宥记载,拓片拓印于石棺,出土地点为新津。图中左侧以锯齿状形容一高山,山中中空的部分为山洞,洞穴中坐一女子。洞前有一猿,作惊恐状。猿前有一人右手持剑作击刺状,剑锋直指猿的眼睛。最右侧一人左手网状物,形似竹篓,右手挥剑,亦欲扑向猿怪。

图1

图2亦为拓片,著录于闻宥《四川汉代画像选集》图46②。此亦为石棺拓片,出土地为新津。画面左部一猿怪背负一妇人惊慌逃跑,妇人长衣委地。右部有两人追击猿怪,一人仗剑刺猿,形态逼真;一人紧随其后,一手持剑,一手持竹笼。最左侧锯齿状物当为山,与图1类似。

图2

图3为拓片,残,著录于台湾《"中央研究院"历史语言研究所藏汉代石刻画象拓本目录》。此亦为石棺拓片,出土地亦为新津。画中群山连绵,有一妇人居洞穴中,山前有一猿,形容惊恐,似乎正受到威胁。联系图1、图2

---

① 闻宥:《四川汉代画像选集》,上海:群联出版社,1955年,图32。
② 闻宥:《四川汉代画像选集》,图46。

考虑,残缺部分当有追击者图像。

图 3

图 4 为四川乐山柿子湾 3 号崖墓拓片,受雨水侵蚀,画面细节特征已不明显①。画面中间一猿怪坐在地上,正面向后看,猿怪似乎已经受伤。猿怪右边有两个男子,前面男子似乎正在攻击猿怪,后面男子一手持剑,一手拿竹器。而顺着猿怪的目光,画面最左边是一山洞,洞中一女子,两手摊开朝向猿怪或攻击的那两个人。画面内容与新津石函内容基本相同,但情感互动更为明显。

图 4

图 5 为内江石棺画像拓片,画面也已经模糊不清②。画面上一人持剑攻击正在逃跑的猿怪,攻击者后面也有一人,手持武器和竹器。与其他"猿盗妇"图不同的是,野山洞穴已改变为厅堂,厅堂内两名女子正在交谈或饮食。从画像艺术风格来看,整理者认为是东汉的。

---

① 唐长寿:《汉画"玃盗女"图补说——芦山樊敏阙"龙生十子"图辩误》,《四川文物》2009 年第 2 期。

② 陆德良:《四川内江市发现东汉砖墓》,《考古》1957 年第 2 期。

图 5

图 6 为芦山县城南石马坝石阙上画像拓片。此阙为东汉巴郡太守樊敏墓地面建筑石刻遗存，碑文载于《隶释》卷十一。画像为阙檐下局部画面，虽然有些模糊，但是二人刺猿、妇人立于檐下的构图内容还是清楚的，整个构图和新津石棺等大致相同。

图 6

图 7 为 1971 年四川雅安芦山的一座东汉晚期砖石墓中出土的石雕摇钱树座线描图。这个摇钱座开始并没有引起人们的注意，后来有学者对此进行了讨论[①]。摇钱树座的一面有一组画像，画像中一人持剑刺向一猿状怪兽，而怪兽如人立，怪兽上侧的岩穴中坐着一位头挽双髻的女性。很显然，这组画像表达的也是刺猿场景。需要注意的是，在摇钱座上还有半开门的图像（图 8）。

---

① 王煜等：《雅安芦山汉墓出土摇钱树座初步研究——再谈摇钱树座的整体意义》，《中国国家博物馆馆刊》2016 年第 5 期。

图7   图8

图9为四川屏山县斑竹林遗址M1汉代画像石棺画像(图10拓片)。画像右下方刻有一故事画面。这一场景中,中间一人,手持长剑刺向猿怪,其背后一人持弓助威。猿怪坐在地上,举手翘足躲避。猿怪身后有一房屋式建筑,其间站立一妇人,凝神观望。特别引人瞩目的是,在此场景当中上方,刻画有男女秘戏画面,但显然是另外一个故事场景。"斑竹林遗址M1所出画像石棺与时代为东汉中期的宜宾翠屏村石室墓出土石棺画像古朴、粗略的风格相比,显得更为成熟和精致,时代应该要晚一些",故而墓葬

图9

图10

91

清理者认为墓葬年代为东汉晚期①。

此外，根据唐长寿的介绍，在成都民间收藏的摇钱树陶座上也有他称为"玃盗女"陶塑②。但猜想大致的情形或许和芦山石雕摇钱树座相仿佛。就上述八例汉画像图而言，它们皆出自四川，且分布区域以成都为中心展开。其年代也以东汉晚期为主，尤其是屏山石棺画像构图和芦山摇钱树座以及新津石棺画像具有高度的一致性，所以基本上也可以判断新津石棺上画像的年代与屏山石棺画像时代相去不远。乐山柿子湾 3 号崖墓年代则为东汉末，最晚可能会到蜀汉时期③。

除了四川以外，山东地区也发现了类似的画像。图 11 是山东安丘汉墓后室东间北壁的画像。该墓墓主的身份还有争议，一般认为是东汉晚期青州刺史孙嵩④。画像位于墓穴后室东间北壁，内容大体分四个单元。最右边为一大凤，周围刻九小凤，尾部一仙人正在折凤尾。与凤重叠的上部刻一食兽猛虎，此当为独立意义单元。中间刻一仙人，手中持蛇，此也为独立单元。右部为习见于四川的击猿图。图下端刻一山，山的左面有一猿面人身怪物怀抱一妇人奔跑，山顶立一人扬臂欲打，山右一人张弓欲射。在持蛇仙人和猿盗妇图之间下方空白处刻一条鱼。

图 11

---

① 四川省文物考古研究院、宜宾市博物院、屏山县文物管理所：《四川屏山县斑竹林遗址 M1 汉代画像石棺墓发掘简报》，《四川文物》2012 年第 5 期。

② 唐长寿：《汉画"玃盗女"图补说——芦山樊敏阙"龙生十子"图辩误》，《四川文物》2009 年第 2 期。

③ 四川省文物考古研究院、乐山大佛风景名胜区管理委员会：《四川乐山市柿子湾崖墓 A 区 M6 调查简报》，《四川文物》2014 年第 4 期。

④ 李光：《安丘汉画像石墓主人考》，《文史哲》1983 年第 3 期。

图12见于山东济宁喻屯镇出土的汉墓画像。原图竖式,分四层,图12为第一层,画面的主体是一双目圆睁的神怪,其下躺倒一人,左侧一人正用矛类武器攻击神怪,左侧下方有两人在交谈,神怪上方也有一人。不能确定这幅图和上述击猿图间的相似关系,因为这个圆目的怪物更像是汉画像中熊的动作形态。值得关注的是,其他的人物配置与上述诸图的叙事有一定的相似度。此外,原图的第三层刻画一圆睛怪兽正在一妇人面前手舞足蹈(图13)。但这个怪物长着一条长长的尾巴,这是四川以及安丘汉墓画像中所没有的。所以只能作为参考,帮助我们理解当时这类图像可能有的内涵。

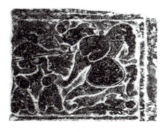 

图12   图13

二、汉画"击猿图"图像含义释读

目前学术界关于汉墓中这类画像的释读具有很大的差异,这一点从图像的命名便可以看出。最先著录这类画像的闻宥将其命名为"戏猿"。在对《四川汉代画像选集》图32(即图1)的解说中,他认为图中的猿是人扮的,而且他也将图中的山洞和洞中人解说为坐在胡床上观看表演的人①。高文从之②。罗二虎以图2为例,认为该画像展示了汉代人们为了保护墓主人而进行驱鬼仪式的过程,所以他的命名是"驱鬼图"③。唐长寿则结合

---

① 闻宥:《四川汉代画像选集》,第33图。

② 高文、高成刚:《中国汉代画像石棺艺术》,太原:山西人民出版社,1990年,第102页。

③ 罗二虎:《汉代画像石棺研究》,《考古学报》2000年第1期。

《焦氏易林》以及张华《博物志》的记载，认为图像中的猿类怪物应该是玃，画像描述的是玃盗妇的故事①。巫鸿在他讨论这类汉画像的文章中也提到了《焦氏易林》和《博物志》，只不过他的兴趣更在于画像的叙事学意义②。

那么该如何来解读汉画中这类玃盗妇题材的内涵呢？

我们先来看看早期文献记载的猿类动物以及人、猿关系。猿类动物属群庞大，《说文解字》中和猿猴类动物相关的称名包括蝯、蠷、蜼、玃、犹、犹、狙、为、夒、禺、母猴（猕猴）等等，可证猿猴属阵容之庞大。我们在距今4000多年的拉萨曲贡新石器文化遗址中发现了陶制猴面贴饰，专家认为与猴祖宗教信仰有关③。而在距今三千多年的殷墟祭坑中也发现了猴骨，考古学家将之认定为家畜④。在妇好墓出土的玉雕中，也发现了精美的圆雕玉猴，制作精良⑤。或可证明殷商时期即有"猴戏"，但考虑到甲骨卜辞中有"猱"，与殷人高祖"夒"为同源分化字，或许也应该考虑到其与商人精神信仰间的关系。由于人类很早就和猿猴类动物建立关系，所以文献关于猿猴的记载很多，赋予它的属性大约有善于攀缘，"毋教猱升木，如涂涂附"（《诗·角弓》），这也是蝯、猨、猿得名的原因。灵巧，比如猴戏，《礼记·乐记》"獶杂子女，不知父子"，郑玄注曰："獶，狝猴也。言舞者如狝猴戏也，乱男女之尊卑。"⑥又比如能搏矢，《淮南子·说山训》："楚王有白蝯，王自射之，则搏矢而熙；使养由基射之，始调弓矫矢，未发而蝯拥柱号矣，有先中

---

① 唐长寿：《新津画像崖棺"玃盗女"图考》，《四川文物》2005年第6期。唐长寿：《新津画像崖棺"玃盗女"图考》，《中国汉画研究》第二卷，桂林：广西师范大学出版社，2006年，第56—59页。

② 〔美〕巫鸿著，郑岩、王睿编，郑岩等译：《礼仪中的美术》，北京：生活·读书·新知三联书店，2005年，第186—204页。

③ 中国社会科学院考古研究所等编著：《拉萨曲贡》，北京：中国大百科全书出版社，1999年，第227页。中国社会科学院考古研究所：《中国考古学·新石器时代卷》，北京：中国社会科学出版社，2010年，第734页。

④ 陈梦家：《殷虚卜辞综述》，北京：中华书局，1988年，第555页。

⑤ 中国社科院考古研究所：《殷墟妇好墓》，北京：文物出版社，1980年，图见于第157页，文字解说见第162页。

⑥ 孔颖达：《礼记正义》，北京：中华书局，1980年，第1540页。

中者也。"①长生,《山海经·南山经》:"堂庭之山,多棪木,多白猿,多水玉,多黄金。"水玉即水金,棪即君迁,它的果实曰君迁子,亦即黑枣。水玉、黄金、黑枣都是仙药,则白猿也当和长生有关,后世练气、引气中都提到"猿呼",以及房中术中的"猿据",都和猿猴的长生属性有关②。

除此以外,猿猴还有一些非常特殊的似人属性,并深刻地影响了人们的精神世界。猴面部特征似人,也能像人一样行走。《山海经·南山经》:"有兽焉,其状如禺而白耳,伏行人走,其名曰狌狌,食之善走。"③不仅如此,猿猴的智力相较于其他动物也更接近人,所以它也有类人的生物属性,比如嗜酒、好色。在人的经验世界里,对于像人的动物,人们一方面具有一种亲近感,甚或相信人和它们之间具有某种亲属关系。但另一方面,人们又会将这种动物视为对手,感受到某种来自它的威胁。所以对于似人的动物,人们天生便有既爱又怕的心理。人们对待猿猴就是如此,崇拜且畏惧、厌恶,像对待鬼一样。对于鬼,人们往往敬而远之。一方面人们认为自己死去的先祖会成为鬼,一方面又认为鬼能危害生人,哪怕是祖先之鬼也不能例外。而吊诡的是,"鬼"观念的产生也确实与猿猴有关。学者研究表明,"鬼"原本不是一种意念之物,而是一种猿猴类动物,名曰禺,甚至"畏"字字形也和猿猴有关④。这样我们便可以理解,为何在人类文明发展进程中曾有一个猿猴崇拜时期,产生了一些猴祖神话。在国外,如马来半岛的贾昆人⑤、中国古代的党项族以及现今的纳西族、羌族等都还认自己是猿猴的后代⑥。与此同时,人们又畏惧它,嫌弃它,把一些不好的属性附着在猿猴身上。在南美洲神话中,猿猴是那些懒惰、不爱种地宁愿靠别人生活的土著民族变的。甚至人变成猿是神惩罚的结果,在南美伯姆科比

---

① 何宁:《淮南子集释》,北京:中华书局,1998年,第1138—1139页。
② 曹建国:《汉画像玄猿登高升仙涵义释读》,《文史哲》2018年第1期。
③ 范祥雍:《山海经笺疏补校》,上海:上海古籍出版社,2013年,第10页。
④ 沈兼士:《鬼字原始意义之试探》,氏著《沈兼士学术论文集》,北京:中华书局,1986年,第186—202页。
⑤ 〔英〕泰勒:《原始文化》,连树声译,上海:上海文艺出版社,1992年,第53—54页。
⑥ 王小盾:《汉藏语猴祖神话的谱系》,《中国社会科学》1997年第6期。

斯部族神话、伊斯兰教以及西方的古典时代都有这样的传说①。在中国古代，也有许多关于猿猴类动物的负面记载。《山海经》中，猿猴类的动物能给人带来灾祸，如水灾、旱灾。

　　《南山经》：东南四百五十里，曰长舌之山，无草木，多水。有兽焉，其状如禺而四耳，其名长舌，其音如吟，见则郡县大水。②

　　《西山经》：有兽焉，其状如禺而长臂，善投，其名曰嚣。③

　　《西山经》：有兽焉，其状如猿，而白首赤足，名曰朱厌，见则大兵。④

　　《西山经》：有兽焉，其状如禺而文臂，豹尾而善投，名曰举父。⑤

　　此外，夸父、禺强、禺京等也都和猿猴有关系，其中夸父即举父。《东山经》："有兽焉，其状如夸父而彘毛，其音如呼，见则天下大水。"⑥就《山海经》的记载看，禺属动物多和水旱有关。后来的人们还留着这方面的记忆，如《古岳渎经》中熟悉水道的无支祁、《西游记》中能自由穿行于水中的孙悟空等等，而夸父喝干了河渭，显然也是干旱的寓言。这种动物也和兵祸有关，如朱厌。甚至人面虎爪的金神蓐收，我也很怀疑是以猿猴为原型的，这也当是干支中以猿配申的原因。

　　猿猴好色、淫荡，甚至劫掠妇女。关于猿猴之好色，中外文化都有记载。在西方，猿猴以淫荡好色而著称。在古埃及的图画中，猿猴被描绘成淫欲之物。古希腊的森林之神是一只好色的猿，而印度红猿被视为好色的物种⑦。在中国也是如此，比如《山海经·北山经》记载的幽鴳和足訾，

　　① 〔英〕泰勒：《原始文化》，第 368—370 页。
　　② 范祥雍：《山海经笺疏校补》，第 17 页。
　　③ 范祥雍：《山海经笺疏校补》，第 38 页。
　　④ 范祥雍：《山海经笺疏校补》，第 51 页。
　　⑤ 范祥雍：《山海经笺疏校补》，第 54—55 页。
　　⑥ 范祥雍：《山海经笺疏校补》，第 138 页。
　　⑦ 〔美〕谢弗：《唐代的外来文明》（即《撒马尔罕的金桃》），吴玉贵译，北京：中国社会科学出版社，1995 年，第 457 页。

不仅文身或文臂,善笑,同时还"见人则卧"或"见人则呼",又"其名自呼"。如果比之于人,大概是一种轻薄无行之表征。正因为如此,猿猴还有劫掠妇女的劣迹。泰勒在其《原始文化》中谈到一种广为流传的人类故事,故事中有大猩猩或猩猩抢走妇女,并把她们带回自己的森林中去生活①。在中国,这样的动物叫玃,是一种体型大的猴子,或许就是大猩猩。《焦氏易林·坤之剥》:"南山大玃,盗我媚妾。怯不敢逐,退而独宿。"尚秉和解释这条林辞曰:"艮山纳丙,又为玃,故曰南山大玃,坤为我,伏兑为媚、为妾,坤柔为怯。震为逐,震覆为艮,故不逐。震为进,震覆则为退矣。坤为宿。"②

尚氏解《易林》纯以象言,如剥卦外卦为艮,艮为山,干支纳丙,丙为南方,故曰南山。艮又为玃,如《易林》常见之林辞"猿集高木",皆和艮卦相关。但此可暂不问,关键在于《易林》广引史籍或传说以附林辞,并无更改本事之条例。《坤之剥》引此逸闻以释林辞,我们也相信并非《易林》作者向壁虚造,传闻一定有其来由。林辞中提到了"玃",《尔雅》云:"玃父善顾。"意为雄性的玃善于察视,兼有魅惑义,这让我们想起《山海经》中的幽鴳。《说文》曰:"玃,大母猴也。善持人,好顾盼。"玃"善持人",实即《易林》所谓"盗我媚妾",而"好顾盼"则义同《尔雅》。作为一本训诂学的书,《说文》突出玃魅惑和盗妇之特性,可见当时关于玃的传说实际上非常普遍。惟《说文》以母猴,亦即猕猴释玃或未必然。玃与猕猴并不是同类关系,故《吕氏春秋·察传》言"故狗似玃,玃似母猴,母猴似人"③,以证失察之过。只是林辞中"南山"是个模糊的所指,所以单凭这条林辞记载,我们也没有办法进一步追问其内涵。所幸在张华的《博物志》中,对这则林辞有更详细的展开。《博物志》卷三《异兽》:

> 蜀中西南高山上,有物如猕猴,长七尺,能人行,健走,名曰猴玃,一名马化,或曰猳玃。伺行道妇女有好者,辄盗之以去,人不得知。行

---

① 〔英〕泰勒:《原始文化》,第 371 页。

② 尚秉和:《焦氏易林注》,常秉义点校,北京:光明日报出版社,2005 年,第 16 页。

③ 陈奇猷:《吕氏春秋新校释》,上海:上海古籍出版社,2002 年,第 1536 页。

者或每遇(疑当为"过")其旁,皆以长绳相引,然故不免。此得男子气,自死,故取女不取男也。取去为室家,其年少者终身不得还。十年之后,形皆类之,意亦迷惑,不复思归。有子者辄俱送还其家,产子皆如人,有不食养者,其母辄死,故无敢不养也。乃长与人无异,皆以杨为姓,故今蜀中西界多谓杨率皆猳玃、[马]化之子孙,时时相有玃爪也。①

张华《博物志》所记大多摘自之前的文献,也和他的博闻多识有关。所以,我们大约可以把张华的这条记载看作是摘录自汉魏或者其以前文献,而非凭空的创作。此外,我们可以再列举一条出自《神异经》的记载与之互参。《神异经·中荒经》:

> 西方深山有兽焉,面目手足毛色如猴,体大如驴,善缘高木。皆雌无雄,名䌷。顺人三合而有子,要路强牵男人。将上绝冢之上,取果并窃五谷食。更合三毕而定,十月乃生。②

《神异经》托名东方朔,虽不可信,但其为汉人作品盖无大错③。䌷与玃相类,它们形态都像猴,都喜欢掠异姓以生子。䌷"皆雌无雄",而玃称玃父,应该是皆雄无雌。所以《神异经》记载的"䌷"便是《易林》《博物志》所载玃的对偶型传说,可以合观。

那么,结合《尔雅》《易林》《说文》《神异经》以及《博物志》,我们可以推断《易林》中的"南山"应该在四川地区,也不难推断,在汉代的巴蜀地区广为流传一种关于猿猴盗妇人生子的传说。从所生子皆以杨为姓,并且说

---

① 〔晋〕张华撰,范宁校证:《博物志》,北京:中华书局,1980年,第36页。部分文字依据李剑国《唐前志怪小说辑释》校改,李剑国《唐前志怪小说辑释》,上海:上海古籍出版社,1986年,第176页。

② 上海古籍出版社编:《汉魏六朝笔记小说大观》,上海:上海古籍出版社,1999年,第58页。

③ 李剑国:《唐前志怪小说史》,天津:南开大学出版社,1984年,第153页。

"故今蜀中西界多谓杨率皆猳玃、马化之子孙"来看,它应该和始祖传说有关。但可以肯定,叙事者自身和这种始祖传说无关。局外人的立场加上"时时相有玃爪"的表述,我们可以推断叙事者对这种杨姓,也就是羌族人充满敌意和鄙视的立场。这就好比泰勒在《原始文化》中的记载,人们认为猿猴的后人或退化为猿猴的人长着一条尾巴,并视为耻辱的标志①。

至此,我们可以讨论汉画"击猿图"的内涵。从图像的叙事看,这种故事确实是《易林》以及《博物志》记载的"玃盗妇"题材,二者的叙事内容高度一致。而且目前来看这种汉画像主要见于四川地区的墓葬中,说明它具有强烈的地域色彩,也和《博物志》记载"蜀中西南高山"或《神异经》"西方深山"相吻合。而汉画像中击杀猿猴或猳玃的行为也和《博物志》叙述者的情感倾向一致。但是唐长寿并没有解释这类图像的内涵。

问题是,我们该如何理解它在墓葬语境中的表现意图呢? 解读时我们需要考虑到哪些因素? 罗二虎认为这是一幅完整的驱鬼仪式图,目的是为了保护墓主人,并且他认为画面中坐在庐中的就是墓主人。考虑到鬼与猿猴的关系,这样的说法有一定的合理之处。但是这样的解释也有一些困难,比如关于所谓"墓主人"的问题。罗二虎所谓的墓主人其实就是这类画像中的"旁观者",从衣着、情态来看,这类画像中的"旁观者"大多像是女性,比如斑竹林遗址。图2和图9中,旁观者还在猿怪的背上,更不可能是墓主人。在比较完整的斑竹林遗址汉画像中,墓主人更可能是坐在车上两个人中的后面那一个。樊敏阙和山东董庄汉墓墓主人的身份基本上是明确的,他们都是太守一级的显宦,显然和女性无关。尤为关键的是,尽管鬼和猿猴之间有着某种密切的关联。但在汉画像中,猴是比较常见的元素,似乎很少充当邪恶的角色。比如它和富贵的关系,汉画像中射猴图的寓意是"射侯"②。此外,我们在汉画像的建筑物的顶端经常发现猴子

---

① 〔英〕泰勒:《原始文化》,第 373—374 页。

② 邢义田:《汉代画像中的"射侯射爵图"》,见氏著《画为心声:画像石、画像砖与壁画》,北京:中华书局,2011 年,第 138—196 页。

的身影,它的寓意多和长生追求有关①。同时把猴怪理解为危害墓主人的鬼,还要解释它的地域性,即为什么这类图像比较集中出现在四川地区。这就令人困惑。

这样的解说困境也存在于巫鸿的文章中,他也是把攻击猿猴看作是祛除妖魔和保护死者灵魂。为了证明这一点,他给出了乐山柿子湾东汉崖墓中的一幅汉画像(图 14)。但在我看来,这或许不是猛犬啮猿猴,而是汉代比较习见的一种娱乐方式"狝猴与狗斗"。《汉书·盖宽饶传》载:

> 平恩侯许伯入第,丞相、御史、将军、中二千石皆贺,宽饶不行。许伯请之,乃往,从西阶上,东向特坐。许伯自酌曰:"盖君后至。"宽饶曰:"无多酌我,我乃酒狂。"丞相魏侯笑曰:"次公醒而狂,何必酒也?"坐者皆属目卑下之。酒酣乐作,长信少府檀长卿起舞,为沐猴与狗斗,坐皆大笑。宽饶不说,卬视屋而叹曰:"美哉! 然富贵无常,忽则易人,此如传舍,所阅多矣。唯谨慎为得久,君侯可不戒哉!"因起趋出,劾奏长信少府以列卿而沐猴舞,失礼不敬。②

图 14

这样的游戏流传甚广,《北史·魏收传》记载魏收"数于东山与诸优为狝猴与狗斗"③。至于巫鸿引《论衡·物势》之"土不胜金,猴何故畏犬",我觉得有断章取义之嫌。原文为:"狝猴者,畏鼠也。啮狝猴者,犬也。鼠,水。狝猴,金也。水不胜金,狝猴何故畏鼠也? 戌,土也。申,猴也。土不

---

① 曹建国:《汉画像玄猿登高升仙涵义释读》,《文史哲》2018 年第 1 期。

② 〔汉〕班固:《汉书》卷七七,北京:中华书局,1962 年,第 3245 页。

③ 〔唐〕李延寿:《北史》卷五六,北京:中华书局,1974 年,第 2038 页。

胜金,猴何故畏犬?"而王充的本意在于证明时人把一切事物之间的关系全部用五行来解释并不正确,而猿猴畏鼠与狗咬猴,则因为"凡万物相刻贼,含血之虫则相〔胜〕服,至于相啖食者,自以齿牙顿利,筋力优劣,动作巧便,气势勇桀"①。

所以,讨论汉画像"击猿图"墓葬语境意义,应该注意两个方面的问题:一是它的地域性特征,二是共生图像单元之间的关系。受墓葬观者因素的制约,汉墓图像其实是对生者和死者双向展开的。对于封闭的墓葬来说,在封闭之前有很长一段时间是对生人开放的,人们可以自由出入并观赏墓室绘画,这也是墓主人子孙不惜高价修建豪华墓室的原因。因为这可以给他们带来良好的声誉,并给予仕途方面的帮助。而对于崖墓来说,对生者的开放时间或许更久,甚至有可能是永久开放的。缘此,在解读汉墓画像的意义时,也要兼顾两方面的需求。就生者而言,汉墓画像中的貜可能是劫掠女性的羌人。《隶释》卷十一录有樊敏碑的碑文,提到"季世不祥,米巫凶虐,续蠢青羌,奸狡并起,陷附者众"。青羌即指西南地区羌族,因服饰尚青,故曰青羌,但这里应该泛指西南地区的羌族或少数民族。樊敏碑文中出现青羌,其墓阙的绘画中出现"击猿图",这之间当非全无关联。尤其是作为永久对外呈现的墓阙画像,我认为樊敏阙上"击猿图"的意义主要是对生者展开,其内涵或与子孙繁衍以及祈愿天下太平有关。之所以说是祈求子孙繁衍,是因为女子承载繁衍子嗣的重要职责,而女子被盗或被劫掠,很显然不利于子孙繁衍。之所以有可能与祈愿天下太平有关,是因为自古以来的夷夏之别,古时少数民族一直被视为是致使天下动荡的因素之一。所以我们在汉代铜镜上经常看到类似"青盖作竟四夷服,多贺国家人民息。胡虏殄灭天下服,风雨时节五谷熟"②的镜铭。

当然,相对于生者的祈愿,墓室画像更主要是为逝去的墓主人准备的,表达人们对死后生活的一种美好企望。无论是石棺还是封闭的墓穴,

---

① 黄晖:《论衡校释》,北京:中华书局,1990年,第150—152页。
② 黄颐寿:《清江发现东汉青盖神兽镜》,《文物》1985年第5期。

对于逝者来说，既是抵御各种妖魔侵害的屏障，也是炼形登仙之所。《老子想尔注》"没身不殆"注云："太阴道积，炼形之宫也。世有不可处，贤者避去，托死过太阴中，而复一边生像，没身不殆也。"①又云："道人行备，道神归之，避世托死过太阴中，复生去为不亡，故寿也。"②所以汉画像中的"击猿图"对逝者而言，既有驱除邪魔、保佑子嗣，以求子孙及种族之繁衍蕃育的意义，同时又和升仙有关，而且升仙意义尤为重要。

下面，我们试结合屏山斑竹林石棺画像来分析汉画中"击猿图"的意义。所以选择屏山斑竹林石棺，因为这是个完整自足的意义场域。斑竹林石棺的画像分布在头档、足档、左侧、右侧，并按照头档→左侧→足档→右侧的空间顺序展开。

图 15

石棺的头档雕刻的是两排门阙，用透视法展开，显示空间的延伸感。门阙中间刻有一圆形，可以看作是天门。门阙及圆形具有地下世界的入口，也是升仙之旅的开始（图 15）。

石棺的左侧有力士、蟾蜍、凤鸟以及六博游戏，这些都和娱乐以及成仙有关（图 16）。左侧档板的最右端是一幅半启门画面，而半启门则和升仙关系密切，半启门中人通常被认为是来迎接墓主人的西王母使者③。

图 16

---

① 饶宗颐：《老子想尔注校证》，上海：上海古籍出版社，1991年，第21页。
② 饶宗颐：《老子想尔注校证》，第43页。
③ 信立祥：《汉代画像综合研究》，北京：文物出版社，2000年，第314页。吴雪杉：《汉代半启门图像性别含义释读》，《文艺研究》2007年第2期。

但我认为半开门背后隐藏的或许不是最终的仙境,或者说升仙之路的最终完成,也不代表对死后幸福生活想象的性的含义,而是预示着空间的延伸,门后的空间是另一段成仙旅途的开始。在这段旅途中,墓主人还要经过一些修炼,主要是炼形。因此在半开门图像中常常伴随秘戏单元,比如四川荣经东汉石棺画像(图17、18)。画像的中间是半开门,左边是西王母,右边是一对秘戏的男女。但其实画像底部的几条平行线突出了画面的空间感,借助门下部的位置,我们知道画面在向后延伸。但我们并不认为西王母和秘戏男女是置于同一个空间的,门柱起到了分隔空间单元的作用。而打开的半扇门和秘戏男女方位的一致性,也可以起到标示空间顺序的作用,即通过半开门首先看到的是秘戏场景,然后才是西王母的出场,这预示了升仙的程式顺序。斑竹园石棺左侧挡板上的半开门图像当然也是表达升仙的含义,但它的信息更为丰富。在半开门前有一呈跪姿的道士,他一手执长杆,一手提葫芦或药囊,和四川南溪长顺坡3号石棺画像内容一致(图19)。罗二虎认为这种手执药囊、长杆的道士与半开门组

图 17

图 18

合代表一种新的升仙程式，这种新程式突出了道士的引导作用①。而巫鸿则认为这可能反映出墓主人的宗教信仰，与"五斗米道"兴起有关②。但不论如何，汉画像中半开门表升仙意义当无可怀疑。

图 19

图 20

石棺的足档刻的是伏羲、女娲像，它们分执日月（图 20）。日、月既是阴阳的象征，又可以表示方位，同时还是完整宇宙世界的表征。所以石棺足档的伏羲女娲像赋予石棺以宇宙意义，象征墓主人拥有一个完整自足的世界。

石棺的右侧（图 21）最右端三组画像围绕"修炼"展开，其中最为核心的部分为中间的秘戏单元。汉画中常见秘戏画像，受到房中术等修炼思想的影响，其内涵多和生命转化以及求长生有关。荥经东汉石棺画像中的秘戏场景和西王母图像相伴出现，其升仙意义与功能已经非常明显。所以此画像中的男女交媾代表重生之义，与棺盖脊头雕刻成品字形状的瓦当以及多次出现的鱼图内涵一致，体现道家"三生万物"的思想。秘戏图上方是持弓的男子和九尾狐，弓箭是男子之事，古代生男子则悬弧，而九尾狐则是男子性欲旺盛和生殖力强大的表征③。下方则是"击猿图"，结合秘戏、九尾狐等单元，则其意义自不难理

---

① 罗二虎：《东汉墓仙人半开门图像解析》，《考古》2014 年第 9 期。

② 巫鸿：《地域考古与对"五斗米道"美术传统的重构》，巫鸿主编：《汉唐之间的宗教艺术与考古》，北京：文物出版社，2000 年，第 431—460 页。

③ 蔡堂根：《九尾狐新解》，《浙江大学学报》2004 年第 1 期。

解。猿猴盗取女子,等于阻断了男女性事,也就等于阻断了成仙的修炼,所以击杀猿猴正是为了保证成仙修炼的顺利完成,进而能顺利升达仙境。右侧档板刻画了墓主人坐车顺利到达,而最终的迎接人也已经出现,预示了升仙过程的顺利完成。

图21

概言之,汉画中击猿图的出现和蜀中特定的地理人文环境密切相关。对于墓主人来说,击杀盗女的玃怪,既能保证子孙后代的繁衍,又能使升仙之旅顺达。同样,在山东安丘董庄汉墓中,击猿图出现在后室东间。墓葬中后室往往是墓主人存身之所,而东方和生有关。画面中同样出现了弓箭和鱼,画面的叙事结尾也是预示顺利升仙的羽人和凤凰,和斑竹林石棺右侧叙事结果高度吻合。安丘汉画墓的主人据考是曾经依附于刘表而寓居荆州的孙嵩,而且董庄汉墓画像无论是内容还是雕刻形式,都和山东其他地方的画像石不类。所以我猜想,大约是受到了四川汉画像石的影响,所以表现出了特异性。

方物：从永州摩崖石刻看文献生产的地方性

南京大学文学院　程章灿

　　"方物"一词，本来是指某个地方的特产，其意略近于土产、特产之类。从物质生产的角度来说，无论是中心之地，还是偏远之区，每个地方都有自己的特产。"方物"一词有着悠久的传统，不过，在古代东亚政治话语体系中，"方物"又是与"贡献"这一古代东亚政治制度密切相联的。《尚书·旅獒》："无有远迩，毕献方物。"传曰："天下万国，无有远近，尽贡其方土所生之物。"①一般情况下，都是遥远、偏僻之地向中心之区贡献方物，通过这样一种形式，确认中心对于地方的权力，以及地方趋向中心的认同。这些来自远方的"方物"，亦可称为"贡物"，地理位置越是偏僻，相隔越是遥远，道路越是艰险，进贡越不容易，那么，贡献到京城的"方物"的地方性往往越是突出，其政治文化意义也就越为强烈。当然，也有许多方物的获得，不是通过进贡，而是经由商品贸易等经济交流方式，虽然没有政治意义，但却同样具有"地方性"。这种地方性不仅表现在其原材料来源，也表现在其制作方式，还表现在其使用方式。正是这些内容与形式配合，造就了方物的地理识别度及其文化政治的象征意义。

---

① 《尚书·旅獒》，杜泽逊主编：《尚书注疏汇校》，北京：中华书局，2018年，第1846页。

与普通的物质生产一样，古代文献生产中也存在着地方性。这种具有地方性的文献，就是中国古代文献文化史上的"方物"。从内容上说，历史悠久、丰富多彩的各色地方志（简称"方志"），其中就包含对于本地各种"方物"（人、事、物）的记载。从形式上说，则有例如版本学上经常提到的、也已经得到学术界较多研究的"建本""杭本""蜀本"等。这些地方性文献的生产，一方面利用了本地特有的物质资源和文化资源，另一方面也引入或融合外来的物质资源和文化资源。在石刻文献生产中，也有一些具有强烈地方性的石刻生产与拓本制作方式，例如昭陵碑刻、泰山石刻、北京房山云居寺刻经、永州及桂林等地摩崖石刻等，就是地方性十分突出的文献"方物"。本文以永州摩崖石刻为例，考察中国古代石刻文献生产的地方性问题。

一、摩崖刻石的文化传统与时空交叉点

永州的摩崖石刻文献资源十分丰富，其中，阳华岩、朝阳岩、浯溪、玉琯岩、月岩、澹岩、月陂岩等 7 处，都是国家重点文物保护单位。永州摩崖石刻经历"唐代创始，宋代流衍，明代追摹，清代考据"的漫长过程，数量繁多，形式多样，"呈现着清晰的阶段性和连续性"[1]，文化意义也特别丰富。这主要表现在两个方面：一方面，摩崖就是永州石刻的代表，当之无愧；另一方面，永州摩崖极大地丰富了中国摩崖石刻的内涵，将其称为中国摩崖石刻的典型代表也不过分。

中国古代石刻类型繁多，仅清人叶昌炽《语石》之中所列举的就多达 43 种，其中第 26 种为摩厓（即摩崖）[2]。杨殿珣《石刻题跋索引》将石刻大分为 7 种，而将摩崖附列于"杂刻"类中[3]。石刻文献分类，大多根据石刻

---

① 潇湘意摩崖石刻拓片博物馆、张京华、杨宗君、敖炼著：《永州摩崖石刻精选》，长沙：湖南美术出版社，2019 年，《前言》，第 1 页。

② 详见叶昌炽撰，柯昌泗评，陈公柔、张明善点校：《语石 语石异同评》，北京：中华书局，1994 年，第 182—383 页。

③ 杨殿珣编：《石刻题跋索引》，北京：商务印书馆，1990 年。

的文献形式，有时候也兼顾其内容特点，难免有所交叉。无论从什么角度来看，摩崖石刻都有明显的特征，不容易与他者相混。

首先，从物质媒介来看，摩崖石刻是一种"天然之石"，"其先盖就其地以刻石纪事，省伐山采石之劳"①。虽然崖石在刊刻前也要进行整治，除去表面杂草土块，求其平整，但与碑志等需要经过开采、磨砻乃至运输等程序相比，摩崖节约了很多人力物力成本。就这一方面而言，摩崖显然具有明显的媒介资源优势。

其次，从视觉效果上说，摩崖依托山崖的高大雄伟之势，容易凸显宏大雄浑的效应，借助山崖水滨的自然地势，容易产生景观审美的效果。例如，永州浯溪摩崖《大唐中兴颂》，规格为 310 cm×320 cm，字径四寸五分，非一般碑石可比。一般来说，摩崖是不可移动的②，与大自然浑然一体。借用陶渊明的诗句来说，就是"托体同山阿"③，寓有与天地共长久之意。值得一提的是，在永州摩崖以及其他各地摩崖中，也可以看到崖壁上的一些"嵌入式碑刻"。这些"嵌入式碑刻"的出现，是因为日积月累，前人题刻遍布山崖，后人很难找到适合刻石的摩崖空间，只好以一种小碑（竖式，或帖式横碑）嵌入作为替代品。这是摩崖刻石的变通方式，也可以视为摩崖石刻的衍生形态。摩崖刻石是天然山崖的一部分，是不可移动的文物，而这种"嵌入式碑刻"则是经由人工移植、装嵌，与不可移动的山崖融为一体，其性质介于可移动与不可移动之间。如果需要命名，那么，前一种可以称为"原生型摩崖石刻"，后一种可以称为"再生型摩崖石刻"。"再生型摩崖石刻"既是永州摩崖石刻的特色，也是其重要组成部分。

第三，从文化意义上说，摩崖刻石融山川自然与人工镌刻于一体，通过这样一种特殊的石刻形式，表达一种恢弘、庄严的政治或文化主题，不

---

① 马衡：《中国金石学概要》，载《凡将斋金石丛稿》，北京：中华书局，1977 年，第 68 页。

② 近代以来，在道路开凿和水利工程兴建过程中，曾对一些摩崖石刻进行切割、迁移，此乃出于保护摩崖石刻之目的，非摩崖石刻当时之本意。

③ 陶渊明：《拟挽歌辞》三首之三，见袁行霈撰：《陶渊明集笺注》，北京：中华书局，2011年，第 293 页。

仅能够体现内容与形式的和谐，而且具有某种得天独厚、天人合一的象征意义。《大唐中兴颂》结尾诸句："湘江东西，中直浯溪，石崖天齐。可磨可镌，刊此颂焉，何千万年。"即有这种"天人合一"的意涵。

从摩崖石刻产生的历史来看，它也具有独特的文化渊源。摩崖刻石起源甚早。据《韩非子》记载，秦昭王曾与天神赌博于华山之上，并刻石于华山崖壁之上①，此事虽然未必可信，却可以说明摩崖这种石刻形式很早就引起人们的注意，而且很早就被用来处理人神交往、天人之际的事务。石刻，包括摩崖石刻，可能是秦文化传统中的一部分。这一传统可以上溯到秦石鼓和秦昭王刻石，下接秦始皇东巡刻石。秦始皇东巡六刻中，五刻皆为石碣，可谓上承秦石鼓，惟有河北秦皇岛碣石山摩崖石刻，可谓上承秦昭王华山崖壁刻字②。所谓碣石山，顾名思义，就是以山为碣。与石碣相比，碣石山借助自然、托体自然，较少人工痕迹，在形制上也更加宏伟。从文体上看，碣石山摩崖刻石与秦始皇东巡五刻一样，都属于"三句为韵"的"颂"体③。值得注意的是，此次刻石是在秦始皇三十二年，其背景是："始皇之碣石，使燕人卢生求羡门、高誓。刻碣石山。"④羡门、高誓，皆是古之仙人。可见此次刻石与秦始皇求仙有关，亦即与天人之际相关。换句话说，这次摩崖石刻的产生，正处在一个重要的时间和空间的交叉点上，与此同时，摩崖石刻制造了一个不可移易的历史现场。

汉代石刻中，也有几件摩崖，其所处的时间和空间的交叉点也有明显的意味。例如《鄐君开褒斜道记》《石门颂》《西狭颂》《郙阁颂》等，其地多处于秦蜀交通道路的险要之地。因为有了摩崖刻石，有了记录历史性事件

---

① 《韩非子·外储说左上》。《文心雕龙·铭箴》所谓"秦昭刻博于华山，夸诞示后，吁可笑也"，即指此事。

② 参看程章灿撰：《秦始皇东巡刻石及其文化意义》，《文学遗产》2014年第2期。饶宗颐曾提出："石刻的发展，与秦地文化似乎很有密切的关系。""刻石的风气是秦人加以发展的。""刻石文学，是秦文化中一种重要表现，有它的很长远之渊源的。"见饶宗颐《论战国文学》，载其《文辙（文学史论集）》，台湾学生书局，1991年，第197—232页。参看程章灿撰《从金到石，从廊庙到民间——石刻的兴起及其文化背景》，载《中国典籍与文化》1995年第4期。

③④ 《史记》卷六《秦始皇本纪》，张守节《正义》，中华书局点校本二十四史修订本，2013年，第318页。

的文字，这些偏远之地从而有了文化的标记，并且因此而引人注目。南北朝特别是北朝，造像石窟甚多，叶昌炽所谓"晋豫齐鲁间，佛经造象，亦往往刻于摩崖"①，主要就是指这一时期。此类摩崖石刻比较著名的是泰山经石峪的《金刚经》，经文刻在约三千平方米的大石坪上，隶书，原有 2500 多字，现尚存 1067 字。二者同样反映了佛教信仰在北朝社会的流行。

初盛唐摩崖石刻，最重要的是开元十四年（726）九月所刻《纪泰山铭》，亦称《东岳封禅碑》《泰山唐摩崖》，这是上一年十一月唐玄宗封禅泰山留下的历史记录②。此篇铭文为唐玄宗亲撰并书，刻于岱顶大观峰石壁之上，高 1320 cm，宽 530 cm，正文隶书 24 行，满行 51 字，现存 1008 字，字大 16 cm×25 cm，形制雄伟，非寻常碑刻所能比拟。泰山地位崇高，从秦始皇刻立石碣到唐太宗刻摩崖铭文，后代继起刻石者不胜枚举。泰山之所以成为石刻文献生产的重要场所，与帝王的发现与垂范是分不开的。泰山石刻现存 1800 余处，摩崖石刻多达 1000 余处，超过碑碣。总体来看，泰山石刻大部分是自然石刻，也就是摩崖石刻。

二、从元柳对照看元结与永州水石的因缘

永州摩崖的出现背景，与上述各种摩崖皆有不同。永州摩崖石刻的大量出现，与元结个人的关系特别密切。在元结之前，永州水石籍籍无名，绝不能与华山、泰山相提并论。元结是永州水石的发现者、欣赏者和开发者。

元结（719—772）于广德元年（763）敕授道州刺史（道州，治今永州道县），至大历七年（772）朝京师而离开永州，前后留居此地十年。他对永州有深厚的感情，刻石，特别是摩崖刻石，是元结表达这种感情的最主要的方式。永州本地学者已经指出："元结在永州，时间久，创作多。其诗文开拓景地及命名景地最多，其文体以铭最多，其书体以篆最多，其新造景地

---

① 叶昌炽：《语石》，第 357 页。
② 〔宋〕欧阳修、宋祁撰：《新唐书》卷五《玄宗本纪》，北京：中华书局，1975 年，第 131 页。

名义最多，其作品刻石最多。其影响于后世，形成摩崖石刻景区最多。至于近代，其惨遭毁坏亦最多。"①这八个方面的"多"可以概括为"八多"。"八多"的核心就是元结在永州留下的石刻，亦即永州摩崖石刻。

元结在永州留下的石刻，最有政治意义、最名闻遐迩的，是《大唐中兴颂》。其序云："天宝十四载，安禄山陷洛阳，明年陷长安，天子幸蜀，太子即位于灵武。明年，皇帝移军凤翔，其年复两京，上皇还京师。於戏！前代帝王有盛德大业者，必见于歌颂。若今歌颂大业，刻之金石，非老于文学，其谁宜为？颂曰。"②显然，这是一篇歌唱大唐中兴的颂歌，具有强烈的政治色彩。全篇正文 45 句，句句用韵，每三句一换韵，皆为平声韵：

嘻嘻前朝，孽臣奸骄，为昏为妖。

边将骋兵，毒乱国经，群生失宁。

大驾南巡，百寮窜身，奉贼称臣。

天将昌唐，繄睨我皇，匹马北方。

独立一呼，千麾万旟，我卒前驱。

我师其东，储皇抚戎，荡攘群凶。

复服指期，曾不逾时，有国无之。

事有至难，宗庙再安，二圣重欢。

地辟天开，蠲除祅灾，瑞庆大来。

凶徒逆俦，涵濡天休，死生堪羞。

功劳位尊，忠烈名存，泽流子孙。

盛德之兴，山高日升，万福是膺。

能令大君，声容沄沄，不在斯文。

湘江东西，中直浯溪，石崖天齐。

可磨可镵，刊此颂焉，何千万年。

---

① 李花蕾、张京华撰：《湖南地方文献与摩崖石刻研究》，上海：华东师范大学出版社，2011 年，第 240 页。

② 〔唐〕元结著：《元次山集》，北京：中华书局，1960 年。

黄侃曾说："秦刻石文多三句用韵，其后唐元结作《大唐中兴颂》，而三句辄易，清音渊渊，如出金石，说者以为创体，而不知远效秦文也。"①他指出了《大唐中兴颂》与秦始皇东巡刻石文之间的渊源关系，这是一个相当敏锐的观察。但是，也必须指出，《大唐中兴颂》与诸篇秦始皇刻石文之间也有不同之处：首先，《大唐中兴颂》是元结自发的创作，是个人行为；而秦始皇刻石文则是李斯奉命而作，是李斯的职务身份所决定的，是官方行为。其次，从形式上讲，元结之颂虽然"远效秦文"，但与秦刻石文又有明显不同。秦刻石文大多是"三句用韵"②，亦即三句一韵，亦偶有"两句用韵"者，如琅琊台刻石文③。所谓"三句用韵"和"两句用韵"，都是指每隔三句或两句用韵，构成一个单元的三句或两句之间，彼此并不谐韵。而《大唐中兴颂》则是"三句辄易"，也就是每三句一换韵，构成一个单元的三句之间，句句谐韵。总之，《大唐中兴颂》与秦始皇刻石文在形式上的共同点可以这样总结：二者同为四言颂体，同样以三句为一单元，同样风格古雅。简言之，元结和李斯同样是为一个王朝写作颂歌。

《大唐中兴颂》作于上元二年（761），其时元结在江陵，任荆南节度判官。两年后，他才出任道州刺史，此颂在浯溪刻石则迟至大历六年（771），撰刻二事相距十年，这一点摩崖石刻上写得清清楚楚。清代金石家王昶曾有一个疑惑："其刻《峿台铭》在大历二年，《浯溪铭》《峿亭铭》俱在大历三年，不知何以刻此颂独迟至大历六年也？"④实际上，元结初作此颂，并无刻石动机，或者说，江陵没有适合摩崖刻石的地理条件。直到他来到浯溪，命名了三吾胜迹，同时也发现了这里的崖壁，才有《大唐中兴颂》的摩崖刻石。换言之，《大唐中兴颂》之撰作虽在《浯溪》诸铭之前，其刻石却在诸铭之后，并且受到后者的启发和影响。

---

① 黄侃撰，周勋初导读：《文心雕龙札记》，上海：上海古籍出版社，2000 年，第 73 页。

② "三句用韵"，如泰山、之罘山、之罘东观、碣石山、会稽山刻石文。

③ 《史记》，第 310—311 页。

④ 〔清〕王昶撰：《金石萃编》卷九六，陕西人民美术出版社影印民国十年扫叶山房石印本，1990 年。按：王说不确，据《永州摩崖石刻精选》第 76—77 页，《浯溪铭》刻于大历二年。

元结对永州文化的最大贡献之一,就是以摩崖的方式,命名了永州水石胜迹,并留下了多处摩崖铭刻。他是永州摩崖石刻的创始者。现存最早的是永泰二年(766)所刻《阳华岩铭并序》,瞿令问所书,序文隶书,铭文则大篆、小篆、隶书三体并用,模仿曹魏正始石经,大有自我作古之意。元结自称"漫叟""漫郎""浪士",足见他是一个浪漫之人。浪漫,从一个方面来说,意味着对传统和陈规的不以为然。元结热爱永州山川,对这里的山水极为认同。他所命名的"三吾",亦即浯溪、峿台、唐痷,不仅明确了他对山水亭台的享有①,而且表达了他与永州山水亭台相亲相同、融合无间的态度。另一方面,"峿字、痷字,不见《说文》,次山出新意为之"②,颇具创意。要之,在对待山川命名的时候,元结是敢于创新、敢于自我作古的。

元结对永州山水的认同,根底在于他对永州"水石文化"的认同。"水石文化"的概念,最早是李花蕾和张京华所撰《元结与永州水石文化》提出的③,很有启发性。据笔者统计,在《次山集》中,"水石"一词一共出现了15次:

1. 丛石横大江,人言是钓台。水石相冲激,此中为小回。(《漫歌八曲·小回中》)

2. 小溪在城下,形胜堪赏爱。尤宜春水满,水石更殊怪。(《游右溪劝学者》)

3. 广亭盖小湖,湖亭实清旷。轩窗幽水石,怪异尤难状。(《宴湖上亭作》)

4. 水石为娱安可羡,长歌一曲留相劝。(《朝阳岩下歌》)

5. 沟塍松竹,辉映水石。尤宜逸民,亦宜退士。(《阳华岩铭》)

6. 丹崖,湘中水石之异者。翁,湘中得道之逸者。(《丹崖翁宅

① 元结:《浯溪铭》:"溪古地荒,芜没已久。命曰浯溪,旌吾独有。"
② 叶昌炽:《语石》,《语石　语石异同评》,第122页。
③ 参看李花蕾、张京华撰:《元结与永州水石文化》,载《湖南地方文献与摩崖石刻研究》,第240—269页。

铭序》）

7. 爱其水石，为之作铭。（《丹崖翁宅铭序》）

8. 至零陵，爱其郭中有水石之异，泊舟寻之，得岩与洞。（《朝阳岩铭序》）

9. 于是，朝阳水石，始有胜绝之名。（《朝阳岩铭序》）

10. 於戏朝阳，怪异难状。苍苍半山，如在水上。朝阳水石，可谓幽奇。（《朝阳岩铭》）

11. 刻石岩下，问我何为？欲零陵水石，世人有知。（《朝阳岩铭》）

12. 吾于九疑之下，赏爱泉石，今几三年……松竹满庭，水石满堂。（《送谭山人归云阳序》）

13. 县南水石相映，望之可爱。（《寒亭记》）

14. 闻元子亦浪然在山谷，病中能记水石草木虫豸之化。（《浪翁观化序》）

15. 林野之客，所耽水石。（《㫰亭铭》）

以上 15 例之中，有 6 例，亦即第 4、6、7、8、9、11 诸例，《元结与永州水石文化》一文中已列举。值得注意的是，在通篇不足 200 字的《朝阳岩铭并序》中，"水石"一词出现了 4 次，频率之高，令人叹异。具体说来，"水石"中的"水"，包括江（如湘江、潇水）、溪、泉；而"石"则包括岩、洞以及更大的山体。实际上，"水石文化"与更有文学色彩、更有文化渊源的"泉石文化"或者"山水文化"一脉相承，貌异心同。元结《阳华岩铭》正文称此岩"辉映水石"，序中则以"泉石"相称："吾游处山林，几三十年，所见泉石如阳华殊异而可家者，未也，故作名称之。"在元结眼中，这些山水泉石"堪赏""可爱""可赏"，而且"可耽""可家"，他为它们不为人知赏而叹惜不止。

在元结之后三十几年，柳宗元（773—819）被贬永州司马，也在永州生活了大约十年时间（805—815）。这两个中唐文学名家都是永州山水的知音，他们以永州山水摇荡性灵，写下了文学史上不朽的作品。伴随着他们的到来、逗留以及写作，永州山水的声名也远播海内外。遗憾的是，元、柳二人不曾交接。总之，从现存作品来看，柳宗元在文章中很少提到元结，他与元结之间缺少直接的文字交流，只有少量间接的对话。柳宗元诗中仅一处提到浯溪，即《游黄溪记》："北之晋，西适豳，东极吴，南至楚越之交，其间名山水而州者以百数，永最善。环永之治百里，北至于浯溪，西至于湘之源，南至于泷泉，东至于黄溪东屯，其间名山水而村者以百数，黄溪最善。"①但并没有直接提及元结。

作为后来者，柳宗元在游历永州山水、交接当地士人的过程中，一定有机会接触到元结的遗迹，听到一些有关元结的遗闻佚事。比如，柳宗元到过朝阳岩，并有《游朝阳岩遂宿西亭二十韵》之诗，朝阳岩在零陵，这是元结命名的名胜，元结在这里留下了《朝阳岩铭》《朝阳岩下歌》等文字②。实际上，柳宗元在永州的一些行为方式，也很可能受到了元结的影响。例如，他对永州山水的命名，就与元结殊途同归。愚溪就是柳宗元命名的，他为此作有《愚溪对》《愚溪诗序》等。又比如他的某些刻石文字。柳宗元的碑文，包括墓碑文和祠庙碑文，也有不少与湖南特别是永州相关者。他在《零陵三亭记》中说："余爱其始，而欲久其道，乃撰其事，以书于石。薛拜首曰：'吾志也。'遂刻之。"他的《永州法华寺新作西亭记》也说："或曰：'然则宜书之。'乃书于石。"③这两篇记文都曾刻石，这种做法也可能受到元结的影响。不过，这两篇记文所写都是人间建筑，而非自然景点，与元结之铭刻有所不同。

元、柳二人对于永州山水自然的态度不同，相当明显地体现在各自的文学作品中。柳宗元《游朝阳岩遂登西亭二十韵》诗有云："谪弃殊隐沦，登陟非远郊。所怀缓伊郁，岂欲肩夷巢。高岩瞰清江，幽窟潜神蛟。开旷延阳景，回薄攒林梢。西亭构其巅，反宇临呀哮。背瞻星辰兴，下见云雨交。

---

① 《柳河东集》卷二九。

② 孙望：《元次山年谱》：永泰二年，"至零陵，游郭中，得岩与洞，命曰朝阳岩，作《朝阳岩铭》"。上海：古典文学出版社，1957年。张京华、侯永慧、汤军著：《湖南朝阳岩石刻考释》，北京：中国社会科学出版社，2018年，第23页。

③ 见《柳河东集》卷二七、卷二八。

惜非吾乡土，得以荫菁茆。羁贯去江介，世仕尚函崤。故墅即沣川，数亩均肥硗。台馆集荒丘，池塘疏沈坳。会有圭组恋，**遂贻山林嘲**。薄躯信无庸，琐屑剧斗筲。**囚居固其宜，厚羞久已包**。"①从这首诗中，可以看出柳宗元对自己的身份认同及其面对永州山水的心情。简单地说，柳宗元自居"谪弃"之身，与元结自居的"隐沦"之身截然不同。元结外虽为永州地方官员，内则全然是一副"逸民"的"隐沦"心态。《阳华岩铭》云："尤宜逸民，亦宜退士。吾欲投节，穷老于此。"就是最好的证明。元结多次强调永州水石的可爱、可赏与宜居；而柳宗元则强调自己的"囚居""包羞""贻嘲"，诗中充满了"惜非吾乡土"的疏离之感。二者构成了鲜明的对照。

面对永州山水，柳宗元与元结有着共同的寻奇、访幽乃至探险方面的浓厚兴趣，以《永州八记》为代表的一系列山水游记，就是柳宗元在永州寻奇访幽的结晶。这些游记文字每篇都对应一个景点，篇幅不大，并不难刻石。但是，柳宗元的目光所关注的，更多的是流动的水，例如黄溪、钴鉧潭、小石潭、袁家渴、石渠、石涧等，而较少关注山②，尤其较少关注岩穴。《柳河东集》中与岩穴相关的，只有《永州万石亭记》《零陵郡复乳穴记》两篇③。因此，或许可以说，同样面对永州的"水石文化"，柳宗元更多关注的是"水"，元结更多关注的是"石"。所以，元结"与柳宗元著永州八记而无一石刻，各有异同。柳文以抄本传世，文献远播东亚，元结所为乃是'不动产'，皆留本土。其贡献于后世有此不同"④。

总之，面对永州的水石文化，元、柳二公采取了不同的观看方式、记忆方式。柳宗元诉诸纸本的文字，元结采取摩崖的铭刻。由于摩崖文字"托

---

① 《柳河东集》卷四三。宋韩醇音释引桓谭《新论》曰："天下神人五，一曰神仙，一曰隐沦。"按：明正德十六年（1521），朱衮将柳宗元此诗书刻于朝阳岩崖壁之上，见《永州摩崖石刻精选》第45—46页。

② "永州八记"中，亦有写到西山、小丘、小石城山者。

③ 二文分别载《柳河东集》卷二七、卷二八。

④ 李花蕾、张京华撰：《元结与永州水石文化》，载《湖南地方文献与摩崖石刻研究》，第240页。按：原文"永州八记"后原衍"九记"二字，已删。此文后亦收入张京华、侯永慧、汤军著：《湖南朝阳岩石刻考释》，改题《元结与湖南水石文化》，无"九记"二字。见《湖南朝阳岩石刻考释》，第3页。

体同山阿"，不仅文字铭刻得以留存，其历史现场亦得以保存。两种文献的生产方式与物质载体不同，两者的传播方式和意义再生产也因之而不同。

三、永州摩崖石刻及其文化景观建构

永州摩崖的出现，与永州特殊的自然地理环境密切相连。所谓自然地理环境，首先指的是永州山水崖石。"唐代宗广德、永泰、大历间，元结两任道州刺史，辞官后寓居浯溪，在今永州境内活动前后十年，著述约70篇，其中最值得注意者有十九铭一颂。元结在道永二州所游历，则有三溪、三岩、二崖、一谷。元结大规模开辟了今永州境内的景地，开创了摩崖石刻的先河。由其诗文意象所描述而言，永州本土文化可以称之为'水石文化'。"①元结所开创的永州摩崖石刻，丰富了中国摩崖石刻的内涵，另一方面，摩崖石刻又以特殊的方式，开辟了永州山水文化和地方文化的新境界。

元结不仅命名了三吾胜迹，而且命名了阳华岩、朝阳岩等。他命名的目的，一是为了自我享有，二是为了使胜迹"世人有知"，三是为了使胜迹传之后人。《朝阳岩铭》云："刻石岩下，问我何为？欲零陵水石，世人有知。"《阳华岩铭序》："道州江华县东南六七里有回山，东面峻秀，下有大岩。岩当阳端，故以阳华命之。吾游处山林，几三十年，所见泉石如阳华殊异而可家者，未也，故作名称之。""铭"就是他命名的独特方式。"铭"原本就有"名"之义，《释名》亦云："铭，名也。述其功美，使可称名也。"②《文心雕龙·铭箴》："故铭者，名也，观器必也正名，审用贵乎盛德。"③元结为这些名胜命名的铭文，被铭刻于摩崖石壁之上，可以说是双重的"铭"，也可以说是双重的命名。在这一过程中，他的文字得到了铭文这一文体形式的赞助，得到了书法这一艺术形式的协助，得到了石刻这一文献形式的扶助，

---

① 参看李花蕾、张京华撰：《元结与永州水石文化》，载《湖南地方文献与摩崖石刻研究》，第240—269页。

② 〔汉〕刘熙撰：《释名》卷六《释典艺》，北京：中华书局，2016年，第92页。

③ 〔南朝梁〕刘勰著，范文澜注：《文心雕龙注》，北京：人民文学出版社，1958年，第193页。

成就了所谓"三绝"。正如《大唐中兴颂》经由颜真卿的书写而名扬遐迩，《阳华岩铭》也因为有瞿令问的三体书写而引人注目。《阳华岩铭序》云："县大夫瞿令问，艺兼篆籀，俾依石经，刻之岩下。"其时瞿令问恰好任职于永州，亦可谓永州本地资源，故得以发挥其书艺之长，使阳华岩有了新的、属于永州本土的"三体石经"。从表面上看，似乎只是因为瞿令问书长众体，"艺兼篆籀"，所以他才选择以大篆、小篆、隶书三体书写《阳华岩铭》。实质上，阳华岩特有的"九疑万峰，不如阳华"的胜景，不仅点燃了元结的复古观念和文学创作激情，也点燃了瞿令问的文字书写激情。应该说，这是永州与石刻尤其是摩崖石刻的相互成就。

在永州摩崖石刻中，朝阳岩、澹岩二处早著令闻。明人黄焯曾说："两岩之观，最著者如元子，如周子，如山谷黄子，道德、文章、政事皆可师法。"①确实，唐代的元结、宋代的周敦颐和黄庭坚，是永州摩崖石刻中最为引人注目的三个人物。这三位一为永州地方官，一为永州本土人氏，一为永州之过客，身份各异，各结缘分不同。他们正好从道德(思想)、文章(文艺)、政事(事功)三个不同的维度，开启了永州石刻的文化意义，成为永州石刻的三个文化符号系列。我们可以这样理解:道德、文章和政事这三个维度，分别对应周敦颐、黄庭坚和元结三位名贤，顺序调整下则分别对应铭颂、榜题和诗文三种文体。当然，我们也可以不作这样呆板的对应理解，而是对三位名贤、三种文体和三个维度的关系作更加浑融、灵活的理解。

出于论述条理化的需要与方便，下文就以三种文体为中心，围绕三种文体与三位名贤及三个维度的关系，围绕其所构成的文化符号系列来展开，论述永州摩崖石刻对于永州文化景观的建构。

第一，铭颂系列，以元结《大唐中兴颂》和诸篇铭文为原创和代表。《大唐中兴颂》为永州摩崖石刻确立了一个宏大主题的基调。其后，永州摩崖石刻中相继产生了《大宋中兴颂》和《大明中兴颂》，可谓一脉相承，自成系

---

① 黄焯:《朝阳岩集叙》,转引自李花蕾、张京华著:《明黄焯〈朝阳岩集〉校注》,载其《湖南地方文献与摩崖石刻研究》,第75—126页。此处引文见第81页。

列。《大明中兴颂》作于万历三年(1575),作者丁鸿儒时任湖广永州府知府。其序云:"曰若稽古,帝王之兴,皆不繇楚,我世宗肃皇帝,始以兴国。入继大统,盛德大业,超越前代。"又云:"儒不敢妄拟颂磨崖,彼唐宋所称,视此万万不及也。"①可见,《大明中兴颂》的产生与湘楚文化与永州地缘皆有关系。铭亦是广义的颂的一种,铭体四言,即与颂体相同。元结之铭,专为永州山水而作,奠定了永州摩崖的主题基调。后来者围绕这一主题各有生发,文体不同,题旨多样,但都可以看作元结铭颂的文献衍生。

第二,榜题系列。榜题主要有三种内容:其一是题名,为前人交游和行踪留下印迹,如皇祐六年(1054)柳拱辰、周世南、齐术等人的浯溪题名②;其二是题写景名,如嘉祐五年(1060)张子谅书、卢臧题"朝阳岩"三大字③;其三是以道德箴言为内容的榜书,如明嘉靖二年(1523)黄焯榜书"雩风沂浴"④,又如清乾隆二十八年(1763)王伟士榜书文天祥"忠孝廉节"⑤。"雩风沂浴"典出《论语·先进篇》:"莫春者,春服既成,冠者五六人,童子六七人,浴乎沂,风乎舞雩,咏而归。"以摩崖石刻的形式,宣扬儒学树立理学传统,这一传统是由朱熹在福建地区所开创的⑥。由于周敦颐是道州(今永州道县)人,这一传统又在明清时代的永州重新出现。

第三,诗文系列。永州摩崖石刻中的诗文作品,历唐宋元明清,延及民国,诗体有律有古,有五言有七言,篇幅有长有短。值得注意的是,"湖广湘漓一线,自古为荆楚至岭南的水路通道,加以水石清秀,流寓者多"⑦,往来永州的文人墨客大多题咏赋诗,作为自己置身永州摩崖石刻历史现场的

---

① 潇湘意摩崖石刻拓片博物馆、张京华、杨宗君、敖炼著:《永州摩崖石刻精选》,长沙:湖南美术出版社,2019年,第152—153页。

② 《永州摩崖石刻精选》,第92—93页。

③ 《永州摩崖石刻精选》,第38—39页。

④ 《永州摩崖石刻精选》,第146—147页。

⑤ 《永州摩崖石刻精选》,第290—291页。月岩摩崖石刻也有不少格言榜书,见张京华、陈微主编:《道州月岩摩崖石刻》,天津:天津人民出版社,2017年,第50、76、78、90、92、96、98、126、128、132、134、136页。

⑥ 参看程章灿撰:《文物:朱熹对石刻的文化利用》,《南京大学学报》2018年第5期。

⑦ 《永州摩崖石刻精选》,《前言》第1页。

见证。后人赋咏,是对前人的凭吊、唱和、印证或者异议。仕宦迁谪之人往返经过楚南之地,先后两次赋诗,既是抚今怀旧,也是与山川之灵的再次对话。越南使臣经过此地,为表示对上国文化的理解与认同,也赋诗言志,使永州摩崖成为中外文学文化交流的重要平台①,并进一步确认了永州所处南北交通与中外交往之交通要道的重要地位。宋代及宋后的摩崖诗文,还可以看出版刻对于石刻的影响。对于他们来说,摩崖只是纸本之外的另一种形式的版面。

日积月累,摩崖题刻越来越多,崖壁上越来越密集,后人题刻有时不免覆盖前人的题刻②。为了避免地方文献佚失,避免历史记忆被覆盖,有好事者遂起而搜集,并以纸本的方式促成文献。早在明代嘉靖初年,时任永州知府的福建南平人黄焯就编纂了《朝阳岩集》《澹岩集》③,这是较早的两种地方石刻文献集。个体的永州石刻早在北宋时代就已进入《集古录》《金石录》等金石著作,以拓本和纸本的方式传播;而整体的永州石刻,至少从嘉靖时期开始,也转换为典籍的形式,成为富有永州特色的文献景观。

建构地方文化景观包括两个方面:一方面是地方文献整理,另一方面是地方自然景观命名。永州摩崖石刻本来就是从元结对永州山水的发现与命名开始的,可以说,命名是永州摩崖石刻与生俱来的遗传基因。从"浯溪八景""浯溪十景""浯溪十二景"发展到"浯溪十六景",摩崖石刻功不可没。在很长一段时间里,号称"磨崖三绝"的《大唐中兴颂》一直是浯溪景观的核心,令人赞叹。

---

① 李花蕾、张京华撰:《湖南浯溪所见越南朝贡使节诗刻》,载其《湖南地方文献与摩崖石刻研究》,第408—418页。参看张京华撰:《三"夷"相会——以越南汉文燕行文献为中心》,载《外国文学评论》2012年第1期。

② 清代金石学家瞿中溶在元结《右堂铭》旁边题刻,就不慎刻在前人题字之上。其《古泉山馆金石文编残稿》卷二(《四明丛书》本):"予细审并无文字,乃题名于上,募工刻之。及刻竣,拓视,微见楷书字迹,颇类《右堂铭》,字小不及半,而一字不可辨识为恨,且悔余之题刻卤莽也。"参看《永州摩崖石刻精选》,第177页。

③ 按:《四库全书总目》史部地理类存目著录清王士禛《浯溪考》,集部总集类存目著录明黄焯编《浯溪诗文集》二卷(两淮马裕家藏本)、明陈斗编《订补浯溪集》二卷。详见(清)永瑢等撰:《四库全书总目》,北京:中华书局,1965年,第663、1748页。参见《永州摩崖石刻精选》,第145页。

石山保是永州摩崖石刻中特有的现象,集中出现在朝阳岩摩石刻中。当地人相信巨石有灵,故生下儿女之后,寄名作巨石之神(通称"石山保")的子女,以保平安,以求富贵。例如,嘉祐四年(1059)张子谅、陈起、麻延年、魏景、卢臧、夏钧等人题名石壁上,字里行间就有多处刻有"寄名石山保,长命富贵"之类的字样,又如"朝阳岩"榜书石刻旁边,也刻有"寄名石山保,长命富贵易养成"的字样①。据研究,"石山保"题刻最早在明末天启三年(1623)已经出现,这是摩崖石刻这种文人文化与永州当地民俗信仰相结合而产生的产物②。

"永"字之形,实与水相关。《说文解字》十一下:"永,长也,象水坙理之长。《诗》曰:'江之永矣。'"③永州多巨石大崖,刻石其上,希冀垂之永远。"水石文化"确实是永州文化的特质。永州摩崖处于水之滨,石之崖,正是"水石文化"的典型代表,也是永州这片文化土壤的产物。作为中国古代文献中十分重要的物质形式,永州摩崖石刻的地方性是十分突出的。中国古代文献的生产与衍生,往往都有其地方性,这种地方性参预构筑其地方文化传统,并且最终成为这种文化传统的重要部分,永州摩崖石刻即是如此。故撰此小文,以发皇其义。

---

① 见《永州摩崖石刻精选》,第 36、38 页。

② 关于石山保,详参陈泳超撰:《我们的干爹石山保》,《湖南科技学院学报》第 36 卷第 3 期(2015 年 3 月);又参汤军撰:《零陵朝阳岩小史》,上海:华东师范大学出版社,2011 年。

③ 〔汉〕许慎著,〔清〕段玉裁注,许惟贤整理:《说文解字注》,南京:凤凰出版社,2007 年。

谁主沉浮：敦煌莫高窟《维摩变》的图式与语境

中央美术学院丝绸之路艺术研究中心　罗世平

　　《维摩变》按《维摩诘所说经》绘制，自 1943 年在莫高窟的翟家窟（第220窟）剥离出唐贞观十六年（642）的大幅壁画后，对敦煌《维摩变》的系统调查和研究随之展开，成为敦煌线索最清楚的经变画之一。见于《敦煌莫高窟内容总录》的《维摩变》壁画，唐宋的遗存有近 60 铺，主导的图样即是取材于《序品》和《问疾品》的"贞观样"①。画面以文殊问疾、维摩辩难这一隔门相对的情节为中心，门北文殊菩萨的下方是唐朝的皇帝及臣属，门南维摩居士的下方是同来探疾赴会的西域、南海诸国王及其眷属，其余诸品穿插于构图之中。不同时期的维摩变因不断有新的图像因素加入其中，敦煌莫高窟唐宋时期的《维摩变》在盛唐之后，又有中唐吐蕃占领时期以及归义军时期发生的图样变化，构成了"贞观样"以后的变体，故而族群和时代的烙印也留在了维摩变的图样之中。本文重点讨论的即是敦煌《维摩变》的图式和语境，在涉及图式及语境的转换时兼有对《维摩变》的前图像（即"贞观样"之前的《维摩变》）和之后的图像（即敦煌归义军时期《维摩

---

　　① 第220窟《维摩变》因是敦煌唐代纪年最早，也是敦煌石窟中不断被重复的主导图式，故本文将之称为《维摩变》的"贞观样"，相关讨论详见本文第一部分。

变》)的比较观察。

一

先看第220窟《维摩变》"贞观样"的图像及其语境。

第220窟贞观十六年的《维摩变》是莫高窟格制成熟的大型《维摩变》中现存年代最早者,画面见有《维摩诘经》的佛国品、方便品、问疾品、不思议品、香积佛品、观众生品、入不二法门品、见阿閦佛品等九品的情节。以此为起点,敦煌的大型《维摩变》开始形成依第220窟为范本,在唐宋数百年间持续绘制的图样,尽管图像内容在不同的阶段有增有减,形成不同的变体,但万变不离其宗,起点仍是贞观十六年的《维摩变》,故本文将之称为"贞观样"。

在贞观样出现之前,敦煌莫高窟保存有隋代的《维摩变》壁画,莫高窟第420窟属于隋窟的代表,壁画中的《维摩变》还只是文殊菩萨和维摩诘对谈论辩的简单构图,并未出现围绕文殊问疾为主体、摄入多品内容的多情节画面,尚属草创阶段。按现已调查获得的石窟和其他造像资料,《维摩变》在"贞观样"出现之前,图像整体上处在尚未形成范式的前图像期,姑且称为"前图样"。

"前图样"的《维摩变》脱胎于佛说法图。炳灵寺第169窟保存有前秦建弘元年(420)的3铺《维摩变》壁画,是现存《维摩变》最早纪年的作品,构图采用的即是佛说法图的形式,佛陀为中尊,左文殊,右维摩,属于《维摩变》的初创滥觞。《维摩变》形成特色可能始于盛行义理谈论的东晋南朝,除文献记载顾恺之、戴逵等画师巨匠创画"有清羸示病之容,隐几忘言之状"的维摩诘形象,随后南朝还有根据经文画出的添品《维摩变》。若求证于图像遗迹,则有保存在四川绵阳杨氏阙石上的3铺梁大通三年(529)前后的《维摩变》造像。造像分龛并置,文殊手持如意,跌坐双狮莲台,身后线刻听法人众;维摩手持麈尾,前有几案,坐帷帐中,亦有僧众随从。1995年成都市出土的南朝造像中也有文殊、维摩对谈论辩的图像。这样的构图随后也流行于北朝,纽约大都会博物馆藏北魏永熙二年(533)《维摩变》造

123

像碑(图1)，图像分上下两层，上层为文殊、维摩对谈论辩，下层为排列整齐的供养人像行列。龙门石窟莲花洞北魏时期的造像龛存有多例文殊与维摩对坐论辩的线刻，繁简都有，对称地刻在龛外两侧。图例中上栏是维摩、文殊二人论辩，下栏赴会听法的人众，一边是皇帝，一边是皇后。帐形的龛中维摩靠在隐囊上，后面有侍从，和杨氏阙上《维摩变》相似①。南北朝后期出现的《维摩变》已经具备了大型经变的基本结构，与壁画相比，石刻造像由于材质的限制，相对概略一些，但对坐论辩的格局已定，是最接近"贞观样"的前图样，离《维摩变》的经典样式仅一步之遥了。

图1　维摩变　北魏永熙二年　美国纽约大都会博物馆藏

　　莫高窟第220窟"贞观样"《维摩变》，目前还找不到可资比较的图像线索，王逊在早年曾就第220窟中的皇帝及外国诸王形象，与传为初唐画家阎立本的《历代帝王图》《职贡图》作过比较联系，对图本的来源有过初步推

①　这种对谈论辩的构图是以佛寺中升高座辩经的场景为依据的，一方为主辩方，与之相对是提问方，场内听众也可以向主辩者提问。

测①。今天再看敦煌的《维摩变》，由隋入唐，图像变起突然。就第220窟的《维摩变》而言，仍看不到在敦煌当地的演变脉络，可以认为该图样得自长安的可能性最大。

敦煌莫高窟崖面坐西面东，窟门皆东向。"贞观样"的《维摩变》（图2）画在主室东壁的门上，画面的主体结构为两组人物，文殊菩萨与赴会的皇帝侍臣为一组，位于窟门北壁，人物南向；维摩与外国王子为另一组，位于窟门的南壁，人物北向。两组人物隔门相对。按古代的礼仪制度，南北向是君臣位，唐朝皇帝北面南向，是君位；外国王子南面北向而立，是臣位。"贞观样"正是遵循中国礼仪制度的位向观来布陈人物的，画中的诸国王子都南面北向而立，曾是仰慕唐朝的藩属国或外交国，画面主次分明，表达的是"万国来朝"的语境。画面中帝王雍容华贵，与猥琐、拘谨的各国王子形成了鲜明的对比。这铺大型构图的《维摩变》因绘制于唐王朝"贞观之

图2　维摩变 唐贞观十六年 莫高窟第220窟
采自《中国石窟 敦煌莫高窟》文物出版社

---

① 参见王逊：《敦煌壁画中表现的中古绘画》，《文物参考资料》1951年第2卷第4期，第74—84页。

治"时期,欣欣向荣的唐朝大国地位引得万国来朝,故图中的人物座次依照国家礼制,当是画家精心推敲的定稿。如此成熟的画稿,应该不是敦煌画工所能承担的。

"贞观样"的图式合于中国古代的礼制,可从唐以前礼法和习俗中寻索到多种佐证。按礼制规定,南北向为君臣位,故北面南向者为君,南面北向者为臣。东西向为主客位,待客之礼,东为上位,故东面西向坐者为客,西面东向者为主。历史上按位向之礼而得以避祸称王的典型事例之一是鸿门宴。司马迁《史记》说项羽设鸿门宴请刘邦一节,特别详细地记述了人物的座次:

> 项王即日因留沛公与饮。项王、项伯东向坐,亚父南向坐。亚父者,范增也。沛公北向坐,张良西向侍。范增数目项王,举所佩玉玦以示之者三,项王默然不应。

项羽设鸿门宴,原是要杀刘邦,故以主客之礼留东方位以待刘邦,不曾想刘邦用张良计,主动落座于南面,以示面北称臣。刘邦的落座举动顿时让项羽释怀,因而生不杀之心。司马迁用如此写实的笔法描述鸿门宴的人物座次,刘邦逃过鸿门宴这一劫,或有旁白古人遵礼的一层意思。

古人对方位座次的讲究,历史上还有多例。又如《史记》"孝文本纪",述汉文帝欲即帝位而让座的表演:

> 代王西向让者三,南向让者再。

文帝为何要再三让座? 司马迁笔下很含蓄。《资治通鉴》卷十三"高后八年"条"胡三省注"则说明了汉文帝让座次的深意:

> 盖王入代邸而汉廷群臣继至,王以宾主礼接之,故西向;群臣劝进,王凡三让,群臣遂扶王正南面之位,王又让者再;则南向非王之得

已也,群臣扶之使南向耳。遽以为南向坐,可乎!

　　文帝欲即帝位而又故作姿态,三让而不南向坐,这是汉文帝权谋之术的表演,在于笼络人心。是知在中国的政治语境中"位置"的重要。古人遵礼,帝王欲礼贤下士,也在座次上特有讲究。如刘向《说苑》卷一"君道篇"谈君子求才之道,引郭隗与燕昭王事:

　　　　今王将东面目指气使以求臣,则厮役之材至矣;南面听朝,不失揖让之礼以求臣,则人臣之材至矣;西面等礼相亢,下之以色,不乘势以求臣,则朋友之材至矣;北面拘指,逡巡而退以求臣,则师傅之材至矣……于是燕王常置郭隗上坐,南面居三年。

　　燕昭王南边居三年,他在位时人才汇集,燕国得以大治。即使是在入主中原的拓跋鲜卑的北魏朝堂,君臣师徒之礼在尊卑座次上仍不能混乱。如《魏书》"崔光传"记宣武帝延昌二年(513)拜太子师事:

　　　　(延昌)二年,世宗幸东宫,召(崔)光与黄门甄琛、广阳王渊等,并赐坐。诏光曰:"卿是朕西台大臣,今当为太子师傅。"……令肃宗拜光。光又拜辞,不当受太子拜,复不蒙许,肃宗遂南面再拜。詹事王显启请从太子拜,于是官臣毕拜,光北面立,不敢答拜,唯西面拜谢而出。

　　崔光谨慎知礼,不得已受太子南面拜师却不敢在北面回礼,而是回到西边的客位上答拜。肃宗继位当了皇帝,崔光继续受朝廷重用。
　　佛教典籍中也不乏位向礼俗方面的记载。道宣《集神州三宝感通录》曾记隋僧昙延为国祈雨的神迹:

　　　　至六年亢旱,朝野荒然,敕请三百僧于正殿祈雨……帝遂躬事祈雨,请(昙)延于大兴殿登御座南面授法,帝及朝宰五品以上咸席地,北面而受八戒,戒授才讫,日正中时,天有片云,须臾遍布,便降甘雨。

　　昙延和尚求雨,是在皇帝坐北面南的御座方位上,皇帝则屈尊南面,
同五品以上的官员一样席地受八戒。从上述礼仪可知,在古代,方位座次
并不是可以随意为之的,尤其在表现国家政治形象的绘画作品上,人物所
在的位置直接关系到上下尊卑,更须经过认真推敲。按此再看贞观样《维
摩变》的画面,尊卑主次分明,汉族皇帝画在正当的南向位上,诸国王子都
是仰慕大唐来朝的藩属国或外交国,故画在北向位上。画面图式提示得
很明确,给出的是"万国来朝"的图像语义(见图3)。

图3　维摩变(局部) 唐贞观十六年 莫高窟第 220 窟
采自《中国石窟 敦煌莫高窟》第三卷图 33

　　在莫高窟,初盛唐时期的《维摩变》共计有 13 窟。贞观样之后的代表
作,如初唐的第 335 窟《维摩变》,可能是在高宗、武则天时所绘,中间是门,
画在门北高规格仪仗前的帝王,仍是手臂张开的雍容尊贵姿态;门南维摩
一边是各国王子及其臣属。盛唐的第 103 窟,《维摩变》同样是画在门壁,

壁画构图、人物位置皆如"贞观样"。可见"贞观样"是在敦煌画师工匠中流传有序的图样,大唐盛世的气象在绘画上表现得十分醒目。故有理由认为,"贞观样"在敦煌作为《维摩变》的祖本一直在辗转使用。另有一个线索可作参考,第220窟《维摩变》被覆盖之年是在宋代,终唐一代的敦煌画工都还有观摩临习"贞观样"的机缘。第220窟曾经在中唐、五代和北宋有过3次补绘,门道南壁的2处小龛和壁画是吐蕃时期的补开新绘,五代时门道北壁又补绘了一铺新样《文殊变》。至少在这两次补绘时,工匠进入洞窟都能直接观赏到《维摩变》这一原作,故讨论敦煌随后发生的《维摩变》变体,"贞观样"是不可不提的经典样式。

二

中唐时期的敦煌,步入吐蕃占领的特殊历史阶段,时间长达60年之久,按《敦煌莫高窟内容总录》得知,蕃据时期莫高窟的营建可分为两个阶段,分期的时间节点是唐穆宗长庆二年(822)的唐蕃会盟。在会盟之前,新开的洞窟中基本不见绘制《维摩变》的壁画,调查所见属于中唐蕃据时期的10铺《维摩变》,都出现在唐蕃会盟之后的洞窟中,其中除第186窟整幅画在洞窟主室的南壁,第231窟整幅绘在主室东门的北壁,第240窟分画在主室西壁龛外的南北壁上,其余的七铺分别保存在第133、144、159、236、237、359、360窟,均位于主室东壁门的两壁,这些《维摩变》画面主体是"贞观样"的图式结构,改变的仅在原维摩居士高座之下各国王子群像部分,画面特别突出地将吐蕃赞普及其侍从画在了各国王子的队首,与文殊菩萨座下的唐朝皇帝位置相对,形成"文殊—皇帝"图组居于门北,"维摩—赞普"图组居于门南的对称构图(见图4)。研究敦煌中唐壁画的学者都敏感地注意到《维摩变》在中唐的这一变化,也对这一变化做出过有价值的解释①。为便于下面的讨论,本文将绘有皇帝、赞普的《维摩变》

---

① 参见樊锦诗、赵青兰:《吐蕃占领时期莫高窟洞窟的分期研究》,载敦煌研究院编:《敦煌研究文集·敦煌石窟考古篇》,兰州:甘肃民族出版社,2000年。沙武田:《敦煌吐蕃时期石窟研究》,北京:中国社会科学出版社,2013年。

称之为"唐蕃样"。

图 4　维摩变 中唐 莫高窟第 159 窟
采自《中国石窟 敦煌莫高窟》文物出版社

　　《维摩变》的"唐蕃样"可以看作是"贞观样"的变体，也可以说是《维摩变》的新图样。所谓的变体，是指主体的图样没变，变动的只是部分图像或人物。在"贞观样"中，与文殊相对的维摩下方是一组没有首领的各国王子及其酋帅，而在"唐蕃样"中这组人物是以吐蕃赞普为首领的各国王子。以第 360 窟《维摩变》为例，位于文殊下方的皇帝组基本没变，而在维摩的下方，队列前的中心人物是一位戴缠头红帽，着翻领白袍，脚踏方座的吐蕃赞普。在他的身前有侍卫作先导，身后是打曲柄伞盖的侍从，拖后的才是各国王子人众。是知这时的《维摩变》是从"贞观样"有所变化，所以是"变体"。说它是新图样，也有正当的理由。由于维摩下方吐蕃赞普及其侍从的出现，画面形成隔门对峙的构图。一边是礼仪庄严的唐朝皇帝，一边则是陛从森严的吐蕃赞普。此时敦煌处在吐蕃的统治之下，与唐朝不通音问。壁画中出现吐蕃赞普及侍从人物的新图样，应该来自敦煌画工的新创造，所画的场景、人物服饰及赞普的仪仗等等，也是得自吐蕃礼俗的移写(见图5)，近年青海郭里木出土的吐蕃棺板画可作这方面的辅证资料①。更为重要的一点，是图像语境的改变。因为吐蕃赞普的出场，画面语境全然不同，"贞观样"的"万国来朝"被改编成了"唐蕃样"的"平等对话"，图像的语义内涵是全新的，所以又是新图样。

图 5　维摩变 中唐—吐蕃 莫高窟第 159 窟
采自《中国石窟 敦煌莫高窟》文物出版社

"唐蕃样"的《维摩变》无论是看成"贞观样"的变体或是新图样，图式和语境依然抹不去"贞观样"的底色。对于蕃据时期的敦煌汉人而言，奉唐朝为正统，认祖归宗，是"身份认同"中最根本、最深沉的记忆，这种记忆也会时时从敦煌人陷蕃的伤痛中被唤醒。吐蕃占领河西的战争，敦煌军民曾

---

① 青海近年清理发掘了多座吐蕃时期的墓葬。如 1982 年，青海省文物考古研究所在都兰县热水乡血渭草场发现了大型的吐蕃墓葬群。1985 年，青海省文物局考古工作队曾在热水沟北岸发掘了 2 座吐蕃墓，其中都兰一号大墓被评为 1996 年"全国十大考古新发现"。1999 年北京大学考古文博院与青海省文物考古研究所联合在血渭草场热水沟南岸清理发掘了 4 座大中型吐蕃墓。北京大学考古文博学院、青海省文物考古研究所编著：《都兰吐蕃墓》，北京：科学出版社，2005 年；《中国国家地理》2006 年第 3 期"青海专辑"刊载了部分墓葬的棺板画照片和相关内容的介绍，可作参考。

进行过长时间的抵抗，直到吐蕃在答应敦煌人一不改姓、二不屠城的条件下，敦煌才投降吐蕃，是河西最后沦陷的城池。在蕃据时期，敦煌又曾为抵制吐蕃人"辫发易服"等政策，还发生了多次驿户起义，玉关起义是其中规模最大的一次。虽然起义未果，但敦煌人的归唐情结始终没变。如《新唐书·吐蕃传》记述敦煌汉人："州人皆胡服臣虏，每岁时祀父祖，衣中国之服，号恸而藏之。"这该是敦煌人身份认同的真实写照。当唐朝与吐蕃在唐穆宗长庆二年结盟修好，民族关系发生转机之时，敦煌汉人身份认同的心情更为迫切，期盼唐蕃和好的愿望成了这个时期石窟营建最明确的主题。敦煌壁画图像中将唐朝皇帝与吐蕃赞普以同等的规格画出来，对应了敦煌文书中"南北二主"的记载，正是这一历史的真实情景。《维摩变》"唐蕃样"的出场主角和人物身份一目了然，变化的图像中隐含了蕃据时期敦煌人的"归唐情结"与"身份认同"，图像中的种种曲折和历史隐情，见证着敦煌功德主和画工高度的艺术智慧。

基于这样的历史语境下构画的《维摩变》，其图式和语义就要比"贞观样"复杂很多，以下从三个层面对"唐蕃样"试作分析。

图式分析一："唐蕃样"《维摩变》的人物方位直接取法于"贞观样"，在于表达敦煌功德主仍奉唐朝正统的心态。以第 159 窟《维摩变》为例，文殊—皇帝组居北，人物皆南向。如前所述，按中国礼制，此位为君位，即是"君子北面为尊"的位向；维摩—赞普组居南，人物北向，即是"坐南面君"的方位。蕃据时期敦煌的《维摩变》按此图式画成的洞窟另有第 133、144、236、237、359、360 窟。第 231 窟的《维摩变》虽将隔门相对的构图合为一幅，置于东门壁的北侧，但并没有改变壁画的基本结构和人物位向，仍是《维摩变》唐蕃样的图式。蕃据时期的维摩变壁画共有 10 幅，而唐蕃样就占了其中的 8 幅，说明"唐蕃样"是敦煌人最为认同的图式。

"唐蕃样"在莫高窟也有变动改编的图像。如第 186 窟，维摩变画在南壁，是一幅没有拆分开的完整构图，移画时画工并非原样照搬，平移过壁，而是重新改过了图样的方位座次，将文殊—皇帝组绘于南壁的西边，人物东向；维摩—赞普组置于东边，人物西向。如前所述，古代的礼仪，东西向时，东向者为上位，西向者为下位。这样的位向在古代的昭穆制度上是父位与子位的关系。如《汉旧仪》：

> 宗庙三年大祫祭，子孙诸帝以昭穆坐于高庙，诸隳庙神皆合食，设左右坐。……子为昭，孙为穆。昭西面，曲屏风，穆东面，皆曲几。

昭穆制是以祖先为中心的排位方式，《决疑要注》对此说得很明白："始祖特于北，其后以次夹始祖而南，昭在西，穆在东，相对。"①昭穆制不仅在宫廷施行，也在宗族家祠中使用，敦煌画工在就壁移画时一定对此作过考量，所以第186窟《维摩变》的人物位置才有了这样一番对调。座次经此调整，壁画中皇帝居于父位，赞普处在子位。如果按当年唐蕃联姻的辈分而论，唐朝是舅，吐蕃是甥。也正合了敦煌文书中屡见的"舅甥之国"的说法。谁主谁次，其实敦煌的画工理得很清楚，而作这样的移画，目的也一定很明确。作画的过程，比起直接搬用现成的图式更要多费些事，自然不应该视为画工的即兴所为。将唐蕃样《维摩变》图像汇集在一起，足以说明蕃据时期敦煌功德主和画工所认同的王朝正朔仍是唐朝。图式给出了"谁是正统"的第一层语义。

图式分析二：敦煌唐蕃样《维摩变》绘唐朝皇帝北面南向，吐蕃赞普南面北向，属于定型的图式，它的流行，还有地理方位作为依据。唐与吐蕃在地理方位上，唐朝在北，吐蕃在南。敦煌人在陷蕃后习惯称吐蕃为"南国"，而以"北疆"代称唐朝，有敦煌文书为证。如 P.2807《行城文》：

> ……先用庄严皇太子殿下，伏愿长承南国之重奇（寄），永奉北疆之慈颜，福将山岳而齐高，寿比松筠而转茂。

这件文书写于唐蕃会盟之后。唐穆宗长庆二年，唐、蕃在清水关会盟，

---

① 《后汉书·祭祀志》（下）注引《决疑要注》，北京：中华书局，1987年。

刻会盟碑记其事，吐蕃又立藏、汉文二体碑于拉萨大昭寺前。会盟后，唐蕃重结舅甥之好，故有愿吐蕃皇太子"永奉北疆之慈颜"的文字。唐蕃样《维摩变》安排汉人皇帝北面南向，吐蕃赞普南面北向，因有了地理方位上的客观依据，敦煌画工也就有了按此方位构图的正当理由。这点正是敦煌画工的高明处，既能避开吐蕃人的管制，又通过壁画表达了自己的心愿。这是图式给出的第二层语义。

图式分析三：文殊—维摩对位与皇帝—赞普对位，选取文殊问疾的情节，要义在文殊与维摩由辩难到息诤，起到宣说佛教不二法门的目的。下方皇帝与赞普同往问疾，并赴盛会，其寓意在于唐蕃由交兵到会盟、永结舅甥之好的时代主题。对蕃据时期的敦煌人而言，唐朝皇帝与吐蕃赞普是关系他们生存境遇的两位关键人物，画中的主角也即是蕃据时期敦煌的主角。敦煌画工巧妙地将图像与经义、心愿与历史结合起来，经文与图像间对应得既贴切，又不露痕迹。潜藏于图像中的真实用意，线索在敦煌文书和会盟碑中皆能读到。如 P. 2255 文书：

> ……使烽飙不举，万里尘清，四邻绝交诤之仇，两国结舅生（甥）之好。①

又 S. 6315《愿文》：

> ……又将殊胜功德，最上福田，奉用庄严我当今神圣赞普，伏愿永垂禅化，四海一家……使两国还好，重圆舅生（甥），四方艾安，保无征战。②

又《唐蕃会盟碑》誓词：

①② 樊锦诗、荣新江、林世田主编：《敦煌文献·考古·艺术综合研究：纪念向达先生诞辰110周年国际学术研讨会论文集》，北京：中华书局，2011年，第357页。

彼此不为寇敌,不举兵革,不相侵谋……如斯乐业之恩垂于万
代,称美之声遍于日月所照矣。①

祈愿唐蕃和睦相处,永离战争之苦,这是唐蕃样《维摩变》图式给出的
第三层语义。

观察上述的图式语义,历史情境的骤变成为图式语境新变的内因,敦
煌的功德主和画工通过经变人物的出场位向,将"贞观样"杨柳翻新,推出
蕃据敦煌时期的"唐蕃样"。从"贞观样"中演绎出新的语境,概因特定的时
代背景和敦煌的民情物态使然。图式语境的改变,线索虽在画面出场人
物的形象特征和座次位向上,但重点则是落在图像所生成的特殊语境上。
蕃据时期的敦煌汉人借重于《维摩变》,艺术地传达了对家国的系念和身
份认同,将现实困境所造成的内心纠结释放在经变图像中。

三

敦煌"唐蕃样"对《维摩变》的成功改编为归义军,尤其是曹氏归义军时
期提供了可资借鉴的范例。敦煌现存归义军时期的《维摩变》约有 30 余
铺,是敦煌石窟描绘《维摩变》数量最多的时期,其中最具有时代标志的《维
摩变》多见于曹议金家族或其姻亲眷属的功德窟中。如莫高窟第 61、85、
98、100、108、138、146、454 窟等,皆有经过改编的大幅《维摩变》②。这个时
期的《维摩变》,画面结构发生了两处重大修改(见图 6-1、6-2)。变化之
一,对调了文殊组与维摩组的方位,现在的文殊组位于主室东门的南壁,
人物北向;维摩组位于东门的北壁,人物南向。按前述"贞观样"所显示的

① 樊锦诗、荣新江、林世田主编:《敦煌文献·考古·艺术综合研究:纪念向达先生诞辰
110 周年国际学术研讨会论文集》,第 356 页。

② 上述洞窟的功德主名属问题,从 20 世纪 50 年代以来便有讨论,意见虽然不完全一
致,但属于曹氏归义军或其姻亲眷属的功德窟,在这点上认识基本一致。详见金维诺:《敦煌
窟龛名数考》,《文物》1959 年第 5 期;万庚育:《珍贵的历史资料——莫高窟供养人画像题
记》,贺世哲:《从供养人题记看莫高窟部分洞窟的营建年代》,载敦煌研究院编:《敦煌莫高窟
供养人题记》,北京:文物出版社,1986 年。

图 6-1 《维摩变》(局部) 莫高窟第 61 窟
采自:《中国石窟 敦煌莫高窟》第五卷图 74

图 6-2 《维摩变》(局部) 莫高窟第 61 窟
采自:《中国石窟 敦煌莫高窟》第五卷图 78

中国古礼的方位，维摩组人物处在了主位，文殊组人物则在次位。这一位向的调整，几乎完全改变了"贞观样"《维摩变》图式的语境。如何看待图像上的这一位置变动，似须再对敦煌归义军时期的敦煌形势作出判断。谁主谁次？这是归义军时期的《维摩变》将被追问的潜台词。

变化之二，方位对调后的《维摩变》，文殊菩萨座下的世俗人物换成了着汉式朝服的一组官员，中心人物虽然也穿戴帝王的衮冕，但已不是之前的皇帝气象，随行的仪卫，是受北宋赐封的归义军节度使及其随从。维摩诘下的外族人物变成了于阗、回鹘等西域诸王及其部从。第85窟是归义军时《维摩变》的代表作之一，该窟属于曹氏归义军首领的家族窟，《维摩变》整铺画在主室门壁的北侧，新变的因素比常见的隔门相对样式更为直观。归义军时期《维摩变》图式的独特语境，成为敦煌《维摩变》继"唐蕃样"之后的又一新图样，本文称之为"归义军样"。

归义军样《维摩变》出现在唐末五代藩镇割据、中原板荡、天下无君的乱世，原来的"贞观样"和"唐蕃样"中的唐朝正朔已经不在，敦煌的归义军政权如何自处成了这个时期的主题。大约从曹议金继张氏执掌瓜、沙河西节度政权的914年起到11世纪上半叶，曹氏一族，五代统治瓜、沙，前后长达140余年①。其中曹元忠（945—974）执政31年，曹延禄（979—1002）掌节度23年，这一时期是敦煌营建石窟的高峰期，留下了大量的遗迹，时代的烙印深深留在了石窟之中。以当时敦煌的地缘关系来看，东有甘州回鹘，西有于阗，北有契丹，归义军政权虽有心依靠中原朝廷，但敦煌孤悬边地，仅能在名份上受中原皇帝的庇护。为求得自保，曹氏归义军政权一方面尽力维护与中原的政治联系，遣使修贡，曾先后于开宝三年（970）、太平兴国五年（980）接受北宋朝廷"西平王""敦煌王"

---

① 按贺世哲考订，曹议金代张承奉执掌归义军的时间为梁乾化四年（914）。参见贺世哲：《从供养人题记看莫高窟部分洞窟的营建年代》，载敦煌研究院编：《敦煌莫高窟供养人题记》，北京：文物出版社，1986年。

的封号①。一方面斡旋在于阗、回鹘、契丹政权之间，利用联姻等外交手段维护其政权的稳定，保住一方安宁，在河西的政治格局中如履薄冰。曹议金娶回鹘公主，嫁女于阗王等等，都是出于地缘政治的实际考量。就归义军而言，他们既不愿失去一方诸侯的尊严，又不敢妄自尊大，这种复杂的心理在曹氏的家窟中得到明显的表现，《维摩变》"归义军样"正可看作归义军统治者心路历程的真实记录。

通过改编移画的《维摩变》"归义军样"，图式语境完全符合归义军治下的敦煌形势，生存在夹缝中的曹氏家族，深知中原王朝与西域强族之间力量的轻重。按"贞观样"《维摩变》推定的主次方位，"归义军样"放下了天朝正统的身段，将坐北朝南的上位让给以回鹘、于阗为首的西域强族，将归义军拥戴的中原王朝皇帝移至南面北向的下位。这一修正的图式语境表明了敦煌曹氏政权示好西域强族的立场，若权衡当时的力量对比，或者也可以理解为归义军的一种"自保"策略。

"归义军样"的图式语境另有与之相辅助的两类图像可供参校，其一是画在《维摩变》下方的供养人像。例如第98窟，《维摩变》绘于主室东门的南北两壁，门南文殊下为于阗国王李圣天及男女供养人11身，门北维摩诘下画回鹘公主等男女供养人7身。按贺世哲考订，第98窟的功德主为曹议金②，他在营建洞窟时特别将回鹘公主和于阗王的供养像与《维摩变》相配置，题材选择和位置安排皆有特殊讲究。

曹议金初在张承奉割据政权下供职，后接掌归义军政权，东面结好甘州回鹘，娶回鹘圣天可汗女陇西李氏为妻，又嫁女甘州回鹘可汗，莫高、榆林石窟中留存的多处回鹘公主、甘州圣天可汗天公主的供养像题名是这

---

① 莫高窟第427窟墨书题梁："维大宋乾德八年岁次庚午正月癸未朔二十六日戊辰敕推诚奉国保塞功臣归义军节度使特进检校太师兼中书令西平王曹元忠之世创建此窟记。"此乾德八年即宋开宝三年(970)，是知曹元忠曾受封"西平王"。曹元忠被封"敦煌王"在太平兴国五年夏。据《续资治通鉴长编》卷二十一，同时封其子曹延禄为归义军节度使，延晟为瓜州刺史，延瑞为衙内都虞侯，母封秦国夫人，妻封陇西郡夫人。

② 关于第98窟功德主的名属问题的辨析，详见贺世哲：《从供养人题记看莫高窟部分洞窟的营建年代》，载敦煌研究院：《敦煌莫高窟供养人题记》。

个时期的见证。曹议金同时对敦煌以西的于阗示好，嫁女于阗王李圣天，曹议金孙曹延禄后又娶于阗公主李氏（第 61 窟供养人中题署曹延禄姬者）。通过联姻，于阗与敦煌保持了较长时间的友好往来，于阗太子、公主长期居住在敦煌，敦煌文书 P. 2704《曹议金疏》所谓"于阗使人，往来无滞"，是一时盛况的实写。于阗王、皇后、太子公主的供养像在莫高窟第 61、444 窟，榆林第 31 窟中都有实例保存①。第 98 窟门壁绘回鹘公主和于阗王供养像，进一步强化了"归义军样"《维摩变》所提示的曹氏自保的意图。

第 100 窟《维摩变》门南文殊，其下配画的题材是《曹议金统军图》，门北维摩诘下，是《回鹘公主出行图》。第 100 窟是曹元忠为纪念乃父曹议金所建的功德窟②，壁画题材作如此配置同样是有意为之的，进一步说明在曹元忠执掌敦煌时，回鹘在敦煌曹氏家族中的份量。

第 454 窟《维摩变》门南文殊菩萨座下于阗国王等供养像 6 身，门北维摩诘下，回鹘公主供养像 6 身。该窟为曹元忠之子曹延恭及夫人慕容氏的功德窟③，供养人画像的位置格局仍依照第 98 窟，似可认为，到曹氏第三代，回鹘和于阗仍是当时归义军特别仰仗的政治力量。

第二类图像是归义军洞窟中绘制的于阗瑞像和于阗守护神像。据《敦煌莫高窟内容总录》的辨识统计，于阗瑞像有坎城瑞像、媲摩城释迦瑞像、海眼寺释迦圣容像、牛头山瑞像、舍利弗与毗沙门天王决海像等。于阗的守护神通常画在窟门甬道的盝顶上，根据榜题，知有迦迦那莎利、莎那末利、莎耶摩利、阿隅阇、毗沙门、阿婆罗质多、摩诃迦罗、悉他那八位，是直

---

① 参见敦煌研究院：《敦煌莫高窟内容总录》，北京：文物出版社，1982 年。任二北《敦煌曲校录》中收入一则敦煌曲子词《望江南》，内容即是歌颂曹议金的。词云："曹公德，为国托西关，六戎尽来作百姓，压坛(弹)河陇定羌浑，雄名远近闻。尽忠孝，向主立殊勋，靖难论兵扶社稷，恒将筹略定妖氛，愿万载作人君。"上海：上海文艺联合出版社，1955 年，第 56 页。
② 莫高窟第 100 窟即《腊八燃灯分配窟龛名数》卷子所称的"大王天公主窟"。有关该窟窟主的考证，详见贺世哲《从供养人题记看莫高窟部分洞窟的营建年代》。
③ 第 454 窟功德主据该窟甬道南壁第 5 身男供养人题名："窟主敕归义军节度瓜沙等州观察处置管内营田押蕃落等中书令谯郡开国公食邑一千五百户实封五百户延恭一心供养。"窟内南壁第四身女供养人题名："窟主敕授清河郡夫人慕容氏一心供养。"

接根据于阗八大守护神图样绘制的。这些瑞像和守护神像有规律地绘饰在洞窟中,是曹氏家窟中常见的题材,也是归义军时期的洞窟中频繁出现的新图样。

上述例举的曹氏"归义军样"《维摩变》,图式语境并不单独存在于《维摩变》中,而是有着更多来自于阗和回鹘的题材和图像加入补充,相互印证。这些新引入的题材和图像或隐或显地向观者提示,"归义军样"《维摩变》的图式紧紧扣合着归义军时期敦煌的历史和地缘政治。经变人物细节上的种种改变并非偶然,而是敦煌画工和功德主在特定历史背景下的富有深意的创造。敦煌壁画和文书中见存的画院工匠题名,进一步加重了敦煌创绘"归义军样"《维摩变》的意愿和目的。

敦煌《维摩变》由"贞观样"引导的图式变化,直接或间接地与敦煌河西的历史联系在一起,曲折而隐晦地传递着不同政治势力在敦煌地区的消长。敦煌的功德主和画工借助佛教的功德行为,总能将时代的主题和现实生活投射其中。《维摩变》经由"贞观样"而"唐蕃样"而"归义军样"的阶段性图式语境转换,自身已构成了一段趣味隽永的历史,这是敦煌《维摩变》与其他地区《维摩变》在图式语境上的截然不同之处。

问敦煌,谁主沉浮?《维摩变》可为之注解。

《十咏图》陈振孙跋考略

武汉大学文学院　谭新红

　　北京故宫博物院藏有著名词人张先的《十咏图》。画中有北宋孙觉的序，卷尾有南宋陈振孙，元颜尧焕、鲜于枢、脱脱木儿四篇跋文，其中南宋著名目录学家陈振孙的跋是一篇十分重要的文献，内容涉及北宋六老会、《十咏图》的创作及递藏过程、张先及其父亲张维的生平、陈振孙的生年等重要问题。相较于图书能够化身千万而言，绘画单一传播的特点使其传播范围十分有限，因此，历代传本记载此跋时所依据的都是周密的《齐东野语》而非《十咏图》。《十咏图》虽曾是周密家藏宝物①，然他在《齐东野语》卷十五著录此跋时，不知什么原因，有许多误抄、漏抄甚至是故意改动的地方，致使其文献价值大为失色。今人在点校《齐东野语》或是单独著录陈振孙此跋时，由于断句不准的原因，又把原本是陈振孙的一大段话归属于周密，使陈跋的文献价值受到第二次损害②。《十咏图》普通人难得一

---

　　①　周密《齐东野语》卷十五云："先世旧藏吴兴张氏《十咏图》一卷，乃张子野图其父维平生诗，有十首也。"《宋元笔记小说大观》本，上海：上海古籍出版社，2001年，第5619页。

　　②　如上海古籍出版社2001年《宋元笔记小说大观》本、大象出版社2016年《全宋笔记》本《齐东野语》及《全宋文》等莫不如此，都将"本朝有两张先"至结尾的174个字归属于周密。

见,更不用说近距离地观赏研究了。随着《宋画全集》的出版,《十咏图》的复制品进入了寻常百姓家,这为我们研究陈振孙《十咏图跋》提供了极大的便利。今即以此为文献来源,探讨陈跋的文献价值及相关问题。

一、文献比勘

为了详细比勘,现将张先《十咏图》①上的陈振孙《十咏图跋》照录如下,凡加"·"者,则为周密《齐东野语》卷十五著录此文时删减或误书之字。周密漏抄、误抄或改动的地方,则在脚注中另出校记。

> 庆历六年,吴兴太守马寻宴六老于南园②,酒酣赋诗,安定胡先生瑗教授州学,为之序。六人者,工部侍郎郎简年七十九,司封员外郎范说年八十六,卫尉寺丞张维年九十一,俱致仕。刘馀庆年九十二,周守中年九十五,吴琰年七十二,三人皆有子弟列爵于朝③。刘,殿中丞述之仲父;周,大理寺丞颂之父;吴,大理寺丞知几之父也。诗及序刻石园中,园废,石亦不存。事载《续图经》及《胡安定言行录》④。余尝考之,郎简,杭人也,或尝寓于湖。范说,咸平三年进士,同学究出身。周颂,天圣八年进士。刘、吴盛族,述与知几皆有名迹可见,独张维无所考。近周明叔使君得古画一轴⑤,号《十咏图》,乃维所作诗也。首篇即南园燕集所赋,孙觉莘老序之,其略云:"赠刑部侍郎张公维生平喜吟咏,行年九十有一,卒后十八年,其子都官郎中先亦致仕,家居取公

---

① 《宋画全集》,杭州:浙江大学出版社,2010年,第1卷第1册图78。
② "太守",《齐东野语》作"郡守"。"马寻",《齐东野语》佚。
③ 关于六老会的记载,周密《齐东野语》卷二十"耆英诸会"条另有记载:"吴兴六老之会,则庆历六年集于南园。郎简,工部侍郎,七十七。范锐,司封员外,六十六。张维,卫尉寺丞,九十七,都管张先之父。刘馀庆,殿中丞,九十二,述之仲父。周守中,大理寺丞,九十,颂之父。吴琰,大理寺丞,七十二,知几之父。时太守马寻主之,胡安定教授湖学,为之序焉。"所记诸人姓名及年龄时与陈振孙跋有很大差异,当以陈跋为是。
④ "事载",《齐东野语》作"其事见"。"续",《齐东野语》佚。"胡",《齐东野语》佚。
⑤ "使君",《齐东野语》作"史君"。"一轴",《齐东野语》作"三幅"。

所自爱诗十首写之缣素，以序见属，盖其年八十有二云。"①于是知其为子野之父也。子野年八十五犹买妾，东坡为之作诗，实熙宁癸丑，作图之年八十有二，则庚戌也，逆数而上，求其生年，当在端拱己丑②。其父享年九十有一，当马守燕六老之岁③，实庆历丙戌。逆数而上，求其生年④，则周世宗显德丙辰也。后四年宋兴，自是日趋太平极盛之世，以及于熙宁甲子载周矣⑤。子野于其间擢儒科，登膴仕，为时闻人。赠其父官四品，仍父子皆旄期，流风雅韵，使人遐想慨慕，可谓吾乡衣冠之盛事矣！然世固知有子野而不知有其父也。自庆历丙戌后十八年，子野为《十咏图》，当治平甲辰。又后八年，孙莘老为太守，为之作序，当熙宁壬子。又后一百七十七年，当淳祐己酉，其图为好古博雅君子所得。会余方修《吴兴人物志》，见之如获珙璧，因细考而详录之，庶几不朽于世。其诗亦清丽闲雅，如'滩头斜日凫鹥队，枕上西风鼓角声'，又'花有秋香春不知'，皆佳句也。子野之墓在弁山多宝寺，今其后影响不存。此图之获传，岂不幸哉。本朝有两张先，皆字子野。其一博州人，天圣二年进士⑥，欧阳公为作墓志；其一天圣八年进士，则吾州人也。二人姓、名、字偶皆同，而又同时，不可不知也，故并记之。余既为明叔书卷后⑦，且为赋诗："平生闻说张三影，十咏谁知有乃翁。逢世升平百年久，与龄耆艾一家同。名贤序述文章好，胜事流传绘画工。遐想盛时生恨晚，恍如身在此图中。"庚戌七月五日，直斋老叟书，时年七十有二，后六年从明叔借摹并录余所跋于卷尾而归之，丙辰中秋后三日也⑧。

---

① 此处陈振孙所引孙觉序共 60 字，周密转抄时全佚。

② 自"子野年八十五"至"当在端拱己丑"八句，《齐东野语》作"时熙宁五年，岁在壬子，逆数而上八十二年，子野之生，当在淳化辛卯"。

③ 此句《齐东野语》作"正当为守，会六老之年"。

④ 此两句《齐东野语》作"逆数而上九十一年"。

⑤ 此句《齐东野语》作"及于熙宁、元丰，再更甲子矣"。

⑥ "天圣二年"，《齐东野语》作"三圣三年"。

⑦ 此句《齐东野语》佚。

⑧ 此五句四十四字《齐东野语》佚。

比勘这两种文本，《齐东野语》版陈振孙《十咏图跋》共 677 字，《十咏图》版陈振孙《十咏图跋》共 810 字，《齐东野语》版比《十咏图》版少了 133 个字。除了漏抄外，还有误抄之处，如误《续图经》为《图经》，误博州张先中进士的时间天圣二年为天圣三年，如此之类，应该是笔误所致。周密在抄录此篇文献时，还有故意改动的地方，如《十咏图》版中"子野年八十五犹买妾，东坡为之作诗，实熙宁癸丑，作图之年八十有二，则庚戌也，逆数而上，求其生年，当在端拱己丑"数句，周密抄录时变成了"时熙宁五年，岁在壬子，逆数而上八十二年，子野之生，当在淳化辛卯"，如此大的不同很显然不是笔误，而是有意识的改动所致。由于周密的漏抄、误抄和故意改动，遗失了很多重要的信息，遮蔽了历史真相。下面通过对所涉若干重要问题进行考辨，进而揭示《十咏图》版陈跋的文献价值。

二、《十咏图》版陈跋的文献价值

较之于周密《齐东野语》而言，《十咏图》版陈振孙跋更有功于文献，一方面它能够纠正周密的一些错误，另外它能够补充史料，解决历史中一些悬而未决的疑案。

1. 纠正错误

周密在抄录陈跋时，有些错误无伤大雅，如将"太守"抄成"郡守"，将"事载"抄成"其事见"等，除了文献失真外，没有造成基本史实的错误。然而有的错误则有碍于我们对历史事实的把握，如《十咏图》版陈跋云："本朝有两张先，皆字子野。其一博州人，天圣二年进士，欧阳公为作墓志。"周密《齐东野语》抄录时误"天圣二年"为"天圣三年"，这一字之差，造成的是史实的错误。

今考欧阳修《张子野墓志铭》："（张先）天圣二年举进士，历汉阳军司理参军、开封府咸平主簿、河南法曹参军。……宝元二年二月丁未，以疾卒于官，享年四十有八。"①云张先乃天圣二年举进士。另据《宋史·仁宗纪》

---

① 欧阳修著，李之亮笺注：《欧阳修集编年笺注》，成都：巴蜀书社，2007 年，第 412 页。

《文献通考》卷三二选举亦可知，天圣三年并无进士科。查《宋登科记考》卷四，知张先在天圣二年宋庠榜，是榜登进士第者共207人①。

周密的错误，后来多有因误致误者，如《四库全书总目提要》一百九十八《集部》五十一《词曲类》一著录张先《安陆集》时即云："《安陆集》一卷，《附录》一卷，宋张先撰。案：仁宗时有两张先，皆字子野。其一博州人，枢密副使张逊之孙，天圣三年进士，官至知亳州，卒于宝元二年，欧阳修为作墓志者是也。其一乌程人，天圣八年进士，官至都官郎中，即作此集者是也。"沿袭的仍然是周密的错误说法。

还有些错误影响也比较大，如《十咏图》版陈跋云："事载《续图经》及《胡安定言行录》"，周密误抄为"事载《图经》及《安定言行录》"，佚"续""胡"二字。事实上，《图经》和《续图经》是不同的两部书，谈钥《（嘉泰）吴兴志》即分别征引。《胡安定言行录》简化为《安定言行录》也会引起误会。《胡安定言行录》乃胡瑗所作，而《安定言行录》则有多人取以为书名，如丁仁《八千卷楼书目》卷五史部著录有清许正绶《安定言行录》、潘衍桐《两浙輶轩续录》卷四十六著录有丁兆庆《安定言行录》等。今查《中国丛书综录》《中国丛书广录》《中国古籍善本书目》，皆未发现著录《胡安定言行录》，是书或已佚。然查慎行《补注东坡编年诗》卷八引录了《胡安定言行录》记载六老会的材料："按《胡安定言行录》：庆历六年，郡守宴六老于南园，其一为卫尉寺丞张维。世固知有子野，而不知有其父也。十咏诗中如'滩头斜日凫鹥队，枕上西风鼓角声''花有秋香春不知'，皆佳句也。又，先生本集有祭文，称为'子野郎中'。其文曰：'惟余子野，归及强仕，优游故乡，若复一世。'与孙莘老《序略》正相合，因详录之。"②陈振孙作跋时，盖有取于此也。

2. 补充史料

周密在抄录陈跋时，漏抄了一百三十余字，也因此而漏掉了很多具有

① 傅璇琮主编，龚延明、祖慧编撰：《宋登科记考》，南京：凤凰出版社，2009年，第114页。

② 查慎行补注，王友胜校点：《苏诗补注》，南京：凤凰出版社，2013年，第241页。

重要史料价值的关键信息，比如《十咏图》陈跋开篇即云"庆历六年，吴兴太守马寻宴六老于南园"，周密《齐东野语》漏抄"马寻"二字。有没有这两个字，阅读效果会有很大的区别。没有这两个字，读者会觉得这个吴兴太守无关紧要，只把注意力放在六老身上，而如果有"马寻"二字，会引起读者对这个"六老会"组织者进一步关注的兴趣。文献信息的丰富与否，会影响到读者的阅读策略。

作为六老会的组织者，马寻曾任多州知州，颇有政绩，《宋史》卷三百列传第五十九有传：

> 同时有马寻者，须城人。举《毛诗》学究，累判大理寺，以明习法律称。历提点两浙陕西刑狱、广东淮南两浙转运使，知湖、抚、汝、襄、洪、宣、邓、滑八州。襄州饥，人或群入富家掠囷粟，狱吏鞫以强盗，寻曰："此脱死尔，其情与强盗异。"奏得减死，论著为例。终司农卿。①

马寻不仅明习法律，精于吏治，而且擅书法。佚名《宣和书谱》卷二十即云："文臣周越，字子发，淄州人，官至主客郎中。天圣、庆历间以书显，学者翕然宗之。落笔刚劲，足法度，字字不妄作，然而真、行尤入妙，草字入能也。越之家昆季子侄无不能书，亦其所渐者然耶。说者以谓怀素作字，正合越之俭劣；若方古人，固为得笔。在庆历中有马寻者，尝知利州，而善仿越书，观者不复真赝，人谓韩门弟子云。"马寻学习北宋著名书法家周越的字而能得其神。他于庆历五年四月任湖州知州，庆历七年离任②。正是在湖州知州任期内的庆历六年，他组织了这次六老会。

如果说漏抄"马寻"二字，专业读者尚可根据各种史书的记载，考证出庆历六年任湖州知州者究竟为谁，进而明白是谁组织了这次六老会，那么周密有些漏抄所涉内容，如果没有《十咏图》保存陈振孙《十咏图跋》手稿本

---

① 《宋史》，北京：中华书局，1985 年，第 9972 页。
② 宋谈钥纂修：《嘉泰吴兴志》卷十四"郡守题名"："马寻，金部郎中，庆历五年四月到七年四月罢。"《宋元方志丛刊》本，北京：中华书局，1990 年，第 5 册，第 4780 页。

的话,历史中有些问题恐怕很难找到答案。如陈跋结尾"庚戌七月五日,直斋老叟书,时年七十有二,后六年从明叔借摹并录余所跋于卷尾而归之,丙辰中秋后三日也"这数句话,周密《齐东野语》全佚。这几句话有多重要呢?

首先,是可以解决陈振孙的生年问题。陈振孙虽然是南宋著名目录学家,其《直斋书录解题》与《崇文总目》《遂初堂书目》《郡斋读书志》为宋代仅有的四部流传至今的目录学著作,历来为学者重视。然陈氏的生卒年向无记载,今据此跋,自庚戌年即宋理宗淳祐十年(1250),逆数七十二年,知其生年为淳熙六年己亥(1179)。

其次,结合相关文献,可以据此理清《十咏图》的传藏过程。现将陈跋中涉及时间的内容节录如下:

> 庆历六年,吴兴太守马寻宴六老于南园,酒酣赋诗,安定胡先生瑗教授州学,为之序……近周明叔使君得古画一轴,号《十咏图》,乃维所作诗也。首篇即南园燕集所赋,孙觉莘老序之,其略云……自庆历丙戌后十八年,子野为《十咏图》,当治平甲辰。又后八年,孙莘老为太守,为之作序,当熙宁壬子。又后一百七十七年,当淳祐己酉,其图为好古博雅君子所得。会余方修《吴兴人物志》,见之如获珙璧,因细考而详录之,庶几不朽于世。……庚戌七月五日,直斋老叟书,时年七十有二,后六年从明叔借摹并录余所跋于卷尾而归之,丙辰中秋后三日也。

以上所引,时间线索非常清晰:庆历六年丙戌(1046),马寻宴"六老"郎简、范说、张维、刘馀庆、周守中、吴琰于南园,酒酣赋诗。十八年后,即治平元年甲辰(1064),张先以南园"六老会"为题材画《十咏图》,题其父亲张维诗十首于其上。又八年后,即熙宁五年壬子(1072),湖州知州孙觉作《十咏图序》并题写于画卷中。到了南宋淳祐九年己酉(1249),《十咏图》为"好古博雅君子"周明叔所得,陈振孙见之如获珙璧,录入《吴兴人物志》。第二年即淳祐十年庚戌(1250)七月五日,陈振孙作《十咏图跋》。六年后,即宝祐四年(1256),陈振孙又从周明叔处借得此图,临摹并录其所作跋语于卷尾而归之。既云"借摹",知陈振孙亦善绘画。

到了元初,《十咏图》为施东皋所收,并曾携图与牟巘共赏:

> 先父存斋翁以淳祐丙午卜居霅川定安门之里,马公桥之旁,乃庆历间郡守马寻宴六老于南园处也。越明年丁未冬,先父以言事忤时宰,谒告来归,始奠居焉。尝赋五绝,其一曰:"买家喜傍水晶宫,正在南园故址中。我欲筑堂名六老,挽回庆历太平风。"盖纪实也。门人马公廷鸾大书"南园"二字揭焉。直斋陈贰卿与先父有同朝好,今跋此图,乃庚戌七月五日,后六年丙辰中秋后所书,偶不及焉。直斋后重修郡志,始书曰:"南园,今牟存斋所居是其处也。"今年庚戌,施东皋携此相视,视直斋所书之岁适同,岂偶然哉?把玩感慨,不能自已,因书其末而归之。庚戌清明日,陵阳牟某书,年八十有四。(牟巘《题施东皋南园图后》)

牟巘此跋所谓"施东皋南园图",实即《十咏图》,这从"直斋陈贰卿与先父有同朝好,今跋此图,乃庚戌七月五日,后六年丙辰中秋后所书,偶不及焉"之语可知。从牟跋可以看出,牟巘的父亲存斋翁与陈振孙为同僚,致仕后曾居南园。

三、张先生年再探

《十咏图》版陈振孙《十咏图跋》还涉及一个重要问题,那就是词人张先的生年问题。关于张先的生年,夏承焘先生《张子野年谱》考证云:

> 子野生年,宋人有二说。苏轼书垂虹亭记云:"吾昔自杭移守高密,与杨元素同舟,而陈令举、张子野皆从吾过公择于湖,遂与刘孝叔俱至松江,夜半月出,置酒垂虹亭上。子野年八十五,以歌词闻于天

下,作《定风波令》,其略云云。"案轼自杭移高密,在神宗熙宁七年甲寅五月,见东坡年谱。访李常公择于湖州,过松江为垂虹之会,在同年九月,见王文诰《苏诗总案》。自熙宁七年逆数八十五年,子野当生于此年,此一说也。《齐东野语》十五张氏《十咏图》条载孙觉《十咏图序》略云:"赠尚书刑部侍郎张公讳维,吴兴人。公卒十八年,公子尚书都官郎中先亦致仕家居,取公平生所自爱诗十首,写之缣素,号十咏图。都官字子野,盖其年八十有二云。"陈振孙跋云:"时熙宁五年,岁在壬子;逆数而上八十二年,子野之生当在淳化辛卯。"此又一说也。苏、孙皆子野同时人,而所记相差一年。今案赵德麟《侯鲭录》七云:"张子野年八十五,尚闻买妾。陈述古作杭守,东坡作倅,述古令东坡作诗云云。"苏集十一诗题亦云:"张子野八十五闻尚买妾,述古令作诗。"考陈襄述古自陈州移知杭州,在熙宁五年七月。自杭移南郡,在熙宁七年,与苏轼罢杭州通守知密州同年。若依苏说,熙宁七年,子野正八十五;依孙说则熙宁八年方八十五;而熙宁八年陈襄、苏轼皆已去杭,与赵录苏诗不合。知子野生年,以依苏说为是。孙序"其年八十有二"句,"二"或"三"之伪耳。[①]

夏先生此论一出,大词人张先的生年遂成定谳,后世无有疑之者。然而,当我们仔细研读《十咏图》本陈振孙《十咏图跋》后,发现夏先生考证中有些说法需要修正,张先的生年恐怕也还有重新探讨的必要。

夏先生考证中需要修正的地方,主要有两处:一是夏先生在考证中说:"子野生年,宋人有二说。"现在看来,宋人关于张先生年的记载,除了夏先生所云孙觉的淳化二年辛卯(991)和苏轼的淳化元年庚寅(990)两种说法外,还有陈振孙在《十咏图》版《十咏图跋》中推算的端拱己丑二年(989)一说。夏先生由于无缘得见《十咏图》,所以不知道有这第三种说法。二是夏先生在考证中说:"陈振孙跋云:'时熙宁五年,岁在壬子;逆数而上八十

---

① 《夏承焘集》,杭州:浙江古籍出版社,1997年,第1册,第168页。

二年，子野之生当在淳化辛卯。'"本文前面比勘《十咏图》本陈振孙《十咏图跋》和周密《齐东野语》本《十咏图跋》两种文本时已知，这几句话虽然出自周密《齐东野语》本《十咏图跋》，但实际上是周密在抄录此跋时录入的自己的推算结果，陈振孙的推算结果只有在《十咏图》上才能看得到。

下面我们重新研讨张先的生年问题。我们改变考证策略，先不预设谁对谁错，而是将三种说法按提出时间的先后分别客观地加以分析，最后在比较中得出相对科学的结论。

最早记载张先生年的是孙觉。孙觉乃北宋名宦，《宋史》卷四百四十四有传。他在《张维十咏图序》中云：

> 富贵而寿考者，人情之所甚慕；贫贱而夭短者，人情之所甚哀。然有得于此者，必遗于彼。故宁处康强之贫，寿考之贱，不愿多藏而病忧，显荣而夭折也。赠尚书刑部侍郎张公讳维，吴兴人。少而书学，贫不能卒业，去而躬耕以为养。善教其子，至于有成。平居好诗，以吟咏自娱。浮游闾里，上下于溪湖山谷之间，遇物发兴，率然成章，不事雕琢之巧，采绘之华，而辞意自得。徜徉闲肆，往往与异时处士能诗者为辈。盖非无忧于中，无求于世，其言不能若是也。公不出仕，而以子封至正四品，亦可谓贵；不治职，而受禄养以终其身，亦可谓富；行年九十有一，可谓寿考。夫享人情之所甚慕，而违其所哀，无忧无求，而见之吟咏，则其自得而无怨怼之辞，萧然而有沉澹之思，其亦宜哉。公卒十八年，公子尚书都官郎中先亦致仕家居。取公平生所自爱诗十首，写之缣素，号《十咏图》，传示子孙，而以序引见属。余既爱侍郎之寿、都官之孝，为之序而不辞。都官字子野，盖其年八十有二云。熙宁五年二月二十二日右正言直集贤院知湖州事高邮孙觉。[1]

---

① 谈钥纂修：《嘉泰吴兴志》，《宋元方志丛刊》本，北京：中华书局，1990 年，第 5 册，第 4780 页。

孙觉此序主要叙述了张维的诗歌及其富贵寿考的一生,也透露了张先及其《十咏图》的一些重要信息,后来陈振孙在此序及《续图经》《胡安定言行录》等文献的基础上,"细考而详录之",撰成《十咏图跋》这篇重要的绘画文献。

孙觉在序中记录了四个重要的时间点:

一是"行年九十有一,可谓寿考",记载了张先父亲张维的享年,陈振孙后来在《十咏图跋》中据此考证出张维的生年在周世宗显德丙辰(956),卒年在庆历丙戌(1046);

二是"公卒十八年,公子尚书都官郎中先亦致仕家居。取公平生所自爱诗十首,写之缣素,号《十咏图》,传示子孙,而以序引见属",告诉我们《十咏图》的创作时间在张维去世后十八年,即宋英宗治平元年(1064)。阅读这句话,我们很容易理解成张先画好画后即请孙觉作序,实际上则是八年以后,孙觉没有写明的这个时间点后来由陈振孙在跋中考证清楚:"自庆历丙戌后十八年,子野为《十咏图》,当治平甲辰。又后八年,孙莘老为太守,为之作序,当熙宁壬子。"

三是"余既爱侍郎之寿、都官之孝,为之序而不辞。都官字子野,盖其年八十有二云",告诉了我们张先的生年,也就是熙宁五年孙觉给张先《十咏图》写序时八十二岁,逆数而上八十二年,知张先生年在淳化辛卯(991)。令人疑惑的是,陈振孙在跋中考证张先生年时,并没有直接使用孙觉所提供的材料,而是用了苏轼的材料,并且得出了不同的结论。后来周密在抄录陈跋时,大概意识到了这个问题,直接采用了孙觉的数据,并得出张先生年在淳化辛卯。

四是"熙宁五年二月二十二日右正言直集贤院知湖州事高邮孙觉",告诉了我们孙觉写序的时间在熙宁五年春。

孙觉写作此序时是在湖州任知州的第二年。《嘉泰吴兴志》卷一四"郡守题名"记载,孙觉于熙宁四年十一月到湖州任知州,三个月后,也就是熙宁五年二月就给张先《十咏图》写序。大约在同时,张先还写了《醉落魄·吴兴莘老席上》词:

        山围画障。风溪弄月清溶漾。玉楼茗馆人相望。下箸醲醅，竞欲

金钗当。   使君劝醉青娥唱。分明仙曲云中响。南园百卉千家赏。

和气兼春，不独花枝上。

"吴兴莘老"即太守孙觉，"莘老"乃孙觉之字①。孙觉于熙宁四年十一月到任，熙宁六年三月离任，这首词所叙皆春景，当作于熙宁五年春②。与作于熙宁五年（1072）二月的《张维十咏图序》大体同时，甚至有可能就是在这次宴会中，孙觉给张先的《十咏图》写了序。

    孙觉写序差不多十年后，也就是元丰四年（1081）十月二十日，苏轼在《书游垂虹亭》中再一次叙及张先的生年：

    吾昔自杭移高密，与杨元素同舟，而陈令举、张子野皆从吾过李公择于湖，遂与刘孝叔俱至松江。夜半，月出，置酒垂虹亭上。子野年八十五，以歌词闻于天下，作《定风波令》，其略云："见说贤人聚吴分，试问，也应傍有老人星。"坐客欢甚，有醉倒者。此乐未尝忘也。今七年尔。子野、孝叔、令举皆为异物，而松江桥亭，今岁七月九日，海风驾潮，平地丈余，荡尽无复子遗矣。追思曩时，真一梦也。元丰四年十月二十日，黄州临皋亭夜坐书。

在这篇作于元丰四年的文章中，苏轼回忆了七年前也就是熙宁七年（1074），自己与杨元素、陈令举、张子野、李公择、刘孝叔一起欢聚垂虹亭一事，并说当时张先八十五岁。逆数而上八十五年，知张先生年为淳化元年庚寅（990），这比孙觉记载的时间早了一年。

    宋人关于张先生年的第三种记载是陈振孙，他在《十咏图跋》中说：

---

    ① 晁公武《郡斋读书志》卷第十九："右皇朝孙觉字莘老。"上海：上海古籍出版社，1990年，第1050页。《宋史》卷三百四十四列传第一百三："孙觉字莘老，高邮人。"

    ② 张先著，吴熊和、沈松勤校注：《张先集编年校注》，杭州：浙江古籍出版社，1996年，第45页。

> 子野年八十五犹买妾，东坡为之作诗，实熙宁癸丑，作图之年八
> 十有二，则庚戌也，逆数而上，求其生年，当在端拱己丑。

陈振孙依据的材料是苏轼的诗歌《张子野八十五闻尚买妾，述古令作诗》，并且很肯定地说这首诗歌的创作时间"实熙宁癸丑"即熙宁六年（1073），然后他结合孙觉在《张维十咏图序》中所说的张先作《十咏图》时"其年八十有二"，由熙宁六年逆推三年，陈振孙得出《十咏图》作于熙宁三年庚戌（1070）的结论，再逆数而上八十二年，他说张先的生年"当在端拱己丑（989）"。

由于孙觉在《张维十咏图序》中没有明确地将张先创作《十咏图》的时间和自己为《十咏图》写序的时间分开，以致于陈振孙在此将孙觉写序的时间错当成了张先画《十咏图》的时间，得出了"作图之年八十有二，则庚戌也"的错误结论。实际上陈振孙在此文中又说"自庆历丙戌后十八年，子野为《十咏图》，当治平甲辰（1064）"，在同一篇文章中针对同一个对象居然出现如此矛盾的结论，实在是疏忽之至！当然，陈振孙这一错误，并不影响他对张先生年的推算，他直接从熙宁癸丑逆推八十五年，照样可以推出张先生年是端拱己丑。

将苏轼《张子野八十五闻尚买妾，述古令作诗》一诗的创作年代定为熙宁癸丑的并非陈振孙一家，清人查慎行《苏诗补注》、王文诰《苏文忠公诗编注集成》也都编于此年。而查慎行、王文诰编年的文献依据显然不是陈振孙的《十咏图跋》，因为《十咏图》流传至清代成为宫廷收藏，查、王是无法经眼的，自然，他们也无法看到《十咏图》上的《十咏图跋》，而《齐东野语》所录《十咏图跋》并没有记载这几句话，被周密改头换面给替换掉了。

可惜的是陈振孙、查慎行、王文诰没有给我们提供苏轼《张子野八十五闻尚买妾，述古令作诗》一诗作于熙宁癸丑的证据，而陈振孙作《十咏图跋》在南宋淳祐十年庚戌（1250）七月五日，距孙觉、苏轼他们记载张先生年的时间又过了一百七十年左右，在没有更直接的证据证明他的观点的情

况下，我们只好暂且搁置他的张先生于端拱己丑的看法，优先讨论孙觉和苏轼的记载。

在孙觉和苏轼二人的记载中，夏先生认为当以苏说为是，即张先的生年应该是淳化元年庚寅（990），理由是苏轼的《张子野八十五闻尚买妾，述古令作诗》，赵德麟《侯鲭录》七也记载了这件事："张子野年八十五，尚闻买妾。陈述古作杭守，东坡作倅，述古令东坡作诗云云。"陈襄述古为杭州太守在熙宁五年七月至熙宁七年，若依苏说，熙宁七年张先正好八十五岁，若依孙说则熙宁八年方八十五岁，而这一年陈襄、苏轼皆已离开杭州，不可能有陈襄让苏轼作诗之事。因此应以苏说为是，孙序"其年八十有二"中的"二"或"三"之伪耳①。

夏先生的考证看似圆通，仔细思量，却也并非完全没有疑点。夏先生首先认为苏轼的记载是准确的，然后得出孙觉的记载是错误的这一结论，这对孙觉来说无疑不公平。从前引苏轼《书垂虹亭记》可知，苏轼《书垂虹亭记》是垂虹亭聚会七年之后的追忆文章。如果我们可以怀疑与张先同时人孙觉所写的"其年八十有二"中的"二"为"三"之伪，那我们更可以有理由怀疑苏轼之后靠回忆所记"子野年八十五"中的"五"为"四"之误。如果苏轼于熙宁七年举办垂虹亭之会时张先是八十四岁的话，那么孙觉《张维十咏图序》云熙宁五年张先八十二岁也就站得住脚了。

这并非笔者个人的胡乱猜测，前辈学者早就有人怀疑苏轼"八十五"或为"八十四"之误。苏轼《张子野八十五闻尚买妾，述古令作诗》一诗，依苏轼的记载，与其《书垂虹亭记》自然作于同一年，都是张先八十五岁时所作，依夏先生考证，均应作于熙宁七年。可自宋至清，多有编此诗于熙宁六年者。除了《十咏图》本陈振孙《十咏图跋》外，清王文诰辑注《苏轼诗集》《苏诗总案》也都编于熙宁六年。夏先生也注意到了这一编年，他在《张子野年谱》中说："苏诗编年此首在熙宁六年，《苏诗总案》本之，如熙宁六年子

① 夏先生在此用"伪"而不用"误"，或有认为孙觉《张维十咏图序》在流传过程中误"二"为"三"而非原稿即如此之潜意识在，今检《十咏图》上之《张维十咏图序》，实为"二"而非"三"。

野八十五,则与书游垂虹亭所记不合,疑编诗误前一年,否则'五'字乃'四'之误也。"孔凡礼先生《苏轼年谱》编此诗于熙宁六年,并且给出一个很有意思的解释:"据《文集》卷七十一《书游垂虹亭》,先今年八十四。盖诗人作诗,喜举'五''十'成数,故有不同。先全诗不传。"①认为苏轼是有意改"五"为"四",是诗人创作时喜举成数所致。

既然可以怀疑苏轼《张子野八十五闻尚买妾,述古令作诗》中之"五"为"四"之误,我们也有理由可以怀疑苏轼《书垂虹亭记》中"子野年八十五,以歌词闻于天下,作《定风波令》"中之"五"为"四"之误,因为这篇记是苏轼七年以后的回忆文章,误记是极有可能的事。因此,我们如果把苏轼《书垂虹亭记》和《张子野八十五闻尚买妾,述古令作诗》中的"八十五"均改成"八十四",苏轼与孙觉的记载就符合若契了。

总之,在没有更加确切的证据出现之前,对于张先的生年,我们可能要采取更为谨慎的态度。三说之中,我们又要特别重视孙觉的记载,毕竟,作为"宋初三先生"之一胡瑗的学生,他为人老成②,与张先是同时人,又是应张先之请而创作此序,他在写此序时与张先有着密切的交往,应该说是最直接的当事人,我们如果不信他的记载却转而取信苏轼的七年后的回忆,恐怕并非那么科学。

结论

陈振孙《十咏图跋》在流传过程中,经历了两次大的变动:一次是周密《齐东野语》在抄录时有许多误抄、漏抄及故意改动之处,另一次是《全宋文》收录此文时依据的是周密的《齐东野语》,然因断句错误,将"本朝有两张先"至结尾的174个字归属于周密而全部不录。这无疑影响了其文献价值。较之于周密《齐东野语》而言,《十咏图》上所载陈振孙《十咏图跋》不仅可以纠正周密的一些错误,帮助我们更加详细地了解《十咏图》的流传

---

① 孙凡礼:《苏轼年谱》,中华书局,1998年,第263页。

② 《宋史》卷三四四列传第一百三:"孙觉字莘老,高邮人。甫冠,从胡瑗受学。瑗之弟子千数,别其老成者为经社,觉年最少,俨然居其间,众皆推服。"第10925页。

过程,而且可以解决陈振孙的生年问题,也为张先的生年提出了新的观点。总之,陈振孙《十咏图跋》手稿本的文献价值要远胜后来出现的手抄本和印刷本。

吴全节像、赞与元代文学的新认识

武汉大学中国宗教文学与宗教文献研究中心　吴光正

元代玄教宗师吴全节凭借其儒道、艺文修养参与重要的宗教、政治和艺文活动,备受元廷历代君王信任、重用和当时政坛、文坛、学界、书画界精英认可、敬仰,成为一代儒仙、孔李通家、文坛盟主,这在道教史、文化史和文学史上都是颇为突出的现象。吴全节的 26 卷诗文别集《看云集》以及收录与其相关的题赠之作的《天爵堂类编》均已佚失,这严重影响了今日学界对这一现象的深入探究,相关成果颇为贫乏①。不过,经笔者稽考,发现元代文人留存至今的与吴全节唱和题赠的诗文作品尚有 390 余篇(首),其中 19 篇为像赞。这些像赞由吴全节侄孙吴颢誊录自吴全节画像摹本手卷,朱存理又据吴颢所录,收入《珊瑚木难》,得以流传至今。另外,美国波士顿艺术博物馆藏有《吴全节十四象并赞卷》②。目前,对此像卷的探讨,

---

① 现代学者中,仅有孙克宽详细论及吴全节生平事迹。参见孙克宽:《元道士吴全节事迹考》,《元代道教之发展》,(台湾)东海大学,1968 年,第 156—232 页。

② 该手卷制作于 1338 年,绢本长卷,高 51.8 cm,长 834.8 cm,水墨设色,敷有金粉。总共收录吴全节 14 幅画像,大部分画像均用像赞区隔,只有《燕坐象》《看云象》之间,《听松风象》《衡岳象》之间,依据画面景致自然过渡。

多从宗教视角着眼①。本文拟将吴全节像、赞置于其与元代文坛交游、唱和的语境中，探究像、赞的制作与意蕴，进而解析与之相关的元代文坛的创作景观、元代文人的政治境遇和儒道情怀等，以期从一个侧面重新认识元代文学的独特风貌。

一、像、赞制作与元代文坛的创作景观

吴全节系列像、赞是肖像画史上的鸿篇巨制，得到元廷君王以及元代政坛、文坛、学界、书画界精英的支持、参与，昭示了元代文坛独特的创作景观。

据笔者考据，吴全节共为自己制作过 19 幅画像，皆属挂轴，制作于 1310—1339 年，时当其四十二至七十一岁。诸像具体制作时间如下：《松下象》(1310)、《内观象》(1311)、《存思象》(1313)、《飞步象》(1314)、《咏归象》(1315)、《燕坐象》(1315—1316)、《看云象》(1316)、《泥丸象》(1317)、《听松风象》(1318)、《朝元象》(1318)、《青城象》(1327)、《衡岳象》(1327)、《上清象》(1327)、《说法象》(1331)、《闲闲象》(1331—1333)、《观泉象》(1331—1337)、《七十象》(1338)、《凤阙春朝图》(1339)、《龙川晓扈图》(1339)。

吴全节共邀请了 15 位士大夫为自己的画像作赞。其中，吴澄、赵孟頫、李孟、邓文原、赵世延 5 人为其长辈，袁桷、元明善、虞集、揭傒斯、李源道 5 人为其同辈，马祖常、吴善、欧阳玄、张起岩、许有壬 5 人为其晚辈，涉及色目、汉人、南人 3 个族群。

吴全节单轴画像在其生前即被摹写成手卷传播。虞集《玄教大宗师吴公画象赞序》云："予在京师时，尝令陈芝田为小象，通作一卷，亲录李韩公以下诸君子赞以附之。后八年，予在山中，又以赵凉公以下诸君子所赞

---

① 关于《吴全节十四象并赞卷》，洪再新、申喜萍曾撰文探讨其道教蕴含，参见洪再新：《儒仙新像——元代玄教画像创作的文化情境和视象涵义》，范景中、曹意强主编：《美术史与观念史》，南京：南京师范大学出版社，2003 年；申喜萍：《道教修炼视阈下的〈吴全节十四像并赞卷〉》，《世界宗教研究》2019 年第 6 期。

小象既各为序矣。至元戊寅（1338——引者注），圣天子以宗师年七十，画象以赐……陈芝田又依放（仿——引者校）为小象而别为轴。宗师以书来告云：'子为我录副于上，如前两卷之为者。'"①今存《吴全节十四象并赞卷》共摹写了 1311—1337 年（吴全节四十三至六十九岁）订制的 14 幅画像，估计是为吴全节七十大寿贺寿而制作的。

吴全节的单轴画像已经佚失，据《吴全节十四象并赞卷》可知其概貌。这些画像一事一画，描述了吴全节 1289—1339 年的事迹，属于典型的行迹图，纪行、纪功的意味颇为浓厚。如《衡岳象》描述吴全节 1289 年以来多次代祀南岳之事，标志着吴全节开始建立事功。据虞集《河图仙坛碑铭》可知，《七十象》是元顺帝"命肖其像，使宰执赞之，识以明仁殿宝而宠之"②。这是元廷对吴全节事功的奖赏，类似于功臣像。

吴全节画像也可视为祖师图，宣教意味颇为浓厚。像主呈俯视状态，似乎在注视、关心着芸芸众生，最为典型的是《观泉象》（图 1）和《看云象》（图 2）。《观泉象》将像主置于画面中央，端坐弹琴。像主并未"观看"左前方的瀑布，而是视线略朝右边，俯视画外的观众（信徒）。《看云象》本该描绘像主看云的情态，却将像主置于画面中央，面向观众（信徒），翻滚的白云反倒置于像主背后。这是一种用于宗教膜拜的图像形制。吴全节单个画像由"子孙门人，各持归名山"③，说明是被当作偶像加以供养、膜拜的。《吴全节十四象并赞卷》以《内观象》开头，以《说法象》收尾，画面结构呈现出"修法—行法—说法"的叙述逻辑，弘道宣教意图颇为明显。

吴全节像、赞制作昭示了元代文坛独特的创作景观。概而言之，体现为如下两个方面。

一是文学、绘画、书法"三位一体"的创作景观。吴全节像、赞汇集了元代最为优秀的画家、作家和书法家。虞集《玄教大宗师吴公画象赞序》指

---

① 朱存理纂辑，王允亮点校：《珊瑚木难》，杭州：浙江人民美术出版社，2013 年，第 241—242 页。

② 虞集著，王颋点校：《虞集全集》，天津：天津古籍出版社，2007 年，第 1008 页。

③ 朱存理纂辑，王允亮点校：《珊瑚木难》，第 241 页。

图 1 《吴全节十四象并赞卷》之"观泉象"

图 2 《吴全节十四象并赞卷》之"看云象"

出，吴全节画像多出名笔。目前可考者有 5 人：赵孟頫曾为《燕坐象》补景，《观泉象》为庐山山中人制作，《七十象》为艺文监广成局直长绍先制作，《凤阙春朝图》《龙川晓扈图》为吴全节弟子张显良制作，而将吴全节单幅挂轴像绘制成手卷的陈芝田则是元代最为著名的肖像画家。为吴全节画像作赞的 15 人乃出入中书省、御史台、行省、行御史台、国史翰林院、集贤院的元廷高官，颇多政治地位高、引领文坛风潮的领袖人物。赵孟頫、邓文原、元明善、袁桷、虞集、欧阳玄、揭傒斯、赵世延还是元代著名书法家。这些"雅与今大宗师吴公相好"的"搢绅之雄"将自己的艺文才华汇聚到吴全节像、赞的制作中，不仅体现了"一时人物文章之盛"①，而且彰显了元代文学、绘画、书法的高度融合。

值得注意的是，这种"三位一体"的创作活动，不仅是吴全节一生艺文活动的常态，而且是整个元代文坛艺文活动的常态。每一幅像、赞，吴全节都按作者的绘画、文学、书法专长分工订制。如《七十象》是由宫廷画师绍先作画、文学家许有壬作赞、书法家揭傒斯书赞。赵孟頫的参与更是让吴全节像、赞在诗、书、画三个方面均达到一流水准。元代文坛与吴全节的唱和题赠显示，吴全节像、赞牵涉的事件常常关联着集文学、绘画、书法于一体的艺文活动。如 1310 年，朝廷封赠吴全节祖、父二代，并命吴全节借助代祀江南三神山之机奉制书回家荣亲。元代文坛为此撰写了大量题咏之作，如吴澄《送吴真人序》、赵孟頫《赠吴真人》诗等。吴全节除了订制《松下象》外，还请赵孟頫书写朝廷制书，请邓文原、袁桷、吴澄等 9 人题跋，刻印存念。1314 年，赵孟頫作《飞步象》，赞序交代了制作缘起："延祐元年甲寅（1314——引者注），公父饶国公、母饶国夫人皆年八十，天子赐上尊、对衣，使归为寿……作《飞步像》。"②京师文坛用诗、书、画为吴全节送行，其场景颇为壮观："朝之公卿大夫士咸荣之，曰：'人有以公、夫人之居于家，仍年八十，偕老而康强，其子在天子左右，甚尊显高上，其生日又能致天子之赐，此

---

① 朱存理纂辑，王允亮点校：《珊瑚木难》，第 240—241 页。

② 朱存理纂辑，王允亮点校：《珊瑚木难》，第 233 页。

岂惟当世之所无,亦前代之罕闻者也。'乃皆为文章诵说其美,以耸动观听,而示诸久远,可谓极其盛矣。集贤侍读学士赵公子昂,又以为未也……乃合绢两大幅,作《古木竹石之图》以遗之……而集贤侍讲学士商公德符又曰:'是未足以尽吾意也。夫公、夫人之所以致此者,圣代涵煦覆焘之所及也。真人何可一日而忘报上之心哉?金杨秘监尝送客卢沟,会风雨不成别,归而作《卢沟雨别图》以赠云。今真人之行,风雨略相似。'因仿其意为横图。"①赵孟頫、商德符的送行画作,又激起了文坛的题咏风潮,留存至今的作品有程钜夫《子昂为闲闲画竹石作别》、赵孟頫《吴真人〈卢沟雨别图〉》、袁桷《题〈卢沟烟雨图〉》、揭傒斯《卢沟风雨送别图》、吴师道《题〈卢沟雨别图〉》等。仔细审读元人别集,我们会发现,此类"三位一体"的创作活动元人颇为钟爱,是元代文学创作的普遍图景。

二是以艺文为交游手段的创作景观。吴全节的系列像、赞不仅铭刻了他人生的巅峰体验,而且彰显了他运用艺文交游文坛、政坛的创作景观。为吴全节画像作赞的15位作者乃"延祐儒治"中涌现的儒治名臣,这一创作队伍体现了吴全节对儒治士人圈的经营。虞集《河图仙坛碑》云:"至元、大德之间,重熙累洽,大臣故老、心腹之臣,莫不与开府有深契焉。至于学问典故,从容裨补,有人所不能知。而外庭之君子,巍冠褒衣,以论唐、虞之治,无南北皆主于公矣。若何公荣祖、张公思立、王公毅、高公昉、贾公钧、郝公景文、李公孟、赵公世延、曹公鼎新、敬公俨、王公约、王公士熙、韩公从益,诸执政多所咨访;阎公复、姚公燧、卢公挚、王公构、陈公俨、刘公敏中、高公克恭、程公钜夫、赵公孟頫、张公伯纯、郭公贯、元公明善、袁公桷、邓公文原、张公养浩、李公道源(源道——引者校)、商公琦、曹公元彬、王公都中,诸君子雅相友善,交游之贤,盖不得尽纪也。"②这份交游名单涵盖了元朝前、中期政坛、文坛的要角,显示了吴全节举足轻重的地位。其中,参与吴全节像赞制作的便有李孟、赵世延、赵孟頫、元明善、袁桷、邓

---

① 虞集著,王颋点校:《虞集全集》,第586页。
② 虞集著,王颋点校:《虞集全集》,第1012页。

文原、李源道,加上虞集,总共 8 人,构成吴全节第一期像赞的作者。这批人是仁宗实行儒治的中坚力量,他们的进用,标志着涵盖南北士人的多族儒治士人圈已经形成。其中,李孟为武宗、仁宗之师,佐成儒治,许有壬为其文集作序时谓:"国家用儒者为政,至元而后炳炳有立者,先生一人而已。"①赵世延"负经济之资,而将之以忠义,守之以清介,饰之以文学,凡军国利病,生民休戚,知无不言,而于儒者名教尤拳拳焉"②。作为仁宗宠信的色目大臣,赵世延劾奏太师、右丞相帖木迭儿罪恶十三款,让仁宗得以削夺其官职,并助仁宗推行儒治。赵孟頫尽管在世祖时就已经应召入京,却遭到蒙古、色目权贵乃至耶律有尚这样的北方儒臣的排挤,仁宗为太子时将其征召入京,几年之内由五品升到一品,成为延祐儒治的象征人物。像赞作者中的其他 7 人,乃延祐儒治的受益者:揭傒斯于延祐中被儒臣荐举,得以入京为官;吴全节向权臣褒扬吴澄,吴澄因此得到朝廷的青目;吴全节的侄子吴养浩仰仗吴全节的声望,成为馆阁大臣;马祖常、许有壬、欧阳玄、张起岩乃延祐首科进士,而担任会试知贡举、考试官和殿试监试官、读卷官的便是前述儒治名臣:李孟、元明善、赵世延、赵孟頫。这四位首科进士随后成为政坛、文坛的重要人物,许有壬还是元代后期唯一有政治影响力的汉人大臣。为吴全节画像作赞的这 15 人有着共同的政治理念,凭借同僚、友朋、师生、姻亲关系互动密切,与吴全节的感情尤其深厚。吴全节能够请到他们为自己的画像作赞,既是交游的结果,更是交游的呈现。

如果将这 15 位像赞作者放到吴全节的唱和交游圈加以考察,我们会发现,吴全节建构了以这 15 位作者为核心的庞大交游网络。仅就目前留存有唱和题赠之作的 73 人来分析,吴全节交游层次之广也是惊人的。就年龄来说,这个交游队伍涉及老、中、青三代:比吴全节大十岁的有 15 人,比吴全节小十岁的有 37 人,与吴全节同辈的有 21 人。就族群来说,蒙古

---

① 李修生主编:《全元文》第 38 册,南京:凤凰出版社,2004 年,第 129 页。
② 《元史》,北京:中华书局,1976 年,第 4166—4167 页。

人1人,色目人4人,北人12人,南人56人。就思想背景来看,有道士2人、和尚2人,其余均为儒士。就仕宦履历来看,除了少数几位布衣外,都是上至一品大员下至山长、教授的官员;其中南宋进士2人,元代进士12人。这些人拥有元代思想、文化、艺文界的各种身份和称号,如元诗"四大家"虞集、揭傒斯、杨载、范梈,"儒林四杰"虞集、揭傒斯、黄溍、柳贯,"四学士"吴澄、虞集、揭傒斯、欧阳玄。此外,还有儒学家吴澄、"江东四先生"之一的李存,担任过辽、宋、金三史纂修总裁官的史学家张起岩、欧阳玄、揭傒斯。总之,与吴全节唱和题赠者涵盖了元代从中央到地方诸多领域的精英。

值得强调的是,这种以艺文为交游手段的创作景观往往以手卷的形式呈现。吴全节画像最初是以单个挂轴的形式呈现的,后来被制成多幅手卷,用作纪念和瞻赏。结合元代文坛与吴全节的交游题赠之作,我们发现,这种手卷制作始于吴全节三十岁担任崇真宫提点,止于吴全节羽化,可见其一生乐此不疲。在元代社会中,手卷的征题、投赠、展玩,是才华与社会关系的体现,也是受到赏识、荐举的重要途径,故元代文人颇热衷于此。

吴全节像、赞反映的这两种创作景观,是元代文坛的一个突出现象。剑桥版《中国文学史》关注到这一创作景观,并试图从文坛友谊的角度加以分析①,比较得体。不过,这一创作景观昭示了中国文学、书法、绘画在元代的新突破,与其时文学家、书法家、画家的生存处境和精神风貌密切相关,更与元廷的政治制度特别是荐举制度密切相关,"文坛友谊"只是一个表面现象,其深层意蕴有待学界进一步研究。

二、儒道功业与元代文人的政治境遇

吴全节像、赞不仅揭示了他以道官身份主持国家祭祀进而参与元廷

---

① 孙康宜、宇文所安主编:《剑桥中国文学史》,刘倩等译,北京:生活·读书·新知三联书店,2013年,第633—639页。

政治的儒道功业，而且彰显了元代文人对其儒道功业的艳羡、对其护持儒士的感激以及对儒道关系的体认，反衬出元代文人的悲剧性政治境遇。

吴全节的儒道功业与元廷的宗教信仰、政治制度密切相关。在征服和统治进程中，元廷将所征服地区的宗教萨满化，利用各派教徒为军政活动占卜预测，命令他们替自己向长生天祷告、祈福。元朝的国家祭祀制度便是在这样的背景之下建立起来的。这一制度是汉法与草原法杂糅的产物，具有萨满教和儒、道、释三教共同参与的特点，与此前各朝由儒士主导国家祭祀的情形迥然不同。在元代郊祀、宗庙、神御殿、社稷、先农、宣圣、岳镇海渎、名山大川等祭祀礼仪中，道士扮演了重要角色，个中原因就在于其法术与萨满巫术颇为契合。忽必烈征服南宋后，多次下诏征求僧道和术士，张留孙、吴全节师徒便是在这样的背景下成为元廷侍从道官的。他们进而参与国家祭祀和政治活动，建立了汉人、南人儒臣无法企及的功业。

吴全节系列像、赞便是对其以祠官身份参与国家祭祀、元廷政治的记录和评价，乃吴全节一生儒道功业的形象反映。具体说来，主要包括如下四个方面的内容：

第一，修法、行法、说法。《吴全节十四象并赞卷》按"修法—行法—说法"的叙述逻辑彰显了吴全节作为道士的毕生业绩。其中的《内观象》《泥丸象》(图3)揭示了吴全节勤学道法的情形。前者展示的"内观"是一种集中精神的心性修持，是从事上清派存思活动必经的训练步骤，后者展示了吴全节依据上清派首经《上清大洞真经》存思脑神——泥丸的情形。《存思象》描述吴全节在斋醮科仪中存神施法的情形，是对其修道技法的展示。《飞步象》《朝元象》《上清象》《衡岳象》《青城象》《松下象》反映的是吴全节行法的具体事例。《说法象》(图4)中的像主吴全节端坐高座之上，头戴宝冠，身穿九色云霞披，双手放在龙形靠手上，正在讲述斋法，是一幅典型的高道说法图。

第二，代祀岳渎山川。这是吴全节参与国家祭祀的一大核心内容："五

图3 《吴全节十四象并赞卷》之"泥丸象"

图 4 　《吴全节十四象并赞卷》之"说法象"

十年间,以天子之命,祀名山大川,东南西北,辙迹咸至。"①《衡岳象》《青城象》《松下象》便描述了吴全节代祀南岳、江渎、龙虎山的活动。吴全节从二十一岁开始代祀南岳,这成为其道官事业的起点,《衡岳象赞》序、《松下象赞》序均曾对此加以强调。《松下象》是吴全节制作的第一幅画像,《衡岳象》则是反映其最早事功的画像。吴全节从事的这类代祀活动,目的有二:一是宣示元廷的合法性和正统性,如《衡岳象》提及者;二是消灾祈福,如《松下象》所描写者。由于道士的介入,本属于儒家礼仪的岳镇海渎祭祀也道教化了,甚至被看成道教的斋醮仪式。

第三,扈从两京,为皇室举办斋醮。这是吴全节参与国家祭祀的另一核心内容。《存思象》反映的是皇庆二年(1313)吴全节大醮长春宫、奉命致玉简于嵩山济渎一事。据吴全节《中岳投龙简并序》可知,此次斋醮仪式的目的是祈雨。《朝元象》《上清象》《说法象》反映的是吴全节分别于1318、1327、1331年为元廷建醮的情形,原因不明,应该与诸如皇帝病重、即位等重大宫廷活动相关。

第四,参与元廷政治。与以往任何朝代都不同,元廷不仅让道士参与国家祭祀,而且让其参与朝政。元灭南宋后,元廷不仅专门令南方道士杜道坚、王寿衍、张留孙、吴全节、赵嗣祺等到江南求贤,而且令代祀岳镇海渎、名山大川的道士顺道访察吏治、搜访遗逸。虞集曾指出:"世祖……每遣近臣忠信而识察者,分道祠岳渎、后土……盖归而问其所闻见人物道里、风俗美恶、岁事丰凶、州县得失,莫不参伍,以周知疏远之迹焉。公(吴全节——引者注)之连岁被命而出,每辞以为臣不足以当大事之重。上曰:'敬慎通敏,谁如卿者?'遂行。他日,成宗遣岳渎使还,顾问如世祖故事。"②吴全节利用这一机制和知集贤院事的职务,荐举、保护了不少儒士,如洛阳太守卢挚因其荐举而被成宗拜为集贤学士,翰林学士阎复因其奏言而得免杀身之祸。《观泉象》《燕坐象》《七十象》《凤阙春朝图》《龙川晓扈

---

① 虞集著,王颋点校:《虞集全集》,第1008页。
② 虞集著,王颋点校:《虞集全集》,第1011页。

图》对吴全节参与元廷政治以及所获得的功业作了穷形尽相的描摹。《观泉象》反映了吴全节大德九年(1305)夏"奉诏求贤江南,过匡庐观飞瀑"①的情景。《燕坐象》是其参与朝政的反映:"延祐间,公日侍禁廷,进则论道,退而燕居。"②为表彰吴全节的功业,元顺帝特命宫廷画师为其制作《七十象》。吴全节本人又于次年订制《凤阙春朝图》《龙川晓扈图》,纪念自己扈从两都、参与朝政的行迹。《龙川晓扈图赞》序云:"后至元五年己卯(1339——引者注),特进上卿、玄教大宗师吴公,年逾七秩,岁从两京。会庆风云,狝燕屡陪于前席;光依日月,朝恩特异于外臣。报效国家,靡遑寝息。"③将吴全节所获恩遇和效忠王事的心迹表白无遗。其侄吴养浩则在赞辞中发出了"庆明良之千载兮,又奚羡乎凌烟"④的感叹。"明良"指贤明的君主和忠良的臣子,吴养浩用来赞叹吴全节与元代君王的密切关系。吴全节本人也坦承:"予平生以泯然无闻为深耻,每于国家政令之得失、人才之当否、生民之利害、吉凶之先征,苟有可言者,未尝敢以外臣自诡,而不尽心焉。恩赉之厚、际遇之久,则有非人力所能至者矣。"⑤可见,吴养浩确实道出了吴全节的心声。

对于吴全节的儒道功业,像赞作者多用赞叹和艳羡的语气加以描述。其中,最为典型的是赵孟頫所作《存思象》赞辞:

皇庆二年癸丑,大醮长春官,奉命致玉简于嵩山济渎,作存思象。吴兴赵孟頫赞。

天门开兮真人出,颜渥丹兮发如漆。被宝衣兮耀朝日,冠切云兮戴明月。体道德兮用儒术,祠竹宫兮荐芳苾。辅有道兮皇建极,敛五福兮以敷锡。皇情凝兮沛恩泽,亲康宁兮百祥集。功名遂兮仙道逸,

① 朱存理纂辑,王允亮点校:《珊瑚木难》,第237页。
② 朱存理纂辑,王允亮点校:《珊瑚木难》,第234页。
③ 朱存理纂辑,王允亮点校:《珊瑚木难》,第239页。
④ 朱存理纂辑,王允亮点校:《珊瑚木难》,第240页。
⑤ 虞集著,王颋点校:《虞集全集》,第1008页。

驭雪精兮使橘术,肩洪崖兮寿金石。①

此赞可分为四部分:前四句为第一部分,是对画像的描述,勾勒了吴全节
存思时的形象;接下来的四句为第二部分,赞叹吴全节用儒术辅佐帝王建
立了中正之道,用道术为百姓祈求到了五福;随后的两句为第三部分,赞
叹吴全节深得帝室信任,皇恩浩荡,双亲康宁,吉祥如意;最后三句为第四
部分,将吴全节说成是功成身退、法术无边、长生不老的神仙。赵孟頫对吴
全节儒道功业的赞叹是发自内心的,他在一系列诗文中均有类似表达,如
其《吴真人〈卢沟雨别图〉》诗云:"高堂有双亲,黄发映厖眉。还家拜堂下,
置酒作儿嬉。却归见天子,忠孝两无亏。人生如公少,致身贵及时。"②艳
羡之情溢于言表。值得指出的是,这种艳羡之情,不仅仅是赵孟頫一个人
的反应,而是整个元代文坛的反应。李存在《复通宗师吴闲闲》中就曾指出
这一情形:"大宗师身在京国,近日月之光者逾五十年,朝廷之尊宗锡赉,教
门之荣盛,父母兄弟子侄之光显,搢绅士夫文辞之褒美,高碑大碣,照耀山
谷,长篇短歌,布满海内者,无不有矣。"③

对于吴全节护持儒士的行迹,像赞作者是用赞叹和感恩的语气加以
描述的。赵孟頫《泥丸像赞》云:"缁衣好贤,白驹是絷。"④高度评价吴全节
的好贤、荐贤风范。许有壬《敕赐吴宗师画像赞》云:"扶正议,引善类,阴庇
于众庶,有当轴之所不如。"⑤这段话誊录到画像上时又作了增改:"五十载
扶正谊,引善类,阴庇于众庶,有当轴之所不知。众庶不知,而天子知之,是
以重恩累庆,眷宠近而不疏。"⑥誊录稿强调吴全节好贤荐贤而不张扬,因
而深受帝王宠信,皇恩浩荡,加之不绝。吴全节"提拔林谷寒微之士,不遗

---

① 李修生主编:《全元文》第 19 册,第 220 页。

② 杨镰主编:《全元诗》第 17 册,北京:中华书局,2013 年,第 200 页。

③ 李修生主编:《全元文》第 33 册,第 265 页。

④ 朱存理纂辑,王允亮点校:《珊瑚木难》,第 234 页。

⑤ 李修生主编:《全元文》第 38 册,第 290 页。

⑥ 朱存理纂辑,王允亮点校:《珊瑚木难》,第 238 页。

余力,视货贿如土芥,天下所共闻也"①。元代文人提到其这一品格时总是赞叹不已、感激不已。比如,吴澄因吴全节的进言而得到朝廷的重视,其《送吴真人序》谓吴全节"通儒好文,乐道人善。凡所尊所嘉,所容所矜,一一各得其欢心。是以无贵贱,无长少,无远近,翕然称之曰贤"②。他还在《题吴真人封赠祖父诰词后》中强调吴全节祖、父获得封赠是因为"其立心也异,故其获报也亦异。其善不可一二数,而其大者,则好贤也夫","故推原真人显亲之由,而归美其好贤之心,以告夫千万世之相天下者"③。

这些元代文坛精英甚至把吴全节说成是"孔李通家"。虞集为吴全节第一个画像摹本手卷作序时就指出:"昔人有言孔李通家者,其吴公之谓欤?"④胡助《寿吴宗师二首》用吴全节《凤阙春朝图》《龙川晓扈图》画像意蕴入诗,之一云:"孔李通家辅世长,两都来往几星霜。龙川晓扈迎天仗,凤阙春朝侍玉皇。"⑤其《四用韵赞虞公为宗师书〈看云记〉》亦云:"诸儒溱水清秋会,老子函关紫气图。自昔通家成故事,核玄讲易世间无。"⑥"通家"既指世代交好的家庭,也指内行人。无论作何解释,皆可看出:元代文人颠覆了传统儒士对道士及儒道关系的认识。后世儒者对此颇为不解和不满,如明初儒士刘楚在《书元吴真人二代封赠诰词副书刻本后》中就指出,"真人二代封赠诰词副书刻本","乃故赵文敏公所书,一时名卿学士,自邓文原而下,所为跋语凡九首,所以赞扬其光宠孝忠者,同然一词,可谓盛矣。抑是命也,国家庆赏劝功之大柄,天下之名器系焉。而当时士大夫曾不知僭惑之若是,方且为之咨嗟羡慕而不已,固可悲矣"⑦。

学界普遍认为,元代的政治制度导致士人怀才不遇,身处社会底层的

① 李修生主编:《全元文》第 33 册,第 265 页。
② 李修生主编:《全元文》第 14 册,第 96 页。
③ 李修生主编:《全元文》第 14 册,第 531—532 页。
④ 朱存理纂辑,王允亮点校:《珊瑚木难》,第 241 页。
⑤ 杨镰主编:《全元诗》第 29 册,第 69 页。
⑥ 杨镰主编:《全元诗》第 29 册,第 63 页。
⑦ 李修生主编:《全元文》第 57 册,第 564 页。

士人因此常常用文学将各种残酷的人生世相表现出来①。这一观察有其合理性。不过,为吴全节画像作赞的文人可谓元代政坛上的成功者,他们对吴全节画像、功业的反应和评判实际上揭示了元代文人的另一种政治境遇。元代在政治制度上的最大特点是用世袭制、族群等级制取代科举制,这造成了蒙古、色目以及部分汉人贵族垄断五品以上高位、把持各级政府机构决断权的政治格局,汉人尤其是南人儒士在国家政治生活中的作用微乎其微,蒙古人、色目人、汉人、南人儒治派在与习惯使用草原法、西域法统治国家的蒙古、色目贵族竞争时几乎没有获得过任何胜利。吴全节作为南人、道官,凭借其法术主持国家祭祀、跻身政坛,成为政坛不倒翁,进而护持儒学、提携儒士,是元代政坛、文坛的特例。元代文坛精英对吴全节儒道功业的艳羡、对吴全节扶持儒士的感激、对儒道关系的体认,无一不反衬出他们政治境遇的卑微以及人生的无奈,即身居高位却壮志难酬、功业难成。

三、儒仙形象与元代文人的儒道情怀

吴全节订制系列画像时有着强烈的自我形塑意识,对此,元代文人有所觉察,将其形象界定为"儒仙"。他们通过赞颂吴全节这一具有"儒仙"特质的人物,对自己的儒道情怀作了一次集体宣泄。

吴全节的自我形塑是通过入画事件的选择、图像的命名和图像元素的界定来实现的。此处以《松下象》的订制为例,来说明其自我形塑策略。1310 年,吴全节借代祀龙虎山之机,持朝廷封赠其祖、父二代制书返家荣亲,这是吴全节勤于王事获得的回报,可谓忠孝两全。他选择在龙虎山订制自己的第一幅肖像,与此一巅峰体验密切相关。但是,他却将这幅肖像命名为"松下象"。李孟为这幅肖像作赞,其序秉承吴全节之意阐释画像内涵:"公自至元中入朝,累奉命代祀岳渎及江南名山,每竣事必顾瞻修林,留

---

① 《中国古代文学史》编写组编:《中国古代文学史》中册,北京:高等教育出版社,2018年,第 331 页。

憩吟啸。至大庚戌（1310——引者注），在龙虎山作《松下像》。"①"代祀岳
渎及江南名山"体现了吴全节忠于王事的儒家情怀，"顾瞻修林，留憩吟啸"
则是对其山林情趣和道家情怀的描述。标题《松下象》对画面图像元素的
界定，也反映了吴全节的道家情怀。道官而儒臣，儒臣而道官，在吴全节的
意识里是合二为一的。可以说，《松下象》奠定了此后吴全节系列画像的制
作策略。

为了形塑自己的儒士形象，吴全节特意订制了《燕坐象》《咏归象》《凤
阙春朝图》《龙川晓扈图》。《燕坐象》之赞序凸显了吴全节在禁廷论道的入
世情怀。《咏归象》赞序指出："延祐二年乙卯，扈从上京，游南屏山，见白云
东归，悠然思亲，作《咏归像》。"②以"扈从"状写吴全节之忠，以"思亲"传达
吴全节之孝，可谓忠孝两全。《凤阙春朝图》《龙川晓扈图》两图则传达了吴
全节去君还恋君的心迹。吴善所写赞序指出："特进上卿吴公，立朝五十余
年，历事列圣，过龙楼、朝凤阙者不知其几矣。时逢昌运，身切莫年，圣恩悦
赐于鉴湖，图画更留于翰墨，获处山林之胜，俨观天日之临。于是命弟子张
显良作《凤阙春朝图》并象。""命弟子张显良作《龙川晓扈图》并象，且曰：
'异时圣君优老，赐归山林，揭之高堂，庶几乎身江湖而心京阙也。'"③这两
篇赞序虽然表达了吴全节归隐山林的愿望，重心却在叙写吴全节对朝廷
的耿耿忠心：不仅极力渲染吴全节的入世功业及其荣耀，而且引述"获处
山林之胜，俨观天日之临""身江湖而心京阙"之类表白，彰显其对朝廷的眷
恋之情。

为了形塑自己的高道形象，吴全节特意订制了《松下象》《衡岳象》《听
松风象》《观泉象》《看云象》。他曾告诉弟子，自己"一遇泉石之胜，辄彷徨
不可得"④。系列画像凸显了吴全节的这一山林情趣，均将其置于山水之
中。如《衡岳象》本该描绘吴全节代祀南岳的活动，但画家却将南岳庙掩映

①　朱存理纂辑，王允亮点校：《珊瑚木难》，第 232 页。
②　朱存理纂辑，王允亮点校：《珊瑚木难》，第 333 页。
③　朱存理纂辑，王允亮点校：《珊瑚木难》，第 239 页。
④　虞集著，王颋点校：《虞集全集》，第 1008 页。

于左侧的松林中,将吴全节置于右侧悬崖边,背靠松林,倾听松风,俯视云海。仔细分析《松下象》《听松风象》《看云象》的命名和相关景致,也会发现,这些画像彰显了吴全节浓烈的慕陶(弘景)情结。《梁书·陶弘景》云:"永明十年(492——引者注),上表辞禄,诏许之,赐以束帛……遍历名山,寻访仙药。每经涧谷,必坐卧其间,吟咏盘桓不能已已。……特爱松风,每闻其响,欣然为乐。"①《松下象》《听松风象》(图 5)《观泉象》《衡岳象》《燕坐象》(图 6)均将像主置于松间,无疑是对陶弘景酷爱松风的模仿,对此,《听松风像赞》序说得尤其明白:"延祐五年戊午秋日,登西山听松风,作《听松风像》。"②陶弘景《诏问"山中何所有",赋诗以答》云:"山中何所有,岭上多白云。只可自怡悦,不堪持寄君。"③陶诗的"白云"意象显然是吴全节《看云象》的灵感来源:"延祐三年丙辰,公静息林下,见晴空飞云,变化无迹,作《看云像》。"④吴全节晚年自号看云道人,将诗文别集命名为《看云集》,在家乡建看云道院,都是这种慕陶情结的反映。元顺帝为吴全节书"闲闲看云"四字,李存为作《御书赞》,云:"'看云',又其尝筑宫于云锦山,曰崇文,复构楼一区,以为他年佚老者也。"⑤可见,"看云"在吴全节这里,代表着归隐、退居,其画像中的"松风"和"白云"皆是远离尘寰、摆脱束缚的高远、自由意象,集中体现了他的道家情怀。

为画像作赞的文人对吴全节自我形塑的创作策略可谓心有灵犀,纷纷从儒道相合的角度对其形象进行定位,其中说得最到位的是许有壬,其《敕赐吴宗师画像赞》云:"人以为仙,臣以为儒。盖遁迹于清净,而游戏于世途。"⑥后来,他在《特进大宗师闲闲吴公挽诗序》又对自己的这一判断及其反响有过追忆:"有壬交游三十年,昔在政府,尝奉敕赞公像,有'人以为

① 《梁书》,北京:中华书局,2000 年,第 515 页。
② 朱存理纂辑,王允亮点校:《珊瑚木难》,第 235 页。
③ 陶弘景:《华阳陶隐居集》卷上,《道藏》第 39 册,(台湾)新文丰出版公司,1985 年,第 760 页。
④ 朱存理纂辑,王允亮点校:《珊瑚木难》,第 234 页。
⑤ 李修生主编:《全元文》第 33 册,第 457 页。
⑥ 李修生主编:《全元文》第 38 册,第 290—291 页。

图5 《吴全节十四象并赞卷》之"听松风象"

图 6 《吴全节十四象并赞卷》之"燕坐象"

仙，我以为儒'之语，士论不谓过也。"①可见，"儒仙"之定位，乃当时士大夫的公论。

元代文人在赞辞中将吴全节定位为"儒仙"，主要从如下三个方面加以论述：一是就素养、品格和功业描述吴全节的"儒仙"特性。比如虞集云："列仙之像（儒——引者校），身为道枢。卷舒经纶，绰乎有余。"②是在强调吴全节的儒道素养。揭傒斯云："语祷祀则以修德为本，论冲举则以忠孝为经。齐庄惠于物我，会孔李之粹精。"③是在强调吴全节儒道合一的行事品格。李孟云："黼黻皇猷，柱石玄宗。"④是在彰显吴全节的儒道功业。二是将吴全节比附成历史上的"儒仙"典范。或将吴全节比作传说中的上古帝王之师，如轩辕之师广成子（《七十像赞》⑤《青城像赞》⑥）、伊耆之师巢父（《说法像赞》⑦）。或将吴全节比作历史上具有宰相事功的高道："置之端委庙堂，则范长生之风轨；若夫山中宰相，固陶弘景之流亚也。"⑧或将吴全节比作历史上那些有强烈道教情怀却能匡扶社稷的大臣："缅怀古人，若李长源。"⑨这些人均以道家素养或道士身份实现了儒家事功，和吴全节可谓同类。三是认为吴全节的"儒仙"素养是其取得政治功业的关键。作为南人，吴全节能够在元代族群政治中获得高位，并在帝位更换频繁、争斗激烈的政治格局中屹立不倒，实在是个异数。在元代文坛精英看来，其成就绝非明哲保身、阿谀奉承所致，恰恰相反，吴全节为人端方，处事坚持原则："夷尔岩崖，中自隅廉。"⑩他深蒙元廷器重，遇事敢言："论天人兮天咫尺，言谞谞兮帝心格。"⑪俨然朝廷诤臣。吴全节成功的奥秘在于其"无为"

---

① 李修生主编：《全元文》第 38 册，第 127 页。
② 朱存理纂辑，王允亮点校：《珊瑚木难》，第 233 页。
③ 朱存理纂辑，王允亮点校：《珊瑚木难》，第 235 页。
④ 朱存理纂辑，王允亮点校：《珊瑚木难》，第 232 页。
⑤ 朱存理纂辑，王允亮点校：《珊瑚木难》，第 239 页。
⑥ 朱存理纂辑：《珊瑚木难》，第 235 页。
⑦ 朱存理纂辑：《珊瑚木难》，第 237 页。
⑧⑪ 朱存理纂辑，王允亮点校：《珊瑚木难》，第 236 页。
⑨⑩ 朱存理纂辑，王允亮点校：《珊瑚木难》，第 232 页。

"不争""不为物役"的道教素养:"众人皆忙,我独闲闲;混迹在朝,何异在山。"①"游乎万物之表,而能约己于名教;老乎朝廷之间,而不濡迹于公卿。"②均将吴全节描述成超越现实功利、大隐隐于朝的世外高人。

元代文人对吴全节的儒仙形象进行定位时,常常产生强烈的共鸣,因此,他们对吴全节儒、道情怀的推崇实际上彰显了其自身的儒道情怀。他们对吴全节的儒家情怀体认颇深,对其忠孝品格赞不绝口。李孟为《松下象》作赞时就特别推崇吴全节"克仁克义,惟孝惟忠"的品格③。这一评价奠定了此后系列像赞的基调。许有壬《特进大宗师闲闲吴公挽诗序》对吴全节以道官身份尽忠尽孝的评价甚至颠覆了儒士对道士的传统看法:"夫神仙之事,不得而知,吾儒辟之,以其乱大伦也。若公事君而忠,事亲而孝,谓之乱伦可乎? 寿传八旬,翛然而返冥漠,与造物者为徒,视无益于世,白日轻举而称神仙者,世必有能知其孰是孰非者也。"④对于吴全节的道家情怀,元代文坛精英也体认颇深,如元明善《内观像赞》云:"恬于用世,器也何宏。将齐天放,材也何英。缅怀古人,若李长源。吁嗟名臣,终惭绮园。"⑤李源道《咏归像赞》云:"芥视千金,杯观五湖。藏之名山,千载而下可肃鄙夫,友松鹤而道不孤,不然,将御风骑气而游于物之初耶?"⑥均极力彰显吴全节的道家情怀。元代文坛精英的这种体认,与他们自身的道家素养密切相关。虞集连书七十二家符箓,令道士张雨自愧弗如,所以吴全节特意请他为《飞步象》作赞;赵孟頫奉茅山宗高道杜道坚为师,多次书写《道德经》和描述存思修炼道法的《上清大洞真经》,所以吴全节特意请他为《存思象》《泥丸象》作赞。吴全节三十多岁时便自号"闲闲",并扁其居室曰"冰雪相看"⑦,四十多岁时请人于京师环枢堂墙壁绘制《拟剡图》⑧,七十多岁时

---

① 朱存理纂辑,王允亮点校:《珊瑚木难》,第234页。
② 朱存理纂辑,王允亮点校:《珊瑚木难》,第237页。
③⑤ 朱存理纂辑,王允亮点校:《珊瑚木难》,第232页。
④ 李修生主编:《全元文》第38册,第127页。
⑥ 朱存理纂辑,王允亮点校:《珊瑚木难》,第233—234页。
⑦ 杨镰主编:《全元诗》第11册,第320页。
⑧ 杨镰主编:《全元诗》第15册,第303页。

于家乡云锦溪边建看云道院、看云楼、拟剡亭①,皆在宣达道家情怀和归隐情思,刘敏中、程钜夫、戴表元、任士林、袁桷、虞集、李存、朱思本、马祖常、黄溍、陈旅、贡师泰、胡助、揭傒斯等人留下大量题咏之作。可以说,元代文人对吴全节儒、道情怀的描摹持续了四十余年,并未觉得儒、道之间存在冲突和张力。这不由得让人想起吴澄《题陶庵邵庵记后》对虞集居所"陶庵""邵庵"的解释,即虞集"欲合陶、邵而为一,盖有世内无涯之悲,而亦有世外无边之乐。悲与?非有为而悲也;乐与?非有意而乐也。一皆出乎其天"②。换句话说,元代文坛精英与吴全节有着共同的文化心理机制,这些身处悲剧性政治境遇的文坛精英,借助题咏"儒仙"吴全节,对自己的儒道情怀作了一次集体宣泄。

学界普遍认为,元代儒学影响力淡化,士人地位下降,思想意识异动,或隐逸于泉林,或流连于市井③。然而,吴全节像、赞显示,元代文坛精英的儒治理念异常强烈,道家思想并未消解他们的入世情怀,他们不过将儒家进取的事功追求和道家逍遥的精神境界很好地融合在了一起而已。

综上所述,吴全节的系列像、赞是其用三十余年时间礼请元代文坛、政坛、学界、书画界精英协同制作的,记录了他二十一至七十一岁的重要事迹,具有行迹图和祖师图的属性,是中国肖像画史上的鸿篇巨制。这些像、赞既记录、评价了吴全节以道官身份参与元廷政治的儒道功业,也体现了吴全节对自我形象的形塑以及元代文人对其"儒仙"形象的认定。像、赞制作揭示了元代文坛文学、绘画、书法"三位一体",以艺文为交游手段的独特创作景观。这一景观由于与元代政治制度尤其是荐举制度,与元代文人的生存境遇和处世方式密切相关,因而产生了数量颇为浩瀚的作品,值得深入探究。像、赞不仅揭示了元代文人对吴全节儒道功业的艳羡、对吴全节护持儒士的感激及对儒道关系的体认,而且揭示了元代文人对吴

---

① 杨镰主编:《全元诗》第 29 册,第 395 页。
② 李修生主编:《全元文》第 14 册,第 499 页。
③ 袁行霈主编:《中国文学史》第 3 卷,北京:高等教育出版社,2005 年,第 190 页。

全节儒道情怀的体认和推崇。前者实际上反衬出元代文坛精英政治境遇的卑微和人生的无奈,后者本质上是元代文坛精英借助吴全节这一"儒仙"宣泄自我心绪。这提醒我们,要准确把握元代文学风貌,必须深刻体认元代特殊的政治制度——世袭制度、族群等级制度、荐举制度等对作家生存境遇、精神世界的影响。

晚清道教宫观践行和主导的文人艺术、精英文化与地方政治
——以南阳玄妙观为中心的研究

罗格斯大学历史系　　［美］刘　迅 著

武汉大学文学院　　　　孙文歌 译

引言：

> 沉醉东风到海棠，竹摇松子自敲床。
>
> 好山有约迟修禊，胜友相逢各尽觞。
>
> 玉版笋烧薇菜美，青精饭煮茯苓香。
>
> 何时乞得长生诀，细注参同学老庄。

这节诗选自于彭旭(字暄邬,活跃于 19 世纪 70 年代)出席由著名的玄妙观张宗璿所举办的晚宴时所做的《夏日游元妙观赠耕云方丈》。彭旭是湖南人,曾任南阳县知县。宴会设在暮春的一个夜晚,当日出席的还有南阳的其他几位官员:郡伯李蓬桥,司马花集三、臧和轩。张宗璿时任全真道观玄妙观的住持,这座宫观坐落于城市的西北郊。为了酬谢张宗璿的款待和纪念与朋友的欢聚,彭旭撰写了这首诗。值得注意的是,彭旭在诗歌的笺注中使用"道友"这一称谓来称呼张宗璿①。

---

① 参见彭旭《夏日游元妙观赠耕云方丈》,诗有注:"耕云道兄招饮,即席简李蓬桥郡伯,花集三、臧和轩两司马,并监院诸道友。"

　　一般来说,道士与地方官员间的宴饮以及文官对道长的酬诗都不罕见。事实上,道士与文官的交游情谊并不是一个全新的主题。在过去的几十年里,两者的密切联系一直是学术研究的重要主题①。从很多方面来看,柳存仁(Liu Ts'un-yan)集中关注道教内丹思想和实践对明代新儒学之形成产生的影响,为相关研究开辟了视角。然而总的来说,除了少数例外,近年来,学术界对道教在诗歌、书法、音乐、园林建筑与鉴赏、美食等在传统上往往与儒家文人联系在一起的艺术形式上的追求和眷顾还没有给予足够的重视。除此之外,相关研究也未能在道观文化的背景下考察这些道教的追求和眷顾,以及这些追求和眷顾如何与帝国晚期和现代中国的精英文化、宗教和政治产生联系。

　　尽管我们可能会毫不犹豫地承认道士与儒家文人和国家官员之间存在着密切的关系,但往往只从个人友谊的角度来看待它。尽管我们可能会将著名的道教宫观和圣地视为文化、学习场所,但很少去了解这样的道教文化遗产是由谁创造、为了谁创造,以及如何发展和形成的。我们还很少探究道观文化对艺术的培养或主导会对道士自身产生何种影响,更重要的是,在当地的社会、政治甚至精英文化的塑造中会发挥什么作用。

　　本文旨在探讨道观对艺术的资助、精英文化及地方政治间的关系。围绕玄妙观,本文将重现全真道士如何在自己的宫观中主倡、发起和资助文人艺术文化的各种形式和实践,并揭示道教对精英艺术的主导和践行如何在当地的社会政治中产生、积累象征资本和道德资本,以及这种宗教资助和践行是如何在清末民初的南阳建构并强化道教的政治权力和影响的。

　　本文还将展示全真道士如何使用他们在对文学和艺术的主导、践行中积累的文化资本、象征资本,并与社会精英结成文化和精神联盟,进而在南阳当地社会产生政治影响。笔者认为,除其在社会、经济和政治方面

---

　　① 参见柳存仁(Liu Ts'un-yan),in his *Selected Papers from the Hall of Harmonious Wind*.

的积极行动外，道教在文化和艺术方面的追求必须被理解为一种"软实力"。对于道士及其所在机构这些非国家行为者而言，这些追求和资助是形成他们权力和影响力的重要手段，它们还构建并支撑起道教在当地社会的权力和影响力，并构成道教在晚清和 20 世纪初期与朝廷和精英阶层的交往媒介。

借助最近发现的碑刻、诗歌、绘画、方志、个人笔记等原始资料中的相关记载，本文回溯了全真道士如何运用广泛的文化主导和活动实践，在诗歌、书法、音乐、经卷、素食、园林艺术等方面，以文化和学识的形式产生和积累"象征资本"的历史。这一历史表明，全真道士及其宫观对于上述文化与学识极力追求和展现，并精心培育与地方文人、官员的社会关联和共同旨趣，从而产生道教自己的道德权威，展现宫观和道士的文化素养，并扩大其在当地社会乃至更大地域的政治影响力。笔者认为，全真道士对文人艺术的主倡和追求源于特定的历史背景，即由清政府发起的太平天国后的政治、文化、思想和制度的重建与复兴，直至民国初年，这一背景还在塑造着玄妙观道士的艺文实践与宫观文化。

主倡文化：全真道士的学养与艺术眷顾

也许受到太平天国运动对道教和佛教造成的巨大破坏和五四运动反迷信反教的影响，人们通常倾向于将道士看作是未受教育、缺乏教养的群体，将道观看作是文化闭塞而落后的堡垒。无可否认，19 世纪中叶的太平天国运动给道教、佛教及其他中国本土宗教带来了前所未有的广泛破坏。大规模的寺庙破坏不仅摧毁了宗教修持中心，而且加剧了修道人士的贫困和无知，从而助长了有关道教宫观衰落和世人对道士们贫困无知的成见。然而，在研究清朝晚期和现代的道教历史时，我们不应该不加批判地接受诸如此类的未经证实的成见，而应致力以事实为基础，从历史的角度来理解太平天国之后时代的道观文化与全真道士的生活、训练等事实。

真实情况是，尽管道士中确实存在文化水平不高的个体，但在中国帝制晚期,道士群体中有许多人受过高等教育,他们在古典文学和艺术方面的学识不仅可以与儒家文人媲美,而且往往成为自己修道生涯和宫观生活的鲜明特色。从这个意义上讲,施舟人(Kristofer Schipper)的观点较有说服力:他们必须被视为中国社会精英的一部分①。

此外,由于这些高道持续不断的文化引领和视野拓展,许多大型全真丛林,如北京白云观、南阳玄妙观,往往会成为全真道士、士绅、地方精英所追求的诸多精英艺术活动的主倡者或支持者。如此,艺术和学识成为全真道士与文化精英间交往的主要领域。在这个过程中,这种文学交流与艺术联合不仅为全真道士及道观创造和保存了文化和象征资本,而且也加深了全真道与国家和地方社会的政治联盟和思想纽带,成为全真道在地方社会中行使权力和影响的特征。

诗咏仙真:全真为主的精英唱和

因此,彭旭在自己和同僚共同参加的宴会上作诗酬谢晚宴的主人张宗璿绝非偶然。从许多方面来看,这位全真住持最能体现施舟人所构想的具有极高文化教养的全真道士的精英形象。尽管目前尚未见到张宗璿诗歌或书法的传世作品,但其经学修养以及在诗歌与书法方面的天赋是毋庸置疑的。在19世纪80年代中期,张宗璿生命的最后几年中,时任南阳长官濮文暹为之立传。根据传记记载,1811年,张宗璿出生于山东登州府福山县的一个世家,少习儒典,为参加科举考试作准备。张宗璿"天资明敏,赋性仁慈","仪容端雅,志行高洁",十九岁入选府学庠生,1840年中举,获得了任官资格。然而,据说他出于对未来仕途生涯的厌倦而向大众隐瞒了功名。居乡时,张宗璿行事低调,以"张家子"自称,不希望别人知道他的真名。两年后,三十二岁的张宗璿前往崂山上清宫出

---

① 参见 Kristofer Schipper, *The Taoist Body*. Translated by Karen C. Duval. Berkeley: University of California Press, 1999.

家修道①。根据传记记载，张宗璿出家后，"博览群经，广参道典"，遍历名山，参访高道，寻求法诀②。

毫无疑问，张宗璿的文人背景和文学才能构成了他与南阳等地区的清代士绅、文人间友谊和联系的基础，因为他可以清晰地使用同样水平的语言表达，并具有相同的文化背景。许多人也选择用诗歌和书法这种共通且普遍的交际手段来与道教住持结交和交流。在1869年彭旭创作的另一首诗中，他注意到了张宗璿的文学和艺术背景，并称赞道："道人能诗并能书，高谭往往吐清快。"③

对张宗璿文学艺术才能的认可和欣赏，不仅打下了清朝地方官员与张住持所领导的玄妙观之间密切关系的基础，而且也构成了双方的政治联盟。事实上，在与这位全真住持的诗歌唱和中，南阳的官员不仅一致表达了他们个人对道教美德和精神的钦佩，而且还肯定了他们与全真道士在政治和思想上的结盟。

1863年，清政府镇压太平天国运动的末期，南阳知府顾嘉蘅撰写了下面这首诗以表达对张宗璿的尊敬：

赠张宗璿方丈

啖到清斋午梦醒，交游方外已忘形。

善书善画称最绝，胸饱五千道德经。

一画乾初易理精，仙如橘叟对棋枰。

百年丹鼎传衣钵，同是冰霜炼骨成。

---

① 关于张宗璿的生平细节，参见濮文暹：《南阳玄妙观张耕云道士砖塔铭并序》，载《见在龛集》卷一九，1917年私刻本，第36页下—第40页下；高仁峒：《第十九代耕云张律师》，载李信军编《水陆神全：北京白云观藏历代道教水陆画》，扬州：西泠印社，2011年，第380页。但是，还有一份资料显示，张宗璿离家之后前往崂山三官庙修道，参见《太上律派源流龙门正宗传戒谱系》"张宗璿"条目，绢本手卷，藏于北京白云观，笔者保留了电子相片备份。

② 参见《太上律派源流龙门正宗传戒谱系》"张宗璿"条目。尽管这幅手卷没有标注作者，但基本可以确定，这幅手卷是1910年代早期白云观的全真道士于陈明霖住持的监督之下组编的。

③ 见彭旭《夏日游元妙观赠耕云方丈》，笔者收藏了碑帖拓片。

开珠桂蕊菊尤黄，散透天香让冷香。

淡逸自能坚晚节，看花老眼不炎凉。

频岁神人梦以和，琼台玉绶何功多。

环山紫气皆清霄，鹤舞坛外客咏歌。

在这首诗中，顾嘉蘅书写了张宗璿对《道德经》和《易经》的博学、对自我修炼秘诀的获得、在追求自我转化的内丹修炼上的成就，高度赞扬了张宗璿的精神超脱和丹道造诣。特别值得注意的是，顾知府不仅认为张宗璿精通道教经典，而且认为他已经成功地将肉体凡胎转化成了"冰霜炼骨"，这是对神仙不死之躯的隐喻。此外，顾嘉蘅还称赞了张住持在绘画、书法、象棋等方面的文艺天赋，这些都是高素养文人的标志。

然而，我们在理解这首诗时，不应该忽视这一由知府创作的对张宗璿个人的颂词所处之宏观历史背景。事实上，这首诗创作于清末镇压太平天国运动的高潮时期，顾知府出于未明确说明的原因，写下了这首对全真住持的赞诗。但诗中亲近的语气掩盖了顾知府和张住持其实是旧谊和盟友的事实。顾嘉蘅是湖北宜昌人，1840 年高中进士。在担任翰林院编修七年之后，他于 1847 年被外放为南阳知府。除了 1848—1851 年间为母亲守丧，1853 年短暂地为父亲守丧，顾嘉蘅担任南阳知府近二十年，其中大部分时间与清代镇压太平天国运动的时间（1851—1864）重合。巧合的是，张宗璿在 1853 年的某段时间抵达南阳玄妙观后，与顾嘉蘅为父守丧但旋即因太平叛军的逼近而被起复以保卫城池的时间大致相吻合。无论如何，张住持迅速成为顾知府的坚定支持者，而后者当时正致力于为南阳建筑防御城墙，以抵御来自本地的捻军和太平天国从扬州向南阳、前往西北各省的北方远征军之先锋队的侵略。这支先锋队的任务是分散和打破清政府对其在江南地区新建立的都城南京的围剿。在此次及后来对叛军的防御中，对于在原城墙外修建防御工事和周边寨堡的问题，张住持不仅为顾知府等南阳清政府官员及时提供了富有战略性的建议，还捐资白银一万三千多两，用以在南阳城北门修建完整的防御要塞。19 世纪 60 年代

187

初,南阳曾多次被捻军和太平天国的军队围困,四座新建的防御要塞及与其相连的新城墙对保卫南阳的生存至关重要。

为了抵挡围城,全真住持张宗璿还表现出了个人的领导能力和勇气。在激烈的防御战中,他带领道流们召集地方兵力,动员地方士绅和村民,排布哨兵并打造兵器①。

张宗璿住持在抵御南阳围困中的英雄事迹在其他清朝地方官员中也广为流传。1864年后的某一年,南阳县知县李瀛也为这位全真住持专门赋诗,不仅称赞了他的精神超越,而且还强调了他的无私以及对南阳人民的慈悲救助。在南阳受到捻军和太平天国叛军的威胁时,张宗璿带领道流伸出援手,最终维护了当地的和平安定。

> 勘破浮名一羽轻,珊珊仙骨玉同清。
>
> 养生独得长生诀,遗世还留济世情。
>
> 不与群玄争筑舍,早倡众志共成城。
>
> 狼氛扫空鸿安宅,鹤戾风声心不惊。
>
> 簿书鞅掌几经年,欲涤尘襟百载牵。
>
> 未许烟露偕啸傲,何妨香火结因缘。
>
> 君方青饭初餐得,我在黄粱未熟先。
>
> 自笑华胥谁解脱,茫茫宦海尚无边。

第一节诗称赞了张住持对生命的超然视界,并通过"养生独得长生诀"肯定了他在养生方面的成就。但是从第四句开始,李瀛强调这位道门住持即使已经超脱世俗世界但仍有帮助和救度凡尘的决心,即"遗世还留济世情"。接下来的四句则暗指了张宗璿在带领玄妙观抵御捻军、太平军

---

① 关于张宗璿在南阳保卫战中的领导情况之详情,参见傅寿彤:《南阳元妙观藏经阁记》(1867)和《礼部碑》(1867),碑帖拓片均为笔者收藏。近来关于张宗璿及其玄妙观在南阳保卫战中所起作用的研究,参见刘迅:《护国保城:十九世纪中叶清廷抵御太平军时期的南阳玄妙观》,载赵卫东主编《全真道研究》第一辑,济南:齐鲁书社,2010年,第284—318页。

对南阳的两次围困中所体现出的英勇的领导能力。正如诗中所言,张宗璿及时号召南阳地方官,联合起道门人员和当地民众修建城墙和防御要塞系统,最终阻止了捻军和太平军的围攻,扫除了笼罩在南阳民众头上的恐怖气氛,并为 1860 年代初的人们带来了心理上的安全感和宁静[1]。

虽然我们还没有在这类亲密的诗歌唱和中发现任何张宗璿的诗作,但这位全真住持显然清楚地理解了这些赠诗的功能和象征意义。对张宗璿来说,这些为尊誉他而写的诗,远远不只是他的朋友及官员们个人崇拜的表达。事实上,这些诗歌代表了清朝地方官对其领导的玄妙观、对其信奉的全真教、对其在共同抵御清政府及其政治秩序的共同敌人时所做出的巨大努力的官方肯定。或许是出于这个原因,张宗璿将他从官员朋友那里收到的这些诗歌醒目地刻在了玄妙观中一座殿堂的墙上,以供公众参观[2]。

事实上,清代官绅为全真住持及其对清政府的忠诚所作的这些诗歌,反映了他们共同的文化价值观、审美情趣,甚至是政治意识形态的义务承诺。从 19 世纪 50 年代早期直到 19 世纪 60 年代中期,张住持之所以坚定地保卫南阳以抵御捻军和太平军的叛乱,不仅是源于他对自己和全真道观的本能的自我保护意识,更深地源于他对儒家文化及建立在儒家文化基础上的清代政治秩序和制度的认同和承诺。反之,这种对儒家文化在意识形态和政治上的承诺,来源于张宗璿从小到大对经典、诗歌、书法、绘画、围棋等文人艺术的适应和追求。

因此,在平定太平天国运动之后,张住持在南阳及周边地区的清政府官员朋友们纷纷向朝廷情愿,请求嘉奖这位全真住持及其道观对清廷的忠诚与贡献,也就不足为奇了。同治六年(1867)二月,在盐运使、南汝道道员以及河南南部平叛的最高指挥官傅寿彤的带领下,张宗璿的一些朋友

---

① 参见傅寿彤:《南阳元妙观藏经阁记》(1867)和《礼部碑》(1867),碑帖拓片均为笔者收藏。

② 上文李瀛和顾嘉蘅的诗歌都刻在三官庙的北山墙上,三官庙是玄妙观东翼的主要殿堂之一。

及清朝地方官,如南阳候补知县及著名的书法家任恺、南阳知府刘龚宸、前南阳知县李瀛,共同向朝廷递交了一份奏章,请求表彰并奖励张宗璿及其道观在保卫南阳、抵御叛乱中的卓越贡献。显然,他们已经和张宗璿商量好,请求皇帝将珍藏的一套《道藏》赐予张宗璿及其道观。当这份奏章抵达开封河南省省级官员的案头时,又得到了布政使卞宝第(1824—1893)和河南巡抚李鹤年(1827—1889)这两位高官的支持,两人立即于同年五月将奏折呈送礼部。六月,同治皇帝很快就批准了礼部的呈请,将武英殿所藏的一部珍稀《道藏》赐予了张宗璿及南阳玄妙观,以示皇家恩宠。很快,礼部就通知了内务府,这是清代负责监管皇家文库中皇帝赐书运作的机构。同年十一月,张宗璿应诏进京,接受了皇帝赏赐的《道藏》,并大张旗鼓地带回了南阳。为了存放这部帝王特赐的宝书,张宗璿下令建造一座特别高大的藏经阁,藏经阁于次年(1868)仲夏竣工。

刻写文化:玄妙观的书法艺术

在玄妙观高道与清代官员和文人的交往中,除诗歌作用显著外,书法也是一项经常被使用和推重的深受欢迎的传统艺术。尽管我们尚未见到张宗璿等高道留下的任何书法作品,但南阳的许多官员和文人似乎都对高道们的书法造诣印象深刻,这在顾知府和李知县的诗中有所体现。许多地方官员和文人选择用书法作为与张宗璿交往的一种方式,这说明他们认为张住持和他的玄妙观对书法艺术具有一定的欣赏力甚至是鉴别力。

事实证明,道士们不仅仅是欣赏书法的观众。玄妙观收藏了大量清代官员和文人题写的石碑,直至 20 世纪 50 年代后期,这些石碑被推倒砸碎并用作建筑材料。但其中一部分保留了下来,为我们提供了道教活动的信息。

在研究这些书法作品时,除了偶有简单款识,我们能获得的信息非常少。上述书法家中有许多位都是南阳官绅,如知府顾嘉蕙(图 3)、知县李瀛(图 4),还有一些南阳当地擅长艺术的学者,如老书法家王月阳,他在 74 岁的时候创作了如下卷轴(图 1)。但我们对王月阳的生平知之甚少。

图 1 王月阳(？—？)所书卷轴对联

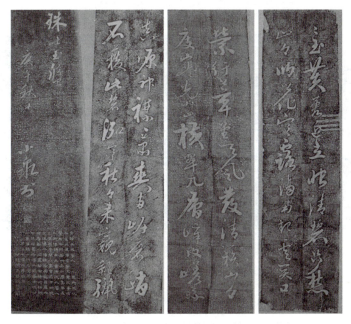

图 2 傅潢(字小泉)书法卷轴,傅潢乃傅寿彤之父

图3　1848年，顾嘉衡知府书法卷轴，图为数码拓片，原碑现藏南阳

图4　李瀛知县书法卷轴，书"淯流锦带"

不过,上面还展示了傅潢依据朱熹《云谷二十六咏》创作的六幅书法卷轴(图 2),我们对这位作者有更多的了解。傅潢,贵州文人,傅寿彤之父,经学大师、大书法家洪亮吉(君直,1746—1809)的得意弟子。洪亮吉曾任翰林院编修,后督贵州学政①。我们从韩鸿杰为傅潢作品撰写的题款可知,张宗瑃长期以来对傅潢的书法作品赞赏有加,并认为其作品可与一些书法大家如晋代王羲之(303?—361)相媲美。1874 年春天,张宗瑃通过向好友傅寿彤寻求帮助,获得了傅寿彤父亲傅潢的这六幅仿宋代书法大家米芾(1051—1107)和苏轼(号东坡,1037—1101)风格的书法作品。根据韩鸿杰的题款,张宗瑃像对待其他大师的书法作品一样,将傅潢的这组作品刻碑立于玄妙观,供大众参学,以便让南阳的书法爱好者能欣赏和临摹这幅作品,即"摩勒上石置诸南阳元妙观中,俾好书者得以观摹米坡公妙墨"。韩鸿杰的题款还显示,张宗瑃认为傅潢的作品是用以"留镇山门"的珍品之一②。

玄妙观石碑上的所有书法作品中,最著名的当属晚清著名书法家、南阳知府任恺留下的墨宝。在出任南阳知府之前,任恺于镇压叛乱和地方治理上表现出色。1855 年,因为在安徽三河尖成功领导了一场对捻军叛乱的镇压,任恺被任命为候补知府。19 世纪 60 年代中期,他被任命为河南南部的汝州知州。1872 年和 1873 年,任恺任南阳知府,受张宗瑃的邀请写下了唐初书法艺术指南《书谱》。该书谱原作者为初唐颇具影响力的书法理论家、书法大家孙过庭(646—691,原稿见图 8)。任恺书写完后,张主持即命将此篇墨宝分别刻写于十一块长方形的碑石之上,并镶嵌在玄妙观东翼三官殿的北山墙上(图 6)。自 1949 年开始,南阳县政府就征用

---

① 关于傅潢的传记和著作,参见氏著:《一朵山房诗集》(十八卷本)再版,上海:上海古籍出版社,2010 年。近来关于傅潢、傅寿彤与清代经学大师洪亮吉之间的学术关系,参见庞思纯《洪亮吉与傅潢父子》,《贵州文史丛刊》2003 年第 2 期,第 27—30 页。

② 傅潢六幅手卷的最后一幅附有题款,记录了张宗瑃是如何得到这组作品的。其内容如下:"青徐兵巡粤人□小泉先生以名进□见宰官守,文章政事有声于世,所著《一朵山房集》早为人所传诵,兼具书法,浃入晋人之室。燕粤间人事官之中州,绝少流传,今得请于兵巡吕屏六幅,摩勒上石置诸南阳元妙观中,俾好书者得以观摹米坡公妙墨,留镇山门之意耳。同治十有三年四月,平湖韩鸿杰谨识。"

了整个道观的院落。20世纪60年代末期制作的玄妙观复合示意图显示（见图5），三官殿与其北面的韩祖庙还是相互独立分开的。但是在20世纪70年代后期，三官殿和韩祖庙之间的空地上建造了一座办公楼，将二者连成南阳县政府的一排办公室。2009年夏，笔者到玄妙观进行田野调查，得知最近的一场暴风雨导致了办公楼屋顶漏水，恰好暴露出了老三官殿北山墙里镶嵌的石碑。当20世纪70年代建造办公楼时，嵌有石碑的山墙墙壁上被涂满了厚厚的泥土。如果没有那年夏天的暴雨，这些被掩盖的石碑将会被一直遗忘。

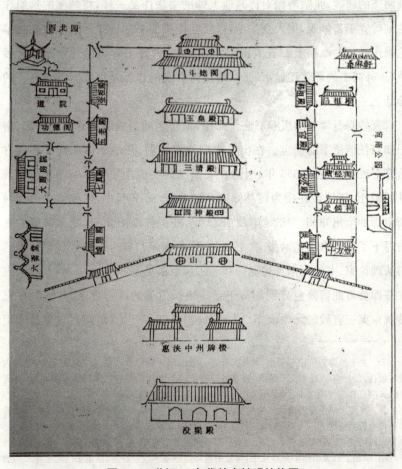

图5　20世纪60年代的玄妙观结构图

图6　当地书法爱好者正在制作任恺《书谱》的拓片。刘迅摄/夏/2009 年

图7　由张先生提供的任恺墨宝及题记,落款日期为 1874 年

195

1874 年秋天，任恺在墨宝原作的末尾题记中，解释了他为何会临摹孙过庭的《书谱》：

> 余于癸酉秋临《书谱》帖，经张耕云道友勒石，乃有嗜痴之爱者争相摹拓。因草书难识，时有来正字者，爰重临一部，逐字注释，以启初学，藉可广传其文云尔。任恺又识。（见图 7）

图 8　孙过庭《书谱》原稿（图片来源于网络）

正如任恺在题记中透露的那样，对于当地的书法爱好者和痴迷者来说，孙过庭的书法要义与任知府优美的草书风格具有重要性和吸引力，张宗璲清楚地理解和赞赏这一点。因此，在收到这幅精美的《书谱》作品后，他将其刻在了十一块石碑上，然后将石碑镶嵌于三官殿北墙里，以便南阳的当地士绅学子、书法爱好者来学习仿摩孙过庭书法的审美要义和任知府留下的精美墨宝。这些镶嵌的石碑立即在当地书法爱好者和痴迷者中引起了轰动，不久，许多人涌进寺院，通过制作嵌石的拓片来观赏和临摹这些精美的草书。不过，草书字体的游云惊龙使得许多字难以辨识，很多人便会寻找事务繁忙的任知府来帮助辨认文字。为了解决这个问题，任知府后来又撰写了另一幅作品，其中的每个字都是用标准的楷书落成，这对初学者来说更便于阅读。随后，张宗璲在 1874 年的秋天，将这套"解释性"的楷书增刻在原碑草书字旁。张住持和任知府都希望，草书能够因此在南阳乃至更远的地方得到更广泛的传播。

任恺的愿望可能已经实现了。根据笔者在实地调查和网上粗略搜索中搜集到的证据,任恺所写的潇洒飘逸的草书唐人《书谱》现已成为南阳乃至世界各地书法初学者和爱好者追捧的临摹范本。自张宗璿将这套石碑镶嵌在三官殿的北墙上以来,约一个世纪中,许多人来到玄妙观观赏和临摹这块草书风格的石碑。更有甚者,以宣纸制作石碑拓片,将其装订成册,在家里欣赏临摹(见图9)。南阳的道士们也对这些书法碑文情有独钟。有位道门高士,最初是南阳的道教随侍弟子,后来被升为观主,之后赴西安著名的八仙宫担任住持。赴任之前,他获得了一套任恺《书谱》的碑文拓片,便一直随身携至西安。尽管这位道长于 1939 年在南阳去世,但他收藏的拓片集很可能在西安留存了下来。虽然经历了几十年的战争、社会混乱和政治动荡,南阳及周边地区的许多人仍然保留着他们的碑刻拓印集①。

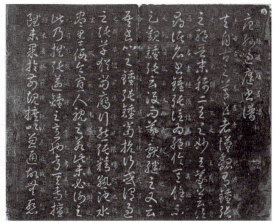

图 9　据称属于李宗阳住持的孙过庭《书谱》拓片集,于 2014 年前后在 7788.com 上被拍卖

---

① 据笔者个人所知,南阳及周边地区至少有五位私人收藏家、书法家收藏了七本这样的拓片集。这些任恺碑帖的现存拓片集各有各的物理存状。虽然很难确定制作或拓印这些集子的日期,但至少有两到三本拓片集可能出自晚清,其余则都出自 1949 年以前。根据7788.com(一个在线买卖稀有古董和艺术品的网站)显示,一本据称曾为西安八仙宫住持、南阳玄妙观住持李宗阳收藏过的任恺《书谱》拓片集,在 2014 年夏天被卖给了一位私人收藏家。

玄妙观的古琴、林园以及其他艺术追求

从 19 世纪中叶开始，张宗璇所倡导的全真教对诗歌和书法的主倡，由他的后继者在玄妙观进一步发扬光大，一直延续到民国初期。这些后继者们都开辟了自己的艺术领域，并寻求以自己的方式来践行所钟爱的艺术形式。

继张宗璇后出任玄妙观住持的姚霭云（号祥瑞、明瑞，？—1912），主要的艺术热情集中在古琴上。

姚霭云是陕西人，从小就走上了一条典型的职业道路——准备科举考试。据熟悉者说，姚霭云"有声庠序"①。当他十七岁时，陕西爆发了一场大型的回民起义，父母被害身亡。失去一切的姚霭云，加入了满族将领多隆阿（字礼唐，1817—1864）率领的清朝军队②。他参加了二十多场战役，据说在一场针对回民叛军的战役中报了父母被害之仇。他在战场上的勇气和功绩为他赢得了晋升机会，被晋升为高级职衔"游击"，还被任命为多隆阿将军的亲军军官。但是在 1864 年春末，多隆阿将军在与陕西回民军队的激烈交战中死于战伤，姚霭云放弃了他的职务，改名换姓，在山东的道教圣地崂山出家为道士。遵循全真教的传统，姚霭云前往江南地区和包括南阳在内的华北地区的主要全真道观游历③。

游历中，他还穿过渤海进入满洲，并寄居于奉天太清宫④。随后，他前往京师，作为一名高道在白云观常驻。在这里，姚霭云与许多全真高道建立了密切的联系，其中有被邀请到首都的全真教中心宫观主持观务的张宗璇住持和同样是清政府高级将领出身的全真教高道谢宝胜（字芝

① 见成治为姚霭云画像所作题词，载李信军编：《水陆神全：北京白云观藏历代道教水陆画》，第 40 页。

② 关于 19 世纪 60 年代和 70 年代甘肃、陕西等西北省份回民起义及清政府镇压运动的简史，见李思涵《同治年间陕甘回民事变中的主要战役》。关于多隆阿的生平事迹，见李元度《多忠勇公别传》，载《续碑传记》；亦见《清史稿》卷一百九十六《多隆阿传》。

③ 据成治对姚霭云画像题记的记载，姚霭云旅居南阳玄妙观时还只是一名普通的道士。见李信军编：《水陆神全：北京白云观藏历代道教水陆画》，第 40 页。

④ 于荫霖：《西北园记》，载《南阳县志》，1904 年，第 12 卷，第 22 页下—24 页上。

兰,? —1911)。和姚霭云一样,谢宝胜也曾在清廷绿营军中当过军官,但由于仕途挫折,他投身道教,在全真道观中寻求庇护。显然,姚霭云在道流中很受欢迎,他在19世纪80年代初迅速升任京城道观的监院。当时,姚霭云已经是京都白云观和南阳玄妙观的兼任住持张宗璇的门徒。尽管我们尚未得知详细情况如何,但可能正是出于二人的密切关系,1885年左右,张宗璇邀请姚霭云出任南阳玄妙观监院一职。姚霭云很快地离开了白云观,向南行去,很可能和张住持一起去了南阳,并在那里的玄妙观担任监院①。

姚霭云在南阳道观中担任监院的这段时间,正逢太平天国运动结束后的长期自强运动。这场运动的目标是复兴遭到破坏的清政府机构,恢复和巩固政治制度、社会和道德秩序。为此,国家和地方官员在整个帝国发起了一系列的改革和倡议。

在南阳,姚住持也通过制定修复象征世界和道德秩序的道教宫观等措施、巩固南阳地方的儒家文化,从而做出了自己的贡献。在全真道观中,他呼吁道教同仁应有更严格的修道戒律和入道标准,他还计划在南阳玄妙观举办一系列全真道教传戒活动,以迅速提高全真道教在全国的地位。与此同时,他还积极倡导文人文化艺术,并在道观内修建用于绘画、古琴演奏等文艺活动的静修园,以倡导文化。

事实上,军旅岁月似乎并没有抹去或淡化姚霭云的艺术气质和天赋。据其文友所述,姚住持除了早期受到以儒家经典为中心的教育外,还工于绘画,尤其是山水画。清廷京官李端遇是姚霭云的密友,他盛赞姚霭云的山水画技巧,认为其作品继承了元末山水画大家黄公望(1269—1354,其作品常以"大痴"署名)的神韵:"霭云精于山水,其魄多醇厚,□入大痴之室。"

在为姚霭云画像所作的题记中,李端遇还提到到姚住持曾绘《雪山图》,是画描绘了金末全真祖师丘处机(1148—1227)徒步跨越撒马尔罕附近的雪山以觐见成吉思汗(1162—1227)的场景。姚霭云将这幅画作为礼

①《太上律脉龙门传戒谱系》,手卷本藏于北京白云观。

物赠予了李端遇，作为回报，李端遇在姚住持的画像上作长诗以记其事①。

姚霭云画像《元都清照》出自画家傅澄之手（图 10），可能绘于光绪八年（1882）十二月或更早。是图左有成治（字达廷，号元山、襄臣，生卒不详）题记，右存李端遇题记，画像居于正中。这幅画像很有可能是姚霭云身边的人，或是李端遇，或是成治，委托傅澄所绘，以表达他们对这位全真高道的奉承和赞美②。但即便如此，画像的元素也必须真实地反映主人的生活和性格，因为这样的奉承或恭维对接受者来说才更有真实性。从这个意义上说，画像必须真实地或至少在某种程度上反映出姚霭云的性格、个性和外表的各个特征。

图 10 《元都清照》1882 年傅澄绘

---

① 见李端遇在姚霭云画像题记中所作的诗歌，载李信军编：《水陆神全：北京白云观藏历代道教水陆画》，第 40 页。

② 李端遇（字小岘，生卒年不详），山东安丘人，1863 年高中进士，初任清廷"分部学习"，后逐步升迁，先后担任鸿胪寺卿、通政使副通政、光禄寺卿、太常寺卿。1889 年始，李端遇先后担任江南（1889）、浙江（1891）等几省的省级主考。1894 年，任安徽提督学政，1899 年，升任礼部侍郎。义和团运动期间，李端遇被任命为京师团练大臣之一，负责召集、协调和管理当地义和团势力。见《清穆宗实录》卷六六、《清德宗实录》卷二〇三至四六八中所载"李端遇"条，载《清实录》，汉籍电子文献资料库，台北："中央研究院"近史所。关于成治，我们知之甚少。他在题记中讲述自己的方式表明，他很有可能是清代八旗子弟的一员，且显然精通诗歌、书法、绘画。当代中国画的在线经销商也认为，他是活跃于清末的一位鉴赏家和绘画收藏家。见如下链接：http://auction.artron.net/paimai-art46411256/和 http://blog.sina.com.cn/s/blog_7c3326200101gcnd.html.

这幅画像题名《元都清照》,既有奉承之意,又能引起联想。之所以用这个名字,是为了把姚霭云塑造成一个世外高人,一个来自神仙世界"元都"的超然存在。在这幅画像中,姚住持被描绘成一个富有学养、精神超然的人。他身穿蓝色道袍,悠闲地坐在一块岩石上,隔着花园的栏杆,若有所思地望着远处背景山中的小溪。画像左边的石桌上有一张从布鞘中露出一半的古琴,一名道童在住持身后拿着一摞书,随时准备响应住持的召唤(图 11)。显然,石桌上半掩的古琴和道童手上的书籍,象征着姚霭云两大爱好:古琴、经籍,他也在这两个领域获得了一定的成就。他们向观众传达了一个明确无误的信息:姚住持是一位学识渊博的人,也是一位成就不凡的古琴演奏家①。

图 11 《元都清照》(局部) 1882 年傅潧绘

这幅画像绘于姚霭云在北京白云观(清朝主要的十方丛林)担任监院期间,绘图者显然有意把姚住持塑造成一位超尘脱俗而极具魅力的道教领袖:内在沉稳优雅,外在多才多艺。事实上,从 19 世纪 80 年代中期姚霭

① 关于画像的细节,见载李信军编:《水陆神全:北京白云观藏历代道教水陆画》,第401 页。感谢尹志华博士与我分享了这张图片,以及他所抄写的画像题记。

云担任南阳玄妙观监院起，他就实施了各种教内改革措施。他强化了道观内的道教戒律，并在道观的佃农中推广新的耕作方法。他还于19世纪80年代和90年代在南阳城北开办了几所免费学校，为该地贫困家庭的孩子提供免费的基础教育。早在1894年，为了准备祝圣祭坛，姚霭云在玄妙观中就地开设了传授道教戒律的神学院，并精心挑选了五名高阶道士接受全真道教戒律、全真龙门神坛举行仪式和程序的培训①。1910年，姚霭云在玄妙观五桂堂第一次举行公开的全真教传戒仪式，并从三百多名在玄妙观修道、工作的道士中挑选出五位戒子，传授龙门戒律。该年冬天和次年春天，姚霭云又在观内主持了两次传戒。这些措施极大地鼓舞了全真教的士气，促进了玄妙观的经济发展，同时也提高了玄妙观在南阳当地社会的声誉和影响②。

除了这些成就，姚住持还投入了大量的精力和资源来建设道观文化。19世纪80年代，在抵达南阳后不久，他就主持将道观的西北角改造成一座美丽的休憩园林，并命名为"西北园"。

西北园可能是1886年姚住持在玄妙观西北角的一个古老的小花园上建造的。在成为玄妙观监院之前，姚霭云曾在北京白云观担任住持，十分熟悉道观如何大规模扩建，对昔日白云观的同道及对手高仁峒（字云溪，号云峒、明峒、寿山子，1841—1908）所主持建造的宏伟后花园，更是了如指掌。当姚住持着手在南阳道观修建西北园时，我们很难知道这是否是受到了这种竞争激励的缘故。但无论如何，从1886年建成到1938年被日军

① 见拙著：《清末南阳玄妙观传戒考略》，《宗教学研究》2013年第3期，第7—17页。
② 关于姚霭云自19世纪80年代以来为南阳的道观和现代化改革所做的努力，见 Xun Liu, "Proliferating Learning: Quanzhen Daoist Activism and Modern Education Reforms in Nanyang (1880s - 1940s)" in Ji Zhe, ed., Special Issue on "Religion, Éducation et Politique en Chine Moderne", *Extrême-Orient Extrême-Occident*, 33(2011), pp. 53 - 90; Xun Liu, "Quanzhen Proliferates Learning: The Xuanmiao Temple, Clerical Activism, and the Modern Reforms in Nanyang, 1880s - 1940s" in Xun Liu and Vincent Goossaert, eds., *Quanzhen Daoists in Chinese Society and Culture*, 1500 - 2010, China Research Monograph 70, Berkeley: East Asian Studies, 2013, pp. 269 - 307; 刘迅：《全真广学：清末民初南阳玄妙观、道士行动与现代改革》，载黎志添主编：《十九世纪以来中国地方道教变迁》，香港：三联书店（香港）有限公司，2013年，第383—416页。

空袭炸毁①,西北园都是游客和当地居民最喜爱的胜地之一(图 12)。目前我们对这个花园的大部分了解源于以下两类人的言论及其著述:在南阳长大的本地人,或曾在南阳寓居的旅居者。他们都亲自参观过西北园。

图12　20 世纪 30 年代末日军空袭前玄妙观著名的西北花园景观
(照片现藏南阳市档案馆)

在造访西北园的游客中,没有谁比于荫霖(字次棠、樾亭,1838—1904)对此园林的感受更深。于荫霖曾任湖北、河南巡抚,在 1901 至 1903 年间,他卸任并寓居南阳,多次应姚霭云住持的邀请游览西北园。这段时间里,于荫霖正在调养沉疴。在他应姚霭云之请写下的碑刻《西北园记》中,这位前河南巡抚详细描述了这座花园的建筑布局,并着重描绘了其中的许多美景。根据他的说法,玄妙观的西北园是在道观西北隅上的一个旧花园的基础上扩建的。它由许多精美的亭楼组成,亭子建在湖中央的一座大型人工山上,周围由蜿蜒的屋顶凉台、桥梁和树木繁茂的人行道连接起来。

园子的入口处是一座大型殿堂,周围有五棵大桂花树,故以"五桂堂"

---

① 据曾在玄妙观逗留并参观过西北园的古琴家吕佛庭回忆,1938 年,在日军对南阳的第一轮空袭中,西北园被炸毁。见吕佛庭:《古琴、石刻、卧龙岗》,载《南阳文献》1994 年第 9 辑,第 85 页。关于抗日战争期间的诸多事件,见惠武章、周殿君:《南阳县抗日斗争大事记》,载《南阳县文史资料汇编》,1989 年第 3 辑,第 1—15 页。

为名。五桂堂也是玄妙观举行神圣的全真传戒仪的地方,该仪式向初学道者传戒,以培养出成熟的道士。姚霭云在1910年夏末第一次传戒时,曾以五桂堂为训练场地,训练五位由他亲选的戒子学习所需经文,并排练戒坛的一切传戒仪式。大厅后面是一个占地数亩的湖。大湖的浅滩上种着一片片盛开的荷花,湖里养着许多游鱼。湖的周围是弯弯曲曲的游廊和人行道。湖边有树林,鸟儿在那里筑巢。湖的中央是一座由昂贵的太湖石制成的假山。山顶上有一座小亭子叫作"浣香亭"。从湖中岛向东延伸,湖边还有一座亭台,名叫"藕花榭"。从假山向西穿过一条石径和一座木桥,就会到达一个三室的精舍,那里景色优美,于巡抚将其旧名"环翠精舍"改题为"清晖精舍"。由精舍南行,向东转弯,则是一条有顶的石制人行道,道两边都可以看到湖上的美景。这条湖上的小路题名为"濠上",可谓恰如其分。再往南,聚集着几块巨石,宛如一块巨大的岩石从湖中升起,这个景点被称为"月台"。月台上有一个小房间,窗户开着,这里有美丽的湖景,可以俯瞰波光粼粼的湖面和万荷攒动,故其名曰"秋香画舫"。画舫的后面是一条通往假山的石阶路,上有茅亭号"得月坐亭",因为其下正是山脚的"月台"。由于南阳市坐落在南阳盆地的一个大平原上,在高架起的"秋香画舫"和"得月坐亭"上可以看到四周全景,包括附近的农田、城市街道、河流、公路,以及从西边伏牛山到东边桐柏峰的连绵起伏的高山①。

在现代公园出现之前,南阳道观园林凭借其高远的视野和令人叹为观止的景色,不仅为道观弟子提供了修炼冥想和休息场所,而且成为当地居民、旅居者和游客难得的休闲娱乐公共空间。在每年庆祝道教神仙降生和登真的节日里,园子为狂欢者、朝圣者和居民提供了美丽的风光景致,还有舒适的亭子和小屋供大众休息聊天。人们蜂拥来到道观祈祷,观看戏剧表演和游行,以致流连忘返。

对于玄妙观的主领者如姚霭云住持等而言,西北园是他们可用音乐

① 这段关于西北园的描述参考了于荫霖的一手记录。见于荫霖:《西北园记》,载《南阳县志》卷一二,1904年,第22页下—24页。

表演、道观素斋招待官员及文人朋友的绝佳场所。于荫霖曾多次作为姚住持的特邀嘉宾到访此地,他生动地描述了在这座美丽的园林中所经历的一切:

> 光绪辛丑夏,余罢豫抚,养疴南阳。闻府城北关元妙观规模宏肃,为豫中西南一大道院。暇日,携友人胡敬庵、子翰笃、孙重熙往游。姚霭云道士祥瑞延余于观之西北园,时荷花盛开,鱼鸟亲人。余游而乐之,前后凡数至。道士款洽甚殷,出其所藏古今名人字画甚富。又雅善鼓琴,当盛暑亭午,为余鼓一二曲,泠泠然有弦外之音。

继姚霭云 1912 年为南阳国民军残忍杀害之后,李宗阳(号涵三子、抟虚道人,1860? —1939)任玄妙观住持。他在 1912 年至 1929 年负责管理玄妙观,直到 1929 年必须前往沿海省份筹集急需的救灾资金时才卸任。李宗阳是豫北济源人,在南阳以北石桥镇的叔父家中长大,年轻时便离开了叔父,进入南阳西部的武侯祠。后来,他游历华山、嵩山的全真道观,在那里研究道经、儒典,并修炼道教内丹。他还曾寓居开封、西安以及洛阳的各大全真道观。在游历中,他不仅为道流所周知,还与各地传统文人、新式知识分子们建立了友谊,其中许多人还是声势日益高涨的同盟会的成员。从白云观接受了全真龙门戒律之后,李宗阳在西安的八仙宫定居。李宗阳在此地声名远扬,1900 年,慈禧太后赐其紫衣玉带,以褒奖他在圣殿迎接皇家扈从和祈雨应验的功劳①。

在寓居上海为南阳的救灾筹款数年之后,李宗阳住持回到南阳,在南阳西郊、玄妙观西南几公里处的武侯祠定居,晚年练习道教的内丹清修,

---

① 升允(1858—1931 年)、李宗阳:《慈禧端佑康颐昭豫庄诚寿恭钦献崇熙皇太后万寿碑》,笔者收藏了碑刻的抄录本。关于李宗阳额生平事迹,见曹天铎:《涵三子李宗阳道行碑记》(1941 年),笔者收藏了碑刻的抄录本;张晓莉:《道长李宗阳生平事略》,《中国道教》1997 年第 3 期,第 52 页;刘迅著、森田利亚译:《時代とともに全真道士李宗陽と慈禧,同盟會および南陽におけろ清末民初の近代化改革》,载田中文雄、テリーリーマン编:《道教と共生思想》,东京:大河书房,2011 年,第 299—337 页。

直至 1939 年去世。而此时玄妙观的住持是李宗阳亲手选定的继承人聂少霞（字啸霞，法名至云、祥云，？—1948）。聂少霞是南阳东北约 20 公里处的社旗镇人，他童年时就入了家乡的一处私有道观何庙学道。20 世纪 20 年代末，他在玄妙观姚住持主持的龙门戒坛上接受了道家戒律，并一路晋升为玄妙观监院。1929 年，当李宗阳住持卸任监院前往沿海省份赈灾时，聂少霞被任命为玄妙观的管理①。

李宗阳和聂少霞对古琴的钟爱，可能源于玄妙观等大型丛林宫观中的全真仪式音乐传统。与张宗璿和姚霭云自幼浸染于儒家经典的学习和文人的艺术传统品味不同，李、聂二位住持出身贫寒，自幼入道，便在道观的高墙内接受教育。尽管他们也与晚清及民初的许多学者、官员相互往来，但他们的文化和教育背景主要源自道观本身的文化环境。于是他们也学会了写诗，并形成了自己的书法风格，同时也在全真道观的文化和音乐环境中培养了收集和演奏古琴的共同爱好。

迟至 20 世纪 20 年代，对于南阳玄妙观的全真派道士而言，在修道生涯初期，除了经籍的学习外，乐器演奏仍是他们接受宗教训练的重点。这些训练不仅是为了保证他们将来在地方举办的各种全真教仪式上表现合格，而且也被认为有助于道士的自我修养和熏陶。音乐素养，尤其是古琴、笛子等传统音乐作品和乐器的演奏水平，也是社会文化精英更加钦佩和赏识的文化成就、审美成就之标志。因此，许多全真道士竭力训练，成为在音乐和古琴等乐器方面成就颇高的演奏家和鉴赏家。在玄妙观，李宗阳和他的继任者聂少霞都是古琴大师，他们经常用精彩的乐器演奏来款待贵宾。

从民国初期到寺院参观的人的叙述中，我们了解到了他们在古琴方面的音乐才能。1936 年，著名的画家、古琴鉴赏演奏家吕佛庭（字天赐，1911—？）寓居于一位南阳当地的著名文人家中。在南阳逗留期间，吕佛庭参观了玄妙观和武侯祠，并对全真教的音乐技巧和古琴演奏留下了深刻

① 对聂少霞的生平描述主要基于《关于玄妙观》一文，以及我对社旗、南阳当代道教的实地采访笔记（2005—2013）。

的印象。

吕佛庭是豫北泌阳人,年轻时曾在北平艺术学院学习古典音乐,专长于古琴。他也是一位虔诚的佛教居士,经常在佛寺中寄居。到 20 世纪 30 年代初,吕佛庭师从几位全国著名的古琴专家,自己也成了著名的古琴演奏家和鉴赏家。1936 年秋,他在杭州出家为僧未果,便与著名的古琴大师许元白一起回到开封,此时"西安事变"的消息也传至此地。当国民党将领刘峙调动军队预备参战时,关于灾难和混乱的谣言像野火一样在城市里蔓延开来,开封居民陷入恐慌和混乱之中。由于担心即将爆发的战争,许多人逃离了这座城市,以求安全。在当地朋友的敦促下,吕佛庭前往南阳,等待危机解除。在南阳期间,吕佛庭与著名的艺术家、地方名人、宋代书法家米芾(字元章,1051—1107)后人米石屏交往颇密。

吕佛庭到达南阳的第二天,便受米石屏之邀参观了玄妙观。当他们被聂少霞住持邀请进房间时,吕佛庭注意到这里装饰着各种各样的古董、古玩、书籍、画卷和古琴。在这次会面中,聂住持向吕佛庭和米石屏展示了他收藏的最珍贵的一张唐代古琴。在吕佛庭这位著名的古琴演奏家和音乐家看来,聂住持的古玩、古琴和其他古董收藏令人印象深刻,代表了他的文化和审美品味。据吕回忆,聂住持"读书虽不多,但能弹古琴"。品鉴完古琴后,聂少霞演奏了几首曲子招待客人,然后带客人参观了著名的西北园。

次日,吕佛庭和米石屏又参观了武侯祠,他们首先受到了监院张仙槎的接待,张仙槎是栖居于此的李宗阳住持的弟子。吕佛庭记录道,李宗阳当时已经七十多岁,蓄须极长,满头半灰的头发向上扎成一个发髻。在他看来,这位年迈的住持"貌古神闲,很有道气"。回到南阳后,李宗阳被邀请担任武侯祠的住持,期间,他谢绝了大多数的来访者,一直闭关清修。只有通过他的朋友米石屏的介绍,张仙槎才能够邀请李宗阳走出他的静室,与吕佛庭见面。与聂住持一样,吕、米二人也注意到李住持的房间装饰简朴但雅致。吕佛庭评论,这位住持"不但学问好,并且能弹琴"。在朋友米石屏的再三请求下,张仙槎将一张古琴从墙上取下,置于案前,李住持演奏了一首经典的《高山流水》以款待客人。应李住持之邀,吕佛庭也演奏了一曲《鸥鹭忘机》以回赠①。

玄妙观的全真道士们还曾不遗余力地保护他们珍藏的一张唐代古琴。1939年初，吕佛庭再次造访玄妙观，此时的南阳经常会遭到日军的空袭，吕佛庭于是决定前往藏在南阳以西群山之中的准提庵（又名菩提寺）躲避空袭。离开南阳之前，聂住持委托吕佛庭将古琴一起带往准提庵保管，以免遭到日军轰炸。1944年冬天，当吕佛庭从四川返回南阳处理他父母的丧事时，南阳已经被日军占领。为了躲避日军的抓捕，吕佛庭住在南阳西北骑立山的广济寺中。当时，邻近镇平县的准提庵也时常受到日本巡逻兵的骚扰。为了避免被日本人侵夺，准提庵的洗凡法师安排将唐琴送到广济寺的吕佛庭处保管。第二年，抗日战争结束，吕佛庭从广济寺的藏身处回到开封，在离开之前将唐琴交给了广济寺的住持保管。根据记载，从那以后，吕佛庭就不再知晓这支曾归玄妙观所有的古琴的踪迹②。

除了对古琴和古典音乐的兴趣外，玄妙观在民国初期继续保持着修建和维护园林的传统。不过，玄妙观在建设宛南公园这座公共公园上的努力，更像是为了与早期民国地方政权为实现南阳现代化和强化新政体所作的努力相适应。宛南公园是南阳第一个现代化的公园，1932年至1933年间，南阳在刘镇华领导下进行了早期整体市政扩建，宛南公园的建造即是扩建内容的一部分。

民国初年，随着河南军阀的崛起，南阳开始经历新的城市扩张。随着1926年北伐的胜利，南阳和河南其他地方一样，开始与这个新兴的中华民国融合。1932年五月开始，南阳处在刘镇华（1883—1952）的控制之下。刘镇华曾是河南军阀，也是势力更强大的军阀冯玉祥将军的盟友。后来，刘镇华被冯玉祥从他之前所在的陕西和豫西的军事割据地驱赶了出来③。

---

① 见吕佛庭：《古琴、石刻、卧龙岗》，载《南阳文献》1994年第9辑，第88—89页。

② 见吕佛庭：《琴与我》，载《南阳文献》1989年第4辑，第68—75页。

③ 关于刘镇华等其他军阀及军阀们统治河南的学术研究较少。关于刘镇华的生平事迹，见张修斋：《我所知道的刘镇华》，载《河南文史资料》，1979年第2辑，第73—83页；范龙章、尹文堂：《镇嵩军始末》，载《河南文史资料》，1979年第2辑，第84—112页。

因此,当 1927 年初冯玉祥与蒋介石为河南、山西等中原地区的控制权而冲突时,刘镇华拒绝与冯玉祥联盟。相反,他辞去了指挥所的职务,开始了海外考察之旅。刘镇华从混战中退出,实际上帮助了蒋介石最终战胜冯玉祥和阎锡山(1883—1960)。与冯玉祥的战争结束后,考虑到南京政府确保和巩固自身对中原实行控制总目标的重要性和关键性,蒋介石决定褒奖刘镇华,并任命他为豫西、陕南、鄂北剿匪、绥靖总司令,以利用他在河南军事诸强中的广泛人脉和影响力①。

作为一名经验丰富的战术家和军阀混战中的机会主义者,当时的刘镇华期待着每一个能重建和恢复他在河南权力基础的机会,他还尤其关注河南西部,这是此前权力基地的所在。这位昔日的军阀和他的手下驻扎在南阳,将总部设在玄妙观,试图通过各种努力赢得当地人民的爱戴。而南阳的商人和文人长期以来一直对现代化城市的公共娱乐休闲空间充满期待。在市中心建造一所城市公园,不仅可以满足地方精英对于现代化的期望和需求,还可以提升当地的士气和促进团结,进而提高刘镇华将军作为一名有能力、有远见的民国政府领导人、南阳市民精神弘扬者的声誉。从 1932 年 5 月开始,刘镇华和他的顾问们为南阳规划了一系列的市政建设项目,其中最著名的就是宛南公园。

建造这样一个公园,最开始确实是受到玄庙观西北园的启发。刘镇华抵达南阳之后,结交了一大批商业精英、文化精英,其中水子立(字玉瑛,1885—1980)、鲁葆玉以及张剑波,都是来自当地世家并受过良好教育的杰出学者和专业人士。水子立来自南阳一个有深厚经商和行医传统的回民世家;张剑波毕业于法国图卢兹农学院,并出身南阳本地文人世家,其家族在清代培养出了三名进士。尽管刘镇华和他的精英朋友们享有进出著名西北园的特权,但他们还是认为,这座城市缺乏一所供普通市民使用的公共园林。刘将军同意了他们为南阳建设一个市民公园的提议,并拨款

① 关于刘镇华将军对南阳的治理,见水普慈:《刘镇华在南阳》,载《河南文史资料》,1993 年第 48 辑,第 154—159 页。

用于建设。张剑波负责该项目,而水子立和鲁葆玉从旁协助筹备工作和设计。

公园计划建在玄妙观的东厢院。因此,该计划拟征用玄妙观的二十多亩建筑用地及道观以东的临近土地。目前尚不清楚当时玄妙观的高层道士们如何看待这一要求,但我们确切地知道,由聂住持领导的玄妙观同意将道院东翼作为新建现代公园的场地,支持了这一市政扩张计划。在官方的支持下,这个一经筹划就备受期待的公园只用了不到一年的时间就完成了建设,并于1933年夏天向南阳公众正式开放。

新市政公园毗邻玄妙观,木制的大门向南而开。一进门是一座大约十米高的巨大假山,由太湖石堆成。这座假山上种满了草、花和小灌木,内有隧道连接起了从山脚到山顶的石窟。许多当地孩童十分喜欢这里,他们喜欢在黑暗而神秘的隧道里探索和攀爬。假山的两侧设有读报点,上面张贴着当时主要的省级和全国级报纸,以及供游客阅读和观赏的海报、图画。在假山的北面有一个小湖,湖中荷花盛开,许多游鱼穿梭其间。湖面横跨一座蜿蜒的步行桥,它连接着一条从东到西的绕湖小路。湖的西侧原先是玄妙观东翼,如今改建成了一座动物园,大笼子里关着猴子、狐狸、猎鹰、野鸡、豹子、熊等二十多种动物,它们都是从南阳各地捕获并送来的本地野生动物品种。动物园的旁边是一座巨大的石碑,用以纪念传说中的"泥牛古迹"。据说,这座泥牛曾救过复兴汉室的刘秀(6—57)皇帝的命。

石碑往北是一座有五间小屋的院落,院落入口的匾额上题有胡石青(字汝麟,?—?)手书"话桑麻轩"①。院落的门口立有"天禄""辟邪"两尊巨型的大理石镇墓,它们是从南阳北部的一位东汉地方长官的墓中迁移过来的。

小屋东面是一个被墙环绕的大庭院,可通过屋角进入。入口西侧的匾上刻有"河南地图",以告诉游客院内所展示的内容;东侧的匾上则刻有

① 有关这一学院的简史,见张邃青:《记河南高等学堂》,载《河南文史资料》,1979年第1辑,第69—73页。有关胡石青的事迹,见张仲鲁:《回忆我在河南大学时期的派系斗争》,载《河南文史资料》,1979年第1辑,第121—123页。

"潼关",标明了从西北进入中原的重要门户。在这个庭院内,刘镇华和他的城市公园设计师们设置了一个大型的河南省地形景观,包括河流、山脉、乡镇、村庄、公路、行政边界,以及带有插图和标识牌的历史文化遗址。这处景点生动而有效地向游客和民国政权下的新公民介绍了河南的地理边界、文化和历史遗产,成功使当地居民对这里产生了浓厚的兴趣①。

这些模型、地图和展览旨在向南阳居民和游客灌输一种地理、文化和政治认同感以及团结一致的精神。这种身份认同感的产生和传播,对刘镇华将军及其在南阳和整个河南省所代表的南京国民政府的政治稳定和文化合法性显然至关重要。因此,宛南公园及其主要展示场所不仅是南阳现代化和市民进步的建筑地标,同时,对于被重新归入南京国民政府统治区域内的南阳市民来说,这座公园还是民国政权向市民们进行公民教育的有力工具。

在军阀推动现代市政扩张的过程中,全真观由于在城市中拥有大片土地,很容易成为被刘镇华和他的政府官员征用急需资源的目标。在占据玄妙观为行政总部后,刘镇华和他的城市设计师们又决定对道观东翼的一大片土地进行规划,将其作为公共用地来建设计划中的公共园林。20世纪 30 年代早期,在国民政府集权和扩张的政治氛围下,土地被没收似乎已成定势。虽然没有明显证据表明有人反对这样一个现代化的市政工程,要确切了解聂住持和他的道观对国家起草的道观财产草案的真实感受和反应,也几乎不可能。但是,我们不能轻易地假定他们反对这个项目,或认为他们完全没有任何力量或资源来抵抗。如果过去玄妙观与政府的关系可以作为一个参考的话,聂住持和他的道友们很可能理解并接受这种政府主导的市政建设项目,尽管他们并不情愿。

南阳的政界、商界和文化界精英都对该项目表示支持。题写"话桑麻轩"匾的胡石清是一位进士,同时也是晚清著名的企业家和教育改革家。

---

① 见王鹏洲:《回忆宛南公园游历记》,载《南阳文史资料》,1992 年第 6 辑,第 87—88 页;水普慈:《刘镇华在南阳》,载《南阳文史资料》,1993 年第 48 辑,第 154—159 页;吕佛庭:《古琴、石刻、卧龙岗》,《南阳文献》,1994 年第 9 期,第 85 页。

他曾成功地领导了与英国矿业公司的谈判，为中国焦作煤矿开采权的争取提供了有利的条件。他后来还担任河南高等学堂的教务长，这一学堂成立于 1902 年，是 1898 年戊戌变法所衍生的新政之一。张嘉谋是晚清举人、国会议员，1933 年春，他在一块为纪念宛南公园开放而立的大石碑上题写了一篇纪念碑文①。

关于全真道眷顾精英文化与艺术的反思

从清末至民国初年，玄妙观的全真高道们，一直是南阳诗歌、书法、古琴、清修、园林等各种艺术的主要参与者。他们举办与地方官员和文人之间的诗歌交流，向公众展示和推广书法，保护古琴并向文人和官员演奏经典曲谱，为自己和公众修建并维护道观园林、公共园林。从张宗璿经姚霭云、李宗阳，再到聂少霞，全真教的宗师们都积极地在全真道观中推广和保护文化艺术。随着时间的推移，在清政府、当地精英和南阳群众的眼中，全真道在主办和参与艺术方面的努力，也为玄妙观创造并积累了巨大的象征资本和文化优势。他们对艺术的追求和眷顾，不仅丰富和深化了全真道士在玄妙观的宫观生活和文化，而且也对封建时代的道教徒文化水平低、道观无知而封闭的传统观念提出了挑战。我们以往倾向于把宋元以前的道教和道士看作是高雅艺术的主人、爱好者和践行者。晚清南阳玄妙观的案例则表明，早期道教主导、参与和追求艺术的传统并没有完全衰落或消失。

此外，太平天国后的重建和清末民初的现代化建设，架构了清末民初南阳全真教主持艺术的格局。以下两大背景对于我们理解道教对传统艺术的承载和眷顾至关重要：一是太平天国后的大背景，官方以重建清政府儒学与艺术所推崇的思想文化传统为要旨。这种正统的文化和艺术连同清王朝的政治制度，从 19 世纪末到 20 世纪初，先是被太平天国的起义军所攻击，后又被改革派和现代派所攻击。而这一时期的玄妙观，在住持张

---

① 见水普慈：《刘镇华在南阳》，第 154—159 页。

宗璿极具活力和魅力的领导下,英勇地保卫了南阳城,抵御了清王朝的敌人,得到了清廷和南阳地方社会长久的感激和认可。但太平天国之后,对玄妙观的主持如张宗璿而言,19 世纪 70 年代该观及之后在南阳的宫观扩张,不能也不应该仅仅以重建道观或者重新粉刷神像的形式进行,也不应仅仅是扩大玄妙观道士的队伍,因为捻军和太平天国的军队摧毁的不仅仅是庙宇,他们还摧毁了坟典,更重要的是摧毁了文化和艺术,这些不仅是道观生活和文化的一部分,更是清王朝赖以生存的基础。也许正是出于这个原因,当南阳当地官员问张宗璿住持他和他的道观想要什么来褒奖其英勇保卫南阳的行为时,张住持只要了一套《道藏》,而非现金或其他任何物质奖励。从这个意义上讲,张宗璿住持与当地官员和文人的诗歌、书法交流可以被理解为道教的"文化复兴",这一复兴发生在南阳的玄妙观中,但呼应了更为广泛的文化、政治和制度重建,即在全国范围内发生的"同治中兴"①。

第二个背景更具有地方性和个性化。玄妙观在主办和参与艺术活动方面既不单独也不唯一。事实上,全真教的许多其他丛林道观如北京白云观以及江南地区的许多佛寺在这方面有更突出和更悠久的传统。在南阳,玄妙观必须与武侯祠及其他几座大型公众佛寺竞争,以获得主办艺术活动、建立与当地政治和社会精英的联系的机会。在这种竞争中,宗教寺观对艺术的主导和参与是吸引文人和其他地方精英的必由之路,玄妙观及其主要道长自然也就不得不主办并参与艺术。这些本地著名寺观间相互竞争的市场机制,也必须纳入进我们的考察范围。

但是,我们必须保持谨慎,且不能过度延伸这一竞争论点,因为它可能会使人们认为全真道对精英文人艺术的主导和赞助只不过是附庸风雅和矫揉造作的逢场作戏。当然,事实并非如此。事实上,张、姚二位住持对诗歌、书法、绘画的钟情,似乎已经在他们童年早期接触文人学习和实践

---

① 关于同治中兴,见 Mary C. Wright, *The Last Stand of Chinese Conservatism: The Tung-Chih Restoration*, 1862 - 1874, Palo Alto, CA.: Stanford University Press, 1962.

的过程中得到了真正的内化，是由内而外、出自真心的；而李、聂两位住持对古琴和园林修造的追求，自然地源于他们所受到的宫观教育、有关道教仪式音乐的训练，以及他们对文人的文化和艺术的适应。

此外，南阳的案例迫使我们重新思考宗教与艺术的关系，尤其是道观文化的本质特征及其与当代中国艺术的关系。出于某些原因，我们习惯于认为艺术，特别是美术，与宗教和寺庙的联系是过去的事，或至少是宋元时代之前的事。我们倾向于将唐或至少宋元以前的大型寺观看作是艺术的储藏地或栈房，如山西永乐宫，与之相反，将明清时期的道观视作美术或文人艺术的寄存场所则几乎是不可想象的。全真道对文人和艺术的重视、参予表明，基于各自在清末民初的具体情况，一些道教宫观能够而且确实继续了对文艺的重视、参与。

与此同时，全真道对优秀文人艺术的承载和赞助，也促使我们反思自己对封建晚期道教文化的刻板印象。南阳的案例表明，将道观视为专门用于集体仪式和个人崇拜的宗教场所，或者视为自宋元时期以来完全与任何文化、艺术内容及传统无关之空间，都是错误的看法。真实情况可能正处于两者之间。这也说明了艺术与宗教始终是相互交织、密不可分的：道教作为一种宗教，从来没有脱离艺术，反之亦然。

同时，我们还应当记住，南阳的案例绝非孤例或巧合。虽然道观及道士对文人艺术的重视和践行仍然是一个未被研究的新领域，但北京、沈阳、西安等地的其他案例研究也显示出了类似的道观重视、践行精英艺术形式的模式，这种模式与道观的文化声望、社会活动和对当地社会的政治影响有着密切的联系。

出于上述原因而非纯粹的巧合，当住持张宗璿去世后，他的文人朋友濮文暹作墓志铭以悼念，并将铭文刻在了张宗璿埋身的塔楼上。在这段铭文中，濮文暹纪念了张宗璿结合儒道、致力于拯救尘俗并追求成仙的一生：

　　大道无名兮，德自不孤。

死无所碍兮,生亦非虚。

舍儒入道兮,乃援道而用儒。

为所当为兮,复何有而何无。

石齿齿兮,泉珠珠,

梅万花兮,松几株,

藏厥蜕兮,芝不枯。

白云悠悠兮,仙所家。

傥化鹤兮,归来乎。①

　　大书法家于右任(1879—1964)也用他那优美流畅的书法写了一副对联,用来悼念好友李宗阳住持的去世。在对联中,他将李宗阳美化为一位富有诗歌天赋的仙人,认为他堪比以隐士自居的晚唐伟大的隐逸诗人陆龟蒙(? —881):"诗本天随子,人如地行仙。"(图13)

图13　于右任手书对联
(今悬于李宗阳晚年清修所在的武侯祠侧门入口)

---

① 见濮文暹:《南阳玄妙观张耕云道士》,载《见在龛集》卷一九,第40页下。

215

文与图：中国古代视觉思维与图像叙事

——《二十四孝》和《三纲行实图》的图像叙事比较

韩国翰林大学中国学系　［韩］赵正来

一、图像的叙事与文学性

对人类来说，思维本质上主要是"视觉思维"。阿恩海姆也指出"所谓的视知觉，也就是视觉思维，视觉乃是思维的一种基本工具（或媒介），而且视觉思维的知觉特征不仅仅限于直接的知觉范围内，广义的知觉还包括心理意象，以及这些意象同直接的感性把握之间的联系"。视觉思维是人类认识活动，是感性与理性之间的内在融合，即：在感觉上超越"看"（see）的概念，感受和思考过去的记忆，可以想象或抽象。图像是人类通过视觉思维和体验认识的客观对象的描述或再现。东洋的图像概念是指形象或其形状的模仿的图和形状中内在的意思，是图像的合成词，是以形象为媒介的形而上学的文化概念。这是一种无法用文字表达的、具有独特价值的媒体。

图像研究者切萨雷·里帕（Cesare Ripa）甚至用一种图语言来把握图像的概念，欧文·帕诺夫斯基（Erwin Panofsky）将视觉符号作为文化象征，约翰·伯格（John Berger）关注艺术作品中出现的图像的美感和特征。对现代社会来说，图像形象的广泛拓展提供了另一种语言的可能性，它既体现了文学的语言功能,又追求文学性的潮流。随着时代的发展和社会的变化,图像形象已扩展并应用到社会生活的广泛领域,进而对分析古代艺术的图像叙事具有十分重要的意义。古代绘画作品的图像叙事的构成不依赖于这种因果性,而是根据自己的体验思维的特殊时间或空间的逻辑顺序重新构成故事。

图像的文学性以图像叙事为前提。同时它带有一对相互矛盾的概念,即语言上的文本与非语言上的也即视觉上的文本。在通过视觉形象再现的人物形象中,图像被认为是像绘画或雕塑一样的造型对象,而叙事则被理解为语言性的文本。在图像创作中,我们往往采取文学创作的一些手段,如夸张、讽刺、烘托、比喻、对比等等,以增强图像的表达效果,而这些手段原来都是文学创作的特有手段,属于文学性的范畴。在图像作品的欣赏中,我们也能见到文学性的存在,这种文学性也正是图像能成为艺术的原因之一。但是了解图像作品中的文学性不是个简单的事情,而直接认识的图像更具有叙事的多样独特属性。图像既是一种空间艺术也是一种时间艺术,在多种形式的图像作品中都存在着文学性。图像在二维平面上以明暗、线条、形状、色彩展示三维虚拟空间,甚至包括四维的立体空间,也承载着创作者的思想和情感。更进一步说,图像也可以利用外在形式表现运动中物体的存在形式,即连续时间中的某一瞬间的时间艺术。"图像"是一个广义的概念,其中包括动态的、静态的各种各样的图像。与以往传统的文学、绘画、雕塑等艺术形式相比,其共同之处在于能够构造出一个虚拟的现实世界,使人产生一种超真实感。而文学性所具有的想象空间则因图像而逐渐缩小。因为科技的发展,图像正是体现这个虚拟的现实,让公众亲身体验审美。例如,文学叙事中的伏笔与电影编辑过程中的蒙太奇手法大体相似。现代社会出现的由文字语言向视觉文化的转变,使得群众艺术得以广泛地发展。这意味着现代人审美接受方式的变化。在现代中国,对这种观点的研究始于20世纪60年代末期,是学术界语言分析性研究的极限。之所以从以文字语言为中心的研究转向以图像为中心的研究,是因为图像的意象功能观念在不同时代发生着变化,并起着多样的作用。

二、中国古代的视觉认识与图像表现

对中国古代来说,对视觉的认识,传统样式的形象和意义的象征,是全面定位的。样式问题是对对象形象的再现,意义问题是图像的解释问题。对象的再现不仅表现为对象的完整的写实再现,还和艺术家的日常体验和思考连接。

作为沟通手段,文字语言只是认识事物和表达意义的媒体手段,而不是其本质,这样古人便会试图通过视觉模仿和再现来突破文字的语言局限。《周易》认为,"书不尽言,言不尽意",并提出"观物取象,立象以尽意"的观点。就是说,形象具有传达意义时语言所不能及的特殊功能。这与"传神"的概念是一致的。"传神"即魏晋南北朝时期顾恺之针对实际对象的外在描写乃至该对象的精神和内在特征所提出的。在对象的再现上,艺术家的感情被移入,相互作用,多层次展现,这是唐代诗品中出现的"意象"的范畴,是"情景交融"的意义所在,并进一步超越了深层次上的现实对象与艺术家的关系。难以再现的思维领域表现,必须进行隐喻式或讽刺式转型。这可以从元代山水画家倪赞的"逸笔草草"的艺术表现中找到。

中国古代的图像相关艺术就是通过这种视觉思维得到了理性的外在表现。图像表现与视觉思维(形象思维的不同表现)有很大的关系。与文字相比,以视觉形象为基础的图像语言更容易产生视觉表达或知觉,并能直接地加以陈述和解释。在中国古代艺术中,这种形象思维和视觉表现是普遍的,这与当时那个时代中感性与理性、感觉与思维、艺术与科学等仍然混在一起没有做明确区分的时代环境有关。

图像表现是一种对叙事过程的模仿。空间性的图像在时间的流动过程中被重构,但图像空间中的时间感将整理出欣赏者的意识过程中的完整叙事过程,与真实事件的时间相吻合。中国古代的佛教变相图、历史故事画、文学的插画等大多数艺术造型表现就是同类的图像的思维的总结。

三、《孝行录》的二十四孝与《三纲行实图》

孝道伦理是东方传统观念中非常重要的组成部分，而"以孝治天下"更是封建统治的重要特征。本文对中国《二十四孝》和韩国《三纲行实图》进行比较阅读，从而对二者故事脉络和情节相异点进行考察研究。"二十四孝"观念在中国晚唐已产生，五代以后"二十四孝图"的版本甚多。最早出现"二十四孝"一词的文献是敦煌出土《古圆鉴大师二十四孝押座文》，里面有虞舜、王祥、郭巨、老莱等孝子的名字。南宋画家赵子固有《二十四孝书画合璧图》。元代学者谢应芳在《龟巢集·二十四孝赞》序中云："常州王达善所赞《二十四孝》，以《孝经》一章冠于编首。"清代吴正修作《二十四孝鼓词》："论起这二十四孝，谁人不知，谁人不晓……"像这样，各个时代已经选定了二十四位有关孝行的人物，尤其是郭居敬编辑《二十四孝》后，习惯性地称之为"二十四孝"。在《二十四孝》中有二十名大都是春秋、汉、魏晋时期广为流传的孝行人物。

之后到了明清时期，随着商业经济与出版文化的发展，相继又出现周静的《锲便蒙二十四孝日记故事》和《新锲徽郡原板校正绘像注释魁字便蒙日记故事》、刘龙田的《新锲类解官样日记故事大全·二十四孝》、清初少林寺地藏殿的《二十四孝图》壁画，还有《日记故事大全二十四孝》《女二十四孝》《男女二十四孝》等劝孝书籍，《二十四孝图》相关的图书和图像纷纷出现。

朝鲜恢复与明朝的正式外交关系（1401）后，通过使臣收集先进文物，进口明代图书，并制作朝鲜本发行。《孝经》《二十四孝》《孝行录》《烈女传》《孝顺史实》《五伦书》等跟孝有关的书籍被引进出版。这似乎是社会对伦理道德的认识变化的根本原因。韩国高丽时代的《孝行录》和朝鲜时代的《三纲行实图》收录了元代郭居敬编录《全相二十四孝诗选》的"二十四孝"，并且在题材方面表现出相当的一致性。但目前尚未发现完全一致的版本，因此也有人强调《三纲行实图》与宋金元代北方墓葬壁画的关联性。

在元末高丽编纂的《孝行录》有前后二章，前章就是《二十四孝》。此书乃最早为《二十四孝图》作赞的文献。书前有 1346 年（忠穆王二年）李齐贤的序："府院君吉昌权公，尝命工人画二十四孝图，仆即赞，人颇传之。既而院君以画与赞，献之大人菊斋国老，菊斋又手抄三十有八事，而虞丘子附子路，王延附黄香，则为章六十有二。具辞语未免于冗且俚，盖欲田野之民皆得易读而悉知也。"可见乃是供民众教化用或是作为童蒙书之用。

《孝行录》被朝鲜世宗重视，1428 年偰循等人修订并刊行重刊本，以此为基础编纂了以孝子、忠臣、烈女故事为中心的《三纲行实图》。《孝行录》记载的二十四孝故事，也是《三纲行实图》中孝子图的重要题材。《三纲行实图》旨在稳定社会，教化百姓，所以内容包括可以成为朝鲜社会精神基础的君臣、父子、夫妻等三纲模范的孝子、忠臣、烈女等。这里不仅添加了中国的事例，还补充了朝鲜的实例，增加了读者的兴趣。在实例前后结合文字和图片，增强了视觉效果。用诗作赞、以画为教化的方法，以便士大夫和百姓都留下深刻印象。《三纲行实图》将 1481 年（成宗十二年）原件缩编为三分之一，从谚解本和选定本发行开始，在百姓中开始普及。其后，中国的事例减少，而朝鲜故事的比重增加；与当时社会状况相符的事例增加，与儒教理念相冲突的情况被排除在外。继续发行的重刊本包括 1511 年（中宗六年）、1516 年（中宗十一年）、1554 年（明宗九年）、1606 年（宣祖三十九年）、1729 年（英祖五年）等版本，而且活用为伦理教育教材。这也反映了上层希望社会和国家保持稳定的政治意图，提高了教化的针对性和效率，最终是希望朝鲜社会摆脱佛教的影响，实现儒教理念的正当化。此后，《二伦行实图》（1518）、《五伦行实图》（1797）等均以《三纲行实图》的体例和宗旨为参照发行。《续三纲行实图》和《二伦行实图》旨在废黜燕山君，确保争夺王位的正当性。《东国三纲行实图》旨在纠正因壬辰倭乱而变得疲惫的社会纲纪，实现稳定国家及恢复王权的政治目的。《五伦行实图》是一本教化书，使得百姓为模范的行为和节操所感动，进而产生哀痛之心，但考虑到思悼世子的儿子正祖的孝心，将五伦的实践作为教育内容。像这样，以向百姓扩大普及儒教伦理观为目的的《三纲行实图》，虽然强调个人品德的涵养、修养和实践，但同时又发展成为强调多种人际关系中必须遵守的道德伦理的共同体概念。此后，朝鲜社会为了弘扬个人和家庭的道德伦理观和社会共同体以及确立国家权力的正当性，还同时重视了内心的道德教化，即追求共同体生活的"敬和义"的伦理规范。

四、《三纲行实图》的图像叙事与艺术造型

"孝"成为编纂《三纲行实图》的直接契机。孝的道德规范是实现忠义的伦理基础，是确立国家纲纪和维护社会秩序的教育实践品德。为谋求有效的教育实践，采用了文字和图片综合的视觉方法。就《三纲行实图》的构成来说，它首先概括了前面所要传达的主题和内容，用含蓄的图画表现，并用汉文将其行迹和赞诗写在背面。因此，看《三纲行实图》要先欣赏画的标题和画，想象内容、品味内容，然后阅读背面的赞文，整理内容，形成熟记。这在《三纲行实图》的序言中也可以找到相同的意图。因此，与其说《三纲行实图》将百姓设定为主要读者群，不如说是以知识阶层士大夫为对象的。《三纲行实图》编纂之时，还没有创造韩文，因此无疑是汉文版，这对教化用图书来说是一个很大的缺点。像这样加入画，可能是因为内容用汉字来叙述，百姓很难直接理解其内容，为了弥补这种不便，所以将孝行故事绘制成视觉图画，以便于传达内容，实行形象的教育。但也应该注意的是，当时并没有计划开设提供学习的教育机构或课程。在此背景下，有必要对《三纲行实图》中出现的主题人物评选标准、叙事与图像表达之间的关系性、图像中时间和空间的表现及其样式特征等进行具体考察。《三纲行实图》的体系，其中的《孝子篇》中有 111 位孝子，有 23 位是韩国人。《三纲行实图》在中国《二十四孝》的影响下，以高丽本《孝行录》为基础。其中高丽本《孝行录》中收录的 20 位中国孝子相同，只有田真、张孝、张礼、刿子和黄庭坚被遗漏。这表明根据发行时的社会氛围和制作者的意图，收录人物的构成可能会发生很大变化。一般认为《三纲行实图》的蓝本是《孝行录》，但最近的研究却发现，《三纲行实图》受到了《孝经》及《列女传》等元代图书或者《孝顺史实》《五伦书》《大明仁孝王后勤善书》等明代图

书的影响。考虑到当时高丽和元、朝鲜与明的密切的政治文化关系，中国北方流行的"二十四孝"故事和图像传入朝鲜半岛是自然的趋势。另外，以《孝行录》为基础，《三纲行实图·孝子篇》111 篇中有 88 篇中国事例，其中元明时代值得关注的故事有 12 篇。以《三纲行实》为基础，成宗时的《谚文三纲行实图》、中宗时的《续三纲行实图》《二伦行实图》、光海君时期《东国新续三纲行实图》、正祖时期《五伦行实图》持续发行，内容上有很多重复。随着时代的发展，版式、构图、线条、空间分割等构成或图像的造型样式也不尽相同，并体现出因审美变化而带来的各种表现特征。

《三纲行实图》一类画面的结构以"二十四孝"的单一画面构成，与孝子事迹不同，内容的重要场面以时间为顺序进行布局。关于《三纲行实图》类插图构成方式的名称，郑炳模分为"一元构成方式"和"多元构成方式"。为确保叙事内容的准确及容易传达，对一个画面的分割不超过八个场面。所谓瞬间多个画面的连续就是代表时间的流动，时间的变化引导着空间的变化。但对于单一场面来说，只突出表现叙事内容中主人公最重要的行为场面，需要视觉上的强调。如《三纲行实图》中的"陆绩怀橘""吴猛蚊噬""潘宗救父"。画面的上端部分，小而戏剧性地表现了叛军为杀死父亲而持刀的场面和因惊讶而挥手的潘宗的样子，大部分画面以山水为背景进行了简单的处理。如《东国新续三纲行实图》和《五伦行实图》，纵观复合场景的构成特征，分为二至八个不同场景，叙事走向不定。二至四个场景大部分从上到下、从右到左（或其逆向）展开故事，比较容易理解。加入多个场面是为了帮助百姓理解文字，但是如果不知道内容，叙事的展开结构就复杂，反而容易带来混乱，比如"蔡顺桑椹"。复合场景方面，根据绘图人的意图，采用了不规则的叙事结构。这并非充分地考虑到普通老百姓对内容的理解，而是考虑到造型的构图和形象的协调，即视觉的艺术内容性。比如"王祥剖冰"，在叙述场面的形式和构图上也表现出变化。《三纲行实图》中"王祥剖冰"的内容由多个画面组成，而《五伦行实图》中则像《二十四孝》中那样呈现单一的情节，但极具代表性。《三纲行实图》的构图，大都是斜线型格局、S 型格局、圆形格局。斜线型构图的代表作有《孟宗泣竹》,S型构图以山水为背景表现的有"禹舜大孝""老莱斑衣"等。圆形布局给人以温柔的感觉,如"吴猛蚊噬"。根据《三纲行实图》的叙事走向,时间和空间的表现、区划的表现以主人公为中心,分为多个场景。同一空间中主人公的行为不同时,同一空间中会多次刻画人物。《三纲行实图》中大部分主人公都是中国人,虽然遵循中国的样式,但逐渐转变为韩国式的样式。例如,《三纲行实图》中的墓祭方式为丧礼和葬礼,坟墓的前后最初都是中国式的,后改为具备坟顶的圆形土坟、石碑、望柱石和上座的形式。还有在《五伦行实图》中看不到"闵损单衣"中的头发梳成两条辫子的中式发型。"自强伏冢"中还出现了戴着纱帽、披着道袍的朝鲜官宦人物。这就超越了重新发行中国图书或参考收录插图的水平,而与韩国本国文化的主体反映和艺术方面自主意识的发展有关。有时候,叙事的内容不考虑时间的流逝,而是被率先描绘在画面上。例如,在时间上本该最后发生的奖励相关内容也会提前在画面上勾勒出来。根据"杨香搤虎"的叙事可理解画中形象的过程,掌握画中内容的发展,都以读者的心态和行为的变化为前提。"江革巨孝"中的贼头子和保护他的兵的构图,在形式上都与《忠臣篇》中登场的将帅之徒很相似。也就是说,形象的辨识性比图像更能起到一种公式化的符号作用。这反证了通过形象的图像叙事表达和理解何以逐渐地结构化和普遍化。从《三纲行实图》开始到《五伦行实图》的刊行,360多年来,《三纲行实图》一直以忠、孝、烈的教化为内容,随着《三纲行实图》类图书的发行,笔者认为,图像叙事方式在某种程度上也已经成为一种常规化。

总的来说,虽然《三纲行实图》中的二十四孝是采用了中国的故事脉络,但《三纲行实图》并不能被称为翻译文学。中韩"二十四孝"的相异点,首先表现在形式上,最大的不同是二十四孝的故事在图像叙事上的表现。中国的"二十四孝"在一个画面里表现出最经典的叙事情节,但韩国《三纲行实图》的"二十四孝"以三五个画面甚至八个画面分别详细地表现出故事的细节,从而说明故事的具体情节。这样的图像叙事比语言叙事更容易让人理解和感动,所以更能达到教化的效果,也能给人们留下更为深刻的印象。在内容上,《三纲行实图》是以中国的原文为基础,细节上改编了一些情节,同时也添加了一些本国故事,内容上更推崇孝的伦理道德,更强调孝的实践。通过对中国《二十四孝》和《三纲行实图》中"孝"图像叙事的比较研究,我们发现,《三纲行实图》把传入韩国的概念性的"二十四孝"通过图像来叙事,更容易被大众所理解,所表现的孝道、伦理、道德更加贴近现实,也更容易被人们所接受。至于韩日之间"二十四孝"的特征至今还不明确,有待进一步深入的研究。

五、结论:图文互相沟通与版画的媒体性

版本的推广和消费的增加与印刷术的发展密切相关。《三纲行实图》经过在成宗时的出版,之后被大量删减内容并增加单卷言解的宣宗本,流通起来更加容易,读者群体从官员到儒生,从子弟、妇女一直拓展到上层农民。由此可见,作为传统社会中向广大群众传递大量知识信息的大众媒体,版画的多种形象表现和大量复制方式一直占据着举足轻重的地位。像《三纲行实图》这样的版画,其复制性和同步性,为纯粹绘画作品所无法实现的与公众沟通的领域拓展提供了可能。以诗赞许,以图像的形式传达,使内容和事例能够为群众明确地理解并受到感化,并深刻地烙印在人们心中,真正推动了人们付诸实践。朝鲜在编纂《三纲行实图》的同时,也需要普及新王朝的建国理念和作政策宣传及实践,而可以大量印刷的版画这种形式,为与大众形成新的关系提供了契机。在朝鲜,图书的发行和普及是教化大众的最佳手段,政府对此积极加以利用。而《三纲行实图》则是在印刷术进一步发展的背景下最快地、最广泛地传达国家想要传达的规范性信息的具有强烈目的性的作品。它通过形象将政治诉求和意识形态象征化,并向大众传播。特别是自中国的《孝行录》和《二十四孝》图像流入朝鲜直到发行《五伦行实图》为止,其间经历了长期变化,对于"二十四孝"伦理道德性质的强调甚至比中国本土更甚。同时,随着群众艺术的发展,图像形象也逐步走向民族化,甚至发展出艺术绘画样式,显示了一种独立的倾向。而随着群众艺术消费的扩大,文学和绘画也开始朝着群众

喜好的艺术样式发生转变，流通速度也得以提升。于是，《春香传》和《沉清传》等清唱文学也开始被一部分人接受并传唱。此举为读者提供了更加深入地欣赏《三纲行实图》的机会。《三纲行实图》在壬辰、丁酉倭乱时又传入日本，其重新发行对日本的教化类书籍的编纂产生了影响。

如果说文字语言是通过想象力对具体对象的抽象认识的话，那么图像语言就是通过对实际对象的视觉观察而产生的现象性认识。《三纲行实图》的刊行是与大众沟通的一种方式，通过形象的图像性叙事方式并非是通过单一的形式和逻辑来确立的，而是在持续且多样的叙事语言变化中完成其结构化和社会化的。也就是说，现有的以绘画为中心的图像性叙事形式之所以能够被持续地接受并得到重新的诠释，并不是片面地由新媒体代替的结果，而是因为在现有媒体形式的基础上形成了符合社会艺术规律和文化价值的审美情趣。因此，图像艺术的叙事表达方式应符合大众的一般视觉经验和接受方式。

参考文献

郭守正，高月槎辑录：《二十四孝》，东西文化社，2012年。

权溥，权准：《孝行录》，京仁文化社，2004年。

世宗大王记念事业会编：《三纲行实图》，天丰印刷株式会社，1982年。

世宗大王记念事业会编：《二伦行实图》，天丰印刷株式会社，2010年。

世宗大王记念事业会编：《五伦行实图》，天丰印刷株式会社，2016年。

世宗大王记念事业会编：《东国新续三纲行实图》，天丰印刷株式会社，2015年。

梁音：《二十四孝の成立について》，《名古屋外国语大学现代国际学部纪要》2013年第9号。

葛兆光：《成为文献：从图像看传统中国之"外"与"内"》，《文汇报》2015年11月13日。

刘佳：《从文学价值到图像价值》，河北大学硕士学位论文，2010年。

阿恩海姆：《视觉思维》，四川人民出版社，1998年。

陈建华：《凝视与窥视》，《政大中文学报》2008 年第 1 期。

汪振城：《视觉思维中的意象及其功能》，《学术论坛》2005 年第 2 期。

王克文：《传统中国画的"异时同图"问题》，《美术研究》1988 年第 4 期。

龙迪勇：《图像叙事：空间的时间化》，《江西社会科学》2007 年第 9 期。

李裕民：《殷周金文中的"孝"和孔子"孝道"的反动本质》，《考古学报》1974 年第 2 期。

魏文斌、唐晓军、师彦灵：《甘肃宋金墓"二十四孝"图与敦煌遗书〈孝子传〉》，《敦煌研究》1998 年第 3 期。

董新林：《北宋金元墓葬壁饰所见"二十四孝"故事与高丽〈孝行录〉》，《华夏考古》2009 年第 2 期。

江玉祥：《宋代墓葬出土的二十四孝图像补释》，《四川文物》2001 年第 4 期。

文学图像学视野中的陶渊明

超越再现:作为仙境的桃花源

[美]倪肃珊(Susan E. Nelson)著　杨　文译

陶潜(365—427),又以陶渊明一名更为人所熟知,是中国古代最伟大的隐逸诗人。他的两篇文章《桃花源记》和《归去来辞》成为表达士人隐逸理想的典范作品。《归去来辞》讲述诗人弃官归隐后田园生活的宁静与自由;《桃花源记》则描写了一处隐秘山谷,一群难民为了躲避秦始皇(前221—前206在位)统治下的战乱与压迫来此定居,过上了与世隔绝的安宁生活,世代相传,直到陶渊明所生活的时代①。

《桃花源记》被视为一份陈述或记录(志),其后有一首诗,声称与最近发生的一件异事有关:根据传闻,一个渔夫沿着溪谷逆流而上,穿过大片盛开的桃花林后,发现其源头为山坡上的一处狭窄洞窟。他冒险穿过洞口,眼前豁然开朗,浮现出一片美丽富饶的土地,农田井然有序,人民热情好客。在听闻了几个世纪以来桃源外的世界所发生的变化后,这里的居民们大多感到兴奋,同时又叹惋不已。当渔夫准备离开的时候,居民们恳请他为这片乌托邦土地保守秘密,勿向混乱动荡的外部世界走漏消息。

---

① 海陶玮(James Robert Hightower),《陶潜诗》(*The Poetry of T'ao Ch'ien*,牛津,1970年),第254—258、268—270页。本文所引陶渊明诗文均以海陶玮的译文为依据。

229

事实上，渔夫并没有遵守约定，在返回家乡的路上，他沿途做了标记，并迅速向当地太守详细汇报了此次离奇遭遇。只不过，后来再也没有人找到过那个地方。

许多中国山水画都致力通过这样或那样的形式来实现"避世"（far from the world）的理想，因此，陶渊明笔下的园田和桃花源成为绘画频繁表现的主题也就不足为奇了。"归去来辞"绘画传统表现了淳朴的满足、自适和轻闲的主题。如美国佛利尔美术馆收藏的一幅约作于 12 世纪的佚名画作（图 1），通过柔和的设色以及微妙谨慎的笔法，展示出诗人俭朴的隐居环境和生活中的简单乐趣，以及所从事的活动。然而，"桃花源记"主题绘画却通常会沿着完全不同的路线发展。美国芝加哥艺术学院收藏有一幅仇英（约 1500—约 1552）的摹本（图 2），其所临摹的是一幅 12 世纪的手卷，画面中表现的桃花源似乎并不仅是一个隐居地，而完全是另外一个世界的样子。

图 1 《归来》（局部），12 世纪。手卷，绢本水墨淡设色，纵 37.0 cm，横 518.5 cm。图 1 和图 16，由华盛顿特区史密森学会弗利尔美术馆提供（图 1，19.119）

图2 仇英《桃源图》,文徵明题记落款时间为 1530 年。手卷,绢本水墨设色,纵 32. 2 cm。白金汉信托基金会(Kate S. Buckingham Fund)。芝加哥艺术博物馆藏。保留所有权利

此画为绢本,青绿设色(有时为金碧设色),以渔夫泛舟于宽阔的溪水为构图的开端,画面背景则是绵密起伏的山脉,岸边布满故事中提到的让渔夫眼花缭乱的茂盛桃花林。溪流的尽头是一条曲折蜿蜒的小路,脊状的悬崖峭壁高耸入云,冲出了画卷的顶端,戏剧性地将内部的桃花源与外部世界分隔开来。岩石中显现出一个洞窟,渔夫把舟停在了这个位置。在山体构成的屏障的另一端,场景变得开阔平坦起来,如陶渊明所描述的一般"有良田、美池、桑竹之属,阡陌交通"这段信息之后,画面前景中出现一个长有浓密树木的小山丘,一群桃花源居民正在那里迎接着手持船桨的渔夫。他们邀请渔夫到家里做客,所以,在接近画卷尾端的地方,渔夫再次出现在一间厅堂的桌子旁(陶潜说,居民们设酒杀鸡作食)。妇女和儿童们簇拥在门外观看,一个樵夫正从山上沿着小路走下来。人们看起来"怡然自乐"(carefree and happy),他们的"屋舍俨然"(well built houses),包括一个观光的茅草亭子,一座瓦顶的有阳台的雅致别墅,以及一个宽敞的多居室房屋。

山峰再度隆起,将画卷顶端封住,仿佛再次将桃花源与外部世界隔绝开来。在这里,站立着一位孤独的高士,正若有所思地望着从岩石裂缝中翻涌而出的溪流。据陶潜所言,此人乃刘子骥,"高尚士也",在听闻渔夫的

故事后就急切地准确前去寻找桃花源,但是还未启程便去世了。自此之后,诗人写道,"再也没有其他人有兴趣尝试找到这个地方了"——文学性表述为:遂无"问津"者。画卷拖尾上有文徵明(1470—1559)所书陶渊明诗文,落款时间为公元1530年。

如此幅桃源图,展现了乡民漫步田野间的景观,与《归去来辞》所宣扬的淳朴园田理想有着异曲同工之妙。因此,部分情况下它们也被归类为文人的园林画①。然而,与大多数园林画相比,它们总体上又不是很亲近,且更多地显示出一种疏离感。实际上,它们在历史上长期与仙境类型绘画存在着紧密联系。在唐代以来建立的悠久阐释传统中,隐蔽的避风港被呈现为理想的、难以触及的"别境",并唤起了一种对另世的想象,以及与道教仙境、梦境和仙游有关的意象。

仇英的《桃源图》在构图上没有以任何明确的方式暗示存在着一个超自然的境界,但是如同大多数桃源图继承了仙境的观念一般,仇英的画作也应被放置于这一视角下进行审视。此外,桃花源主题成为众多山水画中超现实主义的丰富意象的来源,从中提取的绘画元素有——溪流旁的洞窟、桃花树下的渔船、画题或艺术家题记中的导引——在其他非特定场景中,都是为了暗示一个雾霭缭绕的神奇土地,一个永恒的仙隐场所。

作为仙境的"桃花源"

陶渊明的《桃花源记》是中国悠久乌托邦故事传统的重要组成部分,最初勃兴于周代末期诸子的政治活动和伦理思辨中。尤其是在当时的一些道家文本描述中,某些土地上的人们生活在一种充满道德感和自足之情的状态之中,而在统治权力高度集中、社会阶层严重分裂和文明"高度"发达的中原地区,不太可能存在滋生的土壤。虽然这些乐土通常被认为在时间和空间上都无法接近——或存在于上古时期,或位于已知世界之

---

① 在班宗华(Richard Barnhart)《桃源图》(*Peach Blossom Spring*,纽约,1983年)一书,即一本花卉画展览的图录中,他从园林绘画的主题角度讨论了桃源图,并且探讨了园林作为人间仙境的观念。

外，或只能于梦境中瞥见，它们呈现的通常是一个简单淳朴的人类理想社会①。

陶渊明的寓言在本质上属于这一传统，但也融入了其他元素。首先，它是一份相当私人化的文本，反映了诗人性格中的天性和隐秘性，以及他的政治观点。陶渊明生活在中国历史上最动荡不安的时期，其人又被一件令人烦躁和厌恶的官场经历所激怒，故隐退于乡村度过晚年。公元420年，刘宋灭东晋，陶渊明对世俗政治的疏离感肯定会进一步加剧。《桃花源记》可能就创作于这个时期（文中提到的秦朝统治时期这一说法只能用于政权灭亡之后），这个故事可以被理解为陶潜的个人经验和他对政府及社会看法的一个投影。

与此同时，陶渊明时代盛行的志异文学中经常涉及有关道教神仙和仙境的描述，《桃花源记》中也有多处表现。此类故事中大多都带有鲜明的巫术和超自然色彩。隐秘的世界——往往经由洞窟发现——是由翡翠宫殿、碧玉树和芳泉组成的视觉景观，居住着身穿华彩的仙人②。与此类仙境相比，陶渊明笔下的桃花源则呈现出世俗性的一面——鸡犬相闻，据说居民们的着装也和普通人一样。但是，陶渊明在视觉建构中的确借鉴了不少仙境隐喻。秘境入口处布满的桃花是一种刺激和暗示，因为桃子隐喻着长生不朽；隧道入口隐喻着洞窟仙境，溪流则在道教知识中被视为有滋养性的"灵泉"（spirit fount）。而且，桃花源后来再也没有被发现的事实，也类似于幻境的神秘消失，例如岩石后面的仙境入口不露痕迹地关闭。

事实上，桃花源的居民是隐居者还是神仙，这块土地本身是天然的山谷还是仙境，这可能是唐代以来文学研究者分析和阐释陶渊明文本面临的核心问题。陶渊明的故事融合了各种松散的体裁，使用了陈述事实的语气来讲述非同寻常、难以解释的出现和消失，并且采用了很多具有微妙对立意味的术语和短语——居民衣着普通，但在诗歌中，这个地方又被称

①　鲍吾刚（Wolfgang Bauer）在《中国与幸福之期望》（*China and the Search for Happiness*，纽约，1976年）一书中，对早期的乌托邦文学进行了回顾，第1—3章。

②　出处同上。第177—202页。

作"圣地"或"神界"——使它具有了被阐释的多种可能性。

本文重点不在于发掘陶渊明的真实文本意图，但是其中有几点观察可能是较有意义的。大体上而言，陶渊明作品显示出其本人对同时代人所热衷追求的长生主题并不关心，《桃花源记》的内容也极便于放置在世俗语境中进行理解。尽管如此，陶渊明从当时流传的神仙故事中也借鉴了不少元素，不管如何进行修饰，它们的起源和核心概念都是超自然性[1]。显然，陶渊明的想象中具备了这类知识。他在详细阅读一版带有图解的《山海经》（该书堪称古代神话的宝库）著作时创作了系列诗歌，其中充满了对西王母和仙境的想象，包括白玉河、果实有长生之效的朱砂树、舞凤、神鸾等[2]。虽然《桃花源记》中并没有展现此类意象，但很多读者通过神秘梦幻的云雾来图绘该场景，而文本显然并不抗拒这一点，甚至以微妙或潜移默化的方式呈现出来。

唐人的观念

研究陶渊明的悠久传统肇始于唐代，当时的文人和学者们普遍认为桃花源乃世外仙境。王维（699—759）有数首相关主题的诗歌创作。在《桃源行》中，其以超凡脱俗的语言描述陶潜的乌托邦世界，并对原文本进行了阐释，赋予了桃花源以空灵性。他称桃花源为"灵境"，溪流为"仙源"，并认为居民"初因避地去人间，更闻成仙遂不还"[3]。

---

① 关于借鉴神仙故事的讨论，以及《桃花源记》的新译本，参见：A. R. Davis 的《陶渊明：他的作品及其意义》(*T'ao Yuan-ming: His works and Their Meaning*，剑桥，1983 年)，卷 1，第 195—201 页。

② 海陶玮(Hightower)的《陶潜诗》(*The Poetry of T'ao Ch'ien*)，第 229—248 页。

③ 《陶渊明诗文汇评》(北京，1961 年；本文对《汇评》的相关引用均为此版，以下简称"汇评")，第 339 页。董其昌在《桃源行》书法作品的题记中指出，王维最终改变了他年轻时对长生的信仰："右丞作此诗时年十九，及中岁好道，晚年有'白发终难变，黄金不可成'之语，当亦有味于韩、苏两公之持论矣。"参见《容台集》(台北，1968 年)，卷 4，4/33a，第 1909 页。(在笔者译文中，大多数出版信息、卷数、页码等采用了省写缩略形式。)下面将讨论韩愈和苏轼的观念。关于《桃花源记》批评中的一些重要段落，参见《汇评》第 338—362 页。长生不朽并不是讨论该文本时的唯一话题。《汇评》引用的段落还涉及其他主题的争论，如陶渊明文学创作的真实目的，寓言中的政治意涵，以及桃花源真实存在的可能性等。

王维此诗几乎是在桃花源丰富文学传统启发下最早的诗歌创作。其后,刘禹锡(772—842)也将这里的居民描述为仙人,他惊讶于作为俗人的渔夫的"毛骨",其居住的山谷被称作"仙家"①。另一首关于桃花源的著名诗歌为韩愈(768—824)所作,其基调与王维、刘禹锡的诗歌有所不同,因为他本人对神仙是否存在持强烈的怀疑态度。他写道:"神仙有无何渺茫,桃源之说诚荒唐。"②但与其他人一致的是,韩愈也认为陶潜有意将桃花源处理为仙境。

王维、刘禹锡、韩愈三人关于"桃花源"的诗作,以仙境的角度进行构思,最为人所熟知和广为流传,但是还可以举出更多的例子。胡曾(约877年间在世)写道:"若道长生是虚语,洞中争得有秦人。"而卢纶(739—799)则梦想着寻找桃花源,那里种满了灵芝,并且"看予笑头白"。陶渊明的文本中,并没有使用"仙"这一术语,但是唐人习惯用其形容溪水、山脉、洞窟、居民或者住所,并为故事添加一些细节来营造一个梦幻的场景。例如,孟浩然(689—740)诗中用舞鹤、鸾鸟、飞猿和神犬来代替陶渊明笔下普通的鸡和狗。至于环境,《桃花源记》描写了溪水流出的山峰,但强调了山谷中整齐的屋舍和精心打理的农田;唐诗中则更侧重于表现雾霭和云彩(有时被描述为紫色或彩色),以及幻境般的重峦叠嶂。例如,在上文中提到的诗作,刘禹锡表述为"山重重",韩愈表述为"架岩凿谷",孟浩然表述为"青嶂",而章碣(约877年间在世)则写为"绝壁"③。

唐代关于桃花源主题的绘画都没有流传下来,但其中两幅画有着比较清晰的文字记载。从中足够看到唐代的艺术家和诗人俱将桃花源处理

---

① 《汇评》,第340页。

② 《汇评》,第338—339页。

③ 《桃源县志》(序作于1892年;台北,1970年),卷2,12/409a,15/545a,16/598a,16/623a。这些都是几百年来有关桃花源诗歌创作的资料汇编,如《桃花源志略》(台北,1976年)和陈邦彦(编)《历代题画诗类》(序作于1707年;香港,1976年),见第31卷。Dorothy Chen-Courtin在其博论《明前、明代绘画中的"桃花源"》(The Peach Blossom Spring in Ming and Pre-Ming Painting,哥伦比亚大学,1979年)中翻译整理了大量的诗歌和相关文献,不过,这项内容丰富的研究直到最近才被笔者注意到。本文为独立研究,尽管如此,我也非常感激能够从中获得一些有用的资料参考。以上是对前人成果的一些说明。

为仙境,也可以借以想象画作的风格和布局的典型范式。

诗人舒元舆寓目过其中一幅,他去世于 835 年,称其为"古画",表明这幅画可能创作于 8 世纪早期,正是李思训和李昭道的山水画时代。这幅画显然是一幅细腻、饱满、经过精心雕琢的作品,极富色彩,背景为高耸的巨嶂山脉,符合李氏山水画风格。除了陶渊明提到的"山口"(估计指的是洞穴隧道)和乘舟的渔夫外,还有"山如屏形,接连而去,峰峦不险";有鸾鸟、丹鹤、金狗,云磴五色;人们都"雪冰肌颜,服身衣裳皆负星月文章",包括"服貌肖虹玉"的妇人,看起来似乎逍遥飞动;还有一个散发着斑斓云气的神秘火焰祭坛。看到这幅画,舒元舆自觉骨夐清玉,如身入境中,不似在人寰间①。如同时代的诗歌艺术一般,这幅画的创作者显然视桃花源为神仙的乐园。

韩愈描述的是另外一幅唐人的画,上文中他对"桃花源"相关说法的"荒唐"的论断实际上就出自对一组表现该主题图画的题诗。据称该画"垂中堂",则从视觉上来看,其形制应该比较巨幅和正式。韩愈描述画卷景观:"架岩凿谷开宫室"以及"接屋连墙千万日"。这幅画可能不像舒元舆寓目的那幅一样表现出鲜明的仙境意象,但它所刻画的景观应该为"神仙居所"类型,因而促使韩愈对陶渊明故事的非现实性发表看法。撇开韩愈的保留意见,他对这幅画的体验和描述与舒元舆是相近的,都是对仙境的一种想象。清代学者卫炳鋆比对了二者的观点:

> 韩文公有《题桃源图》诗,舒元舆有《录桃源画记》,吟咏之余,宛若置身洞天福地。②

还有一幅有记载的大约为唐末的桃源图,郭若虚作于 11 世纪晚期的

---

① 《桃源县志》,卷 2,12/426a—b。
② 《汇评》,第 359 页。《桃源县志》,卷 2,12/420a。桃花源被认为是道教三十六洞天之一,根据此晚近资料,王维还作了一幅桃花源小画。

《图画见闻志》一书将其作者定为关全(10世纪初在世)①。当下人们对关全的时代成就的认识,主要集中在他的巨碑式山水实景画的创作,但他也涉猎了仙境和超自然景观主题的绘画。在宋徽宗(1082—1135)的收藏目录中,有四幅《仙山图》被归到关全名下,而其《仙游图》则被李廌著录于另一本北宋末年的图画目录中②。《桃花源记》可能是关全所画的唯一文学作品,他的兴趣点也应该集中在仙境主题上。实际上,他的画法应该接近于《仙游图》中的洞窟景观,李廌描述为巨碑式的陡峭山峰,有秘洞、峡谷、楼观、洞府、鸾鹤,还有"羽衣飘飘"的仙人遨游,"不通人迹……非仙灵所居而何?"这与舒元舆描述的桃源图非常相似。甚至可以推测,关全的《仙游图》和《桃源图》可能是同一幅画,只不过两位鉴赏家采用了不同的著录名称。

11世纪后期,唐以来文人和画家对《桃花源记》的超世俗性解读受到了苏轼(1037—1101)的挑战。

> 世传桃源事,多过其实。考渊明所记,止言先世避秦乱来此,则渔
> 人所见,似是其子孙,非秦人不死者也。又云杀鸡作食,岂有仙而杀
> 者乎?③

紧接着,苏轼讨论了一些以长寿著称的聚落案例。他认为,长寿是因为人们的饮食习惯和当地的水源特质,而非某种超自然因素。暗示桃花源居民如果确实长寿,可能得益于健康的水质——一个儒家对道家"灵泉"观念的回应。

---

① 郭若虚:《图画见闻志》(上海,1964年),第46页。

② 《宣和画谱》(序作于1120年;《艺术丛编》,台北,1962年,卷9),10/275;〔宋〕李廌:《德隅斋画品》,收入黄宾虹、邓实辑,《美术丛书》(台北,未注明出版日期),卷18,4/5/186—187,译文见苏珀(Alexander C. Soper):《宋代绘画叙录》(A Sung Descriptive Catalogue of Paintings),《美国东方学会会刊》(*Journal of the American Oriental Society*)69(1949):25。

③ 《汇评》,第341页。大约同时,王安石(1021—1086)也从真实的社会经验角度对陶渊明笔下的故事进行了解读。参见《汇评》,第340—341页。以及《汇评》第347页,一位后生认为其纠正了唐人的错误观念。

总体上讲，苏轼的解释在有关"桃花源"的论争中占据了上风，获得了宋代知识阶层的普遍支持。例如，胡仔（1082—1143）坚信"东坡此论盖辨证唐人以桃源为神仙"①，与此同时，吴子良（1197—1256）写道：

> 渊明《桃花源记》，初无仙语，盖缘诗中有"奇踪隐五百，一朝敞神界"之句，后人不审，遂多以为仙……②

吴氏将王维、韩愈和刘禹锡列入解释错误的行列，评价苏轼的解释"最为得实"。后世之评论也不乏同调者，以张廷玉（1672—1755）最具代表性：

> 坡公此论甚确。余观古今来前人偶为新奇之说，后人往往乐为附会，如身亲见之者，正复不少。东坡着眼全在"先世"二字……若谓同避乱之人皆不死，一时安得许多神仙耶！③

或者，用崔述（1740—1816）的话来说，"（韩愈和刘禹锡）皆以渊明所言者为神仙，虽有信不信之殊，而其误则一也"④。

然而，从后世批评家们的持续讨论中，我们可以清楚地看到这个议题远未结束。在后世的批评史中，很少有人在谈论到桃花源时忽视其长生主题。即使不能定樽于一，王维和韩愈言论的权威性也获得了持续的关注。此外，当涉及绘画和诗歌时——陶渊明的故事所激发出的游仙想象——幻想元素、仙境景观都极为流行。例如，在后世有关桃花源的诗歌中，总是会提到鸾鸟、仙狗、不死的神人，以及"画壁层层嶂"和"仙家殿阁群峰起"⑤。也出现了其他主题——政治的、田园的等——但这是最主要的，

---

① 《汇评》，第 343 页。
② 《汇评》，第 344 页。海陶玮（Hightower）称其将神界翻译为"fay retreat"，是与陶渊明对"神"相关概念的"夸张"使用相妥协。
③ 《汇评》，第 354 页。
④ 《汇评》，第 355 页。
⑤ 《桃源县志》，卷 2，16/599b，15/574a—b。

也是最具有吸引力和刺激性幻想的诗歌主题。

艺术想象方面亦是如此。题画文字表明宋代的桃源图与唐代的桃源图一样,向观者传达出鲜明的仙境气息。王十朋(1112—1171)有一首关于设色桃源图的题诗,描述了桃花源的青山、青烟之景,飞流直下三千尺的瀑布,以及高耸的悬崖峭壁——另一个世界的神话般景色。他写道,俗世间不可能有道路通往此处,只有"瀛洲(传说中的东海仙岛)仙客知仙路(通往桃花源)"①。此句诗让人想起李鹰对关仝《仙游图》的"不通人迹"的描述。

在这首诗中,王十朋与其他诗人一样,让自己进入了想象中的仙境。但是在思辨层面上,他实际并不认同将陶渊明的故事作仙境化解释,而是相当敏锐地察觉到,桃源图对仙境的表现促成了人们对《桃花源记》文本的误读。王十朋赞同韩愈对陶文本中"先世"一词的观点解释,然而,"世有图画桃源者,皆以为仙也,故退之桃源图诗诋其为妄"②。换句话说,韩愈看到的桃源图使其对《桃花源记》文本产生了误解。上文中引述的唐代诗人,他们在诗歌中以浮夸的青峰、重峦叠嶂以及色彩缤纷的雾霭等来形容桃花源,可能是对脑海中留存的图像景观的描述。

王十朋认为韩愈被仙境化的桃源图所误导,但在另一位南宋画家看来,这些引人瞩目的绘画意象本应该可以消除观者对仙境相关元素的疑虑。楼钥(1137—1213)是一位著名的行旅文人,他记录出使金朝首都的作品《北行日录》非常有名。楼钥曾在一首华丽的长诗中记叙了一次因观赏桃源图而引发的神游经历。楼钥首先思考的是,陶渊明记叙中的地方是否真实存在?他提到了在三韩有一个陌生的地方,居民所使用的语言类似秦语,因为有秦难民曾逃难至此,这表明桃花源可能位于这类边远而真实的地方。随后,楼钥谈到了另外一种可能性,即桃花源为仙境。于此,他讨论了一幅桃源图,提及了羽人、楼阁和五彩斑斓的鸾鸟,将其比作神话

---

① 《桃源县志》,卷2,15/573a。

② 《桃源县志》,卷2,15/573a—b。

般的、充满异国情调的宫殿。同样，世俗人并不可至。对于这幅画，他总
结道：

> 老眼增明失昏眵。固知凡踪不可到，一梦游仙犹庶几。①

王十朋不认可仙境意象，然而楼钥却痴迷于此。不论何种情况，两人所看
的桃源图一定是仙境类型的。

在缺少真实的唐宋画例的情况下，不妨将目光转向现存最早的一幅
桃源图，即 1447 年韩国画家安坚的作品（图 3）。安坚的赞助人安平王子
要求他据自己梦中的桃花源景象作画，并于画跋内容中记录了该梦境。
梦境中的地方为仙境，画家使用了郭熙（约 1090 年去世）一脉的绘画技法
表现，使得绘画具有神秘感和幻想性。这是一个巨大的、另类的场景，与王
子"层峦深壑"的跋语相吻合。这片神秘的土地被认为封闭在洞窟内，"四

**图 3　安坚《梦游桃源图》，1447 年。手卷，绢本水墨淡设色，纵 38.7 cm，横
106.1 cm。日本奈良县天理图书馆藏**

---

① 《汇评》，第 344 页。感谢雷麦伦（Maureen Robertson）提供《古今图书集成》（上海，
1934 年，卷 211，第 29b—30a 页）中的参考资料，为解读该韩国典故提供了历史背景，并在笔
者阅读这首困难的诗歌时提供了帮助。

王恽（1227—1304），《书画目录》的编纂者，也有几首《桃源图》题诗。其中一首写于 1283
年，是为一对巨幅绢本设色挂轴而作的——据说画作已经比较古旧，"绢素剥裂丹青渝"——
画作可能创作于 12 世纪或者更早。王氏用"仙"及相关的意象来描述桃花源。参见《汇评》，
第 345 页。此外，王氏其他几首《桃源图》题诗，见《桃花源志略》，8/368—370。

山壁立，云雾掩霭。远近桃林，照映蒸霞"①。画面中并未有人物出现（在王子的梦境中，此地是一片"萧条"的），风格上是单色的而不是五彩斑斓，并且像大多数有记载的唐宋画一样叙事情节丰富，但画面呈现出超凡脱俗的景象，符合中国传统中的幻境想象。

苏轼对桃花源实事求是般地阐释似乎并未对绘画传统产生较为深刻的影响。唐代桃源图所具有的典型风格成为了一种典范，为宋代及后世的绘画所继承。并且，这些画作反过来影响了对文本本身的批判性解读。直至清代，受画意表现与苏轼的阐释二者之间的冲突影响，卫炳鋈对陶渊明故事的理解发生了转变。最后，他似乎接受了王十朋的观念，认为是画家的异国情调或想象扭曲了诗人的本意：

> 予少读靖节先生《桃花源记》，想见沮、溺文人之风。及览《桃源图》，有瞿童黄洞源事，又疑为仙境。诵昌黎诗、东坡序，乃爽然若失。古人借景抒怀，意深远哉！然风俗之朴质，林壑之幽退，意非尽属寓言者。②

赵伯驹《桃源图》

仇英的《桃源图》滋生于上述阐释和绘画的传统之中，原因是其以宋代画家赵伯驹（约 1162 年去世）的经典作品为学习蓝本。赵伯驹为皇室宗亲、官员、画家，任职于南宋高宗（1127—1162 年间在位）朝，擅长青绿风格的叙事性和仙境主题等类型山水画。

早期山水画的主要模式为青绿设色，在六朝时期得到发展，并大盛于唐代，李思训（651—716）和李昭道（约 670—730）即为此时期的典范画家。

---

① 安辉浚（Hwi Joon Ahn）：《安坚和〈梦游桃源图〉》（A Dream Visit to the Peach Blossom Land），《东方艺术》（Oriental Art）26(1)（1980 年春）：64—66。

② 《汇评》，第 359 页。《桃源县志》，卷 2，12/423b。长沮和桀溺为春秋时代的耕隐者，《论语》中记载孔夫子曾向他们"问津"(18/6)。

此阶段山水画经常表现历史、文学或传奇中的题材，而李氏名下著录的画作，大多表现的是叙事性的历史故事、仙境和神宫。台北"故宫"收藏有一幅大名鼎鼎的《明皇幸蜀图》摹本（图 4），有观点认为是李昭道的画作，就是一个案例。这种画法的特点是以不透明的矿物颜料勾勒出均匀的轮廓和强烈的色彩；人物和建筑元素被刻画得精致而准确，并以层层叠叠的岩石和山脉为背景或框架，远近的树木和灌木也是如此绘制。上文中所讨论到的唐代桃源图，大体上都属于这类模式。事实上，据说李昭道曾亲自绘制过该主题的画作①。想象一下，如果将桃花源中的事物和人物——桃花林和洞窟，渔夫和神仙——置换在《明皇幸蜀图》山水画中，取代骑马者和他们的随从，我们可能会联想到类似于这种失传的演绎方式。

图 4　传为李昭道绘《明皇幸蜀图》。挂轴，绢本水墨设色，纵 55.9 cm，横 81.0 cm。图 4、7、9 收藏于台北"故宫博物院"

---

① 张丑（1577—1643）记录了李氏的一幅同主题画作。参见《南阳名画表》，载于《张氏书画四表》（出版地不详，1908 年），第 18a 页。其他鉴藏家偶尔有所提及，例如，下文将要翻译的赵左的评论。然而，我并未找到早于 17 世纪的相关著录信息。

逐渐地,一种更为自然和单一设色的山水画风格出现了。大约起源于大小"二李"时代,并在唐末、五代和宋初获得了一定的发展。它致力于在真实观景体验的基础上再现风景,几乎不涉及任何叙事的内容:山川景色,古树岩石,艺术家所熟识的地方。使用经过调制的水墨和不显眼的透明水彩,以及更自由流畅的笔法,取代了不透明的鲜艳颜料和整齐精确的线条及细节表现。从 11 世纪开始,这种绘画模式成为山水画的主流。即使是文学题材的绘画,现在也经常采用单色、浅色或透明的颜色来表现。事实上,现存的很多取材于文学作品的 12 世纪绘画,如《归去来辞》(见图1)、苏轼的《赤壁赋》、"文姬归汉",以及《诗经》或其他诗集等,都是这种类型的。但是,在北宋末年,由王诜(约 1046—1100 年后)等一批文人画家复苏的青绿山水依旧扮演着重要的作用。它有时用于表现"纯粹"的山水,以及继续用于表现叙事或幻想性等主题。特别的是,它依旧是表现幻奇意象的典型风格①。例如,《宣和画谱》曾记载王诜擅长画仙山和仙岛景观,并提到他曾经画过一幅《桃溪图》,灵感可能就来自于《桃花源记》②。使用青绿山水风格来表现仙境的传统——包括桃花源——被证实是对单一色彩绘画风格的抵制。

赵伯驹及其弟赵伯骕(1124—1182)都是继承了青绿山水风格的画家。

---

① 12 世纪画家乔仲常和武元直的《赤壁图》绘画收录于席克门(Laurence Sickman)等人《顾洛阜藏中国书画》(*Chinese Calligraphy and Paintings in the Collection of John M. Crawford, Jr.*,纽约,1962 年),no. 14;喜龙仁(Dsvald Siren):《中国绘画:大师和原理》(*Chinese Painting: Leading Masters and Principles*,伦敦,1956—1958 年),卷 3,pls. 262—263. 关于佚名文集和马和之的诗歌图绘,出处同上,pls. 316—318 和 275—280. 当然也存在特殊情况:例如赵伯驹的《赤壁图》为青绿山水风格,而佛利尔美术馆所藏的一幅李公麟(约1049—1106)的仙境景观画作(出处同上,pls. 196—197)却是单一设色的,这种情况是较为罕见的。

② 《宣和画谱》,12/329;12/331. 其他鉴藏家也不乏类似的言论,参见杜瑞联《古芬阁书画记》(序作于 1881 年),15/1b;以及杨恩寿《眼福编初集》(序作于 1885 年;台北,1971),10/33a. 与王诜同时代的画家李公年(约 1100 年在世)可能也画过这个题材。《宣和画谱》(12/326)著录了他的《桃溪春山图》,一些南宋皇室收藏的目录(《宋中兴馆阁储藏图画记》,《美术丛书》,卷 18,4/5/212)中也著录了其《桃溪春色图》。1276 年,王恽在统计元代皇室收藏时也进行了著录(《书画目录》,收入《美术丛书》,卷 18,4/6/37)。这些(可能是同一幅画)可能都是桃源图。

北京故宫博物院收藏有一幅《江山秋色图》长卷,洪武皇帝在 1375 年所作的题记将其归于赵伯驹名下,可能代表了其山水画创作的一般风格特征(图 5)。精巧细致的人物和建筑分布在宏大的背景中,通过皴法和墨点来表现山脉的裂缝和曲折,并敷以明亮、经过轻微调制的绿色。这种构图安排显然不是为了讲述故事。但赵伯驹擅长处理历史事件、仙境和文学叙事,《江山秋色图》表明他可能会通过这种画法处理仙境和"桃花源"主题山水画的叙事①。

图 5 传作者为赵伯驹《江山秋色图》(局部)

大量仙境图被著录于赵伯驹名下,而且,有不少摹本或仿本流传下来,赵伯驹为后世画家处理该类主题绘画树立了典范。纳尔逊·阿特金

---

① 整幅画卷收录于翁万戈(Wan-go Weng)、杨伯达(Po-ta Yang)《北京故宫博物院:紫禁城瑰宝》(*The Palace Museum: Peking*, *Treasures of the Forbidden City*,纽约,1982 年),第 184—187 页。同见杨臣彬《山水画巨作〈江山秋色图〉卷》,《故宫博物院院刊》1982 年第 1 期,第 46—48 页。杨氏在风格分析基础上认为,该图可能创作于赵伯驹时代之前。梁庄爱伦(Ellen Laing)持相同观点;参见傅海波(Herbert Franke)编《宋代名人传:画家》(*Sung Biographies: Painters*,威斯巴登,1976),第 12—14 页。

斯艺术博物馆收藏有一幅《蟠桃图》,出自明代早期的一位佚名画家之
手,就是这种绘画传统下的典范作品(图 6)。除了表现西王母和蟠桃丰
收的主题外,画作因为一系列的场景配置,如形状奇异的山峰和洞窟,宝
石般的设色,缭绕的雾霭以及空灵的建筑,而被赋予了一种超越俗世的
气息①。

图 6 《蟠桃图》(局部)。14 世纪末—15 世纪初。手卷,洒金绢本,水墨设色,纵
52.0 cm,横 476.0 cm。图 6、8、15,收藏于堪萨斯城纳尔逊·阿特金斯艺
术博物馆。图 6 为"Herman R. and Helen Sutherland Foundation Fund"基
金会捐赠

　　早期的桃源图一般都是此种类型——一个水晶世界中的奇妙世界,
而非亲切、淳朴的乡村仙境——而赵伯驹的处理方式成为后世绘画的范
式。其权威性部分源自保守的唐画风格,并且,它可能是直接受到唐画典
范的启发,因为李昭道的桃源图上有高宗的题记,则赵伯驹可能看到过原
作。作为皇室宗亲和最受皇帝宠爱的画家,如果临摹对象的画作出现在
宫廷收藏中,那么赵伯驹是有办法接触到的。

①　《八代遗珍》(*Eight Dynasties of Chinese Painting*,克利夫兰,1980 年),no. 142,第
166—167 页。

渔隐

赵伯驹《桃源图》的影响在宋末和元代可见一斑。刘松年(12 世纪末至 13 世纪初在世)显然临摹过此画[①];钱选(约 1235—1307)采用赵伯驹的青绿风格画过一幅桃源图[②];胡廷晖(约 1300 年间在世)也仿赵伯驹画绘制过一幅绢本设色的挂轴[③]。

事实显示,随着如钱选等画家发现可以通过更多的暗示性、诗意性删节和间接表现等方法来处理某些经典的绘画主题,桃源图的创作在元初发生了新的变化。例如,美国大都会艺术博物馆藏钱选《归去来辞图》,就将陶渊明文本叙事中的几个片段和对园田生活的热爱,压缩为只表现陶渊明乘舟抵达家园时的刹那图景[④]。钱选已佚的桃源图也可能采用了类似的处理方式,而胡廷晖画作采用挂轴的形式,也适合采用浓缩和提炼的构图方法。然而,赵孟𫖯(1254—1322)的桃源图在元代是最著名、影响力最大的,该挂轴名为《花溪渔隐图》,已经失传。这幅画的灵感来自桃花源故事似乎是肯定的[⑤],

---

① 孙承泽称他曾寓目过一幅赵伯驹《桃源图》的摹本,保存状况极差,近于刘松年绘画风格。参见《庚子销夏记》(序作于 1660 年;《艺术赏鉴选珍》,台北,1970 年),8/5a(第 327 页)。刘松年的老师是张敦礼,据说他对赵氏的青绿山水风格有所研究。参见夏文彦《图绘宝鉴》(序作于 1365 年;《艺术丛编》,卷 11),第 69a—70b 页。偶然将赵伯驹与刘松年的画作进行比较,如刘松年有一幅描述西湖春景的画,为严嵩所藏,据说与赵伯驹的《桃源图》手卷有关联。参见厉鹗:《南宋院画录》(序作于 1972 年;《美术丛书》,卷 17),4/4/122。厉鹗还提到刘松年的《桃源图》为单一设色风格。出处同上,4/4/117。

② 参见吴其贞《书画记》(序作于 1677 年;上海,1962 年),4/350。以及顾复《平生壮观》(序作于 1692 年;上海,1962 年),9/11。钱选还有一幅《桃源图》被著录,"金碧山水卷"。参见《佩文斋书画谱》(序作于 1708 年;台北,1969 年),100/3,第 2445 页。

③ 陆心源:《穰梨馆过眼录》(序作于 1892 年),4/19a—b。

④ 李雪曼(Sherman E. Lee)《中国山水画》(*Chinese Landscape Painting*)(克利夫兰,1962 年),彩图 3。

⑤ 画题中的"花溪"是上面提到的宋代的"桃溪"的一个更含蓄的版本,实际上,顾复将赵伯驹画卷中的"花"称为桃花。参见《平生壮观》,9/24。现存的王蒙和陆治(下文中将要讨论到)的同名画作,可能都是受赵孟𫖯观念影响绘制的,其画面和画题都展现出"桃花源"的隐喻。董其昌是另外一名寓目者,他收藏有赵伯驹的画作(顾复提到他在画卷上留有题记)和王蒙的几幅画。他将赵伯驹画与桃花源故事联系在一起,并认定王蒙以之为绘画的蓝本。参见《画禅室随笔》(1768 年),2/11b—12a。

但它的标题却有些朦胧的诗意性：夹岸盛开的桃花被泛称为"花"，而"渔隐"的说法与陶渊明故事也有一定差距，故事中的渔夫并不是隐士。

赵孟頫《花溪渔隐图》中的一些特征可能在其外孙王蒙（1310—1385）现存的一幅同名挂轴画中有所反映，为纸本，淡设色（图7）。王蒙在题记中提到"两岸桃花绿水流"，显然是在暗示桃花源故事。但画面布置中的桃花源元素十分隐微，以至于常常使人难以辨别。一个富足的小村庄坐落在远山脚下敞亮的山谷中，但是桃花源故事的主要标志洞窟却并没有出现，与此同时，渔夫和他的同伴们在船上，家里有人在等待着他，这些都与原文本有所出入[1]。传统的叙事表达中带有的鲜明的超自然感，已经被主观的抒情性所取代，桃花源被认为是

图7　王蒙《花溪渔隐图》。挂轴，纸本水墨淡设色，纵129.0 cm，横58.3 cm。台北"故宫博物院"藏

---

① 参见：张光宾《元四大家》（台北，1975年）no. 407. Dorothy Chen-Courtin 在其博论《明前、明代绘画中的"桃花源"》（The Peach Blossom Spring in Ming and Pre-Ming Painting）（哥伦比亚大学，1979年）一书中讨论了此画中的"桃花源"元素。参见该书第153—155页。

关于王蒙《渔隐图》的几个现存版本，参见王季迁、李霖灿：《王蒙的〈花溪渔隐图〉》，《"故宫"季刊》1966年7月，第63—68页。王蒙还有一幅渔隐主题的挂轴，绘制于1370年，"故宫博物院"藏有其摹本，参见《石渠宝笈初编》（序作于1745年；台北，1971年），卷2，第1140a页。这幅画也是以赵孟頫画为蓝本，在构图上（甚于王蒙的《花溪渔隐图》）与后世许多临摹赵孟頫桃源图的挂轴（例如图13）都非常类似。蓝瑛1650年绘制的《桃源春晓图》，与王蒙的同题画作，都对赵孟頫画卷进行了借鉴。参见《至乐楼藏明遗民书画》（香港，1976年），no. 59.1.

一种精神状态或一种生活方式,而不是一个可供想象的具体地方或故事。赵孟頫的渔隐图为绢本,青绿设色——与钱选和胡廷晖的画作一样——可能比王蒙更接近赵伯驹的绘画范式,但是从王蒙的画作来看,已经发生了一些重要的绘画转向。元人视野中的渔夫,关注中心在于寻找桃花源者内心的苦闷渴望,而非仙境本身,这不亚于是桃花源传统的另类革新。它或许可以与苏轼对《桃花源记》文本的革命性阐释相提并论,后者抛弃了超现实的色彩,而采取了更直观、世俗的解读方式。但(与苏轼的解读一样)王蒙的目的并不在于要抛弃旧的阐释传统。

赵伯驹和仇英

赵伯驹《桃源图》的影响力在明中叶达到了一个高峰,据文嘉(1501—1583)为严氏收藏的编目来看,此画当时为严嵩(1480—1565)收藏。在画卷拖尾,有高宗手书的陶渊明诗。这不是当时已知的唯一一幅出自南宋画院的桃源图。文嘉称此画与同时入藏的赵伯骕桃源图非常相似,并指出在高宗朝,像这样的画作通常会有几份摹本①。关于这幅画,文嘉认为(他特别将这幅画归到赵伯骕名下,但实际上更可能是赵伯驹所画②)应该为仇英应收藏家要求所画的仿本。仇英的摹本是较为精确的,"与真无异",它可能保存了赵伯驹绘画的面貌,尽管与《江山秋色图》相较,明人对图案、造型和空间的处理已经与宋人显现出很大的不同。

现藏于芝加哥的仇英画作(见图 2)就诞生于文嘉所描述的历史语境下。文嘉还提到,仇英摹本成为其他众多画家的劣质仿作的蓝本。文嘉之后,这些仿品依然在泛滥并持续流传:美国波士顿艺术博物馆收藏有一幅清宫旧藏的仇英桃源图(乾隆帝鉴定其为赵伯驹画作的一个摹本,原作亦

---

① 文嘉:《钤山堂书画记》(序作于 1569 年,《美术丛书》卷 8),2/6/54.关于赵氏桃源图的最早记录,事实上都不早于对仇英等摹本的著录(下文中将要讨论)。而且,还有一种可能性,即相关的绘画都不早于 16 世纪。

② 文嘉著录中的矛盾之处,表明他将赵氏兄弟的桃源图弄混了。此外,后世的许多参考文献(不包括引用或转述文嘉观点的)著录的都是赵伯驹的版本和仇英的摹本。

为乾隆帝所收藏),几乎与芝加哥收藏的那幅一模一样;另一件摹本收藏于美国圣路易斯艺术博物馆;还有一个摹本收藏于弗利尔美术馆,画中的山谷位于遥远的视野中;其他相关摹本也很容易找到①。不过,并非所有画作都署名为仇英,收藏于斯德哥尔摩的一件摹本就题为李昭道②,还有很多摹本被认为是出自赵伯驹的手笔。

从16世纪中叶开始,图画目录和其他文献中著录了很多冒名赵伯驹的绢本设色桃源图。例如,陶梁(1772—1857)在其个人收藏目录和画卷拖尾部分的题记中就提到了一幅③。画面有高大的松树、苍老的柏树和盛开的桃花;一群居民走上前来打招呼和询问;屋舍和农田都十分精细和整齐;人物和动物活泼生动;以及蜿蜒曲折的小路和高大的山脉——所有的绘画元素与仇英画作都非常类似。陶梁收藏的赵伯驹画究竟是仇英的摹本,还是后人对仇英本的二次临摹,现在只能作一些猜想。但可以肯定的是,许多标名赵伯驹的画作实际上是基于仇英摹本的再创作,还有一些摹本与原卷面貌相去甚远。

然而,有些画作引起了鉴藏家们的热切关注,其中可能有一件是赵伯驹的原作。在时间为1677年的画目著录序中,吴其贞注意到一幅带有高

---

① 芝加哥藏本的真伪性有待进一步讨论,其本身可能也是出自仇英之后的一个摹本。波士顿藏画,参见富田幸次郎(Kojiro Tomita)、曾宪梓(Hsien-chi Tseng)编《波士顿藏中国画:元至清》(波士顿,1961年),pls. 58—60。《石渠宝笈续编》(序作于1793年;台北,1971年),卷3,第1615a—b页。圣路易斯藏画,卷面上有仇英的仿章,参见《圣路易斯艺术博物馆公报》(夏刊,1985年):第22—23页。佛利尔美术馆藏画,见铃木敬编,《中国绘画总合图录》(东京,1982—1983),卷1,第191页(A21—020)。《佩文斋书画谱》在赵伯驹之后,也著录了一幅仇英的桃源图(87/27b,第2118a页)。

② 铃木敬编:《中国绘画总合图录》,卷2,第264—265页(E20-063)。这幅手卷上有高宗题记,落款时间与1138年一致(同时,也有文伯仁于1574年的手书《桃花源记》),或许是张丑在17世纪时著录的一幅画。

③ 陶梁:《红豆树馆书画记》(序作于1836年),1/20b—22b。这幅画的题记部分有王维的《桃源行》以及陶渊明的行状,还有文徵明的品评。其他关于赵伯驹画版本的记录,见高士奇(1645—1704),他收藏有一幅绢本手卷,但他本人鉴定其并非真迹(《江村书画目》,《美术丛书》,卷24,5/8/9);以及孙承泽,他寓居过许多摹本,其中有一本——他认为是最好的——是挂轴样式,在雾霭弥漫的山景中,渔夫把船停在沙滩上,正在走入洞窟之中(孙承泽:《庚子消夏记》,8/5a,第327页)。

宗题跋的桃源图,他印象十分深刻,声称此画是他所熟知的《江山秋色图》外,寓目过的最好的赵伯驹画作①。顾复(17 世纪晚期在世)提到一幅二十尺长的绢本重设色手卷,其上有高宗题记,"有半寸船豆人",制作精美。顾复凭借经验或消息得知还有几个其他版本。这些画作都非常接近,而且都署名为赵伯驹,但在他看来,实际上都是由南宋的佚名大师创作的②。至于进入皇家收藏的那幅画——十几尺长,无高宗题字——据负责内府收藏编目的胡敬称,应该是严嵩收藏的那幅③。

无论如何,后世的鉴藏家认为仇英的摹本代表了真正的传统。董其昌(1633—1690)曾称自己既看到了赵伯驹的原本,也看到了仇英的摹本,并且写道:

> 宋赵千里设色桃源图卷,昔在庚寅见之都下,后为新都吴太学所购。余无十五城之偿,惟有心艳。及观此仇英临本,精工之极,真千里后身。虽文太史悉力为之,未必能胜。语曰:"巧者不过习者之门。"信矣。④

赵伯驹——仇英对桃源图的处理,根植于唐代的绘画传统,保留了当时场景中的唐代仙境气息,以及绘画的风格和构图。恽寿平(1633—1690)在自作的一幅《桃源图》的题记中清楚地表明了这一点。

> 桃源,仙灵之窟宅也,缥缈变幻而不可知,图桃源者,必精思入神,独契灵异,凿鸿蒙,破荒忽,游于无何有之乡,然后溪洞桃花,通于象

---

① 吴其贞:《书画记》,2/327,4/412。他认为:"盖南宋书法之妙,首推高宗,画则首推千里,此卷为君臣两绝矣。"

② 顾复:《平生壮观》,8/17。在其他地方,顾复称"若桃源图者,摹本甚多",并认为失去了原作之巧趣(8/20—21)。

③ 《石渠宝笈三编》(序作于 1816 年;台北,1970 年),卷 1,第 493 页。胡敬:《西清劄记》(序作于 1816 年),收入《胡氏书画考三种》(《艺术赏鉴选珍》,台北,1970 年),4/30b,第 254 页。

④ 董其昌:《容台集》,卷 4,6/34b—35a,第 2156—2157 页。另一方面,董其昌声称其曾在西南吴氏家看到过一幅赵伯驹真迹。参见《石渠宝笈续编》卷 5,第 2828a 页。

外,可从尺幅间一问津矣。吾友王子石谷尝语余:自昔写桃源,都无真想,惟见赵伯驹长卷、仇实父巨帧能得此意,其辟境运毫,妙出匪夷,赋色之工,自然天造。余闻斯语,欣然若有会也。因研索两家法为《桃源图》。[①]

恽寿平笃定地认为《桃花源记》的主题为仙境:这个地方是"仙灵之窟宅",缥缈变幻不可知。这些特质在赵伯驹和仇英的画作中得到了展示,因此恽寿平认为此是桃花源的最佳呈现方式。他引用王翚(1632—1717)的话语,提到仇英的绘画似乎是一幅挂轴(也许是下面即将讨论到的一幅,见图 12)。但是根据恽寿平对赵伯驹画作的类似赞语,推测仇英的手卷版本也一样会得到他的认可。

这样一幅画,以直接或间接的方式,激起了恽寿平"缥缈变幻"或"无何有之乡"的感慨。近景中,两只鹤矗立在通往洞穴的河道上,在这里引入了神话性隐喻,鹤是不朽的象征,它们的出现是值得注意的,因为原文本中并没有提到鹤。它们是画家的自发行为,体现出画家对场景的理解,就像诗人想象桃花源中有鸾鸟和紫云一般。这些英俊的人物看起来比农民和村民更加精致和华美(肤色更亮,仿佛他们是由其他东西做成的),建筑物看起来气派而优雅,绝不像乡村那样简单质朴。景观本身也有助于营造一种另世的氛围;以旧式绘画风格作画,十分梦幻和清澈,它暗示观众这一切在现实中不存在或是不可见的。

明代摹本

仇英的手卷以及文嘉提到的众多二次摹本,使得赵伯驹的桃源图范式在 16 世纪中叶得到广泛传播。事实上,从有关表述来看,沈周(1427—1509)曾经画过一巨幅的桃花源挂轴(超过九尺高),则在此之前,赵伯驹绘画已经对苏州画家圈产生了较大的影响。这是一幅叙事性的作品,在"翠巘

[①] 恽寿平:《瓯香馆画跋》,收入秦祖永评辑《画学心印》(上海,1918 年),5/13b。

青峦"和"高山无极"的理想化远景下，有着很多桃树，洞窟旁的空舟，以及人们互相迎接问候的场景。这幅画为绢本，青绿浓设色，"遥望颇类缂丝"——绝对不是沈周惯用的媒材和风格——很有可能受到了赵伯驹的启发①。

文徵明也与赵伯驹的桃源图创作传统有密切关联，并在其传播过程中发挥了重要的作用。多方面记载都表明他对此十分熟悉，除了 1530 年他为仇英的摹本题辞外，陶梁的著录中还提到他在 1526 年题过赵伯驹桃源图的手卷。同时，文徵明也多次绘制过桃花源主题画作，都是以赵伯驹画为蓝本的。有一幅断代 1524 年的《桃源别境图》，为纸本淡设色，从详细记载来看，应该与赵伯驹的桃源图非常接近。画面开端是山脚处夹岸生长的桃花林，船停靠在洞口，背景是重峦叠嶂。继续往前走，山体下沉，露出"别境"，渔夫与一群村民在交谈。沿着山谷继续前行，有行走的人，茅草屋以及覆盖瓦片的亭子。甚至出现了一个站在山顶上孤独地俯瞰着瀑布的人物②。文徵明的另一幅手卷题为《武陵仙境》（武陵是陶渊明故事发生地点），不知何人题记于卷面引首位置。它被记录在 19 世纪的一篇文章中，作者杨恩寿推测其与仇英本一样，都是以严嵩收藏的赵伯驹桃源图为蓝本的摹本。杨恩寿以对刘子骥的追思结束了文章——"吾且继刘子骥而问津矣"——这可能是由于刘子骥的身影也出现在画卷的河岸边而引发的③。最后，辽宁省博物馆收藏有一幅《桃源问津图》，纸本设色，题款为文徵明，时间为 1554 年，似乎是一份副本，从桃花流水到刘子骥，与赵伯

---

① 李佐贤：《书画鉴影》（序作于 1871 年），21/5b。

② 绍松年：《古缘萃录》（序作于 1904 年），3/22a—b；同样，《式古堂书画汇考》中也有著录，只不过信息不够完整。参见卞永誉：《式古堂书画汇考》（序作于 1682 年；台北，1958 年），卷 4，第 492b—493a 页。

③ 杜瑞联：《古芬阁书画记》，15/1a—b；杨恩寿：《眼福编初集》，10/33a。两幅画的画题都隐喻了一个异域。此外，文氏在前者上题有王维《桃源行》，并提到了"仙境"的典故。如同赵伯驹的桃源图传统一般，两幅绘画中都展示出不朽的气息。Chen-Courtin 已经在其博士论文中指出，文氏很多有记载的《桃花源记》主题画作，其命名都带有仙气；另一个例子是他的《玉洞仙桃图》，见《明前、明代绘画中的"桃花源"》（*The Peach Blossom Spring in Ming and Pre-Ming Painting*），第 170 页。

驹——仇英的模式都非常相似①。

　　不管是通过原本还是摹本接触到赵伯驹的桃源图,都造成了 16 世纪以后苏州等地桃源图绘画的井喷式发展。除了上面提到的画卷,沈周、仇英、文徵明还有其他摹本;文徵明的儿子文嘉、侄文伯仁(1502—1575),和他的学生、同好及追随者陆治(1496—1576)、钱穀(1508—1574 年后)、陆师道(1538 年进士,约 1570 年去世)、袁尚统(1577 年去世)和孙枝(1535—1602?),以及后来的苏州大师张宏(1577—1652 年后)都有现存或著录的桃花源主题画作。

　　许多画家,如仇英和文徵明,都相当忠实于赵伯驹绘画传统。沈士充(约 1607—1640 年后在世)也是其中的一员。他于 1610 年创作了一幅摹本,为绢本设色,几位鉴赏家的题记表明了其画作对传统范式的追寻。董其昌说它可以与赵伯驹的原作相媲美,而陈继儒(1558—1639)则认为要胜于赵伯驹,"无论仇氏矣"。赵左(约 1570—1633 年后)写道:

> 桃源图派自二李,畅于伯驹,再畅于我朝仇实甫。而实甫诸郎,刻画粉本,流布人间,滥矣哉。沈子居欲洗其习而穷其源②。

1624 年,沈周再次围绕着桃花源主题作了一套共十幅挂轴。最后两幅有摹本传世,画面显示一个妇女和孩子正走向房子里的宴会,樵夫沿着山路走下来。画尾是瀑布,桥边站立着一个孤独的身影。这些信息表明画作整体的布局都遵循了经典的绘画传统③。

---

　　① 《辽宁省博物馆藏画续集》(北京,1980 年),卷 1,pl. 69—76;载《石渠宝笈续编》,卷 2,第 1046b—1047b 页。

　　② 《石渠宝笈续编》,卷 5,第 2828a—b 页。沈士充为松江人士,董其昌、陈继儒和赵左等人皆是。16 世纪中叶左右绘制于苏州的一幅赵伯驹绘画摹本,似乎于 17 世纪前十年内在松江地区比较知名。在另外一位松江画家宋旭的名下,有一幅绢本设色的《桃花源》长卷,落款时间为 1605 年。参见陆心源:《穰梨馆过眼录》,10/b。同年,宋旭借鉴赵孟頫风格,绘制了一巨幅"桃花源"主题的青绿山水挂轴(见图 13)。

　　③ 《宋元明清名画大观》(东京,1931 年),卷 1,pl. 150。很感谢 Chen-Courtin 的论文,让笔者注意到沈士充和宋旭的画作。

正是在这一核心传统的背景下——源自宋代以来的叙事模式及长时期形成的超自然意象的隐喻——明人的桃源图才得以被理解。

很少有如沈士充那样接近原画卷标准的摹本。这一时期的绘画在表现形式上更加多样化，在图式上也更加松散，这种趋势在清代也一直存在。有些摹本，尤其出自宫廷画家或者职业画家之手的，通过塑造纷繁有趣的招待场面发掘了一类图景的趣味①。许多画作都采用了渔隐模式，在遥远的地方有一个静谧的山庄，周围有田园和湖泊，是理想化的乡村景观。一幅简单的山水画中，只要出现一个渔夫或者溪边开花的树木，都可以通过画名或题记中一两个字与桃花源主题相联系起来。这种关联性并非总是完全明确的：有些标题直接提到了桃花源，但有些标题，比如"花溪"，就比较隐晦含蓄。

尽管如此，在16世纪及以后许多非叙事性的桃花源意境图中，仙境阐释传统依旧清晰存在着。陆治的作品提供了几个例子，因为桃花源主题在其想象中占有重要的位置。在他画家生涯的早期和晚期，都记录有他曾数次创作相关主题的画作。前者为绢本手卷，可能是赵伯驹模式下的叙事性画作，绘制于1539年，正是陆治与文徵明周围的画家圈子交游密切

---

① 例子包括苏州文人周臣（约1450—1535?）在1533年的一幅挂轴；故宫博物馆收藏的一幅大约16世纪的佚名画作；以及日本私人收藏的一件赵孟頫册页，大约也绘制于此时期内。参见《瑞典远东古物博物馆馆刊》第54号（*Bulletin of the Museum of Far Eastern Antiquities 54*，1982），pl. 5；《故宫书画集》（北京，1930—1936年）42，pl. 3（"宋代佚名"）；以及《水墨美术大系》卷4，（东京，1975年），pl. 71。

事实上，在15世纪的画家石锐（约1426—1470年间在世）的一幅册页上，这种画法已经初现端倪。他将画卷中间的乡村聚落景观与透过上部山脉的凹口隐约可见的仙居结合起来《八代遗珍》（*Eight Dynasties of Chinese Painting*），no. 137，第161页。这幅册页为水墨淡设色，但石锐主要为赵氏兄弟风格的青绿山水画家。与上文中讨论到的《蟠桃图》画家大致属于同一时期的画家圈子，专擅仙境类型画。他有一幅仿古色彩的洒金绢本（题跋中指向赵伯驹）手卷，曾以"仙山楼馆图"为题（出处同上，no. 136，第159—160页）。桥本藏品中有一幅类似的手卷，参见铃木敬主编：《中国绘画总合图录》，卷4，第352—353页（日本，30—274）。一幅仙境类型青绿风格手卷，宫殿内外有仆人服侍的优雅人物，而两只仙鹤的存在以及船搁浅在一棵花树下的桃花源主题图案，刺激观画者产生与神仙相关的联想。参见高居翰（James Cahill）：《江岸送别：明代初期与中期绘画（1368—1580）》（*Parting at the Shore: Chinese Painting of the Early and Middle Ming Dynasty, 1368 - 1580*，纽约和东京，1978），彩图1。

的时期,著录记载中也提到了画家对宋代山水画风格的借鉴①;后者是纸本挂轴,尽管艺术家在题画中使用了如"仙源避世尘"的宗教性术语②,仍显示出元画的含蓄和隐秘风格。

　　陆治的桃源图并未流传下来,但是他现存的一些画作借鉴了桃源图的传统,营造出了一种质朴的异域气息。其中,有两幅作品尤其能证明他对典范性的宋代手卷和元代的挂轴画模式都很熟悉。其中一幅就是绘制于1549年,现存于美国堪萨斯的《玉田图》手卷(图8)。通过仇英可以了解到,赵伯驹《桃源图》是这幅画的创作蓝本,但它并没有表现渔父发现桃花源的故事,而是在另一个时间节点上描绘了隐蔽的乌托邦。这幅画开端是一个悬垂着的巨大岩石上的洞窟,有两位正在交谈的士人看起来正准备进入这个洞窟中。山川外是一片狭长的农田,另有一块巨大的山岩将两个山谷分隔开来,有一条小路通向有着典雅屋檐的重楼,阳台上可以看到有两个人影。画面最后一段为悬崖峭壁,瀑布在岩间飞流而下③。除了开端盛开着桃花的江景和与渔夫故事有关的各种人物细节之外,山水

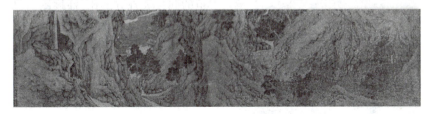

图8　陆治《玉田图》,1549年。手卷,纸本水墨设色,纵24.1 cm,横136.1 cm。
纳尔逊·阿特金斯艺术博物馆藏,纳尔逊基金

---

　　①　梁章钜:《退庵所藏金石书画跋》(序作于1845年;《艺术赏鉴选珍》,台北,1972年),16/24a—b,第1017—1018页。

　　②　陆心源:《穰梨馆过眼录》,21/19a—b。《式古堂书画汇考》中提到了另一幅未标明绘制时间的画作。参见卞永誉:《式古堂书画汇考》,卷4,第517b页。同时,陆治也曾在著录的一幅文徵明的桃源图上题诗,参见郁逢庆:《郁氏书画题跋记》(后记作于1633年。《艺术赏鉴选珍》,台北,1970年),第560页。

　　③　参见《八代遗珍》,no.181,第231—233页。这幅画的另一个特点是人物被山水部分的凸起处所遮蔽,这让人回忆起经常使用这种画法的仇英。在仇英名下也记录了一幅《玉田图》,参见卞永誉:《式古堂书画汇考》卷4,第470—471页。可以肯定,这其实是仇英的一幅桃源图主题绘画。

画的各个部分和顺序——洞窟、田野、山脉、民居、悬崖、瀑布——与仇英的桃源图完全一致。

这幅卷轴上有着十分另类的构图，景观从下至上挤满了整个画面，遮蔽了地平线，增强了洞天意象的神秘性。卷轴上的文字（伪造，但显然应该是对原文的临摹）有一首对受画者的题赠诗，他是一位医者也是画家的朋友，有丰富的道教的炼丹术知识——栽培的玉花，用朱砂调制的长生不老药——描绘了一个由靛蓝色的田野和紫色的薄雾组成的超凡世界。题记中描述的流动的溪水，以及不知何世的说法，与陶渊明故事中的语句相呼应。事实上，这是一幅仙境画，这一时期，这种典范的间接表现方式比《蟠桃图》（见图6）等直观构图更受青睐。它可以被认为是一件去掉了叙事元素的桃源图，以不朽的姿态对场景进行了重构。

陆治也熟悉元代绘画风格。他于1568年所绘的《花溪渔隐图》与王蒙（也许直接与赵孟頫有关）的同名画作有关，并保留了元画中微妙的疏离感——但被王蒙省略的洞窟和神仙等幻奇元素则又被恢复了（图9）①。在画卷的中部，陆治将一座重峦叠嶂作

图9　陆治《花溪渔隐图》，1568 年。挂轴，纸本水墨淡设色，横26. 8 cm，纵 119. 2 cm。台北"故宫博物院"藏

① 路易斯（Louise Yuhas）对这幅画中的"桃花源"元素进行了评论。参见《陆治与文人传统：对倪瓒绘画风格的接受》（Lu Chih and the Literati Tradition：Paintings in the Style of Ni Tsan），《东方艺术》（Ars Orientalis）13（1982）：37。

压缩处理,就如仇英桃源图的相应处理一般,将内部山谷与前景分隔开来。在画面中,可以看到渔夫沿着一条开满花树的小溪在划船,而在洞窟入口,一对穿着白袍的人坐看着他的离去。元人的隐居地在明人那里成为了一片理想国。

陆治的几幅画作中,包括一幅1522年绘制的,现藏于上海的《云峰林谷图》(图10)。画面中,一个孤独的身影坐在洞窟旁的岩石上沉思。从洞穴中流出的溪水和前景中盛开的树木为这一场景增添了一层明确的文学典故意味。艺术家的题画文字中讲到了崖屏之外的地方,唤起了一个神秘的世界,并且强化了这个人是洞窟中的神仙的感觉——也许此时他正在神游,因为他被描述为"卧游"①。这样的画面,激起了观者潜意识中对桃花源的向往和回忆。与其说陆治画作让人联想到陶渊明的故事,不如说是对一个遥远圣境的永恒理想。

陆治的绘画,将唐宋旧有的桃花源仙境观念与元代隐喻性、内敛性的表现方式融合在一起,成为他所处时代的典范之作。其他16世纪的画家对这个主题进行了同样的处理。例如,旧金山亚洲艺术博物馆藏文嘉的一幅1577年的挂轴,比陆治的绘画更贴近原文本的叙事(图11)。画面前景是渔夫进入洞窟,桃花源山谷出现在远处,被青绿色的山丘所包围,在那里,渔夫出现在居民中间。画面背景是田园风格的,有茅草屋和一只活蹦乱跳的狗,但是其隐喻和激起的却是关于仙境的想象。桃树被移置到山谷里面,花丛随处可见,仿佛正在编织一个魔咒。而在山谷外边是一

---

① 彩色图录,参见《上海博物馆藏画》(上海,1965年),pl.57。也可参见台北"故宫博物院"所藏陆治《仙山玉洞图》,绘制于1555年,为绢本设色,画面为雾霭弥漫的岩山,其洞窟接近《玉田图》中的造型。画卷灵感来自于苏州城附近的一个真实洞窟,但仍容易使人联想到道教的洞天福地。洞窟中没有出现泉水,但画家的题记却让人浮想联翩,带来了一些桃花源的气息:"玉洞千年秘,溪濤竟尽来。玄中藏窟穴,云里拥楼台……瑶林地府开。"他总结道,这里是"蓬莱"。参见高居翰(Cahill):《江岸送别》,pl.120,第241—242页。关于此画真伪性的质疑,参见Ju-hsi Chou:《东方艺术》(Oriental Art)29(3)(1983秋):295。陆治于1547年另绘制有一幅挂轴,为绢本设色,现藏于上海。画卷中,在悬挂着钟乳石的洞窟前,站立着一位仪表堂堂的高士和两位仕女,附近的河岸上则布满了开花的灌木丛。

图10 陆治《云峰林谷图》，1552年。挂轴，纸本水墨设色，纵85.5 cm，横46.1 cm。上海博物馆藏

图11 文嘉《桃源图》，1577年。挂轴，纸本水墨设色，纵79.9 cm，横46.1 cm。旧金山亚洲艺术博物馆藏，埃弗里·布伦戴奇（Avery Brundage）藏品

棵虬劲的松树——象征着极其长寿——意味深长地横长在洞穴的入口处①。

一对由仇英创作的绢本设色挂轴,虽然更富故事性和典雅性,但却是一脉相承的:收藏于天津的《桃源仙境图》和收藏于北京故宫博物院的《玉洞仙源图》。在天津收藏的画卷中,近景中出现一个悬挂着钟乳石的洞窟,一条小溪自洞窟向画卷前景流出来,岸边的岩石上长满了桃树(图12)。远景是高耸的山峰,矗立在薄雾笼罩的河流之上,宫殿和精致的观景台隐约可见。没有渔夫或者渔船的踪影,而是有一群身穿白袍的人坐在洞窟前面。一个人在为他的同伴弹奏古筝,两个仆人在服侍着他们。这是一个纯粹的插曲——不存在于《桃花源记》文本中——正如舒元舆描述的那样,这些神仙顺序与唐画传统中的飞天人物一致,也代表了对这一寓言的近似解释。在北京收藏的那幅画中,一个身穿白袍的男子独自在山洞旁弹奏古筝,旁边有四个男童,其中一个手中还端着一盘桃子。虽然没有桃树,甚至细节与原文本也相去甚远,但从画作的绘制心态和寓意上来讲是完全相似的②。

宋旭(1523—1607)1605年所绘《桃源图》为渔隐类型,有渔夫孤独的身影和蜿蜒于桃林间的小溪。没有任何关于神仙和神仙居所的痕迹,主题可能为一个隐士的平和独处。但山水景观却已经明确表明渔夫已经游离于人类俗世之外(图13)。类似于王蒙的绘画风格,一堆倾斜的巨石,蜿蜒向上的青绿山峰淹没在厚厚的云雾之中。山腰上的洞窟显示出神秘色

---

① 参见艾利斯(Alice R. M. Hyland):《文人的视角:十六世纪吴派书画》(*The Literati Vision: Sixteenth Century Wu School Painting and Calligraphy*,孟菲斯,1984年),no. 30以及彩图pl. 5. 文嘉题王安石《桃源行》于其上,暗示这些桃树为桃花源居民避难时期所种植,正如画家笔下所表现的那样。

② 《中国の博物馆》一书有天津藏画的彩色图录。参见《中国の博物馆》第6卷《天津市艺术博物馆》(东京,1982年),pl. 9;另见短文《仇英〈桃源仙境图〉轴》,《文物》,1979年第4期,第85页。北京藏画,部分彩色转录于《北京博物馆艺术藏宝》一书,参见Francois Fourcade:《北京博物馆艺术藏宝》(*Art Treasures of the Peking Museum*,纽约,1965年),pl. 28,第76页。两幅画上都没有题名,安岐在记载其藏目时进行了著录,他还指出两幅画沿用了赵伯驹的用笔风格。参见《墨缘汇观》(序作于1742年;《艺术丛编》,卷17),3/174—175。

彩，而远处的山峰则挡住了观画者的视野，将旅人包围在一个封闭而神奇的场景中。这是一幅既让人充满敬畏，同时又让人满怀希望的山水画作，而渔夫凝视的身影，虽然微小而轻巧，但是却似乎传达出了相同的感觉。

图 12　仇英《桃源仙境图》。挂轴，绢本水墨设色，纵 175.0 cm，横 66.7 cm。天津博物馆藏

图 13　宋旭《桃源图》，1605 年。《宋元明清名画大观》（东京，1931 年），卷 1，pl. 143

16 世纪的桃源图在构图上更接近于元画的淡远风格,但画意却是崇高和仙境性质的。直至 17 世纪初期和中期亦是如此,画面中的洞窟往往悬挂着钟乳石,一个或者几个桃花源仙人坐或者站立在那里,似乎在观察船上的渔夫。例如,创作于 1650 年,现藏于克利夫兰的刘度(约 1632—1675 年间在世)《桃源图》(图 14),蓝孟创作于 1663 年的《洞天春霭图》等都比较接近①。两幅画都是挂轴形制,都是以赵孟頫画为蓝本。两幅画中的渔夫似乎都在行进途中,而两个身着白袍的人出现在悬挂着钟乳石的洞窟开口处,到处长满了桃树。在刘度的绘画中,山上分布着典雅的建筑,而蓝孟的画则以青绿色为基调,与仙境意象相得益彰。蓝孟的父亲蓝瑛(1585—1664?)也有相关主题的画作,名为《玉洞桃花图》②。

图 14　刘度《桃源图》,1650 年。挂轴,绸缎画,水墨淡设色,纵 136.7 厘米,横 52.2 厘米。克利夫兰艺术博物馆藏,John L. Severance Fund 基金会

明遗民

1644 年,清朝入侵,明遗民陈洪绶(1598—1652)画了一幅桃源图,如

---

①　刘度画作,参见《八代遗珍》,no.198,第 225 页。刘度以擅仿作而闻名,尤其是长于唐代"二李"、南宋"二赵"以及仇英的绘画风格。蓝孟的画作,收录于王伯敏《浙江古代画家作品选集》(杭州,1958 年),pl.70。

②　在蓝瑛的画卷中,一群高士和他们的仆人聚集在水边。一个与蓝孟画卷中非常相似的洞窟悬挂在他们上部,远处出现有一处庄严的建筑。从现有的复制品来看,不清楚是否有渔夫的身影。参见铃木敬:《中国绘画总合图录》,卷 2,第 33 页(S5 - 022)。

他在题辞中所言，是为了表达对"时况"①的感受。这幅画作没有流传下来，但画家题画的基调——个人的、幻灭的、与时事相关的——表明它可能脱离了幻想式的意境。从此，尤其是在那些自我认知是明遗民的画家作品中，桃花源主题有时会呈现出明显不同的面貌。例如，查士标（1615—1698）在 1695 年构思的桃源图场景就没有任何传统仙境意味，与仇英画作的明亮氛围形成鲜明的对比（图 15）。画面色彩黯淡，山水风景完全缺乏叙事性。景色是连成片的田地，房屋是最简陋的那种。有农民在耕作和搬运货物，还有牛和磨盘。呈现的是一个简单朴素的乡村生活理想②。在佛利尔美术馆所藏石涛（1642—1698）著名的桃源图手卷中，渔夫展示出的也是这样一种简朴形象，而在画卷左边，其被围墙所保护的家园呈现出阴暗的色调，与外部世界的险恶形成鲜明对比（图 16）。这不是一片只有"游仙之梦"才能到达的土地，在卷轴展开的时候，观众发觉自己已经身临其境，并且自发地与渔夫实现了某种共情③。陶渊明故事所蕴含的政治隐喻、悲观主义和代入感，使得他们在诸如此类画作中对逃避主义的主题进行了更为迫切和人性化的阐释。在许多方面，他们的精神状态与经历过类似历史事件的陶渊明相似，都是诞生于这样一种历史语境之下。

图 15　查士标《桃源图》，1695 年。手卷，纸本水墨淡设色，纵 35.2 cm，横 312.9 cm。纳尔逊·阿特金斯艺术博物馆藏，纳尔逊基金会

---

① 《石渠宝笈初编》，卷 2，第 1133b 页。

② 《八代遗珍》（*Eight Dynasties of Chinese Painting*），no. 227，第 306—307 页。查氏在 1684 年画的一幅《渔父图》上有关于寻找桃花源的题记。参见《至乐楼藏明遗民书画》（*Paintings and Calligraphy of Ming I-min from the Chih-lo Lou Collection*），no. 52。

③ 彩色图录，部分参见高居翰（James Cahill）：《中国绘画》（*Chinese Painting*）（洛桑，1960 年），第 181 页。

图 16 石涛《桃源图》。纸本水墨设色，纵 25.0 厘米，横 157.8 厘米。佛利尔美术馆藏(57.4)

然而，在明代，陶渊明笔下的桃花源是一个令人浮想联翩的"远方"，桃源图往往是仙境画，或者仙境风景，暗示着此处"与外人间隔"。正如我们所见，此种暗示是暧昧的。根据现存的一些描述，在一些早期的画作中出现了陈套的幻境意象——长有羽毛或者会飞的神仙、凤凰和其他神话中的鸟兽，但是到了后来，情况发生了改变。取而代之的是，洞穴和桃树将观画者的思绪导向神秘的道教洞天和长生不朽，一排排陡峭的山崖在浓雾中若隐若现，或是被渲染和切割成如宝石般的美丽和永恒，在内部世界中建构出一个"别境"。屋舍和亭台楼阁，相对于陶渊明故事中的"屋舍俨然"，可能会增加一些空灵的趣味。出现在这些环境中的白袍人物，已经超越了退隐士人熟悉的状态，处于一个更加超然的层面之上。陶渊明观念中的田园仙境弥漫着一缕神圣的气息。即使如此，也不能完全认为较查士标和石涛的画作诠释更偏离原文本；因为明代绘画毕竟有诗人自身隐晦的经历加持，它并没有提到"不朽"或任何明显的超自然事物，却在许多观者的想象中激起了类似的记忆。

超越文字:李公麟对陶渊明 《归去来兮辞》的图像呈现*

[美]伊丽莎白·布鲁瑟通(Elizabeth Brotherton) 著　邵康慧 译

一

早在三个半世纪以前,鉴藏家张丑(1577—1643)便为李公麟(约1040—1106)手卷的命运痛惜不已:

> 即今《孝经》《九歌》《山庄》《归去来图》,摹仿不下千百,翻成恶道,令人起厌。殆是检法之罪人乎?①

* 本文主要建立在我的学位论文基础之上,感谢穆勒(Deborah del Gais Muller)的帮助和鼓励,他在仔细阅读了我的初稿后提供了许多宝贵的修改意见。我还想感谢那些允许我参与小组会议并以各种形式让我提出我的想法的人:布格(Patricia Berger)1989年在旧金山举行的大学艺术协会会议(College Art Association Conference)上,在她主持的分组会议"中国画的题跋"中接受了我的一篇论文;齐皎瀚(Jonathan Chaves)1990年在华盛顿特区举行的传统中国研讨会(Traditional China Seminar)的一次会议上允许我发表了本文的非常初期的一个版本;周文龙(Joseph Allen)、罗青、孟久丽(Julia Murray)1993年在洛杉矶举行的亚洲研究协会会议(Association for Asian Studies Conference)中主持了一场关于中国绘画与诗歌的分组会议,并允许我为一篇相关论文作了宣讲;亚历山大·内格尔(Alexander Nagel)1998年在多伦多举行的大学艺术协会会议上,允许我在他的分组会议中发表了另一篇相关研究论文。对为我提供研究经费的纽约州立大学创意与研究项目(SUNY Creative and Research Projects),在此也一并致以谢意。

① 《清河书画舫》,池北草堂刻本,1763年,卷八,第8页a。

通过反问,张丑暗示李公麟的艺术成就不应因众多拙劣的摹本而反遭质疑。对他来说,后人的"玷污"无法抹杀画家的真实成就。但尽管笃信这种理想化的情形,张丑仍指出挂着李公麟名号的大量仿品与伪作"稀释"了画家本人的名声。

张丑活动于晚明,当时的艺术市场正不断回应着新富阶层日益增长的需求①。在这样的背景下,托名李公麟的画作数量势必激增。然而该类生产不仅称不上是一个新现象,且几乎从一开始就存在,只不过背后的驱动力在不同时期有着细微不同②。李公麟的神话化始自生前,因此有理由假设对他的效仿也始于其时③。

实际上,李公麟作品的早期摹本为我们提供了画家的许多基本信息④。本文就将基于李公麟《归去来图》一份 12 世纪的摹本来阐述他对这一主题在视觉呈现方面所作的开创性贡献。传世图本中最接近李公麟原

---

① 关于晚明时期的古玩市场和商品文化,参见柯律格《长物:早期现代中国的物质文化与社会状况》(*Superfluous Things: Material Culture and Social Status in Early Modern China*),剑桥:政体出版社,1991 年。

② 相关讨论参见方闻《中国画的造假问题》(The Problem of Forgeries in Chinese Painting),《亚洲艺术》(*Artibus Asiae*)第 25 卷,第 1 期(1962 年),第 95—140 页;徐小虎《中国绘画赝品研究方法论》(Forgeries in Chinese Painting),《东方艺术》(*Oriental art*)第 32 卷,第 1 期(1986 年春),第 54—66 页。

③ 北宋后期摹仿之风大炽。12 世纪初,正值皇家鉴藏蓬勃发展,米芾(1054—1107)在文章中暗示自己通过作伪来私藏真迹。见古原宏伸《读米芾〈画史〉札记》(Note on Reading Mi Fu's Huashi),《东方学》(*Ars Orientalis*)第 25 期(1995 年),第 11—12 页;高罗佩《书画鉴赏汇编》(罗马,1958 年),第 192 页。当时还掀起一股通过对比对经传来识鉴古器珍玩的风潮,李公麟就颇好此道。赵明诚《金石录》对他的误判有过批评,见韩文彬《作为收藏家的艺术家:李公麟与他的中国古代艺术研究》(The Artist as Antiquarian: Li Gonglin and his Study of Early Chinese Art),《亚洲艺术》第 55 卷,第 3/4 期(1995 年),第 258 页。秦观也曾指出他妄断唐画,不仅使画作身价大涨,且"未几转相摹写,遍于都下"。见秦观《书晋贤图后》,《淮海集笺注》,上海:上海古籍出版社,1994 年,卷三五,第 1150—1152 页。

④ 以下四位美国学者的博士论文对李公麟的四幅画作分别作了单篇讨论:班宗华《李公麟〈孝经图〉》(Li Kung-lin's Hsiao-ching t'u: Illustrations of the Classic of Filial Piety)(普林斯顿大学,1967 年);穆勒(Deorah Del Gais Muller)《李公麟〈九歌图〉研究:〈九歌图〉手卷在宋元》(Li Kung-lin's Chiu-ko t'u: A Study of the Nine Songs Handscrolls in the Sung and Yuan Dynasties)(耶鲁大学,1981 年);韩文彬《文士的山水:李公麟〈山庄图〉》——出版时改名为《十一世纪中国的绘画与私生活:李公麟〈山庄图〉》(普林斯顿大学,1998 年);以及拙作《李公麟与〈归去来图〉长卷》(普林斯顿大学,1992 年)。后三篇的研究对象原作均已佚失。

作的，是藏于美国弗利尔美术馆的《渊明归隐图》①。根据题署，这幅 12 世纪初的作品是已知陶渊明《归去来兮辞》最早的连续性图像呈现。以长卷形式分段书画，每段画面右侧书相应原辞。不仅在时间上早出于其他同题材长卷，似乎还是它们的原型②。仅凭这些，就可以看出弗利尔美术馆藏这幅长卷对传续李公麟原作发挥的巨大作用，因为没有其他文字或图像记载的画家作品比它更密切地参与了这一题材的创作，何况它还如此大名鼎鼎。

如果说这幅画的名气之大提醒了我们需谨慎鉴定作品真伪，那么《归去来兮辞》在 1101 年前后的暴得大名，则使问题变得更为复杂了。大约就在李公麟完成这幅画后不到十五年，苏轼和失意的元祐党人开始将陶渊明的《归去来兮辞》视作一种精神宣言③。他们中的很多人又都喜爱赏鉴李公麟的画作，李氏的形象便更为紧密地与他们联系在了一起。由是，《归去来图》被赋予新的意义，自然也就催生了大量仿作与赝品。

不过稍换一个角度来看，我们可能需要承认，李公麟本人的名声与"归去来"主题的时代意义，在保存画家新作上是发挥了一定作用的④。尽

---

① 图卷标题可能是 18 世纪增添的。弗利尔美术馆 19. 119 号藏品，收录于中田勇次郎、傅申编《欧米收藏中国法书名迹集》，东京：中央公论社，1981 年—1983 年，卷一，第 91—101 页，第 143 页，图版 78—81；铃木敬《中国绘画总合图录》，东京：东京大学出版会，1982年，卷一，美加收藏，第 212—213 页；罗覃《中国人物画》，弗利尔美术馆 50 周年馆庆特展，图版 2，华盛顿：弗利尔美术馆，1973 年，第 38—41 页。

② 包括吉林省博物馆藏元人何澄《归庄图》和克利夫兰美术馆藏佚名作品，即使这两幅连环长卷并未穿插文字。

③ 据洪迈《容斋随笔》引晁说之《答李持国先辈书》，或与苏轼的过世有关，基于《归去来兮辞》创作诗画在他步和之后风靡京城。见卷三"和归去来"条（仁江：皖南洪氏，1894 年），卷三，第 2a—b 页。见《李公麟与〈归去来图〉长卷》，第 84—91 页。《西园雅集图记》传为米芾所作，但实际上可能是南宋早期伪作，它将李公麟所绘《归去来图》视为苏门文人集团的一种群体寄托。关于该图记及其南宋伪造论的研究，见梁庄爱伦《真实还是理想：历史与艺术中的西园雅集》（Real or Ideal：The Problem of the "Elegant Gathering in the Western Garden" in Chinese Historical and Art Historical Records），《美国东方学会杂志》（Journal of the American Oriental Society）第 88 卷，第 3 期（1968 年 7 月—9 月），第 419—435 页。

④ 传移模写，即通过临摹流传古画，是谢赫提出的"六法"中最末一法，《中国美学史资料选编》，北京：中华书局，1980 年，卷一，第 190 页。

管摹仿的动机各不相同——一边是为了牟取私利,一边则有助于学习和流传前人作品①;但二者之间不能截然区分,往往又会殊途同归,即相当完好地将作品流传开来。此外还应包括自我表达的动机,因为从广义上说是可以通过顺应新兴艺术潮流来将自己划归相应政治阵营的。12 世纪初对陶渊明《归去来兮辞》认识的变化与拔高,成倍助长了李公麟仿作的数量,大约也同时起到了保存原作的作用,《归去来图》的地位与 11 世纪 80年代中期它刚刚完成之时,简直不可同日而语。这种理论排除了他人的创造力与对同一客体的不同看法,强调的是李公麟使用的意象和构图可以拥有一种绝对的权威。

本文中我将指出弗利尔美术馆所藏《渊明归隐图》确实使一幅李公麟 11 世纪晚期的画作得以流传。我将基于艺术史,审慎地讨论作品的风格、主题、意象,层层深入地阐释文本插图与图文关系,揭橥这幅画向我们展示的隐逸诗人陶渊明的英雄气概。大量产生陶渊明及其辞赋的这种形象的环境是 11 世纪晚期所特有的。南宋早期,李公麟的后辈在意象与构图上已作出一定改变,反映到 14 世纪早期画家何澄的《归庄图》中,呈现出对李公麟《归去来图》截然不同的理解。在皇帝对隐士理想的培植与朝廷的鼓吹这一古老关系上,这些改变将艺术家和他的创作带入了一个新的循环。

弗利尔藏本的特质与对李公麟画作的同时代评价一致,然而与画家稍晚时的作品大不相同。次要的具有某种象征性的人物或意象被嵌入画面各处,起到了一种视觉注释的效果。在陶渊明的文章当中并不包括这些,完全可说是画家观点的一种反映,班宗华曾在李公麟的其他画作中将这种形象称为"编辑按语"②。弗利尔藏本中还使用了许多与描绘对象无关的典故与主题,表现出一种重新定义其传统及视觉表现,甚而是整个绘画领域的雄心壮志。因此,我们不仅看到隐逸诗人陶渊明的英雄形象,也看到了画家的雄心勃勃。

---

① 《书画鉴赏汇编》,第 397 页。
② 《李公麟〈孝经图〉》,第 189 页。

二

陶渊明在辞去彭泽县令的职位后，写下了《归去来兮辞》，终身归隐。在序中他写道："质性自然，非矫厉所得。"①《归去来兮辞》被视为其狷介人格的体现，在文学史上的地位与日俱增，几乎成为政治隐逸的象征。北宋晚期文人给出的评价尤高，他们赞赏这种癯而实腴的文风，钦慕渊明忠于内心、毅然退隐的决绝。

诗人以对其归途中的焦虑心情的详述（或者说是预期）开篇，写他赋闲在家，半耕半读的日常起居。在描写田园生活的同时，也含蓄地申明了自己投身另一种深晦生活的不安，因为这有悖于儒家的入世原则。陶渊明用一种与其孤寂的口吻相称的、无伴的自然景物（轻云、孤松、归鸟）②，表达出对人世的不妥协态度，也显示出诗人自我与无功利自然的合一。陶赋通过打通渊明身处的田园释放了诗人的天性，尽管也传达了他对人间的无可奈何。

陶潜的作品，当时的人都不太重视，在南朝后期的批评界也没有受到多少关注③。直到 8 世纪初，才成为他那个时代最重要的诗人。盛唐诗人希望远离宫廷诗风，于是陶渊明简朴质实的文字和不事雕琢的情感表达成为了他们学习的对象④。据北宋后期的两部画册，陶渊明的肖像画也出

---

① 《归去来兮辞》，《陶渊明集》，逯钦立校注，北京：中华书局，1979 年，卷五，第 160—163 页；海陶玮译作"The Return"，《陶潜诗集》(The Poetry of T'ao Ch'ien)，牛津：牛津大学出版社，1970 年，第 268—270 页。亦见于《晋书·陶潜传》中记载的更有名的"不为五斗米折腰"故事在陶澍注的《靖节先生集》(《四部备要》本)中可以很便捷地找到，"诔传杂识"，第 3a、4b、5b 页，英译见戴维斯(A. R. Davis)《陶渊明：他的作品及其意义》(T'ao Yuan-ming, AD 365-427: His Works and Their Meaning)，剑桥：剑桥大学出版社，1983 年，卷二，第 179—180 页。

② 海陶玮：《陶潜的赋》，《哈佛亚洲研究学报》(Harvard Journal of Asiatic Studies)，第 17 期(1954 年)，第 169—230 页；毕晓普(John L. Bishop)编：《中国文学研究》(Studies in Chinese Literature)重印，麻省：剑桥大学出版社，1966 年，第 100 页。

③ 周勋初：《中国文学批评小史》，武汉：长江文艺出版社，1981 年，第 80 页。

④ 宇文所安：《盛唐诗》，纽黑文与伦敦：耶鲁大学出版社，1981 年，第 6 页。

现于 8 世纪。其一,见《宣和画谱》录御府藏郑虔画"陶潜像一"①。郑虔早年家境贫寒,与李白、杜甫为"诗酒友",是绘制第一幅陶渊明像的合适人选。其二,见米芾《画史》载"宗室仲爰收唐画《陶渊明归去来》","其作庐山,有趣,不俗"②。庐山就位于陶渊明家附近,不过《归去来兮辞》中并未提及,可见"归"能广义地用于归"家"或家附近③。

即使李公麟将早期的独幅人物画整合进了连续场景,观者透过长卷看到的主要还是人物身上流露出的个性气质。宋大观四年(1110)的李彭跋(图 1)就是个很好的例子,说明了 12 世纪早期苏轼的追随者是如何以

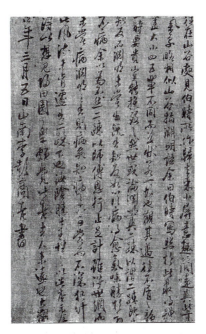

图 1 李彭宋大观四年(1110)跋。佚名《(陶)渊明归隐图》([Tao] Yuanming Returning to Seclusion)卷尾,12 世纪早期。长卷,绢本水墨淡设色,37.0 cm×518.5 cm。图片采自弗利尔美术馆,史密森学会(Smithsonian Institution),华盛顿哥伦比亚特区

---

① 《宣和画谱》,俞剑华标点注释,北京:人民美术出版社,1964 年,卷五,第 108 页。

② 《画史》,《美术丛书(二集第九辑)》,第 3—58 页,第 13 页。

③ "归去来"这个标题可能是米芾起的。《画史》问世的时候,正是《归去来兮辞》与同题画作最受欢迎之时,每个人都把它挂在嘴边。

此为起点来间接表达他对苏轼(和黄庭坚)的敬意的。进一步说,李彭是在抨击起用新党的当朝政府。跋的内容如下:

> 往在山谷处见伯时所作《归去来》小屏,意趣闲远,与此画气象略相似。山谷指渊明,语余曰:"伯时写照,于此最得体。"盖大小四五辈不同,而姿状若一故也。观其迈往不屑之韵,一时要贵岂能挽致之?
>
> 然世或论渊明与二疏①,以谓二疏既出知反,而渊明未尝出。既出知反,如从病得愈,气味胜于初不病。余以为不然,二疏以师傅恩,行止足计,虽涉世网而未尝病,渊明之出则病矣。知病之不可尝而不深犯计,此风流未肯遽出二疏下也。
>
> 汝阴胜士王性之以此本示余,得以想见归田园之乐,颇觉此老去人未远也。
>
> 大观四年三月五日山南李彭商老书。②

一上来,李彭记述了《渊明归隐图》使他想起的人和事,它们都与黄庭坚和苏轼有关。李彭是黄庭坚的外侄,他在黄庭坚那里看到过李公麟一幅类似的画,山谷的评论为李彭对这幅画的观察提供了基点。随后,李彭比较了二疏与陶渊明的"知反",这基本上就是扩写版的苏轼《题渊明咏二疏诗》③。于是透过李彭对《渊明归隐图》的认识,我们看到这篇跋几乎从头至尾都没有离开苏黄二人。李彭如此称引,可以说是有意将他们的人格和境遇与陶渊明以及《归去来兮辞》相照应。他的立场是如此坚定,以至于末尾处的"此老"不仅指向陶渊明,也同样指向苏轼与黄庭坚。如果我们记得苏轼和黄庭坚也会在书画题跋中讨论作品使他们联想到的人,那么他

---

① 疏广与疏受,西汉人,叔侄二人俱为太子少傅,见《汉书·疏广传》,北京:中华书局,1962年,卷七一,第3039—3040页。功遂身退,称病而去,以知止之德为世人所称颂。陶渊明有《咏二疏》,见海陶玮《陶潜诗集》,第215—219页。

② 转引自《欧米收藏中国法书名迹集》卷一,第143页。

③ 《东坡题跋》,上海:商务印书馆,1936年,第2册,第28页。

们在这里的存在感就更强了①,因为李彭无疑也是这么做的。不过李彭的题跋不仅包含关于苏黄的记忆,也是对苏轼观点的重申与阐释,及其与画作的绾合:一个人的价值不是由他的政绩或官位决定的。

李彭写下这篇文字的时候,画作属王铚所藏。王铚是一位博洽、聪敏的藏书家,其父王萃名列 12 世纪初朝廷开列的元祐党人碑,故直至南宋初才免于放逐②。或许是希望继承父亲的老师欧阳修的撰史之志,王铚投身著述,对家中藏书善加利用,多录朝野逸闻、古人逸事,并至少伪作二书③。他也藏画,曾在琢玉坊的墙上刻《归去来图》④。"琢玉坊"这个名字是黄庭坚为碑工李仲宁题的,李仲宁不仅刻艺精湛,还曾抗诏拒刻元祐党人碑。王铚之子王明清记录了如下文字,可能就是从父亲那里听来的:

> 九江有碑工李仲宁,刻字甚工,黄太史题其居曰"琢玉坊"。崇宁初,诏郡国刊元祐党籍姓名。太守呼仲宁,使劖之,仲宁曰:"小人家旧贫窭,止因开苏内翰、黄学士词翰,遂至饱暖。今日以奸人为名,诚不忍下手。"守义之,曰:"贤哉! 士大夫之所不及也。"馈以酒而从其请。⑤

显然王铚对李仲宁的评价也很高,选在琢玉坊刻画书词即属一种褒扬。

---

① 艾朗诺《题画诗:苏轼与黄庭坚》(Poems on Paintings:Su Shih and Huang T'ing-chien),《哈佛亚洲研究学报》第 43 卷,第 2 期(1983 年 12 月),第 413—451 页。艾朗诺认为苏轼和黄庭坚对文学人物画的题画诗通常建立在对这些人物的书写上,而李彭的这一题跋仅建立于对苏轼和黄庭坚的书写上。

② 王文诰:"汝阴王氏",《苏文忠公诗编注集成》,杭州:浙江书局,1888 年,第 6b 页。

③ 王文诰:"汝阴王氏";王铚《云仙杂记》,见张邦基《墨庄漫录》,〔清〕永瑢:《四库全书总目》,北京:中华书局,1965 年,第 1186 页。

④ 见于诗题:善权《王性之得李伯时所作归去来图并自书渊明词刻石于琢玉坊为赋长句》,以及祖可《李伯时作渊明归去来图王性之刻于琢玉坊墙病僧祖可见而赋诗》。厉鹗:《宋诗纪事》,上海:上海古籍出版社,1983 年,卷九二,第 2211、2213 页。

⑤ 《挥麈第三录》,上海:中华书局,1961 年,卷二,第 240 页。

以其所处际遇与自身进退激活了"归去来"这一主题①——李仲宁的耿介使他获此殊荣。

李彭、王铚与《归去来图》之间的关系显示出两人都以12世纪早期的诠释方式来看待这个主题。对他们来说,这一主题体现了元祐党人之间,特别是苏轼与黄庭坚之间的紧密联系。满载思旧之情,不仅是对这些人和他们的才华,也是对那个旧党执政时期的怀念。故此,这个主题也为志同道合者表达和交流这种情感提供了一个安全的平台②。这些关联无不强化着李公麟《归去来图》摹本在共情者心中的价值与意义③。所以李公麟绘画的名声其实是建立在与促使他画这幅画的截然不同的环境之上的,而正是那些相似之处促成了李公麟的扬名与其画作持久的生命力。

三

弗利尔美术馆藏《渊明归隐图》为绢本水墨淡设色长卷,将陶渊明《归去来兮辞》(不包括序)分为七段,分别配图。图解的绘制是受限的,且场景构图"相当静态",这都与画家有意识地采用六朝的风格与图案有关④。它们似乎都呼应着书法中有意模仿的拘谨的先唐古法,从而营造出一种拙朴之风。这种自觉的师古可能与《归去来兮辞》的内容有关——它象征着政治从众与宫廷粉饰的反面——也可能与时代潮流有关。除大观四年的

---

① 王铚一生中有两个时期在江州度过,刻画可能就发生在这时。1107年他随父往江州,1110年示李彭画本,这当中应不曾离开。王萃大约在那段时间过世,王铚刻画的部分原因可能就是为了纪念他。三十年后,王铚因忤秦桧被斥,居于庐山。见《南宋文范》,庄仲方编,江苏书局,1888年,第10b页。

② 苏轼对绘画空间重视,部分原因在于它是一种表达思想的新媒介,这种思想一旦出现在诗歌中,极易招来祸患。具体讨论见艾朗诺《苏轼的文字、绘画和功业》,剑桥,麻省:哈佛大学东亚研究委员会(Council on East Asian Studies, Harvard University),1994年,第299—309页。

③ 仅从李彭的题跋中我们就直接或间接地得知了三种版本的存在(手卷、小屏、刻石)。徽宗时御府藏有两幅署名李公麟的《归去来兮图》,《宣和画谱》卷七,第132页。下文我们将要讨论的基本上同时代的周邦彦,在他的题跋中提到了这幅画的风靡。

④ 魏盟夏《何澄与元初北方绘画》(Ho Ch'eng and Early Yuan Dynasty Painting in Northern China),《亚洲艺术档案》第39期(1986年),第2页。

题跋外①,画上的七段赋文可能也是李彭题写的。李彭的书法以融合了早期的非正统风格闻名②。北宋晚期,人们仿效这种书法风格,将自己与王羲之、王献之始建的书法正统分离开来。弗利尔藏卷中图像表达的拘谨与拙陋之处可能正是经由这些孜孜不倦的摹仿者而进一步得到强化的③。但接下来我们要重点探究的,是弗利尔藏卷到底反映了李公麟原作的何种面貌。

长卷以单幅的形式相连接,除了一些例外,每个清晰的画框中的所有组成部分都与某一特定时刻有关④,很适合用来表现非叙事性的文本。《归去来兮辞》中的事件被以一种非常松散的顺序提及,反映了陶渊明心境的变化。然而辞赋也描述了陶渊明生存的外部世界。反映这样一个文本,最忠实的方式可能是将诗人形象作为连贯的主题与最终的源头,从而把一系列静态的、单独的画面统一起来⑤。

---

① 李彭的题跋和画中所书《归去来兮辞》在笔法上有相似之处,所以有些学者得出了它们均由李彭书写的结论,那么整个长卷和李彭题跋的年代应都不晚于大观四年。前弗利尔美术馆中国艺术部主任傅申是这一观点最积极的倡导者。详细论证见《李公麟与〈归去来图〉长卷》,第132—139页。关于题跋和卷轴之间的关系还有一些其他观点。罗越(Max Lehre)和高居翰都怀疑李彭的题跋原本是为了另一幅画写的,论据之一是弗利尔美术馆藏卷在年代上似乎晚于大观四年,见罗越:《宋代题款画》,《东方学》第4期(1961年),第240—241页。高居翰:《中国古画索引:唐、宋、元》,伯克利:加利福尼亚大学出版社,1980年,第116页。罗覃指出李彭的题跋中没有提到任何关于在画上加书的描述,他认为后者是与李彭同时代的字迹相仿的人所写的(《中国人物画》第39页)。如果事实确实如此,那么它很可能是曾"得李伯时所作归去来图并自书渊明词刻石于琢玉坊"的王铚的手笔。不过目前还没看到有人将王铚书法与弗利尔藏卷上的字迹作对比。

② 见陶宗仪《书史会要》(《四库全书》)卷六,第25页。

③ 参看詹景凤评宋人画陶渊明归去来辞卷:"盖气不昌,笔不由己也。"《东图玄览》,《美术丛书(五集第一辑)》,卷三,第268页。

④ 魏茨曼(Kurt Weitzmann):《长卷抄本与书册抄本中的插图》(*Illustrations in Roll and Codex: A Study of the Origin and Method of Text Illustration*),普林斯顿:普林斯顿大学出版社,1970年,第14页。

⑤ 一些后来的版本开头还有大幅陶渊明立像。波士顿美术馆藏卷在构图上与弗利尔美术馆藏卷几乎完全相同,只是少了最后两个半场景,书法仿效的是宋高宗的草书,卷首有一幅水墨像。四分之三侧面,向左侧迈步,右手持杖藜,上有飘带,身着长袍,左手轻轻提起下摆。画幅较大,少着色,无背景或方位提示,某种程度上使得这幅肖像画之于长卷正如序言之于辞赋。观者在卷首即面对一幅巨大而朴实无华的陶渊明画像,便应体会到下文是诗人的一种抒发。这种读法继而在每一个相应场景中的图文之间建立了更紧密的联系。

第一幕的长度是后六幕的两倍,融入了最为人所熟知的"归去来"主题:陶渊明站在一艘小船的船头,正驶向岸边(图2)。诗人身后的船夫奋力摇橹,乡人和仆从在前方迎接。陶渊明站在画面右半部分正中央,长袍随风飘动,双臂微微抬起,右手指向他的目的地,也就是左侧余下画面的主题(图3)。在那里,陶渊明的两个小儿子站在门口,他们身后,陶渊明的

图2　佚名《(陶)渊明归隐图》,12世纪早期。长卷,绢本水墨淡设色,37.0 cm×518.5 cm。图片采自弗利尔美术馆,史密森学会,华盛顿哥伦比亚特区。第一幕,右半

图3　佚名《(陶)渊明归隐图》,12世纪早期。长卷,绢本水墨淡设色,37.0 cm×518.5 cm。图片采自弗利尔美术馆,史密森学会,华盛顿哥伦比亚特区。第一幕,左半

夫人立于园中，身姿摇曳，对诗人的形象起到平衡作用，终止了视点的左移。

　　船向岸边移动的场景融合了辞赋开头部分的诸种瞬间，为我们提供了一个强有力的画面。图像上没有任何对陶渊明刚刚卸任的标示，连他的装束都已经是一名肩披兽皮、头罩纱巾的隐者。然而这一叶扁舟，就在叙述了诗人从官场逃离的序言旁，有效地传达了如释重负，甚至可以说是卡塔西斯（catharsis）之感。佛教叙事画中类似的小船意象非常流行，定然也加强了本作中的这一效果。《妙法莲华经》第二十五品《观音普门品》，经常描绘遇上海难的人向观音求救（图 4），它在宋代尤其流行①，能够推动观者将《归去来兮辞》中的小船场景理解为逃离或摆脱危险。这样一个意象也与佛教文学中获得救赎的隐喻有关。此外，陶渊明抬起的手势使人联

图 4　观音救海难图，《观音普门品》。敦煌莫高窟第 45 窟南壁
　　　西侧，8 世纪。载《中国石窟：敦煌莫高窟》，敦煌文物研究
　　　所编，第三卷，图版 134

---

　　①　插图本《法华经》在宋代大量印制。见村濑实惠子（Miyeko Murase）《作为救人者的观音：中国画中的〈妙法莲华经〉第二十五品插图》，《亚洲艺术》，第 33 卷，第 1/2 期（1971年），第 67 页。

想到佛陀的说法印，因此可能会促使观者把整幅画卷的内容当作诗人自己创作的文字和人物来看待①。

虽然李公麟对佛教艺术相当熟悉，但不确定他是否将陶渊明这一形象建于佛教原型之上。可能更早的时候就已经有画家将其引入。不过任何李公麟可能用作原型的归去来图，应该都不包含身着官袍的人在占据画面中心的岸边位置叩头迎接。画中这个人对陶渊明摆出毕恭毕敬的姿势，在南宋佚名绘画《望贤迎驾图》里有几乎一模一样的例子（图5）②。这种惊人的相似性表明这两个人物具有可比性：他们都位于两幅作品的中心位置，将自己和观者引向一个被文人群体尊重的对象的观感中。也许第一个场景中身边围绕着欢迎者的叩头官员还指向二疏辞官，它是一个常与《归去来兮辞》伴生的、更古老的绘画题材。

我们已经看到，李彭题跋的一大部分都被用来阐述苏轼的《题渊明咏二疏诗》。一幅几乎同时代的画作上，周邦彦的题跋也将陶渊明与二疏相提并论：

> 韩退之云："昔疏广、受二子，辞位而去。公卿祖道，都门外车数百两，道路观者多叹息泣下。汉史既传其事，后世工画者又图其迹。至今昭人耳目，赫赫如前日事。"龙眠居士尝以陶靖节《归去来辞》形之图画，家宝户传，人人想见其风采。二疏以知足去位，亮以违己弃官，皆不为声利所汩，世外人也。龙眠用意至到，依辞造设，若亲见其事云。
> 政和二年九月望武林周邦彦跋。③

---

① 一般佛经扉画描绘的不仅是佛经的内容，也包括佛经传达的氛围和情境。孟久丽已经指出李公麟为文本作画时会使用这种方法，后来对马和之产生了影响。《宋高宗与马和之〈毛诗图卷〉：〈诗经〉插图》，博士学位论文，普林斯顿大学，1981年，密歇根大学安娜堡分校微缩胶片，第205页。

② 这幅南宋画院画师所作的立轴巨幛，画的是安史乱后唐肃宗在陕西咸阳望贤驿迎接唐玄宗的故事，一说为汉高祖刘邦立国后迎其父到新丰之事。见高居翰《中国古画索引》，第218页。

③ 《清河书画舫》卷八，第58a—b页。

图5　佚名《望贤迎驾图》,南宋。立轴,绢本设色。上海博物
　　馆藏

对韩愈来说,二疏图是值得称赏的,因为它传达了一个非常正面的历史事件。周邦彦进而赞美李公麟的归去来图,通过将其与历史更悠久并具有教化作用的绘画题材并称。值得注意的是周邦彦题跋中对两种归乡之间的类比:从已取得的功业角度来看,陶渊明与二疏相距甚远;从两者的文学来源看,一正史,一辞赋,差异也很大。但重要的是他们都象征着古人的操行。讨论他们的相似之德,为评议当代的价值观念提供了抓手。

周邦彦、李公麟,以及苏轼题跋的一个主要意图,是将价值判断的标准定于世俗意义上的成功之外,于是隐士陶渊明被提到了一个全新的高度。在比较两幅画的主人公时,这些画跋不必讨论图像上具体的相似之处,他们只是借此回应当代的重要论题。通过绘画,李公麟在这当中发挥了他自己的作用。

弗利尔藏卷的余下六个场景描绘了处于关键位置的陶渊明与周围的自然环境、社会环境的互动。通过在山水与人文之间有意为陶渊明设计一些往还,手卷呈现出他身份中互补的两面:社会属性的人和田园隐逸诗人。这种往复的模式与画卷对照着的构图序列相吻合。发生在房屋或建筑物中,地面高低不平或有着极少远景的场景,与更广大的户外的图景相互交错,就更显得后者地面平坦而背景深远。

第二幕中陶渊明与家人团聚(图 6)。他的心满意足与舒适安逸是通过姿势来表现的。陶渊明外衣松解,赤右足,向前伸开,膝上置琴。这种画法可能参照的是陶渊明那个时代的肖像画,如荣启期像(图 7)①,这位 5 世纪人物画的主人公身兼儒家的权威与竹林七贤的超然。同时也是画家对陶渊明的一种个性化表现,他被安排在画面中间,前景里有一些徐行过庭

---

① 相传荣启期曾与孔子交谈。刻有他与竹林七贤的画像砖 1960 年出土于南京西善桥的一座 5 世纪墓葬。张彦远在《历代名画记》(成书于 847 年)中录有顾恺之作荣启期像,可能与之相类,9 世纪中期尚能见到。详见索柏(Alexander Soper)《一座新发掘的中国古墓:一个著名文学题材的最早呈现》,《亚洲艺术》第 24 卷,第 1/2 期(1961 年),第 85 页。可以想见,李公麟看到过顾恺之的荣启期像或类似作品。

图6　佚名《(陶)渊明归隐图》,12世纪早期。长卷,绢本水墨淡设色,37.0 cm×518.5 cm。图片采自弗利尔美术馆,史密森学会,华盛顿哥伦比亚特区。第二幕

图7　《竹林七贤与荣启期》砖画拓片(局部),5世纪墓,西善桥,江苏。载《六朝艺术》,姚迁、古兵编著

的僮仆,还有些家居用品,其中包括几个挂瓢①。

尽管画面两侧文本的基调是一种自我纾解、自我发现,但这一场景中几乎每个元素都强调了家庭和谐的主题——包括一只公鸡在照看侧厨屋檐下蹲在窝里的母鸡。陶渊明凝望着院子里那棵大树的枝桠("眄庭柯以怡颜"),妻子和他坐在同一张垫子上,朝坐在两个儿子对面的女仆说话。仆人和孩子们中间有一个巨大的青铜酒器。这些细节几乎没有文字依据。即使是酒器也偏离了它在辞赋中的功能,它原本只为陶渊明所用,现在却处在家族的中心。正如在第一幕中加入妻子和作揖的官员。第二幕这个家庭团圆的画面,有助于为陶渊明构建一个儒家社会框架,并提醒观众注意画卷背后的教化之意,这将在第四幕和第六幕中继续展开。

与之前亲密的室内构图不同,第三幕中,陶渊明站在假山上一棵高大的松树旁,这座假山似由嵌空多坳的园林石构成(图8)。诗人侧着头,似乎表明他对周围的一切都是理解的,包括篱外远山。松树扭曲的树枝从树干向各个方向延伸,可以看作是陶渊明与画面其余部分以及世界的关系图:以陶渊明为中心向四面辐射,观察万物。从远处的旋云,到疏野的假山,再到飞鸟,与这个中心方向、深度不同的元素运动着,让人在一个完整而富生机的自然环境中体会到一种"陶渊明感"。

背景中,山上生白云,倦飞鸟归巢,二者对称地分布在陶渊明两侧。这种构图凸出了它们在文中占据的重要地位,传达了陶渊明与这些无功利的自然界生物之间特殊的亲密关系。飞鸟的位置还在视觉上将我们引向陶渊明,然后是背景中的山,说明诗人就算没有往山的方向看,他也一定看到了。在这里,我们得到了一个陶渊明"遐观"的例子,也在视觉上再现了《饮酒》其五中"无心而见南山"的主题②(可能是指离家不远的庐山)。

---

① 挂瓢象征着陶渊明的清贫,有比于颜回:"一箪食,一瓢饮,在陋巷,人不堪其忧,回也不改其乐。"见《论语·雍也》第十一章;李克曼(Simon Leys)译注(Analects of Confucius),纽约和伦敦:诺顿公司,1997 年,第 25—26 页。

② 这种解释基于苏轼等人的观点,即"见"指的是不经意间目遇,而非有意的"望"。见杨勇《陶渊明集校笺》,香港:吴兴记书局,1971 年,第 145—146 页。

图8　佚名《(陶)渊明归隐图》,12世纪早期。长卷,绢本水墨淡设色,
　　　37.0 cm×518.5 cm。图片采自弗利尔美术馆,史密森学会,华盛
　　　顿哥伦比亚特区。第三幕

通过对第三幕的解读,我们弄清楚了米芾提到的唐画中的庐山。李公麟
的《东篱图》和《松下渊明》可能在意象和构图上都和唐代的原作以及第三
幕相类,表明后者不仅是弗利尔藏卷中最近古的部分,也是更广义的陶渊
明像的基本模式①。

　　文人流连山水的主题似乎是8世纪绘画的遗产,8世纪隐士卢鸿的
《草堂十志图》就是李公麟临习的对象之一②。日本正仓院所藏8世纪文
物上的图案从视觉上传达了人物与其所处自然环境间的紧密关系。盘上
绘一文士背对观者立于树下(图9);琵琶捍拨上绘二位名士休憩于山脚之

---

　　①　〔宋〕黄庭坚:《题伯时画松下渊明》,《黄山谷全集·山谷内集》,宋本,上海重印,1915
年,卷九,第4b—6a页。元祐三年(1088),苏轼知贡举,山谷为参详,李公麟等为其属;黄庭
坚题伯时画松下渊明。黄䅖:《黄山谷年谱》,《适园丛书》本;台湾:学海出版社,1979年,第
255页。苏轼《题李伯时渊明东篱图》,《东坡续集》《四部备要》)卷一。
　　②　台北"故宫博物院"藏有一幅卢鸿的《草堂十志图》,见《"故宫"名画三百种》,台北:
"故宫博物院",1959年,卷一,第5—14号;大阪市立美术馆亦藏一种,见《大阪市立美术馆藏
中国绘画》,东京:朝日新闻社,1975年,第70号(无页码)。

下(图 10)——他们都在心理上与周围的环境相交融①。这些画的主题似乎既不是人物也不是风景,而是两者之间的关系。李公麟显然也寄望于这种方式,试图传达出陶渊明内心世界与外在环境的交融感,所谓情景交融,正是渊明自然诗的特点。这种融合的过程在第五幕与第七幕中表现得更加明显。

图9　密陀绘盆(局部),佚名,8 世纪,正仓院,奈良,日本,细节与图示。载田中一松《从白描到水墨的展开》(白描から水墨への展開)《水墨美术大系》卷一,图版 59

图10　紫檀木画槽琵琶捍拨,佚名,8 世纪,奈良,日本,图示。载《正仓院展》,奈良:奈良国立博物馆,1998年,第 75 页

---

①　见《正仓院展》,奈良:奈良国立博物馆,1998 年,第 75 页。

弗利尔藏卷的后四幕延续了第二、第三幕的交替模式。第四幕返回到内部或者说封闭模式,与第二幕的构图类似,也从正视的角度描绘了陶渊明坐在室内面对园中的样子(图11)。门外的马、牛、仆人将家庭场景与外部世界分割开来,他们耐心地等待着围坐在陶渊明身边的三位访客,门外还站着第四位访客①。在这些酒友的拥簇下,诗人将注意力转向园中的一位农人,对方正陈说春天的来临与眼下的耕事。

图11 佚名《(陶)渊明归隐图》,12世纪早期。长卷,绢本水墨淡设色,37.0 cm×518.5 cm。图片采自弗利尔美术馆,史密森学会,华盛顿哥伦比亚特区。第四幕

---

① 吴同在他为波士顿博物馆藏《归去来兮图》所作的图录中指出,第四位访客和背景中其他百无聊赖的人都是朝廷派来传唤陶渊明上任的使者,他说这些人都被回绝了,陶渊明的僮仆们正示意他们离开。见《龙之国的传奇:中国绘画一千年》,波士顿:波士顿美术馆,1997年,图录89"佚名:《归去来辞书画卷》",第192页。这种说法貌似合理,但更合理的解释是他们是等着主人的马夫。李公麟的其他作品中也有这样悠闲的马夫,如《山庄图》(图12)、《临韦偃牧放图》(图13)。就像弗利尔藏卷的第四幕,《山庄图》中这些昏昏欲睡的下人似与一旁的文人们形成对比,也暗示了雅集的持续时间之久。站在门外的高个子的官员可以代表江州知事王弘,王弘曾多次试图结交陶渊明未果。我们不知道这次他是否会成功,这种视觉呈现上的模棱两可有其文字根据。据陶渊明传记,诗人对这位执着的官员显示出的态度是不卑不亢的。

图 12　李公麟《山庄图》。长卷，纸本墨笔，28.9 cm×364.6 cm。藏于"国立故宫博物馆"，台湾，中国。局部：悠闲的马夫

图 13　李公麟《临韦偃牧放图》。长卷，绢本水墨淡设色，藏于故宫博物院，北京，中国。局部：悠闲的马夫

李公麟将从原赋各个部分得来的印象整合在一个统一的构图中，在陶渊明的叙述外建立了一个语境，延续了那种与尘世渐行渐远的内心独白。第四幕不是简单地将文字转换为图像语言，而是对文本中蕴含的意象作了呈现。原作这一段前四行强调了陶渊明对官场以及那些深陷其中无法自拔者的弃绝。但似乎是为了确保陶渊明不被解读为矫世的怪人，他被描绘为诸多亲友中的佼佼者，从众人的言行举止中可以看出他们是正在任上或业已去职的官员。由是，塑造出一个既远离人世又受到尊崇的形象。

这幅画似乎动用了描述陶渊明隐居生活方方面面的传记材料。换言之，他的传记以及文集中自传性质的细节，在《归去来兮辞》文本的图像呈现中扮演着突出的角色。门外的王弘就是一个来自自传的例子。篮舆（或者说竹轿，廊柱左边的东西）又让观者联想到诗人的交游活动①。他自己的作品，如《咏二疏》，也可能和这个与友人推杯换盏的场景有关：

> 厌厌闾里欢，所营非近务。
> 促席延故老，挥觞道平素。②

弗利尔藏卷的最后三幕被设置在更广阔的户外。其中第五幕展现了最包罗万象的一个场景，我们看到进入画面右侧突出位置的陶渊明坐在牛车上，身边三个僮仆带着食物和酒（图14）。往左有三棵叶形各异的树木，观者被进一步引向深景，在那里，起伏的山峦让位于蜿蜒的水道，远处有一条小船。这个画面表现的是四个骈句，命车与棹舟同等重要。这些骈句再现了诗人的回忆（也可能有他的想象），在陶渊明的赋中并不孤立存在，在

---

① 陶渊明最广为人知的出游经历要属访庐山，在他的早期传记中已有记载，在后来的白莲社故事中有详细描述，李公麟以此为主题作莲社图，画上的渊明（作为从未入社的访客）坐于轿中。见公麟族子李冲元跋，见毛德琦《庐山志》，吴宗慈编《庐山志》，上海：中国仿古印书局，1933年；以及李公麟学生张激所作另一版白莲社图后的李棻题跋。见《辽宁省博物馆藏画集》，北京：文物出版社，1962年，第35页。

② 《陶渊明集》卷四，第128页；海陶玮《陶潜诗集》，第215页。

们共同构成了一个自然整体性的理念或者说"图景"。为使这种整体性免遭哪怕一丁点儿断裂,舟与车被囊括进同一个画框。同时画家又淡化了这种双重存在——通过将远处的船画得很小,小到几乎看不到诗人的身影。

图14　佚名《(陶)渊明归隐图》,12世纪早期。长卷,绢本水墨淡设色,
　　　37.0 cm×518.5 cm。图片采自弗利尔美术馆,史密森学会,华盛
　　　顿哥伦比亚特区。第五幕

正如图中下半部分有人相随前后的牛车与画面上方的小船相呼应,前景中走向陶渊明的樵夫与后景中放牛的牧人也遥相呼应。这些意象有助于在辞赋和理想化的、宁静的田园风光之间建构起一种强力纽带。老子骑牛出关的故事(一个3世纪的道家故事,讲述了老子如何将他的教诲带到印度,并成为历史上的佛陀)可能也为这儿驱使牛车的陶渊明提供了图像原型。这一主题的视觉联结置陶渊明于道家语境;樵夫、牛倌和渔船传达了自然从容的理念、深化图像的田园情调,并表现了陶渊明式的人格①。

---

①　周密:"韩滉归去来图又双牛佳。"《云烟过眼录》,《美术丛书(二集第二辑)》,第1—116页,第50页。韩滉之所以被《归去来兮辞》的主题吸引,可能是因为这与他最热衷的"田家风俗""人物水牛"有关[朱景玄《唐朝名画录》,《美术丛书(二集第六辑)》,第3—28页,第27页],他为我们呈现了陶渊明的住所与家畜。感谢张珠玉(Scarlett Jang)指出《归去来兮辞》与画作主题之间的关系,以及理想化的田园常常通过牛来表现。

宋代画家孙可元的《陶潜归去来图》可能是李公麟在这一场景中用到的另一个视觉资源。据《宣和画谱》，孙可元"好画吴越间山水"，御府有藏①。第五幕中小山绵延，曲水绕流，与葱翠的江南风光别无二致，使人想起以宋迪为首所作的《潇湘八景图》②。署名孙可元的另一幅《山寺晚照》③与潇湘八景之一《烟寺晚照》十分相像。透过薄雾看到的淡墨小洲与草木也将第五幕与孙可元画，以及与李公麟同时代的画家赵大年的《归田园》关联起来："烟林蔽亏，遥岑远水……葭芜鸥鹭，宛若江乡。"④

第六、第七幕描绘了《归去来兮辞》的末尾部分。从"已矣乎"（化用《离骚》）开始，陶渊明的叙述更明显是一种内心独白了。对活动的描述被当作诗人思路的一部分来呈现，而非现实的游踪；内在与外在的现实不再是割裂的。尽管这样对现实的模糊化处理有所增加，陶渊明心中所想与外部实际发生之事的区分已然相当有力地推动了整篇作品。以"已矣乎"为起点，他的独白转向了更高远的境界，在那里万事万物都被理解为陶渊明意识的产物。

虽然第六幕描绘的是室外发生的事，但由于整个画面被分割成几片田地，极其平坦而几乎不允许一丝景深上的后退，故而它只能被视作内部模式或者说封闭模式（图 15）。陶渊明蹲下身子除草，视觉上参照了《论语·微子》第七章⑤。诗人、僮仆和附近的农人占据了两块不太规整的田地，背对右侧修剪得较为整齐的部分，打马而过的朝廷官员，以及他的仆从。整个场景平面展开，明白如话，与观者理解画面内容的方式是一致的：陶渊明蔑视秩序井然的田地间的官员，而青睐属于他自己的不那么规则

---

① 《宋元研究杂志》（*Journal of Sung-Yuan Studies*），第 26 期，1996 年，第 113—144 页。《宣和画谱》卷一一，山水二，第 192 页。

② 姜斐德（Alfreda Murck）：《〈潇湘八景图〉与北宋贬谪文化》，《宋元研究杂志》，第 26 期，1996 年，第 113—144 页。

③ 周密《云烟过眼录》著录，第 17 页。

④ 张邦基：《墨庄漫录》（《四部丛刊》），卷八，第 1a—b 页。

⑤ 一位老隐士斥责孔子与子路不懂种田，随后"植其杖而芸"，"子路拱而立"。《论语》，阿瑟·韦利（Arthur Waley）译。纽约：古典书局（Vintage Books），1938 年，第 220 页。原文"或植杖而耘籽"化用了这个典故，图中第六幕亦然。

图15 佚名《(陶)渊明归隐图》,12 世纪早期。长卷,绢本水墨淡设色,
37. 0 cm×518. 5 cm。图片采自弗利尔美术馆,史密森学会,华盛
顿哥伦比亚特区。第六幕

的土地。

　　钦慕地望向陶渊明的官员身份不明。画面上他的位置高于陶渊明,
似乎扮演着比王弘或"不为五斗米折腰"故事中的督邮更为重要的角色。
又或许,我们应当满足于将这个人物认作对陶渊明流露出敬仰之情的士
大夫。无名,使他更能代表他所身处的社会,那个更广大的社会绝不仅限
于渊明生活的时代,还涵括了李公麟生活的时代。艺术家和他的观众当
然知道身处贤人政治时代的陶渊明对自己的描述①。农田与骑马经行的
官员无疑唤起了对古代乌托邦的怀想,那时候百姓安居乐业,不受官家侵
扰②。对苏轼和其他 11 世纪晚期李公麟的赏识者来说,这位过路官员的

---

　　① 见陶渊明《五柳先生传》、《与子俨等疏》。

　　② 沿着沟渠与水闸,清晰划分的稻田同样使我们想到《耕织图》系列,并将身处田地的
陶渊明与儒家理想的农耕社会联系起来——还有一些作品,也以农耕场景来描绘这种理想社
会,如北宋仁宗宝元初至哲宗元符间,曾于延春阁两壁绘农桑耕织图。史岩:《宋季翰林图画
院暨画学史实系年》,《美术丛书》六集第二辑,第 56、67 页。

无为可能与当朝推行新法过程中一些农业方面的恶政形成了鲜明的对比①。

诗僧善权写王铚刻李公麟归去来图的那首诗中,下面这一联的对句很可能指的就是第六幕中骑马的官员:

林端飞鸟倦知还,陌上征夫识前路。

尽管其中很多词都来自《归去来兮辞》第一段("问征夫以前路"),从上下文来看,善权的意思是万物自得其意。

弗利尔藏卷的最后一幕非常独特,画面中有两个陶渊明,两人在布局上平分秋色(图16)。虽被一棵虬曲的古木隔开,实则踩在同一块土地上:

图16　佚名《(陶)渊明归隐图》,12世纪早期。长卷,绢本水墨淡设色,37.0 cm×518.5 cm。图片采自弗利尔美术馆,史密森学会,华盛顿哥伦比亚特区。第七幕

---

① 这一时期新旧党争愈演愈烈,见艾朗诺《苏轼的文字、绘画和功业》,第27—53页。包华石(Martin Powers)还将这个骑马的人和11世纪晚期的问题联系起来,认为他是个富有而傲慢的地主,他的造作衬托出陶渊明的自然。《林园石,分形和自由》,第35—36页。

右端隆起成所登"东皋"，左端沉降为所临"清流"。一边的陶渊明俯瞰跟前，一边的陶渊明眺望远方，由此，他们共同创造了这个空间，以及在这当中全知的陶渊明。两个人物在整幅画面中所处的位置比他们具体的行动更重要。相较于其他场景，艺术家在这里似乎完全抛弃了对叙事细节的关注，全情投入辞赋末尾想要表达的宏大视野。

巨大的土石向三个维度展开，给构图带来统一性，并阻断了那棵树被视作时间上的隔断的可能。尽管从站在高地的陶渊明到坐在岸边的陶渊明，这种历时的展开引导观众从右到左看画，但强化这个场景视觉整体性的元素最终占了上风。于是，两个"陶渊明"并没有形成叙事发展，而是像他们在文本那样，以更大的体系中某个时刻或某一命题的面目出现。因此第七幕最终将陶渊明从时间序列中抽象出来，与周围环境合而为一，这种倾向贯穿全文并在这里达到了顶峰。此前呈现的正面姿势多少使他与环境有点脱节，让读者无法完全与他共情，尽管这对肖像画来说是适宜的。直到第七幕的最后一个画面，观者实实在在地走进陶渊明的心灵，隐隐与他共享着世外之思[1]。

四

《渊明归隐图》中七个场景的构图，在观者对主人公的视觉理解上起着至关重要的作用。陶渊明在第二、四、六幕中与其他重要人物一起出现时，他的重要性由他与纵横交错的房屋单元的关系、视线、手势和身体朝向定义。在第三、五、七幕中，这种平面上的活动的重要性就要小于纵深上的了，陶渊明的中心地位转而取决于他身处位置的前后及其动向。第一

---

[1] 包括詹姆斯·罗宾逊（James Robinson）在内的几位学者已经将这幅画左边的山壁确定为陶渊明在《游斜川》中描述的"曾城"。罗宾逊在一篇关于弗利尔藏卷的论文中讨论了这个问题，该文章基于其硕士论文，发表于1982年大学艺术协会小组会议。根据陶渊明的序言，这首诗是他在某次节日与朋友一起出游的途中写的。诗人接着写道，曾城"傍无依接，独秀中皋，遥想灵山，有爱嘉名"。海陶玮，《陶潜诗集》，第56页。这座山与不朽的联系，使陶渊明想到生命的短暂，从而在《游斜川》中抒发了一种及时行乐的心情。弗利尔藏卷的最后一幕可能唤起了同样的心情。

幕兼有这两种构图:它类似于第二、四、六幕,因为比起前后移动更偏于横向移动。同时又渗透了我们对第三、五、七幕的理解,因为它展现了陶渊明进入风景的过程。所有这七幅画不仅仅是诗人活动的背景,而且还是陶渊明身份的空间定位。

　　封闭式与开放式构图的交替不仅是维持一系列静态肖像画视觉吸引力的手段,还是表现隐逸诗人及其作品的两种差异很大的方式的交织。一种是将陶渊明设想成无拘无束的自然诗人,这种语境下他的魅力是文学性的和私人化的,几乎是无关政治的,体现在画卷的单数场景中。第三幕和第五幕,可能也包括第一幕,都是从早期的归去来图中得来的,那些画将整篇《归去来兮辞》提炼成统一的单幅画作[①]。第七幕则显然是李公麟自己的创获[②],延续了第三幕和第五幕建立的序列,在使隐士本人的视觉形象不那么突出的同时,让他的每一次出现都与环境形成更深广的心理关系。就好像将陶渊明渐渐融入周围自然环境的过程逐一编次——从在园中对自然的体认(第三幕),到徜徉于更大的风景之中(第五幕),到借超脱尘世的远山将精神从物质世界抽离出来(第七幕)——为诗中的"情景交融"提供了一种视觉联结。艺术家的意图很明确,他画这三幕是为了去表现陶渊明眼中的风景,所以观者应该将它们看作诗人思想的直接反映。进入了陶渊明的精神世界就能亲身去领略那些风景了,或者更确切地说,是代入陶渊明,以陶渊明的方式去体验。而且,题写在这些画面旁的文字很可能本就是从这种体验中产生的,观者注视着陶渊明的文学创作时刻,同时也无声地参与其中了。

---

　　①　参见对弗利尔藏卷的早期讨论:第三幕的基本构图是以唐朝的陶渊明像为基础的,第五幕可以看出与李公麟时代相近的孙可元《陶潜归去来图》中江南水乡的影子。

　　②　第七幕的左半部分,或是某幅与之相似的画,可能对应的就是《宣和画谱》中提到的"公麟画陶潜《归去来兮图》",不在于田园松菊,乃在于临清流处。我们推测,能够在对隐士的早期传统表现方式中找到这样的例子。《宣和画谱》卷七,第 131 页。见穆勒:《李公麟〈九歌图〉》第四章;散见于萨进德(Stuart H. Sargeant):《题跋的均衡作用:苏轼与黄庭坚的题画诗》,《哈佛亚洲研究学报》,第 52 期(1992 年 6 月),第 286—289 页。萨进德将"清流"译作"Clear flow"。韩文彬指出李公麟画中人物临水而坐的场景来源于佛教画中的韦提希夫人临水作日想观。见韩文彬《文士的山水:李公麟〈山庄图〉》。

另一种表现隐逸诗人的方式,则是将陶渊明设想为儒家圣人,如此一来他的归隐就具有了重大的社会道德意义,这在 11 世纪前的归去来图中似无先例。第二、四、六幕的推进并没有使陶渊明与自然环境融为一体,而是将他塑造为一个不断扩大的社交群体中的核心人物:第二幕中的家庭,第四幕中的友朋,第六幕中更广大的社会风俗。正是在这些场景中,我们还发现它援引了各种来自早期绘画的视觉资源,这些部分与《归去来兮辞》的主题无关,在文中也找不到对应的描写。我们能够在这些双数场景中看到李公麟作品与其他绘画在视觉上的相似之处,并非巧合[1]。

图 17 佚名《夫妇宴饮图》,约 2 世纪。洛阳唐宫中路东
汉墓 CIM120 壁画,载洛阳博物馆:《洛阳汉代彩
画》,第 54—58 页

这两条平行线索交织起来,巧妙地吸收不同的视觉传统。这样看来,艺术家在吸收并综合这一主题旧有表现方式的同时,也在努力追求艺术史层面的深度与广度,他还一并引入了一组 11 世纪时相当摩登的图像。

---

[1] 第二幕中对陶渊明和他妻子的描绘源于汉代的宴饮图传统,我们今天能够通过 1981 年洛阳玻璃厂西侧发掘的唐宫中路东汉墓 CIM120 壁画来了解这一传统(图 17)。《洛阳汉代彩画》,洛阳博物馆供稿,河南:美术出版社,1986 年,第 54—58 页。李公麟使用了与他《孝经图》卷五中类似的手法(图 18)。第四幕中的渊明与友人也使人联想到更早的二疏图。第四幕中悠闲的马夫和第六幕中骑马的官员,都是辞赋中没有的角色,分别类似《山庄图》与《孝经图》中的人物。

最终达到的整体效果是将经典的主题以一种崭新的方式呈现出来,且用两种方法确保其仍不失权威性与合理性。方法一上文已经提到,即在凸出纵深的单数幕中借鉴更早的归去来兮图,表现自然场面中的陶渊明。方法二,则是用最古老的手法表现最时新的概念。平面分割的第二幕和第四幕在表现住所时使用了古老的对称手法,将陶渊明置于这样一种视觉语境——李公麟时代的文人士大夫眼中古代的理想儒家社会秩序。李公麟画的孔庙中也呈现出这种对称与秩序(图19)①。此外,这两幕中主要人物的正面视角及一定程度的重复性安排赋予它们一种仪式感②,并使陶渊明成为公德与私德的守卫者,尽管(也可能是因为)他远离政治权力中心。虽然发生在户外,古老的平面分割的手法在第六幕是最显著的。它使人想起近乎地理学的视角——另一种暗示旧日乌托邦的老做法。总而言之,这三幅图的古意唤起了人们对旧场景的新感觉和对常规预期的偏离,体会到李公麟本人对这一文学传统的解读③。

---

① 见李公麟《孝经图》第 16 幅。班宗华等:《李公麟〈孝经图〉》,第 145—146 页,图版 13。

② 孟久丽观察到:"在宗教仪式或体验中,引人瞩目的正面透视似乎是传统的表现手法。"《〈女孝经图〉与宋代文本插画》,《东方学》第 18 期(1988 年),第 102 页。

③ 上述场景类型的二重性不仅仅是李公麟"修正主义"文本阐释的一种手段。这两种方法符合更广泛的二元论,例如高友工提出的抒情和叙事间的二元论。前者以内心的经验为中心,具有内在的意义;而后者是事物的叙事模式,将生命解释为一连串与他人的互动。《中国抒情美典》(Chinese Lyric Aesthetics),收于《词与画:中国诗歌、书法与绘画》,姜斐德、方闻编,纽约:大都会艺术博物馆;普林斯顿:普林斯顿大学出版社,1991 年,第 47—90 页。弗利尔藏卷中那些场景的双重性,也可与宇文所安区别《离骚》及其注解的"两个层面的话语"相媲美:内在文本,即诗歌本身,"隐秘、骚动,处在被误解的边缘";外在文本,即评注,使一切"痛苦地清晰和可敬"。《中国传统诗歌与诗学——世界的征象》,麦迪逊:威斯康星大学出版社,1985 年,第 258 页。任博克(Brook Ziporyn)在他讨论宋词中两种时间的文章中提出了另一个特别恰当的例子。从牟复礼观察到中国的宇宙论中存在"两种时间观",到任博克区分了道家的时间——纯粹的现在,一个人"全神贯注于当下的全部感觉"——和儒家的时间,在儒家的时间中,事物由它在线性历史发展中的位置赋予价值,作为"文化记忆(传统)"的过去具有极端重要性。《时间悖论:宋词中现在时与过去时的相互作用》,《中国文学:论文、文章、评论》(*Chinese Literature: Essays, Articles, Review*),第 17 期(1995 年),第 90 页。最后一种值得注意的二重性来自余英时,他指出中古早期思想中的"自然"与"名教"之争在一定程度上反映了知识分子们的个体自觉与群体自觉之间的紧张关系。将"名教"置于首位,或可提高儒士相对其他政治团体在宫中的地位。《汉晋之际士之新自觉与新思潮》,《新亚学报》第 4 卷第 1 期,第 3 页。毫无疑问,北宋晚期对陶渊明儒家式解读的背后也有类似用意。

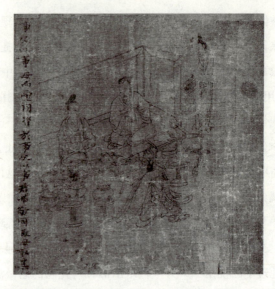

图18　李公麟《孝经图》，约1085年。长卷，绢本墨笔，21.9 cm×475.5 cm。大
　　　都会艺术博物馆。唐氏家族(P. Y. and Kinmay W. Tang Family)收藏，
　　　唐骝千家族(Oscar L. Tang Family)捐赠，1996年。局部：第五章

图19　李公麟《孝经图》，约1085年。长卷，绢本墨笔，21.9 cm×475.5 cm。大
　　　都会艺术博物馆。唐氏家族(P. Y. and Kinmay W. Tang Family)收藏，
　　　唐骝千家族(Oscar L. Tang Family)捐赠，1996年。局部：第六章

我们还没有探讨弗利尔藏卷图文之间的任何细节问题。李公麟为其他文本作画时(如《孝经图》《九歌图》),也在文本与场景的交替形式中采用了拟古的手法,他创造了一系列图像,而绝非单纯将文本转为绘画。第二、四、六幕中的许多意象在《归去来兮辞》中都并没有出现。虽然陶渊明本人的动作是根据文字设计的,他所处的社会环境却并非如此。第三、五、七幕以及第一幕的右半部分,已经呈现了文本中诗意时刻的精髓,集中体现了辞赋中的高潮部分(在李公麟将它们串联起来形成一种伪叙事进程之前,它们就已经单独地自成一景)。然而,第二、四、六幕强调的是陶渊明作为社交网中的一部分,与其说这是为原作配图,不如说是一种评注和阐释。这两种场景类型中陶渊明扮演的不同角色,通过他在第一幕中抬起的手结合了起来,既显示了他对归家的期待,也指向了佛教画中佛陀的说法印。艺术家将文学文本的内容图像化,同时超越内容,以阐明其周围环境及创作了文本的诗人自己。

在对中世纪晚期欧洲文本插图的研究中,碧姬·布特纳(Brigitte Buettner)指出:"图像和文本之间的差异总是与文化相关的。"[1]我们感觉到李公麟在对《归去来兮辞》的视觉性演绎中为他和他自己的画设想出一种权威性,他将辞赋中的陶渊明时刻与自己博洽的评议交织在一起,在这个层面上说他就像一位儒家经师,提供对历史背景和文本深层含义的解读[2]。值得注意的是弗利尔藏卷的深层含义,这幅将陶渊明描绘为儒家社会道德楷模的画卷,反映了当时人们十分重视去表达文人团体的独立性和自主性。如果可以说弗利尔藏卷中凸出纵深的单数幕为我们提供了进

---

[1]　碧姬·布特纳:《中世纪晚期宫廷社会的手稿》,《艺术通报》,第 74 卷第 1 期(1992 年 3 月),第 85 页。

[2]　鲁晓鹏(Sheldon Hsiao-Peng Lu)认为《春秋》的儒家注释提供了"文本输入的缺失环节和历史语境";这部经典"不是一般意义上的历史记录。它具有'神话'和'寓言'层面的含义,并且只能通过释义才能挖掘出来"。《从史实性到虚构性:中国叙事诗学》,斯坦福:斯坦福大学出版社,1994 年,第 58—61 页。在更晚近的,与经部相差甚远的文本中,也蕴含类似的儒家式解读:"阅读中国小说的挑战来自于穿透表层文本去发掘潜藏的意识形态、道德、历史,或者更确切地说,'非历史'和'元历史'的意义层面。"(第 73 页)

入隐逸诗人内心的独特视角,那么双数幕向我们展现出的艺术家及其同辈人,并不比他们展现出的陶渊明更少。正是这些对古代风俗与用具苦心孤诣的再现①,反映了李公麟自己在文本外部的能动性。这七个场景的排布向我们声明,它表达的是辞赋的内容,也是对辞赋的理解。这些场景结合在一起,不仅没有消解其统一性,而且显示出"本文的内涵性和释义的历史性之间明显的冲突"②。

五

对弗利尔藏卷的研究表明,艺术家关注的是这样一种艺术,它通过对"归去来"传统作历史性总结,来重新定义该传统,而不是试图还原或接近原作文本。李公麟所作的归去来图在吸纳早期绘画诠释的同时,重释了古老的主题。无论是通过将自己的做法纳入权威前作之列来使其更易被接受,还是有意凸显他的新方法,李公麟成功地创作出一幅既博采众长又独具一格的绘画长卷。

李公麟自己会不会觉得他在第二、四、六幕中插入了与陶赋无关的意象?在引入强调作为儒士的陶渊明的主题时,李公麟可能是在呈现他认为隐含在文本中的意义,尽管它偏离了既有的更成熟的诠释。第二、四、六幕看起来虽然描绘的是背景,而非渊明文本的主干,但李公麟可能认为它们比起那些更贴合文本的场景(第三、五、七幕和第一幕的一半),更忠实于原文。这种做法符合当时人们的观点,即最好的画家应与诗人一样,琢磨言外之意③。也许正是基于这个原因,李公麟的仰慕者将他描述为一个诗人,尽管事实上,出自李公麟手笔的弗利尔藏卷中的那些场景,要比他继

---

① 正如吴同所指出的那样,图中没有椅子。中国在 9 世纪以前没有这样的坐具,人们席地而坐。《龙之国的故事》,第 192 页。

② 霍埃(David Couzens Hoy):《批评的循环》(*The Critical Circle: Literature, History, and Philosophical Hermeneutics*),伯克利:加利福尼亚大学出版社,1978 年,第 133 页。

③ 何惠鉴(Wai-Kam Ho):《诗画关系中的文学概念"如画"与"画意"》[The Literary Concept of 'Picture-like' (Ju-hua) and 'Picture-idea' (Hua-i) in the Relationship between Poetry and Painting],《词与画:中国诗歌,书法与绘画》,第 361 页;陶文鹏《试论苏轼的"诗画同异"说》,《文学评论丛刊》第 13 辑(1983 年),第 25、33 页。

承的早期绘画来得要更为平淡。

当代一些学者认为,李公麟的另一幅重要画作《阳关图》也兼含流行的与传统的画法。宋人经常将它与《归去来图》并提。在《阳关图》中,李公麟显然用上了所有与别情激荡的《阳关曲》(远绍王维的绝句诗《送元二使安西》)有关的传统资源,然而他增添了一个超然物外的钓叟,这样一个具有象征性意义的角色暗中颠覆了主题①。这并不是说李公麟的《归去来图》改换了人们早期对自然诗人陶渊明的看法,而是说这两幅画中都兼有对文本的传统理解与当代解读。正如《阳关图》中无喜无悲的钓叟形象象征着阳关主题的巨大转变并呈现出李公麟与他对观众的理解,散布于弗利尔馆藏《渊明归隐图》的说教场景反映了对陶渊明《归去来兮辞》视觉上的自觉再定义。在这两个例子中,绘画成为一种积极参与和挑战传统的方式。《归去来图》和《阳关图》,都将一种新的文学效力延展到绘画这种媒介中去,无形中也助画家建立了一种英雄形象。

李公麟《归去来图》的即时意义在于知识群体的赏玩。他对这一主题的演绎相当贴近元祐年间旧党的文化主张——“修改并重释旧诗”。这是北宋后期的普遍理想“以某种连贯的方式将古代的各个方面整合起来”的一部分②。二十年后,这些人中的大多数都已遭受过政治上的打击,在经历了激烈的冲突与倾轧之后,他们成为了一种文化象征,象征并不久远但

---

① 李公麟的《阳关图》和《归去来图》在苏轼的同一首题画诗中成对出现,见《书林次中所得李伯时归去来阳关二图后》,《苏文忠公诗编注集成》卷三〇,第 18a—b 页;《宣和画谱·李公麟传》卷七,第 131 页。《宣和画谱》讨论了李公麟《阳关图》(已佚)中的钓者,北宋晚期还有一些相关的讨论;最详尽的是张舜民《京兆安汾叟赴辟临洮幕府南舒李君自画阳关图并诗以送浮休居士为继其后》,《画墁集》,上海:商务印书馆,1935 年,第 9 页。为了在这两幅画之间重建更为具体的视觉关系,我们可以这样来看:鉴于李公麟的《阳关图》选择了一个传统的主题,这个主题透露出公务的首要性和必然性,突出与离别、离去相关的意象;而李公麟的《归去来图》表现的尽管是早已被用来颂扬陶渊明隐逸自然诗的题材,但他以一种前所未有的方式将隐者设立为楷模,作为一个参与到他那个时代的社会与文化,甚至是政治中去的核心人物。

② 刘大伟(David Palumbo-Liu):《挪用的诗学:黄庭坚的文学理论与实践》(*The Poetics of Appropriation: The Literary Theory and Practice of Huang Tingjian*),斯坦福:斯坦福大学出版社,1993 年,第 30 页。

已然消逝的辉煌。12世纪初朝廷大量搜求书画,可以解释为试图承担文化整合任务的举措之一,这本是那些现已星散的文人士大夫的领域。最新的政治动向为隐逸诗人陶渊明的故事带来了一种新的可能,这一点是李公麟及其同僚在元祐前期仍聚于首都时所无法预见的。从弗利尔藏卷中的画作本体与李彭题跋的相异氛围中,就能明显地看出这种发展。陶渊明在画中被表现为横跨两个更大对立领域的焦点人物,而李彭大观四年的题跋中洋溢着怀旧之情。正是这种怀旧情绪为李公麟画作持久的生命力提供某种保障,即便随之而来的是对《归去来兮辞》超然与归隐方面主题的另一种强调,它与李公麟画作最初所要传递的氛围截然不同。

14世纪早期手卷,元代宫廷画家何澄绘制的《归庄图》,将李公麟的画作改编为根据文本连续展开的形式(图20a—b)①。不再把围绕主题设计的陶渊明像与辞赋段落并置,而是让陶渊明在整个独立连续的空间中——呈现出辞赋里的内容。李公麟的作品中,场景与文字的交替使这些场景相互独立,自成一体,这恰恰是它们发挥作用的关键所在。而在何澄的作品中,大部分的教化功能流失了,因为它们成了一个更大的整体——陶渊明隐居实景——中的组成部分。画中细节非常接近南宋早期宫廷画,这表明《山庄图》传摹的对象可能是一位12世纪中叶李公麟的追随者,他在忠于李作基本结构的同时稍加改变,描绘了吃穿用度十分优渥的隐者生活②。这样一来,李公麟的题材与风格迅速被朝廷收用,吸纳进兼为隐士与艺术家提供官方庇护的古老传统——这在宋高宗恢复元祐党人地位的过程中得到了进一步鼓励。

《归庄图》的新形式与呈现相当于颠覆了李公麟的企图——李公麟希望根据11世纪的儒家道德观,从视觉上重新定义陶渊明的身份。尽管政

---

① 现藏吉林省博物馆,载《艺苑掇英》1979年第6期,第1—4页;亦见《中国美术全集》绘画编,第25卷,图版6。

② 梵隆将李公麟的画风与题材带到南宋朝廷,并使他们获得了高宗的青睐。何澄的画作可能便基于梵隆而来。清人顾复云:"其布景位置,一遵梵隆粉本。"《平生壮观》,上海:上海人民美术,1962年,卷八,第87页。

a

b

图 20 何澄《归庄图》,1313 年。长卷,纸本墨笔,吉林省博物馆,长春,吉林,中国。场景一至场景四。收于《艺苑掇英》1979 年第 6 期,第 1—4 页

治上的乐观在 11 世纪末的迅速消退可能导致了对主题中归隐、超然方面的强调,但在李公麟之前表现《归去来兮》的绘画中,这些方面已经占据着主导地位,至少从南宋初开始也是如此。那么,从更长的时间线上来看,李公麟才是那个逸出常轨的人①。

我们可以得出这样的结论,李公麟的画作经久不衰,而它们背后的某种用意总是昙花一现。不过李公麟在视觉传统中的重要性远超那些具体的用意,因为他笔下的形象有别于对文学作品的简单图解或是诗人的偶

---

① 倪肃珊(Susan E. Nelson)最近在一篇讨论元代陶渊明形象的文章中描述了那些画作是如何强调他一心返家、不屈不挠的态度,并以此凸出这是一个多么正直、磊落的决定的。《觉今是而昨非:绘画中表现的陶渊明的归隐》(What I Do Today Is Right:Picturing Tao Yuanming's Return),《宋元研究杂志》第 28 期,1998 年,第 61—90 页。倪肃珊将弗利尔藏卷(尤其是第七幕右半)指为此类图像表达的基础,表明李公麟的演绎并非异端,而是开创性的。同样,相关表达在南宋的匮乏,表明李公麟的画法有过很长一段时间的休眠期,直到元代才又重焕生机。

像式写照,他赋予它们新的独立性,给了它们不息的活力。例如当13世纪后的艺术家想要表现归去来主题时,最常用到的景象就是一叶扁舟,它成了不同艺术家的私人情感得以沟通的媒介①。这些画作赋予意象以强烈的隐喻意义,既富个人色彩,又能唤起人们对文学作品的联想。它们直接引起了对陶渊明这个人的共感,以至于他的个性开始与画家和观者们混淆了起来。

图21 钱选《归去来辞图》,约1285年。长卷,纸本设色,26.0 cm×106.6 cm。大都会艺术博物馆,福开森赠,1913年

图22 沈周仿赵雍《寒林归艇图》,《九段锦》册页。私人收藏,香港。喜龙仁《中国绘画:名家与原则》(Chinese Painting: Leading Masters and Principles)第六卷,第172页

① 三幅这种类型的归去来图是:钱选《归去来辞图》,横长较短的长卷,藏于大都会艺术博物馆,纽约(图21);沈周仿赵雍《寒林归艇图》,藏于香港(图22);以及石涛《归去来图》,立轴,里特贝尔格博物馆(Rietberg Museum),苏黎世(图23)。

图 23 石涛《归去来图》(Returning home)。立轴,纸本墨笔。归里特贝尔格博物
馆(Rietberg Museum)所有,苏黎世,瑞士。爱德华・冯・德・海特
(Eduard von der Heydt)收藏,维特斯坦与考夫(Wettstein & Kauf)拍摄

后来的"归去来"主题画作显然不再停留于简单的肖像画或是图解，艺术家们通过用图像间接提及它的方式来表达自己的境遇或心绪。那些绘画在某种意义上都是李公麟和他那幅弗利尔美术馆藏《渊明归隐图》中映出的《归去来图》的苗裔，它揭示出 11 世纪晚期绘画中智识与表达的重要性进一步增长了。此外，尽管标志着绘画与文学的合一，弗利尔藏卷向我们预示的是视觉艺术超脱于文字的、更高度的自治。

虎溪之桥:陶潜与中国艺术中的儒释道三教

[美]倪肃珊(Susan E. Nelson) 著　蒋　润译

　　一块在河南少林寺中的石碑描画了光辉的释迦牟尼,以及其两侧的侍从(图1)。它制成于 1209 年,是一个标准的"三人组合"图——一种在悠久佛教艺术史中常见的对称、层级的组合。佛陀两侧本来是神圣菩萨所站立的地方,但是现在其侧面的图像却是可敬的中国哲人:孔子在佛陀的左边,老子在他的右边。这种"三人组合"以一种拟人的方式表现了释、儒、道这三种在中国思想和宗教领域中的主流传统。佛在三者中至高无上,他站在莲座上,背顶燃烧的晕轮,从规模上看更大,占据了中心。两个伟大本土思想的鼻祖却处于从属的位置,穿着凡俗装束,姿态恭顺,虽然如此,这块石碑同时也展现了当时社会准则中对佛教的兼容性,展现了释、儒、道之间的共同基础。

　　这种类型的图像似乎首次出现在晚唐,在一种探讨三种互相竞争的思想体系之共通性——即三教合一——的语境中。调和他们的尝试可以溯自 5、6 世纪道教和佛教相互之间努力压倒对方的辩论。不过在晚唐时期,这种尝试走到了前台,在图像和文字的讨论中都是如此。在北宋宫廷收藏目录中就记载了一幅孙位所作的关于三教的图画,孙位是 9 世纪晚期接近 10 世纪时的一个画家,郭若虚(11 世纪晚期)也提及了一幅同类作

图1 《三教圣象》，1209年。河南省少林寺石碑，60 cm×123 cm。载《少林寺石刻艺术》，北京：文物出版社，1985年，第26—28页

品,成于 10 世纪的艺术家侯翼(Hou Yi)之手①。融合的思想与讨论在 12 和 13 世纪持续兴盛,这块刻有图像的石碑即在此时被制造而成②。

一、作为儒者的陶潜

在另一块石碑中三教再次碰面,这是在江西庐山东林寺的一块清代石碑(图 2)。在这里展现的并非受人崇敬的创教元老,而是后世的历史人物——而且并无偶像的装束,却像叙事中的人物。右边是慧远和尚(334—416),一个极富魅力(Charismatic)的导师,他在佛教早期南传中扮演了关键角色。他在与站在左边的两个看起来将要离开的人告别,其中一个背对着观者的人是陆修静(406—477),他是《灵宝经》的编者,也是早期道教的重要人物。另外一个人身着披肩和头巾,一个仆人给他拿着手杖。这是陶潜(或称陶渊明,365—427),一个隐士诗人,保持着儒家思想,刚刚在乱世中退出官场。在 4 世纪晚期和 5 世纪,他们三个人都生活在江西庐山地区。慧远建造了庐山东林寺,陆修静于公元 461 年在庐山建了一个道观,而陶渊明家就在附近的乡村。老实说,他们不可能相互熟识,一个常被提及的事实就是慧远在陆修静步入青年之前已去世。不管怎么说,关于他们会面和讨论的传说仍然逐渐形成,在后来他们渐渐成为了三种思想流

---

① 《宣和画谱》(序作于 1120 年),载安澜编《画史丛书》,上海:上海古籍出版社,1963 年,卷二,第 20 页;郭若虚《图画见闻志》(约 1075 年),见《画史丛书》卷一,第 43 页。与少林寺石碑同时,还有一幅马远(约 1160—1225 后)所作的《三教图》,见汪砢玉《珊瑚网画录》(序作于 1643 年;成都,1985)卷二,第 835—837 页。

② 关于六朝的辩论可以看柏夷(Stephen R. Bokenkamp)的《陆修静、佛教与最早的道教经典》(Lu Xiujing, Buddhism, and the First Daoist Canon)以及其中所依据的参考资料,载斯科特·皮尔斯(Scott Pearce)、奥德丽·斯皮罗(Audrey Spiro)、帕特丽霞·埃布里(Patricia Ebrey)所编的《中国疆域重建中的文化与权力》(Culture and Power in the Reconstitution of Chinese Realm,剑桥,伦敦,2001 年),第 181—199 页。儒家在这些讨论之中也占有一席之地。关于唐宋之间的变化可以参看黄启江《融合的尝试:契嵩(1007—1072)与 11 世纪中国佛教》(Experiment in Syncretism: Ch'i-sung (1007 - 1072) and Eleventh-century Chinese Buddhism),亚利桑那大学博士论文,1986 年。我非常感激柏夷与马克瑞(John R. McRae)在本文草创时所提供的批评意见。

图 2 《虎溪三笑》。江西东林寺石碑。载《庐山》，北京：外
文出版社，1983 年，第 85 页

派和谐共存的表现①。在石碑的部分场景中就展现了一次这样的会面,这故事被称作"虎溪三笑",下面将会提到②。

陶潜在三人中的位置,能引发一些关于他历史形象建构和使用的有趣问题。在这其中慧远和陆修静都是他们所代表的宗教传统的领袖和重要人物,但陶潜作为儒家领袖的地位却含混不明。他的生平颇为模糊,官职也不多,在儒家思想关注的中心——道德哲学、家庭、社会和地位之中,他都乏善可陈。作为一个酗酒之徒,他大量时间都沉溺于嗜好里,这更像是道教隐士模式中的一类,而且他的作品确实被道教思想深深浸染,他的生活方式也与同时许多有道教倾向的思想家类似。陶潜的早期传记将他归为"高隐",现存关于他最早的图画,是藏于台北的北宋(960—1126)佚名所作的《柳荫高士图》,画中他瘫坐在树下,伴着他的酒杯,衣服凌乱,酒意朦胧——这是一幅绝妙的拒斥社会的隐士图③。在下面要讨论的另一幅早期手卷中,他手把菊花,处于一种无声的快乐中。这图像阐明了他在著名诗篇中所收获的"忘我"(图12)。一种为了自适其适而逃离世界的天性,这是在后期图像中的陶渊明主要表现出的东西。

但是他也是一个伟大的文学家,一个语言大师,从唐代以来就受到士人们的热情赞美,这使得对他形象的追忆有了一种儒家化的色彩。虽然他脱离官场是一种个人行为,但是他们能将之解释为一种固守儒家传统

---

① 关于中国和日本的三教图像可以看赫尔姆特·布林克(Hulmut Brinker)和金泽宏(Hiroshi Kanazawa)的《禅:图画与书写中的冥想大师》(*Zen: Masters of Meditation in Images and Writings*,阿斯科纳,1996 年),第 16—22 页。以及罗森福(John M. Rosenfield)的《三教合一:15 世纪日本水墨画的一个主题》(*Unity of the Three Creeds: A Theme in Japanese Ink Painting of the Fifteenth Century*),见约翰·W. 霍尔(John W. Hall)与丰田武(Toyoda Takeshi)所编《室町时代的日本》(*Japan in the Muromachi Age*,伯克利,1977 年),第 205—225 页。也可以参看罗森福关于 15 世纪日本版本的记录,见清水义明(Yoshiaki Shimizu)、卡洛琳·惠尔赖特(Carolyn Wheelwright)《日本水墨画》(*Japanese Ink Paintings*,普林斯顿,1976 年),第 78—81 页。

② 有时候,当"溪"字以部首"谷"来写成"谿"字的时候,这个地方也会被叫作"虎谿"(Tiger Ravine)。

③ 这幅图画在《渊明逸致图录》("T'ao Yuanming's Poetry as the Painter's Muse",台北,1988 年。下皆作《渊明逸致》)中再次出现,见图 2 等处。

准则的姿态①。他的诗投射出一种强烈的意味，展现了他正直的本性以及他那种清醒人生的高贵与荣耀，这使得他成为后来儒家学者和思想家心中的一个典范。他的辞赋《归去来辞》，成为了后世那些纠缠于政治入世与自我完善之矛盾中焦灼官员的一部袖珍指南。在早期李公麟所画的一幅图画中，展现了他辞官归家的图景，当他的船靠岸时，他勇敢地直立着，手抬起，就像在招呼他久违了的真实的道德自我②。

在关于三教的讨论中，陶潜的角色是儒家的领袖，这不仅是一种象征，还有一种叙事的维度，他的人生通过两个事件与慧远有了可能的交汇。虎溪的部分是其中之一，另一个是陶潜造访东林寺。这两个故事都没有古老或坚实的凭据，它们随随便便就得到了传承，似乎其真实性并不用太多关心。不过，这个易碎的支架支撑了由关于陶潜和慧远的图画、诗歌、争论所组成的巨厦，并且使他们两个人的形象变得复杂。在陶潜的案例中尤为真切，他或多或少地被认为对佛教不挂于心，但关于他与慧远碰面的逸事却跟这种认识颇有抵牾。它们吸引了仰慕陶潜的宋代士人的注意力，引发了一些在其他文本中未曾浮出表面的问题，并且为无数陶潜生平与个性的评论添砖加瓦。这些轶事的出现，以及它们被引入图画和文本的途径，正是本文所考察的课题。

二、陶潜造访东林寺

4世纪晚期，慧远携带着一群追随者到达庐山，他寻找了一块美丽而

---

① 参看我的《觉今是而昨非：绘画中表现的陶渊明的归隐》(What I Do Today Is Right: Picturing Tao Yuanming's Return)，收入《宋元研究学刊》(Journal of Sung-Yuan Studies)第28期，1998年，第61—90页。

② 这篇辞赋载陶澍(1778—1839)所编《陶靖节集》(上海，1935年)，第75—77页。英译本可见海陶玮(James R. Hightower)《陶潜诗》(The Poetry of T'ao Ch'ien，牛津，1970年)，第268—270页。关于这幅画的讨论可以参看伊丽莎白·布鲁瑟通(Elizabeth Brotherton)的《超越文字：李公麟对陶渊明〈归去来兮辞〉的图绘》(Beyond the Written Word: Li Gonglin's Illustrations to Tao Yuanming's Returning Home)，《亚洲艺术》(Artibus Asiae)卷59，2000年第3/4期，第225—263页。划船的场景可见其论文的图2和图3。据布鲁瑟通的分析，这幅手卷的七个场景交替展现了诗人生平的儒、道结构。

幽静之地来传法和求道。地方赞助人为他在香炉峰搭建了东林寺，在他的一生中这里成为了一个著名的佛教传法中心，吸引了繁盛的定居僧侣社团以及大群的游客，还有一些世俗的求法者。除掉他直接指导的弟子，作为游方学子在东林寺长期居住的人数可达上千。慧远的教诲包括了崇敬阿弥陀佛——西方极乐世界或净土之佛。佛教中影响巨大的净土宗即可溯源于慧远的寺庙，同时亦可溯源于公元402年他的123名信徒在这里订立的一个有名的公共誓言①，这誓言保证他们自己能重生于西方极乐世界②。

白莲社（The White Lotus Society）

慧远的追随者后来被称作"莲社"或"白莲社"，在这之前，绽放于浊水中的莲花象征着重生于净土——这个象征深契慧远之心，他在东林寺内保留了一个莲池。这个社团被认为是由402年共同立誓的123人所建立的。在另一个替代传统中，它被认为是由一个较小而且更具排他性的"十八贤"的群体组成——慧远的核心圈子。作为僧侣的外围，这个群体包括来自世俗社会的、精神倾向于士人的成员。在他们中有退休官员刘遗民（刘程之，354—410），402年伟大誓言的文本起草者。贵族诗人谢灵运（385—433），一个博学的俗家弟子，曾经目睹了莲池的修建，同时他也是慧远的仰慕者之一。这个由卓越的人们组成的群体成了这一时期精神与思想光芒的缩影。

认为陶潜与慧远关系密切的见解既有明显的吸引力，也有着貌似有

---

① 指元兴元年（402）慧远与刘遗民、周续之、毕颖之、宗炳、雷次宗、张野、张诠等人于精舍无量寿佛像前设斋立誓，共期西方事者。刘遗民《庐山结社立誓文》云："维岁在摄提格，七月戊辰朔，二十八日乙未，法师释慧远，贞感幽奥，霜怀特发，乃延命同志息心贞信之士百有二十三人，集于庐山之阴般若云台精舍阿弥陀像前，率以香华，敬荐而誓焉。"参看汤用彤《汉魏两晋南北朝佛教史》，武汉大学出版社，2008年，第246—247页。——译者注。

② 关于南朝的佛教可以看许理和（Erik Zürcher）《佛教征服中国》（The Buddhist Conquest of China，莱顿，1959年）、塚本善隆（Tsukamoto Zenryū）《中国早期佛教史：从传入到慧远圆寂》（A History of Early Chinese Buddhism from Its Introduction to the Death of Hui-yuan，东京·纽约·旧金山，1985年），以及汤用彤的《汉魏两晋南北朝佛教史》（北京，1938年，1983年再版。下皆称《佛教史》）。

图3 李公麟(1041—1107)《莲社图》。手卷，墨迹绢本设色，92 cm×
53.8 cm。南京博物馆。载《中国美术全集·绘画编》，上海·
北京：文物出版社，1987—1989 年，卷三，图 33

理的考量。根据一份早期的传记，陶潜偶尔会到庐山做远足旅行，而且在他的时代东林寺始终是那里最为著名的存在。他的一首诗《和刘柴桑》，有时会被引以为据来证明他与东林寺的联系，因为他所记的这个刘氏，可证即是慧远的知交刘遗民。"山泽久见招"，陶潜的诗这样开头，"胡事久踌躇？……挈杖还西庐。"从这些诗句中可看出，在刘遗民的邀请下，陶潜在庐山待了一段时间①。陶、刘，还有另一个当地的贤士周续之（377—423），以"浔阳三隐"的称号而著名，因为刘遗民和周续之都是慧远核心圈子中的成员，所以更可假设陶潜也以某种方式被包纳入了这个东林社团之中②。

　　早期的文学作品中并无白莲社的记载，可能在慧远的时代都没有一个以此为名的实体。它似乎是晚唐的虚构，此时净土信仰在几个世纪的相对沉寂之后又迅速传播，尤其是在天台宗的寺庙之中③。当这个虚构运动在宋代成熟，慧远被正式承认为它建立的"祖师"，他的教诲被学习，他的

---

　　① 《和刘柴桑》可见《陶靖节集》，第 23 页；海陶玮《陶潜》，第 76 页。刘氏搬到庐山之前已经辞去了官职，陶渊明这里在题目中提"柴桑"，似乎有些打趣的意思。对这几行诗不同而颇有信服力的解释，可以参看戴维斯（A. R. Davis）的翻译（"By hills and valleys long was I called 山泽久见招"）。如戴维斯所译，陶潜乃是受到他归隐的决定所召唤，而非因为朋友的邀请，见《陶渊明（365—427）：他的诗歌及其意义》[*T'ao Yuan-ming (A. D. 365 - 427): His Works and Their Meaning*，纽约，1983 年]卷一，第 65 页，及卷二，第 54 页。但是，大多数的批评还是与海陶玮的读法一样。比如说，可以参看《陶渊明诗文汇评》（北京，1962 年。下皆称《汇评》）中所引用的篇章，见第 89—90 页。戴维斯关于陶渊明与刘遗民、慧远交往故事的讨论，见《陶渊明》卷二，第 185—188 页。

　　② 关于"三隐"可以参看《高僧传》中慧皎所写的慧远传记，《大正新修大藏经》（东京，1914 至 1929 年。下简称《大》）第 50 册，2059 部，第 358 页下。《文选》（*Anthology of Literature*）中萧统在他的陶渊明传记里也提到了这群人，这篇传记也可见于《陶靖节集》第 3—4 页。在下文所引及的《佛祖统纪》中的"莲社十八贤"里，陶潜与东林寺的联系似乎是个事实。在其标准的诗集版本中可以寻到不少赞颂或传记性的材料，这些材料都足以证实那些记载他造访的篇章（从不同来源上，也包含了他与慧远的互动），见《陶靖节集》第 7 页。

　　③ 参看丹尼尔·斯蒂文森（Daniel B. Stevenson）《早期天台佛教的四种三昧》（The Four Kinds of Samādhi in Early T'ien-t'ai Buddhism），载彼得·格里高利（Peter N. Gregory）编《中国佛教中的冥思传统》（*Traditions of Meditation in Chinese Buddhism*，火奴鲁鲁，1986 年）；以及尼尔·唐纳和丹尼尔·斯蒂文森合作的《伟大的静穆和沉思：智顗〈摩诃止观〉第一章注译与研究》（*The Great Calming and Contemplation: A Study and Annotated translation of the First Chapter of Chih-I's Mo-Ho Chih-Kuan*，火奴鲁鲁，1993 年），第 9—96 页。

信仰实践被复兴，一些社会或团体也效法了他的东林社团。最早的这类社团是由省常（959—1020）在杭州附近的西湖建立的，省常的名字后来被纳入净土祖师的世系之中①。从规模和位置上都可以看出它是在复制慧远的社团，有十八个成员的核心群体，包括了俗家士人与僧侣。很多这类社团在整个宋代一直延续，它们大部分都使用了"莲社"或"白莲社"的名字②。净土的复兴并未被天台宗所局限，宋代的禅宗尽管在教义上与净土信仰有着深刻的区别，但是他们还是对慧远抱有同情的眼光。他们欣赏东林寺那种宗教和世俗成员的混合，这也是他们自己聚居的特点，而且他们也和慧远一样相信美丽的自然环境对精神有益。随着时间流逝，慧远的旧寺实际上被发展成了一个禅宗的祖庭，在 1079 年，它正式转变为禅宗，成为了临济宗的中心。饱学的禅宗僧侣、倾向于禅宗的士人，以及政权——寺院住持是由地方官员所任命的——都在这个寺院的文化中交汇了，这维持着它作为汇聚四方之地的传统。更妙的是，根据诗人、游记作者陆游（1125—1210）的记载，作为莲社群体，慧远社团的声望甚至在当地道观中得到了存续③。

---

① 《佛祖统纪》卷第二十七有"莲社七祖"，其中"七祖昭庆圆净法师"即省常。见《佛祖统纪校注》，上海古籍出版社，2012 年，第 534 页。——译者注。

② 参看高泽民（Daniel A. Getz, Jr.）《天台净土社会与净土教区的创造》（T'ian-t'ai Pure Land Societies and the Creation of the Pure Land Patriarchate），见彼得·格里高利与高泽民主编的《宋代佛教》（Buddhism in the Sung，火奴鲁鲁，1999 年），第 477—523 页。亦可参考黄启江《北宋杭州的精英与僧侣：兴趣的汇通》（Elite and Clergy in Northern Sung Hangchou: A Convergence of Interest），见同卷第 295—339 页。下文将要讨论的画家玉涧就是一个天台僧人，他的庐山图上题有一首关于莲社的诗歌。在一场主要由普通信众组成的运动中，这股风潮也蔓延到了乡民中间。虽然已经远离了传说中的源头——独特的东林群体，但是这些平民主义者的白莲宗派仍然导源于慧远的合法性与声望，它们的支持者也强调慧远的遗产。参看田海（B. J. ter Haar）《中国宗教史中的白莲教》（The White Lotus Teachings in Chinese Religious History，莱顿，1992 年），第三章"白莲运动"（第 64—113 页），尤其是第 89—93 页。

③ 参看塚本善隆《中国早期佛教史》（History of Early Chinese Buddhism）卷二，第 866—867 页。关于禅宗与净土宗的教义辩论——如他们在唐代的争论，参见戴维·恰培尔（David W. Chappell）《从争端到互相教化：净土宗对禅宗批评的回应》（From Dispute to Dual Cultivation: Pure Land Responses to Ch'an Critics），载格里高利主编：《中国佛教中的冥想传统》，第 163—197 页。

最早提及慧远时代原始莲社的文献,被认为是编撰于晚唐,是净土信仰复兴初期的产物,它应该成于一个世俗作者之手。目前所知关于这个文本没有唐代的版本,不过两宋所编纂的版本却有留存。较早的是陈舜俞的《庐山记》,一份关于庐山的旅游指南,同时也介绍了庐山的石刻与传说。其中一节名为"十八贤传"(Biographies of the Eighteen Worthies),陈舜俞将慧远圈子成员的名字写入了自己的书中——一个大师与另外十七个人,而且还根据更早的传记资料简述了他们的故事①。这份文献再次出现在《佛祖统纪》(*Comprehensive Record of the Buddhas and the Patriarchs*,完成于 1269 年)之中,这是由佛教史学家志磐编纂的,其中一章名为"莲社十八贤"(The Eighteen Worthies of the Lotus Society)②。这个文本是《庐山记》的扩充版,在十八贤的基础上增加了不少,包括被认为是参与了 402 年庐山结社立誓的那 123 人之中 7 个人的附传(这份名单里还包括了陆修静,虽然当时他并未出生)③,还有 3 个"不入社诸贤",他们都与慧远有交往,陶潜即是其中之一。

陶潜的"攒眉"

关于陶潜进入莲社的记载,主要是在《晋书·陶潜传》的基础上加以删改润饰的结果。其中一部分云:

> 尝往来庐山,使一门生二儿舁篮舆以行。时远法师与诸贤结莲社,以书招渊明,渊明曰:"若许饮则往。"许之,遂造焉,忽攒眉而去。④

---

① 陈舜俞《庐山记》,《大》第 51 册,2095 部,第 1039 页上—1042 页中。

② 《佛祖统纪》(1258—1269),《大》第 49 册,2035 部,第 265 页上—270 页上。志磐工作的很多部分是致力于研究净土宗教义的材料。汤用彤梳理了莲社传说出现以及慧远圈子中人物关系的历史证据,找到很多抵牾之处。可以看他的《佛教史》,第 259—265 页。

③ 《佛祖统纪》卷第二十七在"十八贤传"后增加了"百二十三人传"和"不入社诸贤传",其中"百二十三人传"中仅记载了七个人的传记,分别是昙翼、昙邕、僧济、慧恭、法安、阙公则和陆修静,见《佛祖统纪校注》第 563—566 页。本句原文作"it includes appended biographies of thirty-seven of the 123 people supposedly present at the founding oath of 402","thirty-seven"数量上有误。——译者注。

④ 《佛祖统纪》,第 269 页下—270 页上。慧远通常被称作"远法师"(Master Yuan),或"远师""远公"。

这段话的开头述及陶渊明在庐山附近的游历，这是来自于《晋书》的，可是剩余内容则是后来的虚构。

在两个世纪之前《庐山记》版本的"十八贤传"中，并无陶潜进入莲社的说法。但是有证据表明，在陈舜俞的时代，关于陶潜不甚热心地游览慧远寺院的轶事已经开始传播。因为在陈舜俞的同代人李公麟的画作中它已得到表现，差不多同时为这些图画而撰写的题跋中也描述了此事。李公麟的作品描绘了莲社的一次集会，我们从早期文献可知，他不止一次画过这一主题①。南京博物院藏有一幅挂轴，被认为是南宋时期的作品，这是现存的几件能溯源至李公麟或其后辈和追随者的画作之一。这幅图卷上附有一段很长的题跋，是李公麟的朋友李冲元所撰的《莲社图记》②。据李冲元记载，李公麟的画完成于 1080 年之末，李冲元的跋写作于此后不久，是为不熟悉慧远莲社的观者而作（很多人无疑都认为莲社是最近的虚构）。他注明了画作中人物的身份，并且还给每个人加上了一些相关的细节材料。

画作的环境是东林寺，慧远的莲池即在其中，在石头和瀑布的边缘，靠近画面的中心，池中有荷叶与盛开的荷花。一条溪流和一个桥梁将僧侣的清修之地（sacred precinct）与这个世界的其他地方隔开，绵延的云带暗示着多山的环境，笼罩在画面的顶部。两个人从右上方履岩而下。附近的岩石上铺着一张兽皮，这是邀请贤者来静坐冥思的。在靠近左上方岩石的边缘，一个大德坐在讲台上，正在与一群听者讲法或是讨论。在其他

---

① 晁补之(1053—1110)为李公麟的《莲社图》作题跋，这图是他自己临摹或修饰的。他描述李公麟在这个母题的表现中运用了很多早期大师的风格，比如云、松树、岩石、溪流、马匹和侍从。不过，李公麟对主要人物的处理，并未征引前人。晁补之《鸡肋集》(序言作于 1094 年；上海，1929 年)卷三〇，第 10 页。楼钥拥有两幅李公麟的《莲社图》，而且似乎以横纵两种版式为人所知。楼钥《攻媿集》(上海，1922 年)卷七二，第 17 页。

② 彩图可见《中国美术全集：绘画编》(上海·北京，1987—1989 年)卷三，彩图 33，以及第 20 页。主要的参与者都被用金色墨迹标注出姓名，这些标记可能是后来添加上去的。李公麟的原始手迹已不存(南京所藏的版本是文徵明转摹的)。不过，楼钥对它有所知悉，而且可能属于他收藏的李公麟《莲社图》卷之一。这篇文本也可见于卞永誉《式古堂书画汇考》(序作于 1682 年；台北，1958 年)卷三，第 488—490 页，其他清代目录中也有收录。

地方,僧侣和俗士三五成群地混杂在一起,有的在沉思,有的围在一个桌子前研读经书,有的坐在平台上礼拜悬崖下的一尊塑像。仆人做着杂七杂八的活计,照管他们的需要。一种古风的地图式的位置排布贯穿全卷,这幅图画具有一种老旧的风格,庄严而古雅——一幅展现高贵的自然环境中高尚追求的理想画面。

在这整个区域里,慧远的密友们都沉浸在学习、礼拜、沉思和哲学讨论之中。而画面的前景部分,虽然人数稀疏,却占据了画面的几乎一半篇幅。这在刚才所说的清修区域(sacred precinct)之外,很少有从事精神活动的人物,我们在这里发现了上文曾介绍过的东林寺石碑上三教图像的再现。一条溪流以粗糙的“S”形穿过画卷,桥梁架在其中段。在桥右边的一小块平地上,两个人紧挨在一起,友好地握着手,侍者在旁边观看。李冲元的跋语注明了这两个人,并且解释了这个画面:

> 石桥之旁,峭壁崛起,前有僧与道士相捉而笑者,远公送陆道士过虎溪也。

在桥旁这群人的下方,两个旅客出现在前景的小路上,两人都带着僮仆。他们相对而行,朝着相反的方向。如李冲元所解释云:

> 一人乘篮舆者,渊明之回去也。渊明有足疾,尝以竹篮为舆,其子与门生肩之。……童子负酒瓢从之。一人持贝叶,骑而方来者,谢灵运也;旁一人持曲笠,童子负籍前骑而行。

陶潜坐在他的朴素的篮舆中,带着酒,离开这场集会。他显而易见是恼怒的,就像《佛祖统纪》中说的那样(“忽攒眉而去”)。与此同时,豪华而且出身名门的谢灵运带着他的佛经急切地走来,展现着与陶渊明愠怒离开针锋相对的立场。这差不多戏剧性地再现了两位诗人在社会地位、个性、对佛教和慧远态度上的截然相反。皱着眉头的陶潜必然要吸引观者的注意力。

对陶潜"攒眉"的一种解释出现在另一篇早期《莲社图》的题跋中，这是辽宁博物馆所藏的一幅纸墨手卷，上面有李公麟的侄子张激作于 1109 年的题跋。有观点认为，张激摹仿他叔叔原始画作的其中一幅而画了这幅手卷。组成这幅图画的，是与南京所藏的那幅挂轴同样的人群和主题，他们按照水平的位置依次排列，从手卷的开端逐渐接近寺院。这幅图画起首，是在路上的陶和谢，接着是桥边的慧远和陆修静（两位诗人的部分今天已经佚失，但是完整的画面仍保存在上海博物馆所藏的一幅摹本中）①。靠近手卷的是一段解释性的跋语，出自李公麟的堂弟李棻之手。这篇文本多同于李冲元之跋，但是增加了许多细节以及一些解说性评论，比如这两位诗人与慧远关系：

> 挈经乘马以入者，谢康乐灵运也。篮舆而出、随以酒者，陶渊明也。……陶渊明则远公为置酒邀之而不肯入社者，谢灵运则尝种池莲愿入社、远公止之者也。②

对李棻来说，描述这个画面并不足够。他想确保观者获得这样的观点：尽

---

① 关于辽宁所藏的手卷及其作者，可以参看《辽宁省博物馆藏画集》（北京，1962 年），卷一，第 24—35 页；王海萍《白莲社图漫谈》，《艺苑掇英》1989 年第 39 期，第 7—12 页。以及赵晓华《辽宁省博物馆藏白莲社图卷作者考》，《文物》1991 年第 7 期，第 72—80 页。上海的摹本又见于《中国古代书画图目》（北京，1986 年），卷二，1-0131，第 64—65 页。还有另一幅存世的手卷，大概是 16 世纪的，藏于华盛顿特区弗利尔美术馆，上面有过录的李冲元的题跋。载铃木敬《中国绘画综合图录》（东京，1982—1983 年），1-0131。这幅摹本的作者显然未能领会分配给陶和谢的角色，在其中谢看起来要离开，而陶刚刚到达。

② 关于慧远拒绝谢灵运，可见《庐山记》第 1039 页中。以及《佛祖统纪》中谢灵运的传记，第 270 页上。据说慧远和尚发现谢灵运"心杂"，可能并不纯正。也可以看记载于《庐山记》中关于陶、谢的诗歌，第 1047 页中。根据唐代的史料，谢灵运实际上与慧远和他的圈子有着密切的关系。他未出现在这个圈子的说法可以追溯到宋代。关于这个问题的讨论见傅德山(J. D. Frodsham)《溪声潺湲：中国自然诗人康乐公谢灵运的生平与作品》(The Murmuring Stream: The life and Works of the Chinese Nature Poet Hsieh Ling-yun(385-433), Duke of K'ang-lo, 吉隆坡，1967 年），第 15—16 页，以及注 145。同时还可参看汤用彤《佛教史》，第 264 页。

管谢灵运努力取悦和尚，但慧远还是对一心逃避且固执不变的陶潜抱有更高的尊重。在这追求与被追求的层级结构中，陶潜的地位不仅高于谢，而且还超过了和尚。即使"置酒"也未能让醉酒的诗人与主人修好（因为他离开得太早太急了），这事实表明了在他们之间有着巨大的鸿沟。

南京和辽宁所藏画卷，包括其他和李公麟有关的版本，其日期很难定位，而且它们较之李公麟11世纪原作的真实度也仅仅只能靠估计。但是这些图画的作者明显熟悉陶潜造访东林寺和他愠怒而去的轶事，这逸闻记载于《佛祖统纪》中，无疑也还记载在一些我们今天不得而知的资料中。

篮舆

《佛祖统纪》关于陶潜不太情愿地造访东林寺的篇章中，还提及了他的篮舆，在《莲社图》中这是一成不变的，而且李冲元和李龏在他们的叙述之中也都提到了。在陶潜自己的作品中，他对这一独特的交通工具绝口不提，但是在《晋书》和《宋书》的传记中都提到了它，这些传记编纂于陶死后不久。这些传记并不完全可靠，但是它们却广为人知，而且与陶的自传作品一起参与了陶潜历史形象的建构。在这些文本的记载中，篮舆与两个轶事相关，就主旨而言，一个是陶潜不再关心社会的条条框框与世俗的成功，另一个则是他的饮酒之癖。这两则轶事都可用来阐明陶潜保持完整自我的方式，这超越了琐屑的社会焦虑与压抑。他的篮舆成为表达这种喜好的交通工具，它在《莲社图》中的出现，将关于这些轶事的记忆引入到了东林寺的图像里，因此，它们在这里值得回顾。

在这问题的两个故事中都关涉到王弘（370—432），一个优秀的官员，热心于培养跟卓尔不群的地方隐士之间的关系。陶潜好像试图回避过他，因为这位官员有着强硬与严苛的名声，这跟陶潜的风格不尽相契。但是王弘还是找各种方式来接近他[1]。一则记载描写了陶潜对这位官员的一

---

① 据说，王弘曾在重九——九月九日时拜访陶潜，陶在这一天通常都会喝菊花酒。这天他正好没有酒，幸运（或机智）的是，王弘送了一些酒来，他们二人便一起欢酌尽醉（《宋书》，转录于《陶靖节集》，第2—3页）。关于这个片段，可以看戴维斯（A. R. Davis）的《中（转下页）

次拜访，他邀请陶潜赴宴。缺乏交通工具，也对自己给人的印象漠不关心的陶潜乘坐着篮舆去了。王弘宴会的场面无疑是壮观的，而且宾客们也都车马齐备，但是陶潜最后也并未尴尬。"（他）言笑赏适，不觉其有羡于华轩也"①。

第二个篮舆轶事讲述了王弘如何筹划了一次与陶潜的聚会，他通过一位双方的好友给陶潜带酒，并且在陶潜完全欣然、毫无排斥时加入宴会。据说这件事发生在陶潜乘坐着篮舆去庐山旅行的路上，旅行之途的缓慢与不适也许使陶潜更乐于转移注意力，如《宋书》述此事云：

> 江州刺史王弘欲识之，不能致也。潜尝往庐山，弘令潜故人庞通之赍酒具于半道栗里要之。潜有脚疾，使一门生二儿舆篮舆。既至，欣然便共酌，俄顷弘至，亦无忤也。②

陶潜的嗜酒让栗里永远留在了地图上，游客们仍能欣赏那里的一块巨大的板状岩石，这石头被称为"醉石"，据说陶潜曾在这里醉卧不醒③。这究

（接上页）国诗歌中的重九节：对一个主题多重变容的研究》（The Double Ninth Festival in Chinese Poetry：A Study in Variations upon a Theme），见周策纵编《文林：中国人文研究》（麦迪逊，1968 年），第 45—64 页。关于王弘重九造访的图像表现，可以看我的《悠然见南山：陶渊明、庐山与隐逸的图景》（Catching Sight of South Mountain：Tao Yuanming，Mount Lu，and the Iconographies of Escape），收于《亚洲艺术档案》（Archives of Asian Art），卷 52，2000/2001 期，第 11—43 页。主要在"白衣送酒"部分，第 31—35 页。

① 《晋书》，载《陶靖节集》，第 5 页。陶潜写了一首关于王弘宴会的诗歌，可能就是《晋书》所记的场合。他确实提到了宾客的车马（《陶渊明集》，第 24—25 页；海陶玮《陶潜》，第 82—83 页），他出席王弘的宴会并不意味着他们是朋友，因为据《宋书》所言，即使不认识主人，陶潜也会赴宴。

② 《宋书》，载《陶靖节集》，第 3 页。这个故事亦被记录于萧统《文选》（《陶靖节集》，第 3—4 页），以及《南史》（7 世纪，《陶靖节集》，第 5—6 页）和《北堂书钞》（约 630 年由虞世南编纂而成。台北，1962 年）卷二第 369 页中。陶渊明写了两首给庞参军的和答诗，这个人身份不明，但可能是双方的朋友（《陶靖节集》，第 7、21—22 页。海陶玮《陶潜》，第 27—68 和 67—68 页）。关于庞通之的推测以及他与陶潜、王弘的关系，可略见于戴维斯（A. R. Davis）《陶渊明》卷二，第 15—17 页。

③ 据戴维斯所言，醉石的轶事在《太平御览》最早被提及，它征引了一份更早的时代不明的文献（戴维斯《陶渊明》卷二，第 182 页）。《庐山记》中记载了颜真卿一首关于陶潜和栗里的诗歌，他在庐山南部的临川做过官。见《庐山记》第 1044 页上。有时候陶潜也被说成是居住在栗里，而不仅仅是经过其地。

竟是陶潜与王弘、庞通之聚会的结果,还是其他饮酒狂欢的结局,尚不清楚。在很多事件中,醉石成为了诗人之饮的一个纪念碑。它表面刻着四个粗壮的字"归去来馆",这是一首著名诗歌的题目,是朱熹在任南康附近地区长官时所写的关于这块岩石的诗歌①。三首明人歌咏陶潜沉醉的诗歌也被刻于其上,几个世纪以来还有很多其他的诗歌诞生②。其中一首为袁枚所作,他于 1784 年造访了此地,对这块岩石的奇异声名有所思考:

图 4　栗里"醉石"　载《庐山》,北京:外文出版社,1983 年,第 88 页

① 朱熹写了不少关于庐山的诗歌,见冯兆平、胡操轮编:《庐山历代诗选》(南昌,1980年),第 103—106 页。其中包括《归去来馆》(第 106 页)。程师孟(活动于 12 世纪早期)写陶渊明醉石的诗歌,见第 92 页。

② 这三首明代诗歌被转录于徐新杰编:《庐山名胜石刻》(南昌,1996 年),第 33—37页。这些主题始终激发着诗歌的灵感,一首关于栗里和陶渊明的现代诗被记载于第 40—41 页。

先生容易醉，偶尔石上眠。

谁知一拳石，艳传千百年。

金床玉几世恒有，眠者一过人知否？

不如此石占柴桑，胜立穹碑万丈长。①

在陈舜俞的《庐山记》中记载，醉石大到足够让十个人坐在上面，这个细节也暗示了陶潜的醉酒的严重程度②。

陶潜在栗里与王弘相遇是一个引人注目的图画主题，一则晚明的材料提及一幅绘画，是关于去往庐山途中的《王弘邀渊明》，明代一个和尚的诗歌描述了这幅画③。不过，在此故事基础上的独立作品比较稀少。更常见的是出现在描绘"陶渊明故事"（或者陶渊明事迹）的手卷之中，这作为陶渊明图画的一种风格在明清颇为流行。这些画卷由一系列画面组成，画面选自陶渊明早期传记，如《宋书》和《晋书》。这种图画以黑白水墨为主的随性风格，恰符合这些传记描述的调子。栗里之行常被表现为两幅图画：在第一幅中，陶渊明坐在篮舆里，由他的仆人和两个儿子抬着（图5）。第二幅画则展现了王弘计划的实施：陶潜和庞通之坐在垫子上饮酒时，王弘

---

① 此诗由魏理（Arthur Waley）翻译，载其《袁枚：十八世纪中国诗人》（*Yuan Mei：Eighteenth Century Chinese Poet*，斯坦福，1970年），第153—154页。韦氏音标在这里被转换成了拼音，本文其他引用处皆同此。

② 陈舜俞：《庐山记》，第1032页，醉石在第1038页上又一次被提到。在两个例子中，它都被认为是陶渊明的岩石。吴宗慈曾引用的一个段落认为这石头可以坐1000人以上，但评论注明这是荒谬不经的（吴宗慈编：《庐山志》，上海，1933年。重版：台北，1971年）卷四，第2333页。

③ 载于陈邦彦编：《御定历代题画诗类》（1707年为皇帝所委任编订。台北，1976年）。这幅归于马远名下的小画——有各种各样的品题，诸如《王弘携酒》和《栗里之会》——似乎将陶渊明与王弘的两次聚会混为一谈了。菊花引发了王弘的重九造访，同时王弘与他的同谋看起来又是栗里两位恭敬的邀约者。在这幅宫廷画作中，陶渊明粗野而不失贤智的饮宴被重构为杭州贵族的优雅远足与野餐。皇妃杨妹子（1162—1233）一首有意而作的题诗对这幅作品进行了润色。参看《中国画的花环》（*A Garland of Chinese Paintings*，香港，1967年）卷一，第24页。李慧殊（音译）对这幅作品的讨论见《杨后的领地：南宋宫廷中的艺术、性别和政治》（The Domain of Empress Yang：Art, Gender and Politics at the Southern Sung Court，耶鲁大学博士论文，1994年），第214—218页。

图5　明代佚名：篮舆里的陶潜 摘自《陶潜故事图》。手卷，墨迹纸本。高 28. 3 cm
华盛顿特区史密森特区史密森学会(Smithsonian institution)弗利尔美术馆

带着一点紧张的气氛到来，好像并不确定自己是否受到欢迎(图6)①。画家把握住了这个故事中的喜剧维度，在其中两个主角的弱点互相对抗——王弘的附庸风雅，陶潜的沉湎于酒。

　　毫无疑问，在这则轶事与陶渊明造访慧远之间有着相似之处。在两个故事中，饮酒所带来的诱惑使他与一个志趣不那么相投的友伴交往。确实，当陶潜乘坐篮舆经过栗里时，他的脸看起来严肃而烦倦，与他在《莲社图》中所表现的不可谓不相似。两次远足都不太让他高兴。据《宋书》所载，陶潜在栗里停留正是其前往庐山时，所以也许可以简单地推测此时正是他在前往东林寺的路上。在《莲社图》中，陶潜的篮舆载着对王弘和栗里

---

　　① 这些手卷被一次又一次地摹仿，有很多不同的变体阑入其中。在一些现存的版本里，坐在篮舆里的陶潜图像孤零零的，没有与之相连的饮酒图景。在其他版本(这里所讨论的就是它们中的一幅)中，两幅图景是分开的，其间插入了一些其他的片段。吉原宏伸对这种插图手卷有过研究，记下了它们中的一些变体。参见其《李宗谟笔〈陶渊明事迹图卷〉》，载《大和文华》卷 67,1981 年 2 月，第 33—63 页。

图6　明代佚名:王弘加入陶潜和庞通之。摘自《陶潜故事图》。手卷。墨迹纸本,高 **28.3 cm**。华盛顿特区史密森学会(Smithsonian institution)弗利尔美术馆

的记忆,使他的篮舆旅行看起来是从一个难堪的约会继续到了另一个[①]。

三、慧远过虎溪

庐山本身已经成为很多图画的主题,现存最早的是一幅作于 13 世纪天台僧人玉涧之手的绝妙手卷,玉涧擅长苍劲简辣被称为"破墨"("broken"或"spattered ink")的笔法,这在此时期通常与禅宗绘画有关[②]。粗糙有力的笔触将一种基本力量灌输于山水,地平面并未展露,也没有人物、建筑或道路,只有庐山的峰顶浸润在浓雾之中,神秘、庄严而又富于活力。题画的四句诗使画面充满了慧远世界的魅影:

---

①　李公麟将陶潜的篮舆放入了他《归隐图》(*Returning to Seclusion*)卷的第四个场景中,而且如伊丽莎白·布鲁瑟通(Elizabeth Brotherton)所说,里面也包括了王弘(布鲁瑟通《超越文字》,图 11,第 237 页)。并非巧合的是,这正是一个饮酒场景。

②　玉涧的画现存两个断片,在《水墨美术大系》(*Suiboku bijutsu taikei*)有重印的彩图(东京,1978 年),卷三,正图 18—19。至于保存了原始完整构图的摹本,可见附图 38,第 187 页。

过溪一笑意何疏,千载风流入画图。回首社贤无觅处,炉峰香冷水云孤。

图 7 玉涧(13 世纪),《庐山》。手卷片段,墨迹绢本,35 cm×62 cm。东京吉川英治收藏(Yoshikawa Eiji collection, Tokyo) 载《水墨美术大系》,东京:讲谈社,1978 年,卷三,图 18—19

在玉涧的想法中——里面充满了这位僧人画家对庐山黄金时代的思乡病,这座被遗弃的山高高隆起,超越了人类时光,一直回荡着圣贤的笑声。

这笑声便是我们在本文开头介绍过的东林石碑上的"三笑"(Three laughers)(图 2)。石碑上的这个片段,据说发生在东林寺门外虎溪的桥上,这座桥划定了慧远隐居的特殊区域,直到今天依然是那里的著名建筑(图 8)。这位和尚订下一个庄严的誓言:绝不踏出他的隐居之地(sanctuary)一步。"影不出山,迹不入俗",在其生命最后的三十余年中他均未跨过虎溪,即使是迎接造访此地的显贵亦然。出于对他誓言的尊重,会面与雅集通常都在庐山上。"三笑"的故事就发生在这些集会之中,在一次清谈饮酒的欢会后,慧远送陶潜和陆修静沿路下山,并且不经意地走过了虎溪上的桥梁。因为慧远隐修的承诺以及他对誓言的忠诚行之有素,这个失足看起来是一种严重的破戒。在那一刻,老虎的吼声传来,似乎整

323

图 8　庐山虎溪。载《庐山》,北京:外文出版社,1983 年,第 83 页

片风景都在抗议。可是他的同伴对这一行为却并无恼怒,反而由衷大笑,誓言的神圣以如此方式妥协了。他们的笑声作为一种自发的、无言的表达,展示了一种共通的情感与价值观,肯定了三教的融通,成为了庐山传说中脍炙人口的场面。

慧远将自己隐居于清修之地(holy precinct),并以虎溪为界限的决定,被记载于《高僧传》(*Lives of Eminent Monks*)的慧远传记中:

> 自远卜居庐阜三十余年,影不出山,迹不入俗。每送客,游履常以虎溪为界焉。①

这篇 6 世纪早期的文献是关于慧远生平与思想最权威的材料,所以他自画界限的故事听来很可靠。可是,他不经意跨过虎溪的故事却出现得较晚。它的源头仅能追溯到李白的一首诗《别东林寺僧》(Taking Leave of the Donglin Monk)。虽然这首诗没提到一个名字,只是提供了关于此事最早的暗示:

> 东林送客处,
> 月出白猿啼。
> 笑别庐山远,
> 何烦过虎溪。②

李白暗示了慧远留在隐居之地的决定,他未曾提到破戒之事。不过他提到了"笑",这显然意指贤人对此豁达的反应。无论如何,他们都不再真正处于山上了,因为他们的笑已经将他们带走,对了悟后的和尚而言,其世

---

① 《高僧传》第 361 页上。这段话经常被作为例子而被《庐山记》所征引或转述,见其书第 1039 页中。

② 《庐山记》第 1043 页下。戴维斯曾提出要注意此诗(《陶渊明》卷二,第 188 页),这里的文本即基于他的翻译,同时也吸取了柏夷(Stephen Bokenkamp)给笔者的阅读建议。

界已无界限。

李白的诗歌并未确定参与者的数量，而且如下例所要阐明的那样，就这个问题而言，诗中对虎溪之景的暗示多少有些隐晦。确实，在据称李公麟所作的《莲社图》(图 3)中，仅有两个人——慧远和陆修静在桥边告别，在李冲元和李粢相关论述中亦然。后世关于莲社集会的图画都源于李公麟的原型，都包括了同样的二人图案，1532 年文徵明①所画的一把折扇，以及清代画家王槩所做的一幅手卷②，都根据宋代的构图和李冲元的描述而来，这即可作为再现的例子。较之陶潜，陆修静与"过虎溪"故事有更古老而独特的联系，这应该是清楚的。而陶潜进入这个组合则似乎发生在三教思想发展的同时。

关于"三笑"故事最早的系统论述是在 11 世纪晚期陈舜俞的《庐山记》里一个描写东林寺及其环境的章节中：

> 昔远师送客过此，虎辄号鸣，故名焉。时陶元亮居栗里，山南陆修静亦有道之士，远师尝送此二人，与语道合，不觉过之，因相与大笑，今世传《三笑图》盖起于此。③

陈的叙述全面，描述了三个参与者、引出这一插曲的事件，以及随后的笑声——这是他们"与语道合"的恰当收束，也是他们共通之处的一个证明。

---

① 艾瑞慈(Richard Edward)《文徵明的艺术》(*The Art of Wen Cheng-ming*，安阿伯市，1976 年)，31 号，第 125—127 页。作者题跋承认李公麟是他的模板，而且李冲元的记载也被转写到扇子的另一面。前文已提及在南京所藏《莲社图》上文徵明对李冲元跋语的转写。这种构图在 16 世纪的苏州圈子里非常著名，另外一些与文徵明和仇英(1495—1552)相关联的摹本今亦存。仇英所摹的一幅在纽约的王己千收藏馆(C. C. Wang collection in New York)中，他们合作的版本则藏于台北"故宫博物院"(《渊明逸致》，图 36)。

② 彩图见《渊明逸致》图 27。王槩的桥边场景，设置得比其他画作的演绎早几秒钟，非常生动：慧远并未站在桥外，而是站在桥上，他低头看陆修静，惊讶地举起手，在旁边的陆修静兴奋地指着和尚的脚。

③ 《庐山记》，第 1028 页上。这个故事也出现在《佛祖统纪》里，在其中是作为陆修静传记的一部分来讲述的(第 269 页下)。在《高僧传》的慧远传记中"虎溪"这个名字也被提到，但是那里并未加以解释。

在这里，与陶潜造访东林寺的故事相反，诗人被塑造成慧远的密友之一。在结尾处，陈舜俞指出了这个故事在艺术中的传播。这个说法很有意思，因为他的文本并不另外收入图像材料。可以推测，较之文字叙述，"虎溪"场景在图画中更为常见。

图画"三笑"

我们现在能记得的关于三教合一图像最早的记载是晚唐画家孙位的画作。孙位于 9 世纪末居住在成都，在那里他作为一个寺院画家非常活跃。在 10 世纪四川寺院的背景里，宗教融合的图像成形了，它既体现在如 1209 年石碑那样的静态图像里，也体现于教化故事之中。另一个 10 世纪与禅宗相关的四川画家孙知微，他的画作可以视为后来的一个例子，这是知微为他的和尚朋友所作的一个壁画。其中一幅展现了慧远与陆修静的部分（我们关于这两人告别的场景唯一所知的记载是这是一幅独立的图画），与之相伴的另一幅是关于李翱（774—836）见禅宗大师药山惟严（751—834）的[1]。这两幅壁画都各自再现了一段著名的异教之间的友谊：一幅是佛子与道教徒之间的；另一幅是佛子与儒士。佛教与另外二教开放性的对话乃是这种双人画（diptych）的主题。

在披着历史人物画外衣的三教图像中，孙知微的画作与慧远、陶潜和陆修静聚会的场景有相似之处，"三笑"图像出现于同样的时段与环境里。北宋宫廷目录里曾记载一幅 10 世纪工作于禅宗寺院中的四川画家邱文播所画的《三笑图》[2]，而且我们从苏轼（1037—1101）的记载可知，10 世纪中期来自四川的禅宗僧人石恪，也画过一幅《三笑图》壁画。它画在苏轼友人

---

[1] 苏辙（1039—1112），见《佩文斋书画谱》（1708 年）所引，50.20b（台北，1969 年。卷二，第 1073 页中）。李翱和药山的故事在《景德传灯录》（编于 1008 年）中有记录，卷一四，《大》第 51 册，2076 部，第 312 页中。他们的相遇在现存的几幅宋末和元代画作中都有展现。其中一幅，归于 13 世纪僧侣画家直翁名下，参见方闻（Wen C. Fong）《超越再现：8 世纪至 14 世纪中国书画》（*Beyond Representation: Chinese Painting and Calligraphy，8th-14th Centuries*，纽约，1992 年），第 77 页。清水义明对这个版本，以及其他诸如马公显、因陀罗作品的讨论，参见《因陀罗的六幅叙事画：它们的象征内容》（Six Narrative Paintings by Yin T'o-lo：Their Symbolic Content），《亚洲艺术档案》，1980 年第 33 期，第 6—37 页，图 11、16 和 17。

[2] 《宣和画谱》，第 65—66 页。

欧阳修(1007—1072)一座建筑的墙上,苏轼在那里看到并对之颇为欣赏。随后他写道:

> 近于士大夫家见石恪画此图,三人皆大笑,至于冠服、衣履、手足,皆有笑态。其后三小童,罔测所谓,亦复大笑。世间侏儒观优,而或问其所见,则曰:"长者岂欺我哉?"此画正类此。[①]

苏轼被三人任诞的大笑所打动,精英阶层的人物很少能以如此无拘束的方式被描画。他注意到了贤人们笑与仆从笑之间的不同,仆从们不甘落后,模仿他们的主人,但是一头雾水,就像是低劣的侏儒在模仿着娴熟优人的动作。

在台北"故宫博物院"有一幅横轴画册,虽然是相当后期的作品,但是似乎最能贴近苏轼所记的石恪《三笑图》之神髓(图9和图10)[②]。这幅场

图9　李唐(约 1070—1150)风格《虎溪三笑》。横轴,墨迹绢本设色,26. 4 cm× 47. 6 cm。台北"故宫博物院"

① 《苏轼文集》(北京,1986 年),佚文汇编卷五,第 2545—2546 页。
② 彩图见《渊明逸致》,图 9。

景围绕着溪流展开,溪流呈之字形流下画面中心,于丝绢底部的岩石中溢
出。两边的树木是色调明亮的秋叶,背景消失在云雾里。这三个友人聚在
小桥边,处于欢笑的狂喜之中,头转过来,手臂开张,衣服飞动。三个人陪
伴着他们——右侧一个年轻的和尚在等着慧远,左侧的僮仆照管着陆修
静的驴子、陶潜的手杖和酒壶。与石恪所画三个仆人不同,这里他们并没
有笑。他们缄默的举止,对于这些大笑的贤人的古怪行为来说正是一种
衬托。这幅画作有李唐(约1070—约1150)的风格,李唐是专业画家的领
袖人物,在北宋灭亡后随宫廷南渡到杭州。它的创作时间难以确定,但应

图10 李唐风格《虎溪三笑》,局部

329

该是很好地摹仿了李唐的原作。在明代一部目录中,提及李唐曾创作《三笑图》①,而宋元文献中也记载了为此画而作的题跋②。当"三笑"图像定型之际,这幅画大概很好地保留了从 10 世纪以来如石恪那样的人物范式。

在很多情况下,石恪对此场景的总体构思成为了标准,除了少数例外——如其中东林寺石碑上的那幅(图 2),"三笑"经常被描绘成一种自然而然且多少有些不庄重的举止。此处他们与《莲社图》二人部分的场景不同,那里慧远和陆修静表现得并不像石恪《三笑图》中这般纵恣狂放,他们行为端庄,表情平静。这差异的关键就在陶潜身上,他的加入改变了桥边场景的本来面目,带来一种对任诞之畸行的联想,而这本是他自己的传统特质。

在贯休(832—912)(像石恪一样是一个来自四川的禅僧画家)的诗歌中,陶潜形象对"三笑"的影响是毫无疑问的。贯休在东林寺定居过一段时间,并且写了不少关于它的诗歌。在其游寺归来所作的五首绝句组诗的其中一首中,他想象了一个厚颜放纵的场景:

> 爱陶长官醉兀兀,
> 送陆道士行迟迟。
> 买酒过溪皆破戒,
> 斯何人斯师如斯。③

这些特性与陈舜俞所描绘的三个崇高的思考者几乎无相似之处,在陈舜俞那里,他们是在"与语道合"之际走过桥梁的。贯休将慧远送别陆修静与

---

① 参看《钤山堂书画记》(序作于 1569 年)中文嘉(1501—1583)为严嵩(1480—1565)收藏所作的图画目录(见邓实、黄宾虹编《美术丛书》卷八,第 54 页),以及汪砢玉《珊瑚网》卷二,第 834 页。

② 见陈高华《宋辽金画家史料》(北京,1984 年),第 690—691 页。这些题跋被保存在早期史料中,其中胡长孺的一条收入《元诗选》,另一条在仇远(1247—1322 后)1317 年的《山村遗集》中。两条材料都曾为汪砢玉所征引(见前注),里面还有一条,出自南宋绍兴时期(1131—1162)无名氏作者之手。

③ 贯休《禅月集》(台北,1975 年),第 461 页。

他置酒邀陶潜并合在一起，在简短的叙述中，他使饮酒成为了主导力量。和尚跨过虎溪不再是一个圣人的偶然疏失，而成为了醉鬼的无心之错。照贯休的描述看，它甚至不是真正的偶然事件，因为蹒跚而迷糊的和尚跨过桥梁，乃是有一个目的：买更多的酒（"买"这个词使这次行游非常现实）[1]。他的沉醉被表现得不像是为了拉拢陶潜而做的一次让步，反而像习惯性的沉溺——就像陶潜自己。这不是《高僧传》中的慧远，在《高僧传》中慧远始终坚守着他僧侣的节制，甚至在将死之时还拒绝饮用豉酒和米汁。实际上，贯休诗歌最后一句所提出问题的答案只能是——一个非常像陶潜的人[2]。

贯休所作的《三笑图》已文献无征，但如果他画了一幅，可能是像石恪那样，展现的是一种混乱的狂欢。当然，他并非不赞成这种轻率之行。他诗歌的语调有种亲切的幽默与回忆，正如后世仰慕者赞颂陶渊明或其他诗人和文化英雄的狂放表现那样，这些狂放的表现由酒、友谊和灵感超凡地带来。

另外一幅现存的这一主题的画作，是北京故宫博物院藏的一柄团扇，在画中三个人物走得并不稳当——大概可以确定这三个同伴是走在去桥梁的路上（图11）[3]。陶潜的头巾歪斜，跟和尚勾肩搭背，陆修静和一个僮仆走在稍后面一点。这幅画成于梁楷之手，他是13世纪早期的一个画家，既隶属于宫廷，也是禅林的一员。虽然这幅画可能时代比较晚，但是正如台北所藏的那件李唐风格的画册一样，它还是保留了一些梁楷的原始面貌。其笔法颇近于梁楷，据16世纪末一则文献记载，梁的《三笑图》是用了

---

① 作者将"买酒过溪皆破戒"一句翻译为"Going to buy wine, he crossed the brook and broke his vow"，在"买酒"与"过溪"之间建立了因果联系，即为了买酒，所以过溪，然后才破戒，因此有了后文的这段分析。但其实这也许是作者误读了，"买酒过溪皆破戒"里，"买酒"承接第一句的陶渊明，指慧远置酒邀渊明；"过溪"承接第二句的陆修静，指慧远过虎溪事，本来说的就是二事，这是古典诗歌中的一种章法，"皆"字亦可证"买酒"与"过溪"之间是并列，而非因果关系。——译者注。

② 作者将"斯何人斯师如斯"翻译成了一个问句："What sort of person is a monk who would behave like this?"直译如下："举止如斯的和尚算是哪一类人呢？"——译者注。

③ 彩图可见《中华五千年文物集刊：宋画编》（台北，1986年），卷四，彩图31。

"折芦"或一种锐利嶙峋的笔法①，此图亦复如是。三个人物的醺醺醉态让人想起贯休的诗歌，他们也受到了同样和蔼的嘲笑，这种嘲笑通常针对的是文坛巨子饮宴上那些无伤大雅的放荡行为。这幅画作的题目——《三高游赏》(*Three Lofty Ones on a Pleasure Outing*)，将此场景也纳入了这一类别之中。

图 11　梁楷(13 世纪初)风格《三高游赏》。扇面，墨迹绢本设色。"故宫博物院"。载《中华五千年文物集刊：宋画编》，台北：中华五千年文物集刊编辑委员会，1986 年，卷四，图 31

①　詹景凤在《东图玄览编》(序作于 1591 年)中提及此画，见《美术丛书》卷二一，第 16 页。梁楷贡献给水墨画的这种相对锐利有骨的笔墨亦可见于他为禅宗祖师慧能所作的两幅画卷，见《水墨美术大系》卷四，正图 4(彩色)及 37。

圣贤之笑

对"三笑"任诞举止的图像再现,也许在很大程度上塑造了人们想象虎溪上这个传说片段的方式,在东林寺庄严的传说与庐山隐士文化之中,它看起来仿佛一个喜剧性的插曲。但是对这一场景轻松而带有娱乐性的阐释并不能满足所有人。就在第一幅《三笑图》诞生的一个世纪里,一些观察者便已开始注意揭示在这些贤士任诞狂欢深处所蕴藏的道德与哲学意涵。智园(976—1022)就是其中之一,他是一个有着很强儒学倾向的僧人,也是一个强力且颇有影响的融通思想家,他在自己为《三笑图》所作诗歌的序言中阐述了这一点。智园写道,慧远非常严格地守着他虎溪的边界,即使是"晋帝万乘",也不能让他跨过虎溪,但是:

> 及送道士陆修静、儒者陶渊明,则过之矣。既觉之,乃携手徘徊,相顾辴然……人到于今写其形容,谓之《三笑图》,止为戏玩而已,岂知三贤之用心邪?

智园的文本有意与图像及其题目立异,他认为图画中令人眼花缭乱的氛围掩盖了贤士精神追求的庄重性。照他说来,他的题词意在揭示大笑之人崇高的心灵境界,他们"道有所至,而事有所忘"[①]。

智园对慧远于虎溪破戒的哲学解读也能在 11 世纪很多评论者的话语中见到。黄庭坚(1045—1105)在读贯休诗后所作的评论中阐释了这一片段,其方式与智园尤为相同。像智园一样,他首先提醒读者慧远平素严格的自律,很少能有例外使其破戒:

> 远法师居庐山下,持律精苦,过中不受蜜汤,而作诗换酒饮陶彭泽。送客无贵贱,不过虎溪,而与陆道士行过虎溪数百步,大笑而别。

---

① 智园《闲居编》,见《续藏经》(香港,1968 年),卷一〇一,第 16 册第 50 页上。

随后黄庭坚引用了贯休论慧远公然醉酒的诗歌，继此之后是一首绝句，绝句中描述了他自己对这一场景的不同领悟：

> 邀陶渊明把酒碗，
> 送陆修静过虎溪。
> 胸次九流清似镜，
> 人间万事醉如泥。①

作为对贯休所描述的那个令人惊讶的破戒和尚的回应，黄庭坚声称像慧远那样有着高尚精神的人破戒并无不可，因为他绝不会由此堕落。饮酒不能使他超凡的清醒变得糊涂。这一论断与对陶潜醉酒的评论相似，陶潜的醉酒，以及其他一些在礼仪中看起来失于检点的行为，虽然经常被作为幽默的笑柄，但文人批评家们以同样的理由原谅了他——正如袁枚在他关于醉石的诗中所说的那样。

苏轼也谈论了这个主题。如我们所见，他观看了石恪的"三笑"壁画，为其中人物任诞之举止所打动（学者与哲人很少被如此再现），并以一种明显的愉悦心情来描述此事。在一首关于此画的诗歌中，苏轼探索了那种刺激他们大笑的不可言喻之悟：

> 彼三士者，得意忘言。
> 卢胡一笑，其乐也天。

对苏轼来说，这个场景的主旨不在于僧人及其破戒，而是在于三人大笑里的欣悦以及他们共通之感中的意蕴。与贯休游戏性的嘲弄不同（"斯何人斯师如斯"），苏轼所谓的"得意忘言"，颇近于智园的"道有所至，而事有所

---

① 黄庭坚：《山谷全集》（上海，1927—1936年），卷一七，第3页中—4页上。黄氏此诗作于1102年。

忘"，将这个场景牢牢地纳入到了哲学而非嘲谑的框架中。他并未提及酒，贤人的大笑被展现为直观的纯粹之知，绝无任何妥协之余地。

之后这首诗再一次说到了贤人们的仆从，以及围绕着他们的野生动物，这些也都在石恪的画中。他们糊里糊涂地参与到欢笑里，这给了苏轼一个由头来增强画面的哲学意蕴：

> 嗟此小童，麋鹿狙猿。
>
> 尔各何知，亦复粲然。
>
> 万生纷纶，何鄙何妍。
>
> 各笑其笑，未知孰贤。①

在上引他关于此图的散文中，苏轼道及这些仆从的笑是对真实情景的可笑模仿。不过，在这里他提出，这似乎也是对神秘直观之悟的一种再现，什么能让一个人笑得比别人更"贤"，这很难讲明白。

其他北宋作家观看《三笑图》，也同样带着一种崇敬赞叹而非嬉笑的感觉。李觏（1009—1059）为一幅屏风《三笑图》所作的诗歌，对待这个场景颇为严肃，连酒或反常的举止都未提及，正如李白一般，他贬低了界限对于慧远这样一个人的意义："何必门前有虎溪？"②对于陈舜俞而言——在上面他的引文中提到了一幅关于此主题的画作，这些贤士们乃是在深入的义理讨论中跨过桥梁的。

---

① 《苏轼文集》，卷二一，第608页。我非常感激伊若泊（Robert Eno）在这首诗上对我的帮助，这首诗的意蕴有些难以捉摸。王世贞（1526—1590）在为自己一幅《三笑图》的题词中评论了苏轼这首诗，他表达了对这一片段真实性的怀疑。他征引了有关陆修静时代抵悟的论据，而且他还游览东林寺，亲自作了观察。那里溪和桥的布置与文字中所写的似乎并不匹配。（陈邦彦《御定历代题画诗类》卷三七，第13页）。虽然苏轼并未提及三个笑者的名字——王世贞等人想知道他是否了解其人，但是苏轼对这个故事的大概和它的哲学意蕴颇为熟悉。他的"忘言"（一个来自于道家著名篇章的短语）表明他心下已然了解道家义理已经被牵扯了进来。这一点在下文还会讨论。

② 关于李觏的诗歌，可见陈邦彦《御定历代题画诗类》卷三七，第12页上。亦可看卷三七第12页上—13页中几首元代作家题《三笑图》的诗歌，里面也有一些元代前的作品。其他宋代的虎溪诗，还包括范成大（1126—1193），见《庐山历代诗选》，第102页。

四、文字性与图像性的评论

从一开始，"莲社"和"三笑"的传统就更多地掌握在文人和饱学僧侣而非一般佛教机构成员的手里。"十八贤"的唐代原始文本即代表了对佛教故事的世俗化处理，后来对"过虎溪"的记录与阐释主要也是在诗歌与图画的领域中。考虑到陶潜在文人文化中的崇高地位，他与慧远所谓的关系在他们对东林僧人的反思中扮演了重要角色。儒生在接近佛教时的复杂与含混，也反映在了后来对莲社和虎溪的讨论之中。

关于陶潜的过失

陶潜到东林寺造访慧远引起了人们对二人品格与正直方面的质疑。围绕着他们之间有一些棘手的谈判，在达成共识时，双方都做了让步。慧远的角色并非无足轻重。佛子不能饮酒，而且照《高僧传》中传记来看，慧远以严格遵守佛教戒律而闻名。他甚至在缠绵病榻时都拒绝含酒精的药物，虽然他的徒弟们劝他服用此药[1]。但是为了吸引嗜酒的陶潜，他让步了，也许他还与客人一起参与了宴饮。至于诗人，他也放松了自己的原则。对他纯粹的学术气质来说，佛教的聚会可能不合口味，但是美酒的邀约却使他抛开了顾虑。尽管如此，他还是觉得造访令人厌烦，因此他改变主意并离开了。

这个故事能传达出一种保守的儒家道德：慧远邀请陶潜，暴露出了这位和尚的热心，也展现出一个较低级且异类的教派在迎合伟大的儒家隐士。他为了追求陶潜的友谊而放松戒律，这相当于承认了陶潜的高级地位，陶潜最后不愿搅入慧远的群体中，甚至饮酒亦然，这也是对佛教徒低级地位的一种相应估量。如果陶潜的到来是因嗜好背叛了他的原则的话，那么在离开之际，他又重申了这些原则。确实，在许多关于陶潜饮酒的轶事中，这是唯一一件他容许其他的原因凌驾于酒杯之上的轶事。在很多事上，他的弱点都来源于好酒，他的仰慕者们很乐意将此视为自然而然

---

[1]　他的确死于这场疾病。见《高僧传》，第361页中。

伴随着他自由心灵的东西。

从另一方面看，饮酒放纵的观点也波及了慧远，事实上，因为置酒于东林寺以邀陶潜的故事，甚至还因为醉酒过虎溪的故事，他的名声远播。因为这位佛教圣人不仅超越（以及违背）了世俗社会的规范，还超越（违背）了寺院生活的规范。这即使有争议，在佛教话语中还是能站得住脚且并不违背教义的。这样的破戒可以代表精神解放的最终阶段①。而且对于深有共鸣的世俗佛教徒如黄庭坚之流来说，慧远在僧侣戒律上的灵活，展现了他从严格的佛教或世俗礼节中脱身的自由，展现了他无拘无束的人性。他沉湎于美酒、诗歌和友谊（这些都是文人非常看重的）的选择使他的宗教誓言（这为文人所轻视）被忽视，这收获的欣赏远多于谴责。他与陶潜之间所谓的关系——即使是一个冷淡而推托的陶潜，足以提升传统文人世界对他的接受度②。

当陶潜与慧远被放在一起谈论时，通常还是为了突出陶潜更高一等的美德。曾巩（1019—1083）赞扬了二人从纷扰世界中隐退而归于秀美山川。但是和尚和他的徒众是受异教思想的驱使，而陶渊明所秉持的则是中国之道：他隐居而不自溺于异端，并且拒绝加入佛教③。黄庭坚像学徒一般地钻研陶诗，他深为陶渊明远胜于莲社诸人的境界所打动④。黄庭坚的朋友李公麟也用图画的语言表达了这一点，就在他的《莲社图》（图 3）

---

① 对这一问题最有趣的讨论，见伯兰特·佛尔（Bernard Faure）《红线：佛教徒对性的态度》（*The Red Thread: Buddhist Approaches to Sexuality*，普林斯顿，1998 年）中《破戒的观念（"The Ideology of Transgression"）》（第 98—143 页，尤其是 98—111 页）。如佛尔注释所言，"疯狂"的僧侣举止也可以说服儒家批评者"明显的破戒并不仅仅是因松懈与腐化所致，有时是受到更高动机的驱动"（第 104 页）。

② 白莲宗的辩护者强调它的起源为庐山上的慧远白莲社，有时也会提到陶潜的名字，比如可以参看 1276 年刘辰翁为一所白莲宗庵堂写的题记（田海《白莲教》，第 91 页）。在一定程度上，因为这样的策略，该宗派能得到宋末至元的受教育阶层的颇多尊敬，虽然后来他们日渐疏离。复可看塚本善隆（Tsukamoto）关于"慧远的寺院以及他死后的影响"（Huiyuan's monastery and his influence after his death）所作的附记（《中国早期佛教史》卷二，第 861—899 页）。

③ 《游山记》，载《曾巩集》（北京，1984 年），第 782 页。

④ 黄庭坚《山谷全集·外集》卷一，第 4 页上。黄庭坚在为李公麟《松下渊明》图作的题诗中也提出了相似观点（《山谷全集》卷九，第 2—3 页）。

中。至于前引那首陶渊明《和刘柴桑》的诗——或许可证明他与东林团体的联系，也能另作一种否定的解释。对于像 18 世纪学者温汝能这样的读者来说，这首诗展现出的更多的是陶渊明对慧远团体的冷淡，而非友好关系。刘遗民盼望陶潜加入白莲社，但是实际上诗人说他并不愿意留连其中。如温汝能在此诗之注中说："渊明雅不欲预名社列，但时复往还于庐阜间，故诗中起数语云云。"①

李公麟的《莲社图》很著名，而且仿作颇多，他的画作无疑有助于加强这种观点。他所绘的谢灵运和陶潜的小插图——一个热切的信徒和一个满腹怀疑的独立者，将陶潜思想的高人一等表现了出来。诗人坐在他的篮舆里，带着不满的情绪，背向庄严的集会，这个辛辣而又模糊的荒诞图像将一种带着幽默和抵抗的奇怪调子引入到了整个场景之中。通过拉开他与东林社团的距离，陶潜——作为文人中的佼佼者，以及个人正直品格和正确价值观的模范，给东林社团的道德宣言之上笼罩了一层含混的阴云，而且，作为一个整体，这确实也笼在了整个佛教丛林之上。

陶潜的攒眉，作为面对佛教时儒生傲慢态度的一种象征，深深印在莲社的历史记忆之中——不仅在寺院里，也在世俗世界中。比如说祖可，一个 12 世纪早期的和尚，曾定居于庐山，他在关于十八贤的绝句中就未忽视陶潜眉头紧皱的面容②。这同样渗透到了虎溪故事的建构之中。和尚清欲（1283—1363）为《三笑图》所作的一首诗这样开头："攒眉不作入社客，"③同时代元代学者成廷珪在描述《虎溪图》时，也暗示了陶渊明的攒眉④。因为陶渊明在虎溪场景中通常都是与其他人一起大笑而出现，对他攒眉的暗示，显示了他厕身于这种同伴中时，这些题跋者所抱有的一种复杂感受。甚至当他的攒眉并未被提及时，他依然被频繁地作为评论对象，如元

---

① 温汝能语见《汇评》，第 89 页。
② 《庐山历代诗选》，第 112 页。
③ 《了庵清欲禅师语录》，《续藏经》卷一二三，第 5 册，第 350 页上。非常感激劳拉·伊辛加·英格曼（Lara Idsinga Ingeman）让笔者注意到这些宋元禅师语录中的材料。
④ 陈邦彦：《御定历代题画诗类》卷三七，第 12 页上。

代学者王恽(1227—1304)和吴师道(1283—1344)在为《莲社图》所作的题跋中那样①。对文人观者来说，陶潜就是这里面最有趣的人，他几乎要代替了慧远在这类图像中的主角地位。这种倾向在 18 世纪早期的题画诗集中表现得很明显，这些题画诗都按照画作主题分类，《莲社图》和《三笑图》的题跋经常被归入陶潜图像的序列中去②。

"第一达摩"

儒家对陶潜与慧远互动的评说建构了一个案例，这里面不仅有陶潜的独立品格，还有他的文化与价值观对他佛教同仁的影响。传统和现代的学者普遍承认，虽然佛教在陶潜的时代盛行一时，但陶潜并未受到佛教太大的影响，也没有佛教史家和辩护者用更多持续努力来证明陶潜与东林文化的联系。但是有一些主题在他诗文中反复出现——他对生活的悲观态度、对解脱的追求，以及对异世界的向往，都与佛教的世界观颇有相似之处，而且它们都可以用佛教的术语来分析，尤其是在认为他与慧远有联系的观点之中，更是如此。认为陶潜图像在后世发展中完全未受到佛教影响，这是一种错误的看法。

在这方面最重要的是陶渊明最脍炙人口的诗歌中的其中一首，即他的《饮酒二十首》(Twenty Poems on Drinking Wine)的第五首。这首诗中描写了诗人从纷扰世界中抽身而出的宁静心情——一种与佛教"无执"理想不无联系的心境。陶渊明写到，他在东篱手把菊花，然后在夕光中蓦然看见远处的庐山("南山")，他体验到了一种无言启悟，这启悟关乎真意，亦即万物的本质：

> 采菊东篱下，
>
> 悠然见南山。
>
> 山气日夕佳，

---

① 陈邦彦《御定历代题画诗类》卷三七，第 14 页。

② 陈邦彦《御定历代题画诗类》卷三七，第 12 页上—15 页上。

飞鸟相与还。

此中有真意，

欲辩已忘言。①

这是中国文学上的经典时刻，在后来的诗文中一次又一次被回忆，而且经常出现在画作之中。其中最早最著名的是上文曾简单介绍过的一幅小挂轴——《东篱高士图》，它成于 13 世纪早期画家梁楷之手（图 12）②。陶潜沿小径漫步，手把菊花，正带着一种惊奇感注目着他身前的远方。

"迷失"或"忘言"乃是这里的关键语，显示出一种超越了语言之特殊与偶然的深刻洞见。苏轼在他关于《三笑图》的诗歌中用了同样的二字短语："彼三士者，得意忘言"，正如苏轼所见，桥上贤人们自然而然的爆发乃是由充盈的了悟所激起的，对他们来说，言语道断，唯有无言的笑声能表达这全新的洞见。

作为一种表达方式，"忘言"完全不是一个儒家概念，而且陶渊明面对真实本质时忘言的体验，经常被用来反映道家对语言最终无用的观照。道家经典《庄子》中一篇著名文章提出了这个绝妙的短语③。无言在佛教话语中也是一个反复出现的主题。慧远和他的弟子们在为庐山风景中的神圣共鸣而惊叹时，也体验到了无言可达的启悟。他们对这一时刻的描述与上引陶潜诗歌的最后一句惊人地相似④。相关的观念亦遍及于两部主要的禅宗经典里——《维摩诘经》与《楞伽经》，在陶潜的时代这两部经书

---

① 《陶靖节集》，第 41 页。海陶玮《陶潜》，第 130 页，此处略有修改。

② 其彩图见《渊明逸致》图 1 等处。

③ 华兹生（Burton Watson）的翻译为："The fish trap exists because of the fish; once you've gotten the fish, you can forget the trap... Words exist because of meaning; once you've gotten the meaning, you can forget the words. Where I can find a man who has forgotten words(wangyan) so I can have a word with him? （筌者所以在鱼，得鱼而忘筌……言者所以在意，得意而忘言。吾安得夫忘言之人而与之言哉?）"见《庄子全集》（*The Complete Works of Chuang Tsu*，纽约，1968 年），第 302 页。

④ "当其冲豫自得，信有味焉，而未易言也。"《游石门诗序》，收入平慧善、陈元垲编《庐山历代游记选译》（南昌，1981 年），第 10 页。

图12 梁楷(活跃于 13 世纪初)《东篱高士图》。挂轴,绢本
设色,71. 5 cm×36. 7 cm。台北"故宫博物院"

都首次被译为中文。两部经书的中心要旨都在于最终的意义无言语可表达,或者说,不能用言语去表达它们。在维摩诘与文殊菩萨关于最终真理之本质的伟大辩论中,这位俗世圣人获胜了,他给出了对"不二"这一中心问题的唯一正解:沉默。苏轼称维摩诘为"无言师"①。《楞伽经》在语言与意义之间画了一个尖锐的分野:"言说是生是灭,义不生灭","善于义非善言说",在这文本中,有一个著名的警告反对将能指(言)当成所指(意)的错误②。

陶渊明时代之后禅宗崛起的势头一直很不错。据后来形成的禅宗史料记载,禅宗在 6 世纪初由印度僧人达摩(Bodhidharma)传入中国。据说达摩是佛陀的第二十八个弟子,他直接得到了佛的传授,并接受了佛的正法眼藏。他随身携带着一部《楞伽经》的副本,将它传给了自己选择的弟子慧可③。达摩关于《楞伽》的教诲强调"忘言"。一首被归于他名下的著名禅宗绝句云:

> 教外别传,
>
> 不立文字。
>
> 直指人心,
>
> 见性成佛。

如果他确实存在的话,达摩生活时期比陶潜晚了一个世纪(照通常的说

---

① 《苏轼诗集》(北京,1982 年),卷三,第 111 页。

② 苏轼对《楞伽经》也抱有很大的兴趣,《楞伽经》的影响在他创作中显而易见。参见管佩达(Beata Grant)《重访庐山:苏轼生平与创作中的佛教》(*Mount Lu Revisited: Buddhism in the Life and Writings of Su Shih*,火奴鲁鲁,1994 年),第 133—134 页。这部佛经可见《大》第 16 册,670 部,第 479—513 页。

③ 根据传统,慧可精通《楞伽经》的篇章。当菩提达摩提问他的徒众,他们从自己这里学到了什么时,每个人都给出了精深的答复,但唯有慧可报之以沉默。达摩祖师云:"汝得吾髓。"慧可的传记可见《景德传灯录》,卷三,《大》第 51 册,2076 部,第 220 页中—221 页下。关于这个以及其他相关传说的构建,可参看福尔克(T. Griffith Foulk)《宋代禅宗关于"别传"的争论》(Sung Controversies Concerning the 'Separate Transmission' of Ch'an),载格里高利和高泽民编《宋代佛教》(*Buddhism in the Sung*),第 220—294 页。

法，这首绝句是唐代的作品）。尽管如此，到了宋代，陶潜的作品中还是有些禅宗的观念被偶然注意到，特别是在这首他于东篱获得启悟的诗歌。下面的文句来自葛立方的批评汇编《韵语阳秋》，其中宣称了陶渊明的禅宗源头，并汇集了他几首诗歌和一些散文中的例证：

> "不立文字，见性成佛"之宗，达磨西来方有之，陶渊明时未有也。观其《自祭文》则曰："陶子将辞逆旅之馆，永归于本宅。"其《拟挽词》则曰："有生必有死，早终非命促。"其作《饮酒》诗则曰："采菊东篱下，悠然见南山。此中有真意，欲辨已忘言。"其《形影神》三篇，皆寓意高远，盖第一达磨也。而老杜乃谓"渊明避俗翁，未必能达道"，何邪？东坡谂陶子《自祭文》云："出妙语于纩息之余，岂涉生死之流哉？"盖深知渊明者。①

照葛氏看来，陶潜的作品在道德层面展露了禅的洞见，这甚至早于达摩东来。施德操，另一个宋代作家，活动于绍兴（1131—1162）初期，也在陶潜的"忘言"之中看到了禅宗观念："时达摩未西来，渊明盖会禅。此正夫云。"②后来批评家谭元春（约 1585—1637），也同样将渊明《饮酒》诗中的"采菊"一段视为"禅语"③。

通过精致但有力的图像符码之配置，梁楷关于陶渊明在"忘言"时刻手把菊花的图像展现了与文字相似的构建（图 12）。陶潜只需一小步便可走到架于湍急溪流上的一座不起眼的平板桥上。这座桥毗邻图画的左角，远处的溪岸并未出现。但是在诗歌的语境中我们能够领会，在未画出的风景之上，一段不确定的距离外，这条小路向前通往庐山。陶潜举起他

---

① 葛立方，转引自《陶渊明研究资料汇编》（北京，1962 年），第 64 页。

② 施德操，转引自《陶渊明研究资料汇编》，第 56 页。译者按：此语出自施德操《北窗炙輠录》，作者原文翻译"此正夫云"为"This is the proof"，洵属误读，盖此处之"正夫"乃人名，非词语也。

③ 《古诗归》，转引自《汇评》，第 169 页。

的菊花，对着看不见的青山，他的脸微微抬起，他的身体占了四分之三的视野，袍子和肩带绕着他轻轻飘动。他的姿态和动作很像那些手擎着花朵或其他佛像供品的菩萨①。这是一个借来的意象，展现的是佛教观念的超凡与纯洁，这使这个片段神圣化了。陶潜无言举手的表现给人一种感觉，就如同沾染了强烈佛教欣赏色彩的精神体验。

虽然不大显眼，但梁楷画中的桥梁还是涵纳了一种启悟和转化的意象。"桥""津"和"渡"在道教和佛教那里都是很重要的意象②。作为中国山水画中的一个关键母题，桥梁代表了旅人从社会回到乡村的渠道，或者更进一步，是一种释放和启迪的渠道③。它连接两个世界，是一个人在更好与更坏的生活之间移动的地方。陶潜在他的诗歌里只谈到一种看法，他并未说到桥，也没说到旅行。在梁楷的画作中，桥梁引入了跨越的观念。事实上，作为一个实物，它很像台北所藏李唐风格《三笑图》中架在虎溪上的平板桥（图9），它们就像是从同一块木板上切下来的。下面的溪流和两幅图中的道路也很相似，从造型和笔法上看都是如此。李唐的山水风格在他去世后仍在南宋宫廷中有长时间的影响，梁楷的画作中就保留了不少痕迹（而且正如我们所提及的，实际上梁楷自己画过《三笑图》）。在这种学术传统的延续之上，两幅画中桥梁的相似还无意中显示了一种叙事上的连续，这也将所描述的两个场景联系起来了。好像跨过东篱画像中的桥梁，陶潜就站在虎溪，准备前往慧远的东林寺院去。

①　关于陶渊明菩萨化外表的讨论，可见我的《陶渊明的衣带：或神仙的性别》（Tao Yuan-ming's Sashes：or, the Gendering of Immortality），载《东方艺术》卷29，1999年，第1—27页。

②　载柏夷（Stephen R. Bokenkamp）《早期道经》（伯克利，1997年）第381页。这类意象在儒家话语里也有，如其中"问津"就是一个含有哲学求索意味的隐喻。

③　周季常作于1178年的《天台石桥罗汉图》（Miracle at the Rock Bridge of Tiantai），展现了在佛教艺术中桥这个隐喻是如何得以运用的。这个故事描述的是4世纪僧人昙猷凭借功德与毅力，穿过激流上一座神奇的石拱桥而到达彼岸，在那里"得道"。昙猷站在石桥上，为上下的罗汉所瞩目，挡住他的巨石奇迹般地打开，为他扫清了登上云端的道路，那里有正在等待他的宫殿。这个仙凡之间的具体标识，在《三笑图》中受到了轻忽，不过尽管如此，它仍是三笑故事中的一个关键。见方闻《罗汉与通天之桥》（华盛顿特区，1958年），彩图1，以及第15—16页，里面有《高僧传》昙猷传记的转录和翻译。

确实，陶潜与慧远始终作为一对庐山的伟大隐士、志趣相投的同代人和邻居，他们退而追求超凡脱俗的生活——尽管实际上这些生活很不一样。哲学家王守仁的一首诗里举出了他们名字的现成联系。王守仁于1521年游览庐山，为其纪念碑式的独特地位所打动。联系慧远和陶潜、莲与菊的传统，他写道：

种莲栽菊两荒凉，慧远陶潜骨同朽。

王氏的诗歌后来被刻到东林寺的一块石头上，陶潜的名字就如此经久不衰地留在了他本来很不乐意造访的地方①。

不管陶潜与东林寺或佛教的关系如何不可能，也不管在《莲社图》和《三笑图》传统中他的儒家角色如何反衬了慧远的僧侣身份，陶潜图像在事实上都吸收了一些庐山佛教的气息，正如他给慧远带去了一些文人色彩一样。这两个人的组合，虽然从未作为一种历史建构（historical construct）或融通隐喻（syncretic metaphor）而得到完全或系统的发展，但还是为他们各自传统之间互相矛盾的引力与难以解决的张力提供了一种叙事的形式。

① 《庐山名胜石刻》，第69页。

宋代的爱情与婚姻:陶渊明回家

[美]包华石(Martin J. Powers) 著　雷璐灿 译

12 世纪的文学批评家洪迈(1123—1202)曾在书信中提到:

> 足下爱渊明所赋《归去来辞》,遂同东坡先生和之,仆所未喻也。建中靖国间,东坡和《归去来》,初至京师,其门下宾客从而和者数人,皆自谓得意也,陶渊明纷然一日满人目前矣。

根据洪迈所言,这种风潮也延伸到了绘画领域:

> 近时绘画《归去来》者皆作大圣变,和其词者如即事遣兴小诗,皆不得正中者也。①

---

① 程毅中主编:《宋人诗话外编》,卷 2,北京:国际文化出版公司,1996 年,2:785。布鲁瑟通在研究这幅《陶渊明归隐图卷》时也引用了这段话,她是从文学的角度解读文中的"变"。而我根据上下文认为,此处的"变"应该是指文学批评层面的,即是对经典作品的"新解"。当然,布鲁瑟通的观点也具有合理性,很值得参考。参见布鲁瑟通《李公麟和陶潜〈归去来兮辞〉的长卷画》,博士论文,普林斯顿大学,1992 年,第 84—91 页。布鲁瑟通在书信中跟我提到,因为晁 yuedao(译者注:未找到此人,根据王铚交游经历,猜测此处可能是指晁说之,字以道)。和《陶渊明归隐图卷》的所有者王铚相识,"可以想见,晁 yuedao 在绘制他自己版本的《陶渊明归隐图卷》时,原本的那幅《陶渊明归隐图卷》他已牢记于心"。布鲁瑟通,1998 年 4 月 13 日和笔者的私人信件。

华盛顿特区的弗利尔美术馆(The Freer Gallery of Art)就收藏了这样的一幅《陶渊明归隐图卷》(图1a—c)。画家选取了辞赋中他最想描绘的场景,将文字分成几段,呈条带状分布在绢纸上。每一段文字后面都是画家的图解。如果说原作《归去来兮辞》中展现的是陶渊明在4世纪所构想的"家园",那么这幅卷轴画则进一步呈现出了宋代熟知苏轼及其思想的人们对"家园"的看法与态度。

"归去来"这个主题与苏轼及其社交圈是紧密相联的。几年前,学者罗覃(Thomas Lawton)将这幅画卷判定为12世纪早期的作品,并认为其画风与李公麟(1049—1106)相近,李公麟是以苏轼为首的宋初士人中最负盛名的画家①。罗覃注意到,最早为这幅画题跋的人是李彭,落款时间为公元1110年3月26日。李彭在题跋中,将这幅作品的主题风格与他在黄庭坚家中所见的李公麟的屏风画联系了起来。虽然题跋是可以伪造的,但罗覃注意到,李彭的字迹与其手卷上的书法在风格上颇为相似,因此二者的创作时间可能非常相近②。而近年来,布鲁瑟通(Elizabeth Brotherton)通过进一步的文献考据和更深入的图像分析,大体上确认了这幅卷轴的创作时间和绘画风格③。布鲁瑟通认为它不太可能是南宋末年的作品,因为这一时期的画坛普遍流行的是以马远(12世纪末—13世纪初)为代表的南宋画院派,讲求皴法英朗,笔法雄奇,意境清远,而这幅作品中并没有这些特征。恰恰相反,这幅画作保留了空间透视的画法,甚至多处打破了11世纪以来画面留白的绘画传统,这种作画方式可参见现藏于堪萨斯纳尔逊·阿特金斯艺术博物馆的画家许道宁(约1000—1066)的作品(图2)。班宗华(Richard Barnhart)曾在研究中指出,仿古是李公麟的创作特色。在这幅卷轴中,画家有意识地使用古法作画,例如图6中古色古香的构图

---

① 罗覃:《中国人物画》(*Chinese Figure Painting*),华盛顿特区:史密森学会,1973年,第38—41页。介绍苏轼的一生和思想的最好论著应该是学者艾朗诺(Ronald C. Egan)的《苏轼人生中的文字、绘画和功业》(*Word, Image and Deed in the Life of Su Shi*),剑桥,麻省:东亚研究委员会,哈佛大学,1994年。

② 罗覃:《中国人物画》(*Chinese Figure Painting*),第39页。

③ 布鲁瑟通:《李公麟》,第2章。

方

图 1：a

图 1：b

图 1：c

图 1　佚名《陶渊明归隐图卷》，12 世纪，绢本水墨淡彩设色，弗利尔美术馆，史密森
　　　学会，19. 119：图 a，陶渊明乘舟归来，《陶渊明归隐图卷》第一部分的图像；图
　　　b，孩子与仆从期盼着陶渊明的归来，《陶渊明归隐图卷》第二部分的图像；图
　　　c，陶渊明阖家团聚，《陶渊明归隐图卷》第三部分的图像

图 2　许道宁《渔父图》,卷首局部,绢本水墨设色,纳尔逊·阿特金斯艺术博物馆,堪萨斯城,密苏里州,(纳尔逊基金会)33‐1559

式与人物形象,而这正符合罗覃和布鲁瑟通对其创作时间的判断①。

　　同时,文学材料进一步帮助我们将这幅作品的主题与苏轼及李公麟联系了起来。前文已经提到,黄庭坚拥有一扇李公麟绘制的陶渊明归隐主题的屏风。除此之外,苏轼的友人释善权曾为李公麟的另一幅同名画作创作了题跋,而黄庭坚还为另一幅《陶渊明归隐图卷》留下过跋语②。在12世纪,诗人陆游(1125—1210)曾收购过同名的画作,只是他所见到的版本是两幅手卷。陆游意识到了这两幅作品是仿照李公麟的风格,但并非是李公麟的真迹。他在题跋中这样说道:"予在蜀得此二卷。盖名笔规模龙眠,而有自得处。"③显然,在陆游的时代,这一绘画主题仍然与李公麟联

　　①　班宗华:《李公麟的复古技艺》(Li Kung-lin's Use of Past Styles),《艺术家与传统》(Artists and Traditions),孟克文(Christian Murck)主编,普林斯顿:普林斯顿大学出版社,1976 年,第51—72 页。

　　②　李栖:《两宋题画诗论》,台北:台湾学生书局,1994 年,第161、314 页。

　　③　陆游:《陆放翁全集》卷三,北京:北京书店,1991 年,1:172。

系密切。而到了洪迈这里，他更加直接地指出——苏轼就是陶渊明诗歌流行于世的主要推动者。和其他对"陶风"情有独钟的士人一样，弗利尔美术馆藏画的创作者对苏轼的人生哲学和艺术思想可谓是感同身受，因为对某人的作品进行"唱和"，实际上是在表达对此人的肯定与欣赏。

"唱和（improvisation）"是晚唐时期兴起的一种重要的新体裁。它的字面意思是"相一致（harmonize）"或"相对应（match）"。从文学意义上看，"唱和"被笼统视为对他人作品的"回应（reply）"，但在古代实际社交生活中，它通常表示对另一个人观点的支持与肯定①。这些唱和作品的标题中一般都标明了所和的对象，但这种作品并不一定要完全忠实于原作的格式与韵律。因此，用"唱和（improvisation）"来称呼此类作品应该是最好的选择，代表了对原作的一种自由回应。例如，陶渊明的《归去来兮辞》是一篇赋，而苏轼则创作了一系列短诗与之唱和。苏轼的和诗都是五言，陶渊明的原作则是四言和六言交替使用；陶渊明频繁使用了文言助词"兮"，苏轼的作品却没有效仿这一点；陶渊明的诗是按照叙事顺序展开的，而苏轼诗歌中的各种场景都是随意出现的。

但苏轼在诗文中频繁使用了陶渊明作品中的措辞与意象，从他自己的角度思考陶渊明所提到的主题。例如，陶渊明在原作中提到了"耕植"，在其他作品中也记录了自己与农人对话的日常，展现了他豁达开放的社会观念。相比之下，苏轼的诗意则更为尖锐："农夫人不乐，我独与之游。"②汴京的人们读到这些诗句，肯定会不禁想起，苏轼是因为反对损害农民利益的政治改革而流亡在外的③。读者们只要对比苏轼对陶渊明作品的征引情况，就可以明白苏轼与陶渊明有哪些共同的理想追求，以及苏轼内心的价值判定与陶渊明又有何区别。

---

① 《汉语大词典》词条中引用了列子的话作为最早使用"和"的例子，但更重要的是引用了韩愈（公元 768—824）的话。在宋代，出现了大量诗人之间互相唱和的作品。

② 《苏东坡全集》卷二，台北：世界书局，1974 年，2，85。

③ 要了解更完整的历史背景，请参见蔡涵墨（Charles Hartman）《1079 年的诗歌与政治——苏轼的乌台诗案》，《中国文学：论文、文章、评论》（*Chinese Literature: Essays, Articles, Reviews*），第 12 期，1990 年，第 15—44 页。

同样的思想倾向也影响了绘画领域的"唱和"。李公麟用绘画唱和的方式表达对陶渊明诗歌的推崇,成为了京城士人中的一种文化风尚。和苏轼一样,即使在表达自己对"家园"的看法时,李公麟也会引用陶渊明的表述。弗利尔美术馆的藏画也是这样,但是很明显,这位画家对陶渊明的原诗绝不是单纯的转述或者毫无思想的盲从。而且,本文试图证明宋代画家眼中的婚姻关系与几个世纪前陶渊明所表达的婚姻观是截然不同的。

陶渊明诗歌的重要主旨是要把世俗的富贵荣华与家人共享天伦的田园之乐相对比——前者被视为"矫厉",而后者则是"自然"。因为陶渊明无法通过务农来养家糊口,亲友设法推荐他到彭泽县做官。但没过多久,他的思乡之情愈加深厚:"既自以心为形役,奚惆怅而独悲?悟已往之不谏,知来者之可追。"①于是陶渊明抛弃了世俗生活中的名利、地位等诸多诱惑,他知道人们可能会对他的行为感到不解,于是在序言中说道:"何则?质性自然。"但是他所说的"自然"是什么意思呢?从陶渊明接下来的表述可以推断,他真正追求的是"独立(independent)",即生活在自己的空间里,随性而为:"非矫厉所得。饥冻虽切,违己交病。"

这种宣扬个人独立的行为可能正是陶渊明被士人所推崇的原因之一。苏轼的"唱和"就几乎把这种追求升华为了核心思想,在他的和诗中,"独"出现了三次,"独立"出现了一次,"孤"出现了一次。苏轼的两首诗分别以"与世不相入"和"世事非吾事"开头[有学者试图用德国诗人吕克特(Riedrich Racker)的"我已被世界遗弃"(Ich bin der Welt abhanden gekommen)的句子作为译文]②。陶渊明和苏轼都试图打破世俗礼法,所以他们不得不求助于其他权威来证明他们个体的独立性,这种"权威"即是"自然"。因此对他们二人来说,"自然"意味着个人的自由与解放,而世俗礼法则被视为背离本性的"矫厉"。

在绘画和诗歌中,"自然"世界往往是通过云雾彩霞、花草树木、邻里乡

---

① 双语版和另一个版本的译文,可参见方重:《中英对照:陶渊明诗文选译》(Gleanings from Tao Yuanming),香港:商务印书馆,1980 年,第 162—163 页。

② 《苏东坡全集》,第 2 册第 85 页。

亲、孩童稚子甚至随从的形象展现出来。在这个方面，弗利尔美术馆那幅画作的创作者似乎与陶渊明更为"契合"。在这幅画卷中，我们可以看到陶渊明阖家团圆或与邻里聚会的有趣片段，以及他在花园里独自漫步的情景，但这种"契合"也仅止于此了。这位画家对陶渊明原作的"回应"清楚地表明，他对婚姻生活的理解与陶渊明截然不同——正如苏轼对农民的关注和同情远远不止是偶尔的聊天交流。陶渊明在原作中从未提及自己的妻子，而这位宋代画家则显然觉得有必要为陶渊明的夫妻关系增添一抹浪漫的色彩。陶渊明是这样描述自己返乡归家的情景的：

乃瞻衡宇，载欣载奔，僮仆欢迎，稚子候门。①

"家园"是一种建筑空间，那么让我们来看看这位画家是如何渲染它的（图 1b）。"家园"中居住着陶渊明的家人，是他心中的挚爱，比如他的孩子（图 3）。值得注意的是，在那个时代，陶渊明显然认为仆从是家庭的正常组成部分，这也是画作所描绘出的仆从们的情绪状态——恭敬有礼但显得熟悉而放松（图 4）。唯一一位跪拜行礼的人看起来像是陶渊明的学生。在这几行诗句中，陶渊明提到"携幼入室，有酒盈樽"，但自始至终，他一句话也没提到他的妻子。

而弗利尔美术馆的这幅作品，则对这位遗世独立的诗人的归家情景进行了一种全新的诠释。在大门外（图 3）只有孩子们在等待，而画家为那位本不曾出现的母亲，设想了一个动人的情节。当视线继续推进，我们就能够越过栅栏窥视"家园"的内部，从而发现陶渊明妻子的身影（图 5）。妻子对陶渊明的归来感到惊讶，急忙想要上前去迎接他，但又突然停下来整理自己的发髻，似乎是担心丈夫看到自己妆发不整。可惜的是，这幅作品描绘妻子面部部分的画绢已经磨损，所幸头发和身体部分都保留了下来。而得益于这两部分的细节，妻子活泼而急促的性格特征通过她的动作充

———————————

① 参见方重译文，有小改动，《中英对照：陶渊明诗文选译》，第 164—165 页。

图3　稚子候门

《陶渊明归隐图卷》第二部分的图像局部

图4　僮仆欢迎

《陶渊明归隐图卷》第二部分的图像局部

图5　陶妻理妆

《陶渊明归隐图卷》第二部分的图像局部

分表现了出来。画家通过这一细节,揭露了非常微妙的内在情感,笔者认为,画家的意图就是想要撩拨观画者的心弦。这幅画作不仅表现了这位惹人怜爱的妻子那羞涩敏感的瞬间,实际上也表达出,这样的情景才体现了真正的夫妻之情。

我可以毫不避讳地说①:虽然古时早有对婚姻关系的浪漫描述,但这种表达到了中唐以后才变得普遍起来。在杜甫的笔下,夫妻感情显得恬

---

① 根据 Camille Paglia 在《新编普林斯顿诗歌与诗学百科全书》中的论述,现代爱情诗的概念起源于英格兰的都铎王朝。她以埃德蒙·斯宾塞(Edmund Spenser)的新婚颂诗(courtly Epithalamion)为例,提出西方的爱情诗具有更"复杂而矛盾(complexity and ambivalence)"的特质,因为西方女性比起东方女性而言具有更刚强的性格。恕我直言,Camille Paglia 可能是没读过中国宋代的爱情诗,才得出了这样的结论。参见 Camille Paglia《新编普林斯顿诗歌与诗学百科全书》,普林斯顿:普林斯顿大学出版社,1993 年,第 705—706 页。

淡而温柔,虽然充满了生活的现实,却不失情真意切①。到了公元 9 世纪,元稹的《莺莺传》(中国版的《罗密欧与朱丽叶》)用一出充满浪漫色彩的爱情悲剧吸引了大量读者②。而到了宋代,那些劳燕分飞、相思成疾的情人眷侣彼此遥寄书信,以慰相思之苦,这些私人信件被作者传播开来,流传于世。

有一位不为人知的女子,她的书信就以这种方式被保存了下来——她是宋朝官员赵秋官的妻子。这位妻子在书信中对爱情的独到见解,很有可能吸引了那些对私人信件颇有兴趣的读者,这群人似乎对现实生活中的"情"而感到悸动万分。这位妻子开篇的几句话就将她的困境与人类普遍的恋爱状况联系起来:

人道有情须有梦,无梦岂无情? 夜夜相思直到明,有梦怎生成?③

诗歌的第四句好似她在亲昵地和丈夫撒娇,仿佛在说:"如果你总是不在家,我哪里有时间去做梦呢?"她清楚地意识到"爱"是一种无法控制的情感,即使丈夫无法回来,她的爱也不会减弱。她认为梦境源于情感,这种观点与宋人认为缱绻爱意乃人之常情的看法是一致的④。而这种感受也证明了她对情感的认识是非常独到的。这首诗的结尾是:"笛里声声不忍听,浑是断肠声。"

我们站在 20 世纪的角度来看,很容易认为这样的一封信件没有什么特别之处。但我们必须认识到,12 世纪的欧洲并没有出版过任何寂寞主

---

① 杜甫写给他妻子的情诗《月夜》。参见大卫·霍克斯(David Hawkes)《杜诗入门》(*A Little Primer of Tu Fu*),牛津:克拉伦登出版社,1967 年,亦见刊于《译丛》(Renditions)第 41—42 期,1994 年,第 29—31 页。

② 关于这部作品及其接受的深入研究,参见宇文所安,《中国"中世纪"的终结》,斯坦福:斯坦福大学出版社,1996 年,第 149—173 页。

③ 喻朝刚、周航编著:《两宋绝妙好辞》,吉林:吉林文史出版社,1992 年。喻朝刚、周航两位学者在书中展现了更多此类作品的例子。

④ 艾朗诺(Ronald C. Egan):《字与画》,《苏轼人生中的文字、绘画和功业》(*Word, Image and Deed in the Life of Su Shi*),第 8—11 页。

妇的个人信件或文学作品，而宋代的这些出版物显然已经在取悦特定的读者。而这种关注个体诉情的读者群体的存在，表明这些闺阁私密在宋代已经成为了可以公开讨论的对象。

为了更好地理解弗利尔美术馆的那幅卷轴画，我们必须尊重这类读者群的存在。或许可以这样说，12世纪那些私人信件的读者可能与苏轼"唱和"作品的读者是同一群人。因此，这幅卷轴画的创作者可以借助一种约定俗成的情感话语体系，通过某些场景使得人们产生共情——由某些个体的敏感脆弱揭示人性共通的情感。在宋诗中，常常可以见到借由某种人性的弱点来引起共情：例如孩童的恶作剧、祖父母的溺爱、情人的焦虑都被揭露了出来，而这种纵情则体现出了人性本质的弱点①。我认为这种机制应被视为人类学中的拓扑斯理论（topos of the human condition）——但不应与欧洲揭露人类罪恶并进行谴责的做法相混淆。在宋代社会中，情感的脆弱被视为是人之常情，也就是人性的本质。正是在这些脆弱的时刻，在被理解的共情之中，我们的人性才得到最充分的展现。

其实，也可以对这一欢迎场景进行其他的解释。例如有人可能会说，《陶渊明归隐图卷》的创作者是想要劝诫女性，为丈夫而修饰自己容貌。但这种观点实际上是体现出了西方对中国文化的成见，而非宋代的社会现实。事实上，这种"人类学中的拓扑斯理论"并不局限于女性。例如，我们可以来读一读辛弃疾（1140—1207）的一首词作，这首作品和那幅卷轴画一样，可以追溯到公元12世纪。这首词显示了对外表的焦虑是如何被理解为一种情感的流露，只是在这个例子中，性别却是相反的。辛弃疾曾和一个年轻女子陷入了一段轰轰烈烈的爱情。但他因为朝廷的任命，不得不离她而去。他们在曲岸边的长亭以美酒作别，这对有情人都以为辛弃疾此去并非永别，但现实却并非如此。多年以后，辛弃疾恐怕早已娶妻，他再

---

① 要进一步了解"人情"与宋代绘画之间的关系，参见包华石（Martin J. Powers）：《宋代绘画中的风俗人情》（Humanity and 'Universals' in Sung Dynasty Painting），《宋元艺术》（Arts of the Sung and Yuan），何慕文（Maxwell K. Hearn）、Judith G. Smith 主编，纽约：大都会博物馆，1996年，第135—146页。

次路经东流村。据辛弃疾在序言中所言,他是在一堵墙壁上写了下面的词作,来往之人都可得见:

> 野棠花落,又匆匆过了,清明时节。划地东风欺客梦,一枕云屏寒怯。曲岸持觞,垂杨系马,此地曾经别。楼空人去,旧游飞燕能说。闻道绮陌东头,行人长见,帘底纤纤月。旧恨春江流不断,新恨云山千叠。料得明朝,尊前重见,镜里花难折。也应惊问:近来多少华发?①

词作的最后一句揭示了辛弃疾内心的敏感脆弱,也暴露了他的自我意识。这句词用白话写就,多了一丝幽默,还打破了前几句的感伤情绪,将我们拉回到了现实。这种白话的表达方式体现了两位情人昔日的熟悉与亲昵。这种口语化的措辞会提醒读者们,这对恋人曾经如何亲密。但我们知道那位女子恐怕从没说过这些话,只是辛弃疾在做白日梦罢了:担心昔日的恋人看到自己垂垂老矣,将会有何反应。辛弃疾这种焦虑的情绪让人为之动容,也让人们真切感受到了辛弃疾对昔日情人那种无法磨灭的真切爱意。同样,弗利尔美术馆那幅卷轴的创作者,也是试图表明妻子对丈夫的爱意。

但这位画家并不满足于对婚姻生活的描绘就止笔于此。他在之后的场景中进一步追求着这种浪漫主义色彩,如陶渊明描述他归家之喜悦的片段:

> 引壶觞以自酌,眄庭柯以怡颜。倚南窗以寄傲,审容膝之易安。②

这就是"富贵非吾愿,帝乡不可期"的主题。院落、树木和狭小的房间,但这种简朴的环境却给陶渊明带来了内心的满足。即使是陋室,它们也

---

① 此处是笔者的译文。若想进一步感受这首词背后的凄婉情绪,可参见艾治平在《宋词鉴赏辞典》中的评语,贺新辉主编,北京:燕山出版社,1987年,第762—764页。

② 方重:《中英对照:陶渊明诗文选译》,第164页。

是陶渊明的个人空间——这是他的家园。陶渊明的儿女们也隐藏在诗句之中——如"携幼入室"之句，但陶渊明至此依然对他的妻子只字未提。

同样，画家还是无法忍受陶渊明在原作中遗忘了自己的妻子，所以在画作中，他描绘了陶渊明与妻子共饮美酒的场景，把这对夫妇安置在一席之上，二人对称而坐（图1c和6）。这种人物位置的安排方式常见于汉代到陶渊明的时代，但在宋代其实早已过时。所以对于艺术史学家来说，这是一条重要的线索。正如班宗华（Richard Barnhart）所指出的，复古是李公麟创作风格最典型的特征之一。苏轼及其友人特别喜欢陶渊明时期的绘画，他们认为那个时代的作品比他们当时自然主义的绘画更直朴也更巧妙。运用这样的人物组合方式，会让观画者回忆起那个诗歌创作讲求自然天成的时代。而为了呼应这种复古的空间安排，陶渊明和他的妻子都使用着复古风格的酒杯。苏轼及其友人或许早就知道这种酒器应该出现在陶渊明之前的时代，但这其实无伤大雅，因为其本质上还是一件"古"器。

图6　演奏结束的陶渊明及其妻儿
《陶渊明归隐图卷》第三部分的图像局部

358

　　发现了这种历史参照物的存在并不意味着我们理解了它们的含义。这种对称性图像的使用,很可能就代表了画家对完整婚姻关系的理解与阐释。值得注意的是,陶渊明左手的手指(图 6),轻轻地放在他的古琴琴弦上,似乎他刚弹完一首琴曲。他的视线投向虚空,好像依然沉浸在音乐的意境中。而他的妻子也陷入了沉思,眼神里充满了梦幻和满足。从这一点我们可以推断,她也能够欣赏陶渊明乐曲的内涵。这样的话,我们就可以充分理解这对夫妇对称而坐的原因了——如果陶渊明的妻子理解他的音乐,那么她就是他的知音。知音的意思是"懂我音乐的人",而它的完整内涵是"真正懂我的人"。知音,也就意味着灵魂伴侣。在中国传统文化中,男性往往用这个词来称呼他们最亲密的友人。这位画家暗示了陶渊明的妻子是一个能欣赏陶渊明优美音乐的知音,那么她就也能欣赏陶渊明的内在追求和思想态度。这种对称场景的运用,实际上是"知音"的视觉化体现。

　　有些人可能认为单凭这一点无法推论出中国男性会把妻子当作朋友看待的事实,但是同样,我们更不应该让现代的固有观念影响我们对历史的理解。以梅尧臣(1002—1060)为例,他是苏轼的老朋友,他们有许多思想观念都是相通的。和苏轼一样,梅尧臣也为妻子创作了几首动人的诗歌。其中《舟中夜与家人饮》就记录了他与妻子对饮的经历:

> 月出断岸口,影照别舸背。
>
> 且独与妇饮,颇胜俗客对。
>
> 月渐上我席,暝色亦稍退。
>
> 岂必在秉烛,此景已可爱。①

―――――――――

① 译文转载于华兹生(Burton Watson)的《哥伦比亚中国诗选》(*The Columbia Book of Chinese Poetry*),纽约:哥伦比亚大学出版社,1984 年,第 341 页,但有一些细微的改动。原文见朱东润校注:《梅尧臣集编年校注》,台北:源流文化事业,1983 年,第 370 页。华兹生先生对第四句的翻译是"how much better than facing dreary strangers",而笔者在自己的译文版本中则试图表现出梅尧臣所暗示的一些内涵,如将"俗客"译为酒馆中的"常客(regulars)"。

　　这首诗里既没有金戈铁马，也无关高山景行。这首小诗的标题早已表明，在这一时期，夫妻之间的平凡日常也可以作为高雅诗歌艺术的题材。同样值得注意的是，这夫妻二人是在小酌对饮。在唐宋时期，饮酒是一种男性之间的社交行为。饮酒创造了一种亲密的氛围，在这种氛围中，志同道合的男人可以分享自己的想法和感受。但是在这里，梅尧臣和一个女人，和他的妻子，像友人一样度过了这样的良辰美景。梅尧臣似乎意识到了这种情景不同以往，而他又进一步明确表示，比起那些男性"俗客"，他更喜欢和妻子共度这样的时光。在中国古诗中，最后一句往往表达了作品的中心观点——而在这首作品中，若用更现代文艺的方式表达，那就是"月色与烛光之间，你是第三种绝色"。梅尧臣以"可爱"为此诗的结语，可见在他心目中，正是因为妻子的陪伴，才有月白风清，如此良夜[①]。

　　弗利尔美术馆的那幅藏画中，"妻子"被描绘成了灵魂伴侣，而我们在唐宋文学中所发现的关于情感的创作正是这种现象出现的必要前提。那位画家就像这些诗人一样，使得自然的意象与浪漫的爱情产生共鸣。在场景的左下角（图 7），一只母鸡正在照料陶渊明家粮仓屋檐下的巢穴。而一只公鸡在上面的屋顶上正聚精会神地往下看，好像是在确定母鸡太太是否安然无恙。而画家对夫妻浪漫主题的另一种呈现方式，则是对植物意象的新颖诠释。陶渊明在作品中把自己和苍劲挺拔的松树联系在一起，画家在第四幕中也正是这样描绘他的（图 8）。而陶渊明妻子出现的两个场景中——也只有在这两个场景中，我们可以看到一棵开花的藤蔓。在"欢迎"的场景中（图 1b），藤蔓沿着篱笆出现，不远处有几棵挺拔的松树和一些竹子。在"知音"的场景中（图 1c），藤蔓出现在室外一片茂盛的竹林旁边。在诗歌作品中，开花的植物和竹子常常暗指一对有情人，而受过教育的宋代读者对这种"典故"应该是心领神会。

---

　　① 梅尧臣诗中所指的是他的第二任妻子。梅尧臣的第一任妻子在一年前去世，他为她写下了不少悲痛哀婉的诗歌作品。

图7　陶渊明家粮仓檐下,护巢的母鸡
《陶渊明归隐图卷》第三部分的图像局部

图8　陶渊明倚孤松
《陶渊明归隐图卷》第四部分的图像局部

显然，弗利尔美术馆藏画的观众们对婚姻生活的理解与陶渊明截然不同。这种对妻子地位的新态度，必然代表着一种新的女性观念。如果我们不了解这一时期的妇女正在逐步获得以前男子才拥有的特权，就很难想象与理解接下来我们要谈到的诗歌作品。在这个时代，法律对继承权进行了修订，保护了女性的一部分财产①。士族家庭的女性更广泛地接受了教育，即使她们的教师通常是父亲或兄弟。而提升女性教育水平的一个原因，可能是为子嗣的科举教育做准备，因为母亲在早期教育中的地位非常重要，就连理学家朱熹（1130—1200）也认为接受过教育的女性才是更理想的婚姻对象②。在宋朝，像李清照这样的女性，就在文学领域获得了不俗的成就，而文学曾是男性的领域。最后，这些艺术批评家，例如黄庭坚都不得不承认：女性的绘画能力可以和男性比肩，而且她们的作品也可以有"男子气概"。他在写给姨母李夫人的书信中说道：

> 深闺静几试笔墨，白头腕中百斛力。
>
> 荣荣枯枯皆本色，悬之高堂风动壁。

"试"的表述暗示着这位李夫人不仅仅是一个画工。对她来说，绘画是一种游戏，就像其他男性文人一样。同样，她喜欢画的松柏之"荣荣枯枯"也被明显地性别判定为男性化的主题。在另一首诗中，黄庭坚补充道："人间俗气一点无，健妇果胜大丈夫！"③不过他的表述依然局限于"健"和"妇"

---

① 伊佩霞（Patricia Ebrey）：《中国宋代的家族观念》（Conceptions of the Family in the Sung Dynasty），《亚洲研究学报》（*Journal of Asian Studies*），卷43，第2期，1984年2月，第234—238页；伊佩霞（Patricia Ebrey）：《内闱：宋代妇女的婚姻和生活》（*The Inner Quarters: Marriage and the Lives of Chinese Women in the Sung Period*），伯克利：加利福利亚大学出版社，1993年，第12期，第109—111页。

② 参见艾尔曼（Benjamin Elman）：《中国宋代的教育》（Education in Sung China），《美国东方学会会刊》（*Journal of the American Oriental Society*），卷111，第1期，1991年1—3月刊，第87页。

③ 两处引文均出自刘逸生主编、陈永正选注：《黄庭坚诗选》，香港：三联书店，1983年，第173页。

两种形象之中:其中"健"具有明显的男性特征,而"妇"的字面意思就是"女人"。黄庭坚这种看似矛盾的表述,实际上打破了关于女性能力的传统观点。这并不是说黄庭坚是一个现代意义上的女权活动家,我们也不应该期望他是这样的,但他的观点确实挑战了女性画技不如男性的传统认知。

黄庭坚的表述在身处 20 世纪 90 年代的我们听来可能有点盛气凌人,但在 11 世纪,这种观点的提出实际上是女性进入社会主流标准的必要序幕①。值得注意的是,从历史的角度来看,这种关于女性地位的争议普遍存在于 11 世纪中国的各类出版物中。而同时期的欧洲并没有出现艺术批评文(art critical writing),我们或许可以推断出这样的现象在当时的欧洲并没有出现②。

黄庭坚的言论应该被放在一个更广泛的文学发展趋势下去理解——在这一时期,人们开始频繁探讨和谴责过去社会对边缘群体的不公正待遇。读者或许在阅读白居易(772—846)、梅尧臣、苏轼还有陆游等人的诗歌时,都能感受到他们批评了陈规旧习对女性的束缚与偏见。有记录显示,大约也是在这一时期,一些女性可以收藏艺术品,或在法庭上起诉男性③。在中国古代研究中,这些现象可能因为颇为寻常而被忽视,因为从现代的标准来看,这些事例没什么大不了的,但实际上我们是被自己所处的时代视角蒙蔽了双眼。从历史的角度来看,当时古代中国所展现的这

---

① 关于女性进入社会主流标准的下一阶段,参见魏玛莎(Marsha Weidner):《中国绘画史上的女性》(Women in the History of Chinese Painting),魏玛莎(Marsha Weidner)、梁庄爱伦(Ellen Johnston Laing)、Christina Chu、James Robinson:《玉台纵览:中国历代闺秀画家,1300—1912》,纽约:Rizzoli 出版社,1988 年,第 13—21 页。

② 最后,我们必须认识到,我们在最近的一些研究中争论和思考的问题,其实与黄庭坚所言本质上是一样的,只不过可能在某些细节上更为复杂。参见琳达·诺克林(Linda Nochlin):《为什么从未有伟大的女艺术家?》(Why Have There Been No Great Women Artists?),《女性,艺术与权力》,纽约:哈珀与罗出版公司,1988 年,第 145—178 页,最早见刊于《艺术新闻》(Art News),1978 年。

③ 李清照的艺术收藏就是最为典型的例子。这与她父亲恰恰是苏轼的好友恐怕不是一个简单的巧合。郭若虚(生活于 11 世纪末)曾记载过一个案件,一名女子将一幅画作卖给一名男子,而事后觉得自己被男子欺骗,于是到当地官府起诉赔偿自己的损失。参见苏泊尔(A. C. Soper)翻译的郭若虚所作《图画见闻志》(Kuo Jo-Hsu's Experiences in Painting),华盛顿特区:美国学术团体协会,1951 年,85/5:16a、b。

些成就，在地球上任何地方都是史无前例的。例如在中世纪的欧洲，我们就显然无法看到这种像柳宗元（773—819）或苏轼那样的社会活动家、诗人所提出的价值标准。而在这种情况下——在私人或者说"个体"的概念被提出之前，在"艺术家"的特定概念被提出之前——社会中不可能出现那种温存而感性的婚姻关系。这样说来，欧洲文化的历史研究者本不应该忽视其重要性。而我不明白为什么仅仅因为一个艺术家或诗人是中国人，这种现象就会被忽视。

感性的艺术不是偶然发展的。苏轼的读者们对婚姻有了更为开放的理解，这在很大程度上归功于我们在晚唐所发现的关于个人理解和个人感情的新观念。正如宇文所安（Stephen Owen）最近所提出的：

> 这（晚唐）是中国精英文化中一个非常重要的时刻。它标志着从中世纪伟大的隐逸主题（纯粹用否定的术语将私人定义为拒绝公众）向创造"私人领域"的过渡，体现在一个既在公共世界中又被封闭和保护的私人空间中。①

归根结底，陶渊明笔下的"家园"与弗利尔美术馆藏画的作者笔下的"家园"，二者的区别在于对私人亲密空间的表达。即使私人化的亲密情感开始从人性中苏醒，但有时人们愿意共享这份亲密，有时却并非如此。例如在《归去来兮辞》中，陶渊明虽然构建了自己的私人空间，并将朋友、邻居和孩子们纳入其中，但他的笔下并不需要夫妻之间的柔情万种。而杜甫、元稹、梅尧臣和苏轼却给这种情愫赋予了别样的形式和细微的差别。正是这种人情文化的发展，使得《陶渊明归隐图卷》的作者对陶渊明的《归去来兮辞》作出了这样别开生面的回应。

---

① 宇文所安：《中国"中世纪"的终结》，第 87 页。

渊明的衣带：或神仙的性别

［美］倪肃珊（Susan E. Nelson）著　郭　一　译

摘要

　　基于文本绘制的图像并非是人们广泛认为的普通插图。作为一种特殊的文本建构，它是对文本的视觉性阐释，是在文学批评中与文字评论并驾齐驱的一种非言语化模式。关于文学文本中诗歌批评与诗歌图像的独特关联，已在最近的研究中得到考察。本文以诗人陶渊明的图像为案例，关注一个较少被注意的现象：文本的图像性阐释在何种程度上异于文字评论。陶渊明图像产生于宋，后世多有仿作。对陶渊明图像的建构涉及佛教、道教与女性形象，折射出陶渊明在图像与其在文字评论中的内涵差异。

　　宋代（960—1279）以来形成了以东晋诗人、隐居者陶渊明（陶潜，365—427）为描绘对象的图像传统。在《东篱高士图》（现藏于台北"故宫博物院"，出自13世纪宋代宫廷画家梁楷之手，见图1、图2)中①，一位衣饰整洁

---

① 彩色图版请参看《渊明逸致特展图录》（陶诗作为画家的创作之源），台北："故宫博物院"，1988年，图1。关于这幅图，其早期历史未知，16世纪时藏于项元汴（1515—1590）处，17世纪时藏于梁清标（1620—1691）处，18世纪中期以前归属于皇家，且被收录至1746年编纂的第一部皇家收藏目录《石渠宝笈》，台北："故宫博物院"，1971年，成书于1104—1105年间。

图 1 梁楷《东篱高士图》，立轴，绢本墨色，71.5 cm×
36.7 cm，台北"故宫博物院"

图2 梁楷《东篱高士图》,局部

的高士占据了画面的四分之三。他一手执杖，一手握菊，穿着优雅且随意：外披长袍和皮质的短披肩，脚穿芒鞋，头戴宽巾，衣袍与绶带在其身后飘动。他将菊花举起与面部平齐，但注意力似乎在前方远处的某个物体上。菊花意象、宽松的头巾、标准的高士服装、站立的姿态、飘动的长袍与腰带、抬起的下颌与向远处的凝视等均是这类图像的特征。这是一种标准的陶渊明图像——无论其身后有无背景的衬托，他的肖像画皆是如此(图3—图5)①。

这些陶渊明图像迥异于宋代建构出的以杰出人物为表现对象的图像传统。早在唐朝，阎立本便绘制了当时二十四位功臣的肖像。这些肖像被装饰在长安凌烟阁，附有唐太宗书写的题赞，表现出一种重要的早期艺术风格模式。尽管原物已佚，公元1090年的刻本依然显示出这二十四位功臣严肃且端庄的姿态②。北宋时期，一些作家和学者们也出现在肖像群中。现存一个较好的例子是当时五位学者(官员)的肖像，他们均年届八旬，并于1050年—1060年在南京(今河南商丘)聚首。该作品被称为《睢阳五老图》。据最早的题记，这幅作品应早于1056年完成。我们重点介绍其中的一位代表——冯平(图6)③。由于站立地点的空白、行为与情感的

---

① 赵孟頫所绘图像见《渊明逸致特展图录》图14；杜堇所绘图像见班宗华(Richard Barnhart)：《明代画家：宫廷与浙派》(*Painters of the Great Ming: The Imperial Court and the Zhe School*，达拉斯：达拉斯艺术博物馆，1993年)图143。这类具有特殊背景的陶渊明图像，还有一幅渊明手持酒杯徘徊于高台的画作，见梁庄爱伦(Ellen Laing)：《元代晚期的六幅人物画》(Six Late Yuan Dynasty Figure Paintings)，《东方艺术》(*Oriental Art*)第20期，1974年秋季刊，图3；明代早期画家王仲玉绘制的一幅绘有渊明徘徊的卷轴画，见《中国美术全集·绘画编》，上海、北京：文物出版社，1987—1989年，第6册第7页；传唐寅(1470—1523)绘制的一幅渊明回眸望向身后仆人怀抱菊瓶的图像(见《渊明逸致特展图录》图4)；15世纪日本画家仲安真康(Chū'an Shinkō)绘制三联画中的一幅。由桑索收藏，克莱蒙特，加利福尼亚，见清水义明(Yoshiaki Shimizu)与卡罗琳·惠莱特(Carolyn Wheelwright)合著《日本水墨画》(*Japanese Ink Painting*)，普林斯顿：普林斯顿大学出版社，1976年，第6页。

② 见金维诺：《〈步辇图〉与〈凌烟阁功臣图〉》，《文物》1962年第10期，第13—16页。金维诺：《中国美术史论集》，台北：明文书局，1984年，第143—148页。

③ 彩色图片见托马斯·劳顿(Tomas Lawton)《中国人物画》(*Chinese Figure Painting*，华盛顿：史密森尼学会，1973年)第41和42页，这些册页散见于弗里尔美术馆、耶鲁大学美术馆、纽约大都会艺术博物馆。其中部分题跋已经佚失，但上海博物馆和大都会博物馆仍有保存。题跋信息和图像历史介绍见李俊杰：《宋人〈睢阳五老图〉题跋》，《上海博物馆藏宝录》(上海，1989年)，第155—157页。亦见于李霖灿：“故宫”季刊1973年11月—12月；方闻《超越再现：8世纪至14世纪中国书画》(*Beyond Representation: Chinese Painting and Calligraphy, 8th-14th Century*，纽约，纽黑文，伦敦：耶鲁大学出版社，1992年)，图7，第44—46页。

图3 钱选《归去来图卷》,收藏地点未知
《唐宋元明名画大观》(东京,1930年),第3册,图2。哈佛大学图书馆

图4 赵孟頫《归去来图》手卷,局部,墨色,27 cm×72.5 cm,台北"故宫博物院"

图 5　杜堇《陶潜图》手卷局部,纸本墨色,148.3 cm×36.2 cm,
　　　纽约大都会艺术博物馆

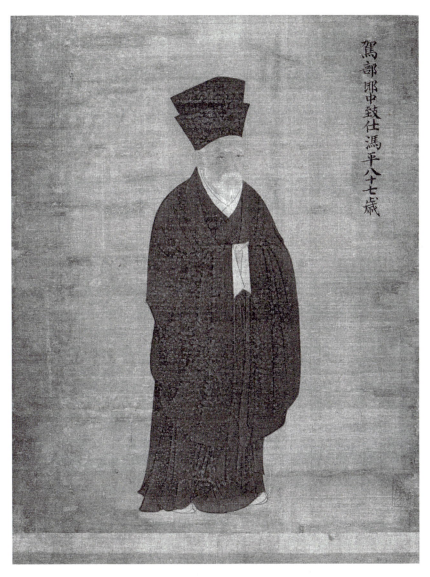

驾部郎中致仕冯平八十七岁

图6 《睢阳五老图》中的冯平画像,画于公元1056年之前,册页,绢本墨色,
39.9 cm×32.7 cm,弗里尔美术馆,史密森尼学会,华盛顿

缺失，儒家范式的庄重性在图像中显露无疑。冯平的姿态矜持，双肘离身体很近，双肩微微向前，如正负重担，又像服从于尊者。合身的衣服使得他仪态庄重，表情严肃。按理来说，此时的冯平应更加充满安适，因此，图像显现出的庄重极富涵义。12 世纪佛教律派创始人大智（1048—1116）的肖像画（藏于克利夫兰博物馆）尽管在一定程度上具备不同的艺术风格，强调仪式的功能，但同样给人以深刻印象，传达出一种安定的理想（图 7）。刘焘（11 世纪晚期—12 世纪早期）在题赞中叙述了如此庄严与祥和的氛围：

> 端严具足，相如其心。耿介孤高，心如其相。
>
> 谓方则圆，若拘而放。不持不祀，人天归向。①

因诗人而非因官员或长老身份著称的名士也普遍充满严肃感，如藏于日本本池美术馆的诗人白居易（772—846）图像（佚名画作），无学祖元（1226—1286）和尚②（图 8）曾于 1284 年在图上作题。一个更显呆板的例子是屈原（公元前 340—前 278）的图像（图 9）。屈原是早期宗教诗集《楚辞》的创作者，对他肖像的绘制常伴生于人们对《九歌》的书写。得益于北宋晚期画家李公麟（1041—1106）的大量创作，许多有关《九歌》文本的手卷

---

① 卜寿珊（Suan H. Bush）和梅维恒（Victor H. Mair）：《12—13 世纪中国的律宗、禅宗图像》（Some Buddhist Portraits and Images of the Lü and Ch'an Sects in Twelfth- and Thirteenth-Century China），《亚洲艺术档案》（Archives of Asian Art），第 31 期第 34 页。亦见《八代遗珍》（*Eight Dynasties of Chinese Painting*，克利夫兰：克利夫兰美术馆，1980 年），第 17 页。

② 彩色图版见《水墨美术大系》，东京：讲谈社，1973—1978 年，第 5 页，图 3。圆觉寺（在今镰仓市）创建者无学祖元在 1280 年时离开中国到日本，有可能随身携带了这幅手卷。其他宋代有关站立儒士图像，如 1144 年刻于石上并镌有宋高宗（1127—1162）颂词的孔门七十二弟子图（圣贤图）（临安国子监，1157 年）。见孟久丽（Julia Murray）《杭州儒家图像与七十二弟子（圣贤图）：政教中的艺术》（The Hangzhou Portraits of Confucius and Seventy-two Disciples (Sheng xian tu)：Art in the Service of Politics），《艺术学报》（*Art Bulletin*），第 74 期，第 1 卷，1992 年 3 月，第 7—18 页，颜回微微耸肩，保持着优雅姿势（见该文中图 3）。除此之外尚有一些特例如梁凯绘制的墨本李白（701—762）图像，有着陶氏风格的轻盈感与活力（《水墨美术大系》第 4 册图 5）。

图 7 《大智禅师画像》,立轴,绢本墨色,92.5 cm×40.5 cm,克利夫兰美术馆

图 8 《白居易像》，画于公元 1284 年之前，立轴，绢本墨
色，94.8 cm×43.7 cm，武藤收藏。载《水墨美术大
系》（东京，1973—1978 年），第 5 页图 3

**图9　赵孟頫,《九歌》屈原像,册页,纸本水墨,26.5 cm×
15.8 cm,纽约大都会艺术博物馆**

和图册尚存于世,后来的画家们也相继接续这一传统。《九歌》讲述了众多
神灵的故事——大司命和少司命、湘君和湘夫人等——他们在天中漫游,
并释放出神圣的激情。在这些图像中,神灵们驰骋于云或波浪之间,袍带
在和风中飘荡。其中,湘夫人手捧鲜花行走在水面,她的头巾微动,神情严
肃,站姿优雅(图 10)①。屈原则出现在作品卷首,其形象与神灵们的形象

---

① 该本明显是赵孟頫之后的摹本,藏于纽约大都会艺术博物馆。《九歌》插图见黛博
拉・德尔・盖丝・穆勒(Deborah Del Gais Muller)《李公麟的九歌图:宋元时期的九歌手卷研
究》(Li Kung-lin's Chiu-ko t'u: A Study of the 'Nine Songs' Handscrolls in the Sung and
Yuan Dynasties,博士论文,耶鲁大学,1981 年),和《张渥:一个 15 世纪的人物画家研究》
(Chang Wu: Study of a Fourteen-Century Figure Painter),《亚洲艺术》(*Artibus Asiae*),第 47
期,第 1 卷,1986 年,第 5—30 页。张渥(1300—1365)绘制了许多此类图像,被认为 (转下页)

有着巨大差异:他双肩如负重担,双臂完全被袖子遮掩,只露出一两个手指,就像一个普通的、随意可见的文人图像。

图 10　赵孟頫《九歌》湘夫人像,册页,纸本水墨,26.5 cm×15.8 cm,纽约大都会艺术博物馆

梁楷所作的陶渊明图像与之完全不同——比起他笔下的屈原,梁楷绘制的湘夫人更加灵动。他平和的画风与其塑造出的光明灵动的人物形象也在召唤源于中国图像艺术的其他面相:飞向不朽与婀娜的佛教神明

(接上页)是摹仿梁楷与李公麟。据史料记载,张也曾用白描手法在纸上绘制"渊明小像"。由相关史料可判断这是一幅标准的陶潜飘然站立图式。见卞永誉《式古堂书画汇考》(1683年的序言),台北:正中书局,1958年,第 4 册,第 233 页;吴升《大观录》(1712年的序言),台北:"中央图书馆",1970 年,第 4 册,第 2287 页(第 18 卷,第 58a 页)。

（图 11—图 14）①。就中国传统绘画艺术已有的形式而言，陶渊明画像不仅与文人同在，且与少女、女神、神仙、菩萨同在。

图 11　敦煌第 401 窟菩萨像，初唐，《中国石窟：敦煌莫高窟》（东京，1980—1982 年），第 4 卷，图 7

---

① 彩色图版见《中国石窟：敦煌莫高窟》第 3 卷，图 7；秋山光和（Akiyama Terukazu）：《日本绘画》（*Japanese Painting*，日内瓦：斯基拉，1977 年），图 18 和 30。

图 12　日本奈良法隆寺藏玉虫厨子(整高为 233.3 cm)上的菩萨像

图 13　吉祥天女,8 世纪,麻本设色,53. 3 cm×32 cm,日本药师寺

图 14　四川大足观音石刻,《中国大足石刻》(重庆,1991 年)第 1 卷,图 19

　　本文将探究这一独特事实。我将论证这些有关女性和神圣的典故意在阐释陶渊明思想——换言之,它们是一种视觉形式的文学批评或训诂学。这种视觉上的解释并没有停留在通常与陶渊明相关的隐逸、朴素、知足和儒家美德的思想上——充斥着陶渊明批评的书面传统。相反,这种解释强调了诗人写作的其他方面:对死亡的关注,对逃避或超越的思考、不切实际的愿望。这是看待陶渊明、他的作品与其遗产的一种有趣的替代方式。这也很有意思,它证明了视觉艺术家对文学评论传统的独立程度——即使是在处理文学主题时①。

我在这里聚合了女性和神性的概念。在中国的视觉传统中,这二者的重叠虽然有时不被承认,但依然是一个重要的研究课题,本文将对此作全面考察。

一、超尘之想

梁楷的《东篱高士图》蕴含着一种叙事,因此并非单纯是关于人的图像。陶渊明在其最著名的诗歌之一《饮酒》其五中描述了他生活中的某一时光。在序言中,他称这首诗是在夜晚"顾影独尽"时对着好酒写的。此诗的开头四句讲述了当地喧嚣的车马声经过他的庐舍——而他却未曾听闻喧嚣;他的心灵世界——即他"超然的心灵"——在偏远而无人烟的地方。

接着他继续描述:

> 采菊东篱下,悠然见南山。
> 山气日夕佳,飞鸟相与还。
> 此中有真意,欲辩已忘言。②

呈现在梁楷画作中的核心句是:"采菊东篱下,悠然见南山。"

菊花被认为具备药用价值。陶渊明按传统"重九"(农历九月初九)的习俗将菊花花瓣浸泡在酒中以制长寿药物。在他的诗歌中,重九习俗常与生命的消逝关联,正如他在《饮酒》其五中采菊的同时,也在思考花的枯

---

① 有关陶渊明批评的概览性著作见两卷本的汇编《陶渊明研究资料汇编》,北京:中华书局,1962 年。陶渊明创作中的死亡与不安主题时而见诸这些评注中,却少被强调。

② 陶澍辑注:《靖节先生集》,《四部备要》集部,上海:中华书局,1927—1936 年,成书于1733—1736 年,卷五,第 16b—17a 页;海陶玮(James R. Hightower)译:《陶潜的诗》(*The Poetry of Tao Ch'ien*),牛津:牛津大学出版社,1970 年,第 130 页(有轻微改动)。最近较优秀的陶渊明及其创作研究,见邝龑子(Charles Yim-tze Kwong)《陶潜与中国诗学传统:文化身份认同》(*Tao Qian and the Chinese Poetic Tradition: The Quest for Cultural Identity*),安娜堡:中国研究中心,密歇根大学,1994 年。

萎和生命的终结。这一天如秋般黯然衰落;时值傍晚,鸟群回归巢穴。至于南山——即附近的庐山,位于江西省北部——陶渊明对它的一瞥,则为这段告别之情画上了句号。庐山是著名的隐士和神仙的居所,陶也在其他地方把庐山喻为他的长眠之地。庐山之景让他产生了超凡脱俗的想象,却难以捉摸,"失去"或"忘记"了描述它们的言语(忘言)。梁楷即在图中描绘了陶渊明在这一时刻的安宁:他手举菊花,仿佛在向群山致敬,长袍飘动,仿佛在表达他的心境。事实也是如此,陶渊明的形象——其姿势、姿态、衣着——亦是其心灵世界的外化。

梁楷描绘了陶渊明早期的诗人形象。李公麟则为陶渊明的另一作品——《归去来兮辞》赋绘制了图像。在《归去来兮辞》中,陶渊明叙述了他弃官的决定,以及回家过一种兼具私人性和独立性的生活。李公麟的《归去来兮辞》手卷在南宋宫廷中广为人知。弗利尔美术馆收藏的《渊明归隐图》被公认为是李公麟作品的早期摹本①。它呈现了一系列与文本结构交替出现的场景,陶渊明的形象出现了八次,从事他在《归去来兮辞》中描述的各种活动。李氏卷轴中第七个陶氏形象是梁楷绘制图像的原型(图15)。陶出现在山顶之上,俯瞰水面,远处是悬崖和云雾。和梁楷的画一样,他以四分之三的视觉比例出现,在一棵树旁行走,持杖朝向远方,衣袍在他身后飘扬。

梁楷挪用这个特殊的形象并非偶然,因为这一形象所表达的思想适于他的创作目的。《归去来兮辞》的相应部分——结尾几句——和第五首饮酒诗的中心对句一样,也是一个告别的形象:

寓形宇内复几时?

---

① 一份李彭写的题跋,转录了手卷上的文本,落款时间在 1110 年。弗利尔本的图像见托马斯·劳顿(Tomas Lawton):《中国人物画》(*Chinese Figure Painting*)第 38—41 页;伊丽莎白·布鲁瑟通(Elizabeth Brotherton):《李公麟与陶潜〈归去来兮〉长卷插图》(*Li Kung-lin and long handscroll illustrations of T'ao Ch'ien's "Returning Home"*博士论文,普林斯顿大学,1992 年)。

曷不委心任去留？……

怀良辰以孤往，

或植杖而耘耔。

登东皋以舒啸，

临清流而赋诗。

聊乘化以归尽，

乐夫天命复奚疑！①

图15　李公麟《渊明归隐图》手卷，摹本，局部，绢本墨色，高37 cm，弗利尔美术馆，史密森尼学会，华盛顿

李公麟绘制的于东山上迎风持杖的陶渊明形象，体现了诗人对死亡和解脱的思考。他的长啸，是一种旨在与神灵沟通并与自然接轨的做法，使他远离人间。陶渊明的思想转向"归尽"。其前进步伐具备着轻盈和自由的气息，仿佛从儒家的禁欲主义状态转向道家更放松的状态。作为解读这幅作品的一处媒介，他飘动的衣饰，暗示着呼啸之声、飞翔和处于远

---

① 《靖节先生集》卷五，第6a—8b页；海陶玮（James R. Hightower）译：《陶潜的诗》（*The Poetry of Tao Ch'ien*），第270页。李公麟手卷中的前后两幅（第6幅和第8幅）陶渊明出现在田野中，并"临清流而赋诗"，使文中形象更趋丰满。

方的理想。这非常符合陶渊明在东篱的状态。通过引用李公麟的作品里的形象，梁楷放大了他心目中的陶渊明，看到了南山。

上述这些形象体现出的空灵在陶渊明图像中普遍存在。环绕其身的微风在其身处的物质世界中似乎并无意义。在弗利尔美术馆藏的《归隐图》中，除了两个陶渊明形象——一个在开头乘船而至，另一个在结尾身处东山，后来基本所有的陶渊明形象都是幅巾摇曳。同样在弗里尔手卷摹本（台北"故宫博物院"收藏）中，卷首至卷尾的每一个陶渊明形象都游于风中，那些在门外走动的人也都是宽袖流带。即使是那些坐着或在室内的人，短小的围巾也在他们身边飘动——如在一个酒会中，陶渊明的腰带在飘动，友人们的腰带则显得平静（图 16）。在一幅明代合制的《归去来兮》手卷（辽宁博物馆收藏）（图 17）和仇英（约 1495—1552）等绘制的晚期版本（台北"故宫博物院"收藏）中，陶渊明的腰带也在众多场景扭动或飞舞①。且只有陶渊明的衣带在动，朋友、家人、仆人们都没有受到任何影

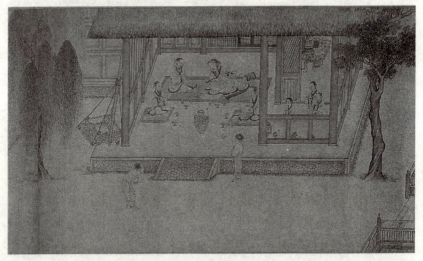

图 16　李公麟《渊明归隐图》，摹本，纸本水墨，高 33.7 cm，台北"故宫博物院"

---

① 见《渊明逸致特展图录》中台北"故宫"所藏手卷（第 13 幅，第 20—21、72—79 页）和归于仇英的画作（第 15 幅，第 24、80—85 页）。辽宁博物馆所藏手卷图像，见《辽宁省博物馆藏画集》，北京：文物出版社，1962 年，第 2 册，图版 8—14。

响。同样在《东篱高士图》中，从树叶来判断，这并不是一个大风天，陶渊明的步伐也不够轻快，因此无法解释他衣服的摆动和飘动。简单地说，他周身的空气似乎是动态的，如同一个光环，并赋予他某种程度的神性。

图17　马轼、李在、夏芷合制《归去来兮图》手卷，局部，纸本水墨，高28 cm，沈阳，辽宁省博物馆，《中华五千年文物集刊·明画编》(台北，1987年)，第1册，图155

这里的绘画符号学绝非中国独有。安妮·霍兰德（Anne Hollander）曾讨论过欧洲绘画中的类似效果，"当另一个世界的风开始在服饰上宣扬它的力量，这是为了审美，而非为了显示运动或引力"：

> 佛兰德和德国晚期哥特式时期的艺术家们展示了人物身上的衣饰本身是如何赋予图像以视觉力量的，比如当布被制成鞭状并旋转时，却无任何明显的物理力量施加在它身上。这一时期的某些图景将捐献人的世俗形象，与圣人和天使的形象组合在一起，世俗者的衣服布满褶皱，（受重力）悬起，天使的衣服则极优雅地飘动……对于这类绘画的创作者和欣赏者来说，天堂的衣服不受重力随意飘动，而尘

世的衣服……服从普遍的重力法则,显然是合适的。①

这样一种"空灵的力量"(在中国的语境中为"气")似乎常在陶渊明的尘世衣裳周围飘动。

二、游仙

陶渊明轻盈的身影使他与中国的各种神灵相联系,他们在图像中亦呈现出神力的流动:女神与河神、巫师与圣人、菩萨与天使、求仙之人。飞行是全人类的幻想,几乎不受区域或文化的限制。而在中国的传统中,飞行是神仙的成就,同时也是通向不朽的途径。

宗教旅行是现存最早的中国绘画主题之一,这是一幅约公元前 3 世纪的帛画(图 18)(发现于长沙地区,即当时的楚国)。一位男性站立在船形龙脊上②。从侧面和背面看,男子身穿长袍,头戴饰帽,腰间挎着一根棒状物——也许是《九歌》中提到的具备宗教属性的长杖或剑。《九歌》与这幅画的创作时间和创作地区大致相同③。这位男子的脚并没有完全踩在龙背上,似乎悬于其上,一个伞状的天幕在其头顶盘旋,既无支撑也无悬挂任何可见的装置。天幕上的垂饰流苏向后流去,人物的帽带也飞到了脖子后面,显然是一次疾驰之旅。这一幕让人联想到《九歌》中描述的龙骑或

---

① 安妮・霍兰德(Anne Hollander):《审视衣物》(*Seeing through Clothes*,纽约:维京,1978 年),第 76—77 页。她引用的图像(图 I. 13)是罗希尔・范德魏登(Rogier van der Weyden)的《十字架》(*Crucifixion*),该图藏于维也纳艺术史博物馆。也提到了杜甫(712—770)有关玄宗皇帝(713—756 在位)将其玉花骢牵于赤墀命人绘制的诗句"迥立阊阖生长风"(方闻《超越再现》,第 19 页)。亦见于约翰・海伊(John Hay)在"中国艺术中的身体是无形的吗?"("The Body Invisible in Chinese Art?")的讨论,见安杰拉・齐托(Angela Zito)和塔尼・巴洛(Tani E. Barlow)编著《身体,主体与中国的权利》(*Body, Subject, and Power in China*),芝加哥:芝加哥大学出版社,1994 年,第 42—77 页。

② 彩色图版见《中国美术全集:绘画编》,第 1 册,图 44。同样悬于水上的例证见于公元 2 世纪的武氏祠堂装置,见巫鸿:《武梁祠:中国古代艺术的思想性》(*The Wu Liang Shrine: The Ideology of Early Chinese Pictorial Art*),斯坦福:斯坦福大学出版社,1989 年,图 31、32。

③ 戴维・霍克斯(David Hawkes):《楚辞:南方之歌》(*Chu'u Tz'u: The Songs of the South*),伦敦:牛津大学出版社,1959 年,第 36 页。

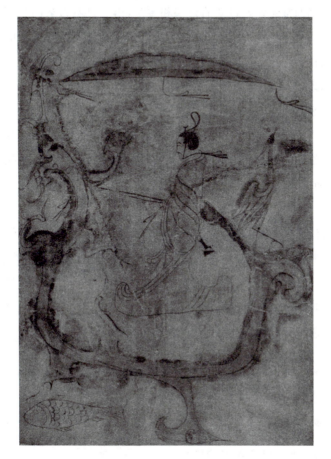

图 18　长沙出土的仙人驭龙画像,公元前 3 世纪,绢本墨色,
　　　　37.5 cm×28 cm,湖南省博物馆,《中国美术全集·绘
　　　　画编》(上海,北京,1987—1989 年)第 1 册,图 44

龙舟的航行。

　　　　　石濑兮浅浅,

　　　　　飞龙兮翩翩。①

---

　　① 戴维·霍克斯(David Hawkes)译:《求女》(The Quest of the Goddess),《亚洲研究》
(Asia Major),第 13 期,1967 年,第 74 页。这是霍克斯在其《楚辞》一书中对该诗节的修改
译本,第 37—38 页。

汉代画像常见仙人飘动的长袍和腰带,出于自然力量的"气"充盈在棺材表面和墓壁上①。六朝艺术中也有各类衣带飘动的仙人,如云冈、龙门、敦煌石窟寺的飞天(apsaras),或西山桥、邓县墓中的飞仙②。出自梁楷同代人马远(约 1190—1230 年)之手的一幅挂轴(现藏于台北)描绘一位仙人在天上驭龙飞翔,衣带飞舞,可被视为 1500 年前楚国帛画的后世版本(图 19)③。飞天在这里以一种复杂的空间感和动态性表达出来,场景中跳动着超自然的力量。仙人和龙在云中穿梭,其旁的侏儒仆人手执强力的龙首杖,朝主人飞奔而去。仙衣、杖饰与龙身的每一部分都在空中充满动感。

这首诗属于"游仙"或"游仙诗"类别,所引诗句出自《九歌》的《湘君》(作者作"湘夫人",误,改正)。《楚辞》中其他篇章也有飞行的景象,包括《远游》《天问》等④。当时的文人精英们对长生与飞行念念不忘,许多人服药修炼以延寿,并获取特殊力量。他们渴望的力量包括飞行,而被认为可减轻身重以飞行成仙的药物——受到了追捧⑤。

---

① 包华石(Martin J. Powers):《早期中国的艺术与政治表达》(*Art and Political Expression in Early China*),纽黑文:耶鲁大学出版社,1991 年,图 110,114,146;巫鸿《武梁祠》,图 41。

② 复制于奥黛丽·斯皮罗(Audrey Sprio):《塑风:5 世纪南方中国的风味与传统》(Shaping the Wind: Taste and Tradition in Fifth-Century South China),《东方艺术》(*Ars Orientalis*)第 21 期,1991 年,第 95—117 页。

③ 彩色图本见《"故宫"书画图录》,台北:"故宫博物院",1990—2012 年,第 2 册,图 225。

④ 有关神圣的飞行及其他参考文献见贺碧来(Isabelle Robinet)《道教冥想:茅山的高洁传统》(*Taoist Meditation: The Mao-shan Tradition of Great Purity*),包如廉(Julian F. Pas)和诺曼·J·吉拉尔多(Norman J. Girardot)译,奥尔巴尼:纽约州立大学出版社,1993 年,第 7 章"远游:环游世界"(Distant Excursion: Ranging through the Universe)。林文月讨论了陶渊明日常中从此类图像到风景诗歌的转向;见《从游仙诗到山水诗》,《山水与古典》,台北:纯文学出版社,1976 年,第 1—22 页;与她(作者作"他",误,改正)的《风骨的消亡与复兴》(The Decline and Revival of Feng-ku),见林顺夫、宇文所安(Stephen Owen)编著《抒情之声的活力:汉末至唐的诗学》(*The Vitality of the Lyric Voice: Shih Poetry from the Late Han to the T'ang*),普林斯顿:普林斯顿大学出版社,1986 年,第 130—166 页。

⑤ 赤堀昭(Akira Akahori),"服药与不朽"("Drug Taking and Immortality"),孔丽维(Livia Kohn):《道教冥思与长生之术》(*Taoist Meditation and Longevity Techniques*),安娜堡:中国研究中心,密歇根大学,1989 年,第 76 页。

图 19 马远《驭龙图》,立轴,绢本墨色,108.1 cm×
52.6 cm,台北"故宫博物院"

随着时间推移，这些关注点逐渐消退，"游仙诗"让位于其他的文学模式①。不过，仙人与仙游依然常见于后世的写作，甚至见于与"不朽"思想勉强相关的文本之中。戴维·霍克斯（David Hawkes）对这一现象进行了评论：

> 艺术中的宇宙观念在人们心中如此根深蒂固，以至于它们影响了所有的文学作品，而不仅仅是主题暗示这一观念的文学。

以陆机（261—303）的《文赋》为例，引述文中可见的"伫中区以玄览"到充满幻想的"精骛八极……浮天渊以安流，濯下泉而潜浸"。霍克斯认为，"这个隐喻……把创造性的作家视作一个巫师，如同古代的神秘主义者们在宇宙中漫游"。② 正如他在其他地方所说，超自然的意象"构成了所有中国诗人精神的一部分"③。

整个中国传统文学史均是如此。毕竟，超自然现象是存在的，长寿和不朽被视为紧密关联的存在，而非不同的分野。沃尔夫冈·鲍尔（Wolfgang Bauer）描述了这种禁欲相关的延寿实践。这个过程可以说是从陶渊明开始的。也就是说，随着：

> 隐士辞去尘务，他们迁居至城镇而非繁忙的都市。下一步，隐士甚至可能离开城镇，选择居住在乡下……接着可能走得更远，抛弃家人，逃到荒野地区，独居在山区和沼泽之中……随后则是虚幻而非真实的：隐士完全告别人类，消失在遥远的、神话般的国家或岛屿之中……中国的许多神仙都可被算作这种"隐士"（地仙）。最后阶

---

① 不过这种诗歌类型在唐代依然蓬勃。薛爱华（Edward Schafer）在其著作中广泛地讨论了这一议题，尤见其《步虚》（*Pacing the Void*），伯克利：加利福尼亚大学出版社，1977 年。最近的一项研究见颜进雄：《唐代游仙诗研究》，台北：文津出版社，1996 年。

② 霍克斯（Hawkes）：《求女》（*The Quest of the Goddess*），第 93—94 页。

③ 戴维·霍克斯（David Hawkes），《中国诗学中的超自然力》（The Supernatural in Chinese Poetry），多伦多大学季刊（*University of Toronto Quarterly*）（1961 年 4 月），第 315 页。

段……是当隐士完全离开世界，升天时达到的……这个阶段必然与死亡联系在一起，尽管这一点很少被表达出来。或者倒过来说，这也是对死亡的克服。①

鉴于中国思想中尘世与长生二者界限的松散性，众生均可被归于这两个领域，或在此两域之间，六朝后期的神仙形象即有所表明。正如陆机笔下的主人公既是哲学家又是巫师，图中人物可能兼具凡间属性与超然特征。奥黛丽·斯皮罗（Audrey Spiro）指出，六朝时期的墓葬浮雕中的超自然生命具备真实的面孔，摆脱了诸如羽翅等更古老的表现形式。而历史上著名的官宦形象则发展出轻盈空灵和虚幻的生命特征，如南京附近西山桥墓中所描绘的人物。在刘义庆的《世说新语》中，王羲之（303—361）和其他名士被描述为如云般飘浮在空中，轻盈且优雅②。换句话说，在南朝的想象中，凡间高士们有时被描绘成众人孜孜以求的超尘者，而求仙之人可能被描绘成他们已经成仙。

霍克斯把这种存在于想象中的飞行说成是一种延寿的飞行③，而卫德明（Helmut Wilhelm）则称它们为"精神上的漫游，试图寻找另一种生活，以另一种方式继续存在于另一个地方"④。不言而喻，"游仙诗"存在着白日梦般的异域情调，以及其中一些人沉溺于无尽的感官阐述之中，却反映

---

① 《隐藏的英雄：隐居思想的创造与分裂》（The Hidden Hero: Creation and Disintegration of the Ideal of Eremitism），见唐纳德·蒙罗（Donald Munro）编《个人主义与集体主义：儒道思想研究》（*Individualism and Holism: Studies in Confucian and Taoist Values*），安娜堡：中国研究中心，密歇根大学，1985 年，第 159—160 页。

② 斯皮罗（Sprio）：《塑风》（Shaping the Wind），第 107 页。有关不朽的插图出自 5 世纪晚期南京的庙宇（图 24、26、29）。有关循环、螺旋形状、飞行运动、云、气、气韵与人类解放属性的关系，见包华石（Martin J. Powers）：《早期中国艺术与批评的品格（气）与姿态（诗）》（Character(Ch'i) and Gesture(Shih) in Early Chinese Art and Criticism），见《中国艺术文物讨论会论文集：书画》（*Proceeding of the International Colloquium on Chinese Art History, 1991: Painting and Calligraphy*），台北："故宫博物院"，1992 年，第 2 册，第 909—927 页。

③ 霍克斯（Hawkes），《求女》（The Quest of the Goddess），第 88 页。

④ 卫德明（Helmut Wilhelm）《精神的徘徊》，见《《周易》中的天、地、人》（*Heaven, Earth, and Man in the Book of Changes*），西雅图和伦敦：华盛顿大学出版社，1977 年，第 165 页。

出人类对超然生死的焦虑。

陶诗的格调与"游仙诗"的格调截然不同，他的作品开启了后世以简易自然之语抒写风景与情感的诗歌传统。同时，陶渊明也关注死亡，幻想飞行。他用这一形象来收束乌托邦式的"桃花源"：

> 愿言蹑清风，
> 高举寻吾契。①

思索完酒与死亡后，陶渊明在《连雨独饮》中写道：

> 天岂去此哉，任真无所先。
> 云鹤有奇翼，八表须臾还。

云鹤是陶渊明醉生梦死的形象，尽管他知道自己无法长生②。在其他诗中，他写到了归去南山，代表着超越和不朽："去去欲何之，南山有旧宅。"

这些诗句暗示了一种超凡的精神之旅，梁楷画中渊明面对南山时气定神闲的姿态与此完全一致。欲望或愿望在此处被表达为一种自我形象的投射：飞行的视觉隐喻将他呈现为一个思考超然事物的诗人，就像陆机《文赋》中的心游者。很明显，超凡意象是画家和诗人们共同的想象。

三、爱的饰物

奥黛丽·斯皮罗（Audrey Spiro）引导我们对日常语言和视觉意象进行关注。事实上，把圣人塑造成"轻盈的"神灵，即是明显地塑造女性意象。

---

① 《靖节先生集》卷六，第 2b 页；海陶玮（James R. Hightower）译，《陶潜的诗》（The Poetry of Tao Ch'ien），第 256 页。

② 《靖节先生集》卷二，第 11b—12a 页；海陶玮（James R. Hightower）译：《陶潜的诗》（The Poetry of Tao Ch'ien），第 71 页。陶渊明曾因阅读插图本《山海经》（一本古代民间传说的汇编，充满着有趣的图像）创作组诗。见《靖节先生集》卷四，第 12 页，与海陶玮（James R. Hightower）的翻译与评注，第 229—248 页。

陶渊明肖像最引人注目的一点便是其形象的女性化。他飘然行走,衣带轻柔,手指纤细,持着娇嫩的菊花。这样的形象与顾恺之《女史箴图》(图20)①中向公子陈说的宫廷美女非常相似。她也是满怀希望地步向左方,裙带在身前漫卷,在身后拖曳,身体与头部微斜,下颌轻抬,双肩优雅地后摆。而场景中的男性权贵——清醒的、沉默寡言的公子——比她更不像陶渊明。

图20　顾恺之《女史箴图》手卷,局部,绢本墨色,24.8 cm×348.2 cm,大英博物馆

传为顾恺之绘制的另一幅作品中出现的一位女性也很像陶渊明,这是一幅基于《洛神赋》文本绘制的手卷(图21)。诗的作者是曹植(192—232),作于公元222年,讲述了一位公子和一位迷人的洛水神女间尚未终结的浪漫故事。这部作品尚有几个版本传世,虽然它们都不早于宋代,但

---

　　①　现存的《女史箴图》(Admonitions)手卷(彩色图版见《中国美术全集:绘画编》,第1卷,第93页)可能是唐朝作品的摹本,但反映出顾恺之之时代的图式样貌。类似作品见大同司马金龙(公元484年)墓中的彩绘漆器碎片(同卷,第100页)。

图 21 顾恺之《洛神赋图》手卷,局部,绢本墨色,27.1 cm×572.8 cm,北京故宫博物院,《中国历代绘画》(北京,1978 年),第 1 册,图 6

都保留了许多六朝风格的元素①。在北京故宫博物院收藏的版本中,飞龙、朦月、嫩菊、雏松围绕在神女身旁。这些场景,以及她轻曼的身姿,均意在说明曹植的诗意。

> 其形也,翩若惊鸿,婉若游龙。
> 荣曜秋菊,华茂春松。

---

① 有关曹植《洛神赋》及相关影响,见薛爱华(Edward H. Schafer):《神女:唐代文学中的龙女与雨女》(*The Divine Woman: Dragon Ladies and Rain Maidens in T'ang Literature*),伯克利和洛杉矶:加利福尼亚大学出版社,1973 年。有关顾恺之《洛神赋图》的说明,见陈葆真(Chen Pao-chen):《洛水女神:一个早期中国叙事性手卷的研究》(The Goddess of the Lo River: A Study of Early Chinese Narrative Handscrolls)(博士论文,普林斯顿大学,1987 年)。据史料记载,甚至在顾恺之时代之前,《洛神赋》就已经被绘制成图像,见张彦远《历代名画记》(847 年的序言)第 5 张手卷(《画史丛书》,上海:上海人民出版社,1962年,第 1 册,第 65 页)。并没有早期证据证明顾恺之确实据此文本绘制图像,但陈葆真(Chen Pao-chen)相信通过对比藏于敦煌的叙述性文本,可推测出现存的版本可能衍生于 6 世纪的图式原型。她的论点见其论文第 169—172 页。

仿佛兮若轻云之蔽月,飘飘兮若流风之回雪。①

女神的袖裙飘荡于空中,尤其是那些向四周散开的丝带,象征其优雅的飞行姿态。

顾恺之笔下女性所蕴含的诗意可追溯至曹植时代之前,如傅毅(约35—约90)《舞赋》中空灵的舞女。

> 华袿飞髾而杂纤罗……
>
> 顺微风,挥若芳……
>
> 罗衣从风,长袖交横。……
>
> 鶣飘燕居,拉搚鹄惊。②

更早时还有司马相如(前179—前117)笔下的舞女。如湘夫人和洛神,诗中的舞女亦是空灵的梦中情人。她们飘逸的丝巾激发观者的想象:

> 衯衯裶裶,扬袘戌削。
>
> 蜚纤垂髾,扶与猗靡,噏呷萃蔡。
>
> 下摩兰蕙,上拂羽盖……
>
> 眇眇忽忽,若神仙之仿佛。③

始自顾恺之,梦中的神女与河中的仙女——纤巧的,像精灵一样的生

---

① 伯顿·汉森(Burton Watson)译:《中国的韵文:汉与六朝时期赋中的诗》(*Chinese Rhyme-Prose: Poems in the Fu Form from the Han and Six Dynasties Periods*),纽约和伦敦:哥伦比亚大学出版社,1971年,第56页。亦见康达维(David R. Knechtges)译:《文选》(*Wenxuan: Or Selections of Refined Literature*),普林斯顿:普林斯顿大学出版社,1987年,卷三,第359页。

② 康达维(Knechtges)译:《文选》,卷三,第249—251页。

③ 选自"乌有先生"一段,《子虚赋》;康达维(Knechtges)译:《文选》,卷二,第65页。

命——其身态都如早期文本中描述的那样飘逸轻盈。东篱高士拂风,同样空灵。巧合的是,松菊意象为诗人与洛神之间增添了进一步的、不可思议的对应关系。如果不是因为性别问题(反正隐含其中,中国的句法是无性别的),曹植对神女的描述,顾恺之的绘图,距离梁楷的笔下少女般的陶渊明形象只有几步之遥①。

六朝以后,对人物的勾勒更基于真实,女性的衣着也更契合身体的形状与外部的重力。如西安附近8世纪早期墓葬墙壁上绘制的宫廷仕女,或在奈良正仓院所藏屏风上所画的宫廷仕女。宫廷画家周昉(约740—800年)《簪花仕女图》(辽宁省博物馆收藏)中的仕女亦是如此,长袍披于她们的双肩,手臂,向地上垂去②。这些女性的姿态仍与陶渊明的姿态相同,尤其是画中的核心人物,她手捻鲜花,沉思良久(图22)。诗人、学者、官员等尘世男性形象的画作则非常罕见。入唐,神女们的凡人姐妹体重增加,而神女的衣带继续漂浮,依然保持透爽的气质。奈良药师寺的8世纪唐式画作《吉祥天》可与周昉画中的宫女或正仓院屏风上的宫女对应:她们的体态与姿态相似,注意力均集中在手上具有象征意味的宝物(图13)。不过,流动在其衣巾中的神秘力量也在宣告她的神性地位。在梁楷为陶渊明作画时,飘动的女性形象及其神性含义已经非常明确③。

与衣带一样,菊花也是陶渊明肖像画中的常见意象,无论是其半身像,还是其坐像、站像。如台北"故宫博物院"收藏的一幅无名元代画作,以及陆治(1496—1576)绘制的一幅小画,他在这幅小画上作有题词。除陶渊明外,其他高士手持花卉的画作并不多见,且这样的作品主要集中于清代。如罗聘于1798年为其友人翼菴绘制的画作,一位高士手捧梅花并嗅

---

① 在中国文学叙述中,不管是否被忽视(忽视者如屈原),贤妻之于正直的官员都是一种象征,但我还未在陶渊明相关材料,以及陶渊明文学叙述的女性视觉呈相中见到此类象征。

② 周昉的图像(彩色)复制于《中国美术全集:绘画编》,第2册,图23。

③ 守卫者与其他强壮男性神祇的衣带亦普遍在风中飘动,但他们面目狰狞,满身套着索环的形象不同于柔顺的、苗条的、多姿的女神形象——以及陶渊明。

图 22　周昉《簪花仕女图》手卷，局部，绢本墨色，46 cm×180 cm，辽宁省博物馆，沈阳，《中国美术全集·绘画编》第 2 册，图 23

着花香(图 25)①。然高士的身体触碰梅花，显得较为怪异。

换言之，手持鲜花是典型的女性特征，或代表着虔诚，而且还有一种明显的女性化或代表虔诚的方式：用拇指和食指轻轻夹住花茎，做一个微妙的捏的手势。这是妇女、神仙和佛教人物拿花的手势，也是陶渊明一贯的手势，与罗聘作品中以类陶姿态握花的先生们截然不同。《陶渊明故事图》许多卷本(图 23、24)中的形象亦是如此②。陶渊明手中的这朵花，连通了女性与神明。

可以肯定的是，高士们都很欣赏花的圣洁和花所象征的美德或价值——许多画作都呈现了高士们对花冥想的情景。在多数情况下，花生长于园中，或插在瓶里，人们只可远观，不可近亵③。事实上，对花的欣赏最常见的是对花单独的描绘，没有人物或背景——绘画本身便是被欣赏的对象。同时，一朵花并非在单独讲述高士的美德，而是在说其他方面的意义，那些与神性主题一致的意义。正如周昉画卷中仕女手中那朵柔美

---

① 文以诚(Richard Vinograd)认为这是一幅个人肖像画；见《个人的边界：中国肖像画，1600—1900》(*Boundaries of the Self: Chinese Portraits, 1600 - 1900*)，第 124 页。这幅图像复制于罗聘持菊的图像(图 16)，袁枚同样使用了这种男性的手势(Vinograd，《个人的边界》，彩图 12)。18 世纪的学者们经常被绘制成站着或手携物品的形象，代表一种身份的确定。常见的物品有书籍、手卷、毛笔，或捻须；很少有人持花。见瞿冠群、华人德：《中国历代美人图鉴》，卷 2，上海：上海书画出版社，1989 年。

② 彩色图版见《渊明逸致特展图录》图 5 和图 6。亦见于陈洪绶绘制的渊明故实图手卷，金宏南(Hongnam Kim)：《一位赞助人的一生：周亮工(1612—1672)与 17 世纪中国的画家群体》(*The Life of a Patron: Zhou Lianggong (1612 - 1672) and the Painters of Seventeenth-Century China*)，纽约：华美协进社，1996 年，图 37。其他有关故实图手卷的讨论见古原宏伸(Kohara Hironobu)《Ri Shubaku hitsu To Enmei jiseku zukan》(李宗谟的《中国诗人陶渊明的故实手卷图像》"Scroll Paintings of Chinese Poet T'ao Yüan-ming's Deeds")，《大和文华》(*Yamato Bunka*)第 67 期，1981 年 2 月，第 33—63 页。

③ 见马远描绘梅花开放的扇画，毕嘉珍(Maggie Bickford)：《玉骨冰魂：中国艺术中的梅花开放》(*Bones of Jade, Soul of Ice: The Flowering Plum in Chinese Art*)，纽黑文：耶鲁大学美术馆，1985 年，图 9—11。其中的一幅图像见班宗华(Richard Barnhart)：《桃绽之春：中国绘画中的花园与花》(*Peach Blossom Spring: Gardens and Flowers in Chinese Paintings*)，纽约：大都会艺术博物馆，1983 年，图 4。亦见林逋(965—1026，一位梅花的仰慕者)图像，斯蒂芬·利特尔(Stephen Little)的《一件肖像画的维度：杜堇的〈林逋陪月闲行图〉》(Dimension of a Portrait: Du Jin's *The Poet Lin Bu Walking in the Moonlight*)，《克利夫兰美术馆馆刊》(*Bulletin of the Cleveland Museum of Art*)，1988 年 11 月，第 330—351 页。

图 23　陆治《渊明故事图》，册页，纸本墨色，34. 2 cm×
　　　23. 8 cm，台北"故宫博物院"

图 24　《陶渊明像》，册页，绢本墨色，42. 6 cm×34. 6 cm，台北"故宫博物院"

图 25　罗聘，为翼菴绘，1798 年，立轴，纸本墨
色，119.7 cm×43.5 cm，清远斋收藏，伯
克利，加利福尼亚

的花,既隐喻了仕女的美貌,也隐喻了仕女的脆弱(图 22)①。长生的湘夫人手中的花则是对超越的隐喻(图 10)——如《九歌》中求仙者,"手捻桂花",渴望与神灵结合②。道教传说中采药的仙人若有幸找到长生不老的灵芝,也会以同样的方式举起它(图 26)③。佛教绘画中的供养人与参拜者常伸出拇指和食指向神灵靠近,以示供奉或赞美——如中亚克孜勒石窟中约 5 世纪的僧人(纽约大都会博物馆收藏),或敦煌第 98 号石窟(五代时期)中的皇帝(图 27)④。作为一种祭祀情感的表达,两根手指夹着一朵花的小画——来自东洋的 8 或 9 世纪佛教帛画碎片——也足以说明问题(图 28)⑤。

四、性与不朽

上文提到《九歌》中的驭龙飞行有一个特定的目的:追求者是为了寻找一个神圣的女性,文本中充满了对爱情的渴望:

---

① 见毕嘉珍(Bickford)《玉骨》(*Bones of Jade*)一书中的"梅绽之美"("The Plum-Blossom Beauty")(第 18—22 页),以及有关花之绽放、花之美与时间流动的诗选,译者是傅汉思(Hans Frankel)。

② 选自《大司命》("Greater Master of Fate")一章[霍克斯(Hawkes):《楚辞》(*Chu'u Tz'u*),第 40 页]。向女神献花一事亦在《湘夫人》("Lady of the Xiang")中有所叙述[霍克斯(Hawkes):《求女》("Quest of the Goddess"),第 74 页,和《楚辞》(*Chu'u Tz'u*),第 39 页]——情意绵绵的姿态。许多花和植物的意象遍及与精神需求相关的《九歌》。神灵们也确实回应了鲜花的诱惑,在《湘夫人》中,他们受香气吸引,"灵之来兮如云"。

③ 这幅作品被鉴定为是辽代(10 世纪—12 世纪)作品,彩色图版见《中国美术全集:绘画编》第 3 卷,图 53。类似作品亦见波士顿美术馆藏的《九歌图》手卷,《山鬼》中有一位身披斗篷、驭豹持花的女性形象[吴同:《龙国传说》(*Tales from the Land of Dragons*),波士顿:波士顿美术馆,1997 年,图 91,第 194—196 页]。

④ 这幅帝王像的彩色图版见《中国石窟:敦煌莫高窟》,东京:平凡社,1980—1982 年,第 5 册,图 13。有时供养人所持的长径花朵是随后被添加上去的,他们的袖口与手腕微曲,类似的例子还见于回鹘与西夏的供养人像。见《敦煌莫高窟》第 5 册,图 134,与《沿着古丝绸之路:西柏林国家博物馆的中亚艺术》(*Along the Ancient Silk Routes: Central Asian Art from the West Berlin State Museums*),纽约:大都会艺术博物馆,1982 年,第 108—109 页。这些花明显代表着在天堂重生的愿景[《丝绸之路》(*Ancient Silk Routes*),第 169 页]。

⑤ 彩色图版见《古代丝绸之路》(Ancient Silk Routes),第 132 页。

图 26 《采药者》,12 世纪,立轴,纸本墨色,54 cm×34.6 cm,山西省
雁北地区文物工作站,《中国美术全集·绘画编》,第 3 册,
图 53

图 27　供养人(帝王)像，敦煌第 98 窟，10 世纪，《中国
　　　石窟：敦煌莫高窟》，第 5 册，图 13

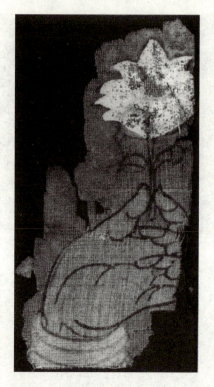

**图 28　捻花，东京，8—9 世纪，画作局部，9. 2 cm×4. 3 cm，
柏林国立美术馆，《古丝绸之路》（纽约，1982 年），
图 132**

沛吾乘兮桂舟……

望夫君兮未来……

驾飞龙兮北征……

横大江兮扬灵。

扬灵兮未极，女婵媛兮为余太息。

横流涕兮潺湲，隐思君兮陫侧……

石濑兮浅浅，飞龙兮翩翩。①

---

① 霍克斯（Hawkes）在《求女》（"Quest of the Goddess"）中的讨论与翻译，第 73—
77 页。

这些关于"湘夫人"的诗句与上文所引曹植的"洛神"是早期且具影响力的河神诗歌传统，亦是有关神女与公子情事的感性诗歌体裁。微风与灵气在诗中呈现，如曹植的"流风之回雪"（也见于后来的咏物诗），暗示着天地和谐与神圣遨游。同时，中国文化中的"风"包括了"激情之风"，这些诗也因此有着情色意味。

风是美人身上散发的欲望："风曳华服"，"拂裙惹尘"，"篱前香风"，"冷风拂艳桃花起"。风象征着恋人之间的情欲："柳带（国王的象征）招摇"；"屏月竹风"；"蒙于安乐，其心无厌，而微风正拂"。风也代表着沮丧和失落："冷枕孤眠，朦纱雨落微风里"；"玉楼歌笛，余音已化风声"；"绿杨宁风贮余恨"；"生短恨长，旋草疾风"①。

这类爱情诗自成体裁。不过，洛神图像表达的情欲主题与东篱高士表达的超然理想并非毫无关联。宋代诗人李清照（1084—约1151）在一首著名的词作《醉花阴》中成功地将超越性与情欲主题联系在一起。这首词是对陶渊明《饮酒》其五的发挥，具有明显的情色意味。重九黄昏，李清照同样在东篱把酒作诗，但其心不在陶渊明的南山，而在暗香、玉枕纱厨、与帘卷西风——是其想象中亡夫的声音，"人比黄花瘦"②。若要描绘李清照对《饮酒》其五主题的改变，只需对《东篱高士图》稍作改动：把陶渊明换成

---

① 柯素芝（Suzanne Cahill）：《中古时代中国的性别与神力：河神文学》（"Sex and the Supernatural in Medieval China：Cantos on the Transcendent Who Presides over the River"），《美国东方学会会刊》（*Journal of the American Oriental Society*），第 105 期，1985 年 4—6 月，第 197—220 页。所引内容见第 207—209、211—214、217—219 页等。在此类爱情图像中，美人纨扇轻动所产生的微风扮演了重要角色；见江兆申（Chiang Chao-shen）关于唐寅《秋风纨扇图》（*Beauty Holding a Fan in the Autumn Wind*）的讨论，以及汉成帝妃子班姬创作的诗与唐寅的关联；《唐寅的诗、书、画》，见姜斐德（Alfreda Murck）与方闻（Wen Fong）合编：《文字与图像：中国诗歌，书法与绘画》（*Word and Images：Chinese Poetry，Calligraphy，and Painting*），纽约和普林斯顿：普林斯顿大学出版社，1991 年，图 203，及第 468—469 页。

② 柳无忌（Wu-chi Liu）和罗郁正（Irving Yucheng Lo）：《葵晔集：历代诗词曲选集》（*Sunflower Splendor：Three Thousand Years of Chinese Poetry*），加登城，纽约：双日出版社，1975 年，第 367 页。有关李清照与陶渊明记忆的深度关联，见宇文所安（Stephen Owen）《追忆：中国古典文学中的往事再现》（*Remembrances：The Experiences of the Past in Classical Chinese Literature*，麻州剑桥：哈佛大学出版社，1986 年）中的《回忆的引诱》（"The Snares of Memory"）一章，第 80—98 页。

洛神，或《女史箴图》中的女性（图 21、20）。裙袖漫卷，姿态轻盈，"冷风拂艳桃花起"。

让我们进一步探究身处东篱的陶渊明向李清照的角色转变。李清照并没有望向那一象征着超然世界的南山，而是望向已逝的夫君。山与爱人间的差异并非如乍看那样绝对，爱人长期以来也被视为通向超越的隐喻，追求爱人的过程亦如通向仙界的过程。

戴维·霍克斯（David Hawkes）阐明了《湘夫人》"隐思君兮悱侧"与司马相如（公元前 2 世纪）《大人赋》中超脱有无的对应关系①。这种神秘的旅程常与"求女"相关，女神即是旅程的目标。情欲的高潮与短暂的忘生在许多信仰中亦代表死亡与不朽，正如陶渊明的醉酒狂欢（"重觞忽忘天"，酒醉后，他写道："天岂去此哉？"②），诗人们转向与女神结合。柯素芝（Suzanne Cahill）总结出人们对西王母的崇拜集中在对永生与完美爱情的双重渴望③。侯思孟（Donald Holzman）解释出阮籍（210—263）诗中的求仙背后即是对这种双重渴望的无法实现："因无法与她们结合而产生的悲伤，某种程度上亦是对自己死亡的悲伤。"④陶渊明女神般的远观形象则表达了这种幻想的结合，其东篱形象——远游与女性化——将求仙者与目标融为一体。

性别转变隐含在男性向神女的求爱之中。正如柏夷（Stephen Bokenkamp）所言，求仙者求于神灵，追求女神的凡人男性者也在扮演女性

---

① 霍克斯（Hawkes）：《求女》（"Quest of the Goddess"），第 71—94 页。

② 《连雨独饮》，海陶玮（Hightower）译：《陶潜的诗》（*Tao Ch'ien*），第 71 页。《闲情赋》（263—267）是陶渊明对抒情诗的独特尝试。

③ 柯素芝（Cahill）描述这种"神圣的激情"为"人神对互盟与沟通的渴望"，"这种婚姻，经常被描述成最具性意味的隐喻，意味着背后的性行为与双方精神的升华"。《超越与神圣的激情：中古时期中国的西王母》（*Transcendence and Divine Passion: The Queen Mother of the West in Medieval China*），斯坦福：斯坦福大学出版社，1993 年，第 3 页。

④ 侯思孟（Donald Holzman）：《诗学与政治：阮籍的生平与作品》（*Poetry and Politics: The Life and Works of Juan Chi*），伦敦，纽约，墨尔本：剑桥大学出版社，1976 年，第 145 页。关联事迹见《不朽的女性》（"The Immortal Women"）《追求长生》（"The Pursuit of Immortality"）两章中。

的角色①。凡间的男性们不仅追求女神,还会学习女神的各种神态。同时,隐居也可被视为一种女性的维度:在隐居之地"闭门"绝世,正如妻子被称为"内人"一样。

五、菩萨

女性化的成仙形象至少可以追溯至《庄子》描述的优雅的、少女般的飞仙。

> 藐姑射之山,有神人居焉。肌肤若冰雪,淖约若处子。不食五谷,吸风饮露。乘云气,御飞龙,而游乎四海之外。②

南朝佛教文化中也出现了道家"飞天遁地"的景象,慧远和尚(344—416)在庐山将"山中行旅"和"山间冥想"作为佛教修炼方法并加以推广。其信徒宗炳(375—443)在《明佛论》中讲述了圣人通过云游四方来悟佛,在《画山水序》中描述了他在欣赏山水画时的想象之旅,同样是在悟佛③。

飞天和女性意象贯穿于佛教艺术之中。飞天可能是皈依佛教的居士,菩萨一般是站姿优美、身影飘然的形象。在此试举两例,其一是敦煌一处初唐石窟中手捧玉盘前行的菩萨,其二是奈良法隆寺玉虫厨子(Tamamushi Shrine)上的一尊菩萨(公元 7 世纪),她手持莲花,神情专注

---

① 见柏夷(Stephen Bokenkamp)《真诰》("Declaration of the Perfected")一章,《实践中的中国宗教》(*Religions of China in Practice*),唐纳德·洛佩兹(Donald S. Lopez)编,普林斯顿:普林斯顿大学出版社,1996 年,第 169—170 页。

② 伯顿·沃森(Burton Watson)译:《庄子:基础的写作》(*Chuang Tzu: Basic Writings*),纽约:哥伦比亚大学出版社,1964 年,第 27 页。

③ 见卜寿珊(Susan Bush):《宗炳的风景画散文与庐山的"佛教景观"》(Tsung Ping's Essay on Painting Landscape and the 'Landscape Buddhism' of Mount Lu),卜寿珊(Susan Bush)与孟克文(Christian Murck)编:《中国艺术理论》(*Theories of the Arts in China*),普林斯顿:普林斯顿大学出版社,1983 年,第 136 页。亦载卜寿珊(Susan Bush)与时学颜(Hsio-yen Shih)编:《早期中国绘画中的文本》(*Early Chinese Texts on Painting*),麻州剑桥和伦敦:哈佛大学出版社,1985 年,第 21—22 页。

（图11、12）。她们均有苗条的身材、流畅的身形、轻盈的身体，飘巾卷带①。给人以或真或幻的印象。观音的飞行亦有寓意，敦煌的一面丝旗表现了观音作为"灵魂的向导"游于云中，引导死者魂灵升天②。

宋代，中国的菩萨形象逐渐女性化。如四川大足的观世音菩萨——一个美丽的少女形象，她手持念珠，略向左倾斜，轻微拱身，飘巾卷带（图14）③。16世纪的小说《西游记》对观音的描述则很像司马相如、傅毅和曹植笔下的女性形象：

> 缨络垂珠翠，香环结宝明。
>
> 乌云巧叠盘龙髻，绣带轻飘彩凤翎。……
>
> 锦城裙，金落索，瑞气遮迎。
>
> 眉如小月，眼似双星。
>
> 五面天生喜，朱唇一点红。④

尽管学界刚刚开始关注观音性别转向的成因及其情色意味，但这一

---

① 正如吉祥天女与上文提到的正仓院屏风画，玉虫厨子（Tamamushi Shrine）上的图像接近唐代风格。第401窟的敦煌图像见《敦煌莫高窟》，第3册，图7。9世纪的菩萨捻花图像在第199窟，见魏泓（Roderick Whitfield）和法勒（Anne Farrer）的《千佛窟：丝绸之路的中国艺术》（*Caves of the Thousand Buddhas: Chinese Art from the Silk Route*），纽约：布拉齐勒出版社，1990年，第19页。

② 9世纪和10世纪的彩色图版见魏泓（Whitfield）和法勒（Farrer）的《千佛窟》（*Caves of the Thousand Buddhas*），图14、15。

③ 这类图像被广泛称为"美态观音"。彩色图版见《中国大足石刻》，重庆：万里出版社和重庆出版社，1991年，第38页，图19。台北"故宫"所藏的梵像卷中亦有相似的菩萨形象（可追溯至1190年代），见海伦·梅兹（Helen Chapin）著，索柏（Alexander Soper）校：《梵像卷》（*A long Roll of Buddhist Images*）[阿斯科纳，瑞士：亚洲艺术（*artibus asiae*），1972年]；和李玉珉（Lee Yu-min）：《梵像卷释迦佛会、罗汉及祖师像之研究》（"A Study of the Long Roll of Buddhist Images—Sakyamuni, Arhat, and Patriarchs"），载《中国艺术文物讨论会论文集：书画》（*Proceeding of the International Colloquium on Chinese Art History, 1991: Painting and Calligraphy*），台北："故宫博物院"，1992年。

④ 余国藩（Anthony C. Yu）译：《西游记》（*The Journey to the West*），芝加哥：芝加哥大学出版社，1977—1983年，第1册，第185页。

现象早已受到认可①。女性意象召唤了早期文学文本中女神塑造出的神性智慧或不朽思想。陶渊明的类菩萨形象部分缘于古代中国文人对升天以及与女神神交的向往。

陶渊明形象与大足菩萨等形象的相似性是有意义的。其形象如此接近这种既定的、成熟的佛教人物类型,表明他在某种程度上也具备菩萨所代表的意义。

在陶渊明的作品中发现佛教或与之相关的思想并不稀奇。佛教是东晋时庐山一带知识分子们生活中的重要组成部分,与陶渊明同代的许多人都对佛教熟稔,并参与佛教实践。陶渊明在作品中两次谈及"幻","幻"是佛教的一个重要范畴:《归去来兮辞》中出现了"流幻",《饮酒》其八中出现了"梦幻"(出自《维摩诘所说经》)②。不过在后代评家们看来,陶渊明的"幻"亦佛亦道,其作品糅合了佛教与道教思想。在争辩陶渊明的思想倾向的同时,这些评论家对佛教则较少述及。

如果说有关陶渊明的诗文评论大多忽略了佛教范畴,那么有关陶的

---

① 于君方(Chün-fang Yü)的研究从女性视角解释了《般若波罗蜜多经》(完美的智慧,蕴含世间最重要的价值)的拟人化传统:《后唐时期的女性观音图像》("Feminine Images of Kuan-yin in post-T'ang China"),《中国宗教期刊》(*Journal of Chinese Religions*)第 18 期,1990 年秋季刊,第 83 页。亦见于她的《观音菩萨在中国的转变》("Guanyin: The Chinese Transformation of Avalokiesvara"),玛莎·魏德纳(Marsha Weidner)编著《律法之后:中国佛教图像,850—1850》(*Latter Days of the Law: Images of Chinese Buddhism, 850 -1850*),劳伦斯,堪萨斯:斯宾塞艺术博物馆,1994 年,第 151—181 页,尤见其在《作为引诱者的观音》("Guanyin as Seductress")一章中的讨论。其他研究包括石泰安(Rolf Stein):《观音:一个女神转向的例子》("Avalokitesvara\Kuoan-yin, un exemple de transformation d'un dieu en deesse"),《亚洲研究》(*Cahiers d'extreme-Asie*)第 2 期,1986 年,第 17—77 页;以及芭芭拉·里德(Barbara Reed):《观音菩萨的性别意义》("The Gender Symbolism of Kuan-yin Bodhisattva"),载何塞·伊格纳西奥·卡贝松(Jose Ignacio Cabezon)编著《佛教,性爱与性别》(*Buddhism, Sexuality, and Gender*),奥尔巴尼:纽约州立大学出版社,1992 年。

② 海陶玮(Hightower)强调了这些现象(《陶潜的诗》(*Tao Ch'ien*),第 116—117、136—137 页)。《形影神》("Substance, Shadow, Spirit")中讨论的佛教元素问题,见海陶玮(Hightower)在第 44—45 页的批注,以及逯钦立和陈寅恪的研究。吉冈义丰(Yoshioka Yoshitoyo)受《归去来兮》("Returning Home")中陶渊明悼程氏妹一事的启发,看到了其中的净土宗思想,参见《〈归去来辞〉与佛教》(The "Returning Home" Poem and Buddhism),《石滨先生古稀纪念东洋学论丛》(*Ishihama sensei koki kinen Toyogaku ronso*)(大阪,1958 年),第 610—622 页。

图像材料则积极且准确地建构了其思想与佛教的密切关联。陶渊明处东篱而见南山的姿态，非常接近菩萨的经典姿势——就像玉虫厨子(Tamamushi Shrine)上的那幅图像(图 12)：四分之三的视觉比例，微斜的面部，同样的站位，卷曲的衣带，以及举花的神态。

陶渊明握菊的姿势与观音菩萨手持莲花的姿势非常相似，菊亦同于莲花，这些象征着极乐净土的重生。当然，陶渊明手中具备药用功能的菊花无法与菩萨手里的圣洁之莲相提并论，但在中国传统思想中，长寿亦关联着超越生死与生身不朽，这两种花都象征着成仙之愿，陶渊明的菩萨式姿态同样表达了对超越的希望。

其他为人熟知的佛教故事也受到借鉴，被举起的花朵也代表着授经与佛理。"撚花微笑"是典籍《无门关》(1228)中的一个流行故事，讲述了释迦牟尼在鹫峰讲经时，"举花以示人"，象征着终极真理①。日本艺术家吉山明兆(1352—1431)于 1426 年作的一幅画即是基于这一事件，我们有理由相信这幅图像有着来自中国的原型(图 29)。图中，释迦牟尼坐于云中

图 29　吉山明兆绘释迦牟尼《拈花微笑》，1426 年，一套七幅画中的中央画版，鹿王院，京都。《日本美术大系》卷 4（东京，1959—1961 年）

---

① 《无门关》的第六个公案，海因里希·杜莫林(Heinrich Dumoulin)译：《无门关》(*Wu-men-guan: Der Pass ohne Tor*)（东京，1953 年），第 17 页。动词"拈"，意味着手指微曲。

的莲花宝座,右手持花,停于胸前。他和陶渊明一样看花,又不像是在看花。弟子摩诃迦叶立于其右,双手合十,丑陋却可爱的脸上盈满笑容①。

无言之花在维摩诘菩萨与文殊师利的辩论中(见于《维摩诘所说经》)发挥了积极的作用②。经文中讲述了一位"天女"与维摩诘菩萨针对"不二法门"的辩论,"天女"高不可及,普渡众生,且"不转女身"。她以天花散诸菩萨大弟子来阐释佛理,天花代表执念,而舍利弗尚未开悟,没有脱离执念,天花因此附着其身。附着于身的天花虽然虚幻,但也因之使诸弟子开悟(事实上,性别本身就是虚幻的,正如天女的"转身")。"天女散花"很早就是一个很受欢迎的绘画主题③。如刘松年的《天女散花图》(约1150年—1225年后,与梁楷同时代)残缺但十分精美,这位轻盈的持花菩萨也很像陶渊明(图30)④。

这位菩萨在微风中轻盈前行,优雅动人,或拈花沉思,或将花散去,或供花世间,或以花示人,融合了女性、纯洁、普渡和超越等主题。陶渊明的东篱图像在视觉上阐释了陶渊明在东山或东篱终极"归去"的想法,表达

---

① 海姆特·布林克尔(Helmut Brinker)和金泽弘(Hiroshi Kanazawa):《禅:图像与文学中的冥想僧人》(Zen: Masters of Meditation in Images and Writings),阿斯科纳,瑞士:《亚洲艺术》(artibus asiae),1996年,图92,第133页;出自京都鹿王院东福寺中的一套七幅画。两侧的六幅画展示了三十个花朵[布林克尔(Brinker),图107—108],亦见于《日本美术大系》,东京:讲谈社,1959—1961年,卷4,图60—61。格里弗斯·福克(T. Griffith Foulk)和罗伯特·沙夫(Robert H. Sharf)讨论了这幅套图以及其中的中国来源,见《中古时期中国禅宗图像的仪式性用途》("On the Ritual Use of Ch'an Portraiture in Medieval China"),《亚洲研究》(Cahiers d'extreme-Asie)第7期,1993—1994年,第187—190页。

② 该段见罗伯特·瑟曼(Robert A. F. Thurman)译:《〈维摩诘所说经〉之圣谕,一部大乘佛教典籍》(The Holy Teaching of Vimalakirti, A Mahayana Scripture),帕克校区和伦敦:宾夕法尼亚州立大学出版社,1976年,第58—61页。

③ 传李公麟绘制过此类主题,现存许多以白描(plain drawing)手法绘制的作品(可追溯至宋末至元代)归于他的名下。一幅现藏于北京故宫,被归于马云卿(一位活跃于约1230年的金代宫廷画家)名下的手卷,据称是摹仿了李公麟的创作;彩色图版见《中国美术全集:绘画编》第4册,图138。豪格收藏中的另一版本被归于李公麟名下,但可能是14世纪的作品,见《水墨美术大系》第4册,图12。许多宋前相关作品至今仍有流传。

④ 彩色图版见《宋代书画册页名品特展》(Famous Album Leaves of the Sung Dynasty),台北:"故宫博物院",1995年,图46,李玉珉在第279—280页对这一问题有所讨论。李玉珉指出,在这幅残卷中,常见的图式发生了扭转:文殊菩萨与随侍、青狮在右,普贤菩萨(图像已佚)在左。

图 30　刘松年《天女散花图》册页,局部,绢本墨色,
26.6 cm×51.4 cm,台北"故宫博物院"

了一种超凡之愿,与《天女散花图》的暗示类似。这种阐释涉及早期文学中表达同样愿望的神女群像——亦即诗人们寤寐思服的对象。尽管这类主题在后来的文学作品中逐渐边缘化,但在绘画发展中得到发扬,女性化的维度存在于神圣愿望与不朽之中。被追求的女性们,形象日益清晰。

　　佛教也在陶渊明的形象中以同样的方式发挥隐喻作用。诚如后世诸多作家所言,陶渊明很可能完全没有受到当时佛教的影响,但前文所举有关供养人与菩萨的视觉材料(对陶渊明画像)有着强烈的召唤,绘制渊明画像的人们也在呼应这一范畴。

那么这些超凡、追求意味浓烈、女性化的图像与强调陶渊明田园自足与回归真我的书面文本之间有何差异？毋庸置疑，书面文本与非书面文本在中国历史上举足轻重，画家们对所据文本的理解也应当出众。不过，中国艺术中的视觉隐喻并不能简单地理解为非书面文本的图像呈现，也并非每一个图像背后都有相应的书面文本。我们需突破将图像仅仅视为文本插图的惯性思维，而应将其视为一个对文本进行图像评论的语料库。作为一种独特的语言形式，这些图像不失元文本的意义。但对图像的解析也须基于元文本之外的文本。当一种理想——如陶渊明的超凡之想——在一个宏伟和富于流动性的视觉呈现传统中得到表达，就有了自己的独特魅力。这种形式的隐喻性使用在图像世界中传播意义，跨越了主题和体裁的界限，输入并充实了诸多概念与价值。陶渊明的衣带以这种方式发挥了隐喻作用，使他的形象带有飞行的特征，充满了神性，且有着对理想的渴求，并为他的历史形象提供了无法在书面传统范畴（尽管这个范畴可能是广泛的）中解释的层面。

在此十分感谢柏夷（Stephen Bokenkamp）、康儒博（Robert Ford Campany）、罗伯特·伊诺（Robert Eno）、韩文彬（Robert E. Harrist，Jr.）和包华石（Martin J. Powers）对我这篇文章的指正。

觉今是而昨非:图说陶渊明的归隐

[美]倪肃珊(Susan E. Nelson) 著　　黄子怡、何彦儒 译

　　将公务与世俗抛诸脑后,回乡归隐,寻觅自由,诗人陶渊明(陶潜,365—427)大步迈向了他的新生活,这是台北"故宫博物院"一份水墨绢本短手卷上所描绘的主题(图1、2)①。穿过自己的屋子与花园,他迈着坚定而稳重的步伐走向透过一排属于"五柳先生"的柳树能看见的村口。两个仆人跟着他,手中拿着一壶酒、一把古筝和一束卷轴,暗示了他闲时娱乐的方式。《归去来兮辞》也被抄写附于画的左侧。这篇辞赋及其序言写于公元405年十一月,陶渊明在其中叙述了他弃职还乡的经历,描绘了他归乡之后安顿在自己精神世界之中的放松与喜悦②。

　　像很多影响深远的里程碑一样,陶渊明的归隐在中国历史上也是一件标志性的事件,具有巨大的意义与研究价值。在历史上,对陶渊明作品中弃职还乡的评价理解分成了清晰的两派。一派认为这代表了他迫不及

---

　　① 彩色重制版见《渊明逸致特展园录》,台北:"故宫博物院",1988年,第22—23页(图14)。

　　② 陶澍(1778—1839)辑注《靖节先生集》(《四部备要》本),参见海陶韦(James R. Hightower):《陶渊明诗歌》(*The Poetry of T'ao Ch'ien*),哈佛:克拉伦登出版社,第268—270页。我在本文中所引陶渊明作品采用了海陶玮的英译版本,有轻微改动。

图1　赵孟頫《渊明归隐》，中国台北"故宫博物院"

图2　赵孟頫《渊明归隐》，局部

待想用自己的方式释放自己内心超凡的自由精神。陶渊明的《归去来兮辞》及其他诗歌中描述的心理状态、乡村生活与心灵感悟是对他自己归隐的赞歌。另一派认为在黑暗的社会环境中,陶渊明的退隐也可以解释为一种儒家对世道昏暗的反抗。陶渊明生活在一个政府虚弱无能的时代,其中充斥着党派之争,最终在公元 420 年倒台。在这种环境之下,怀着痛苦沮丧而非得意的心情,一个理想主义的士大夫只想与之疏离。陶渊明在《归去来兮辞》中提到"与世无争",暗含了愤愤不平的心情,其他诗歌则更加尖锐,言辞幻灭。

个人满足或是政治手段,这些关于陶渊明退隐的发散观点绝非相互独立的,这两种观点不断变化与丰富,贯穿陶渊明的历史评价。以上都是文学领域正争论不休的话题,并且,这在阐明道家与儒家对陶渊明文化遗产的贡献方面也起到了重要的作用。

陶渊明的画像与其文本中的插图就像文字评论一样,常常起到了与其他分析同等重要的作用。在台北的这张卷轴就是这样一幅富含信息的图画。它不是个例,而是诸多展现陶渊明归隐行为的图画中的一幅。在元代,蒙古的统治为出世、入世问题的阐明带来了一种特殊的紧迫感,给两派对陶渊明归隐的政治化解释划清了界限,这些图画就是此时一种更精准展现陶渊明的独特方式①。这些图画反映了当时对陶渊明历史形象的解读,也在陶渊明形象构建中起到了积极的作用,为之后陶渊明的解读做出了贡献。

赵孟頫画的一幅陶渊明像

这个台北的卷轴并未署名,被认为是元代早期杰出画家、书法家赵孟

---

① 元代对儒家逸致的理解侧重于其思想形态而非个人维度,是牟复礼(Frederick Mote)的一篇经典文章《元代儒家隐逸思想》(*Confucian Eremitism in the Yuan Period*)的主题,亚瑟·奈特(Arthur F. Wright)(纽约:雅典娜神殿出版社,1964 年)编辑,见第 252—290 页。本文将不对元代关于陶渊明作为政治人物的评论进行回顾,更多相关信息见以下书目:《陶渊明研究资料汇编》上册(北京:中华书局,1962 年,第 121—131 页)、钟优民《陶学史话》(台北:允晨文化事业,1991 年,第 76—92 页),记述并讨论了元代对于陶渊明忠诚与义愤的重视。

颊(1254—1322)所作。辨认方法并非通过画上所附书法,和赵孟頫其他有名的人物画相比,例如大都会博物馆的《人马图》或者"故宫博物院"的苏轼小像,台北的卷轴绘图更细腻,更具美术性。然而,这一卷轴确实和上述作品有一定的关系,尤其是其中苏轼的小像,很可能是赵画陶渊明组画时附带的一笔①。毫无疑问,赵孟頫对陶渊明有浓厚的兴趣,他为陶渊明写文、挥毫,为其他画家所画陶渊明图像题跋,绘制陶渊明像和《归去来兮辞》中的场景②。

　　一次偶然的机会,比赵孟頫年轻的虞集发现了赵孟頫绘制的陶渊明肖像,激励他写下了一些关于陶渊明个性与辞官归隐动机的想法。虞集的评论最初都写在画作之上,不幸遗失了。不过虞集文集《道园学古录》收录了这个评论。这本文集收录了很多接人待物的内容,将肖像作为描绘特征的方式。它也很好地展示了如何利用图画来促进对历史的理解。这些

---

①　赵孟頫:《人马图》(Groom and Horse),见方闻(Wen Fong)《超越再现:8—14世纪的中华书画》(Beyond Representation: Chinese Painting and Calligraphy, 8th - 14th Century),纽约:大都会艺术博物馆,1992年,433(第100页);赵孟頫于1301年绘制的苏轼像,画中苏轼带着仆从坚定向前,见方闻、瓦特(James Watt)等《拥有过去:台北"故宫博物院"珍宝展》(Possessing the Past: Treasures from the "National Palace Museum", Taipei),纽约、台北:艾布拉姆斯出版社,1996年,291(第143页)。台北归去来卷轴的风格与堪萨斯城的尼尔森画廊中刘贯道(约1275—1300)著名的《消夏图》(Whiling Away the Summer)很接近,刘贯道是和赵孟頫共同效力于忽必烈宫廷的同时代画家。《消夏图》见于《八代遗珍》(Eight Dynasties of Chinese Painting),克利夫兰:克利夫兰艺术博物馆,1980年,第112—113页(图92);至于彩色版,则见于《中国美术全集·绘画编》,上海、北京:文物出版社,1987—1989年,第5卷第46—47页(图32)。

②　现存的赵孟頫绘陶渊明像藏于出光美术馆,绘《归去来兮辞》中的场景藏于京都藤井裕林馆、纽约大都会博物馆等。相关资料见高居翰《中国早期画家和图画索引:唐宋元卷》(An Index of Early Chinese Painters and Paintings: T'ang, Sung, Yuan),伯克利、洛杉矶和伦敦:加州大学出版社,1980年,第253页。辽宁博物馆所藏赵孟頫《归去来兮辞》书及所附陶潜像(目视右侧,看向画上所书之词句),见《艺苑掇英》1989年第39期,第53—54页。有关赵孟頫归去来主题图画的记录,见文嘉《钤山堂书画记》(1569年序),载邓实、黄宾虹编《美术丛书》(台北:艺文印书馆),8(2\6),第56—57页;也见于汪柯玉《珊瑚网》(1643年序,成都:成都古籍书店,1985年),收录了两幅图像,其中一个为彩色版(2:8.896 - 99;20.1238 - 39;以及23.1356)。赵伯驹《归去来》(Returning Home)手卷所附赵孟頫书也记录在此(2:23.1360)。1315年赵孟頫也为同时代画家何澄(1224—1315)的归去来主题图画《归庄图》作跋。

评论见下文①。

虞集在对将图画作为洞察陶渊明性情的方式方面很感兴趣,陶渊明的政治抱负是他心中最大的一个疑问。他利用文本证据,通过解读陶渊明的个性来展开他的论述,力图证明他老师吴澄(字幼清,1249—1333)的观点。吴澄提到陶渊明作品"泊然冲澹"已广为赞美,但仅仅只是转述前人的观点。他自己的阅读视角却是以忠诚与服务为中心的。他没有将陶渊明归为一种无拘无束的隐士,而是一个如屈原(约公元前340—前278)、张良(公元前?—前186)与诸葛亮(181—234)三人一般忠诚勤勉的官员。这些类比成为了虞集跳脱自己的思维方式,学会如何去理解历史英雄人物特质的关键。

　　《陶渊明集》传于世且千年矣,临川吴幼清先生以为其诗泊然冲澹而甘无为者,安命分也。慨然感发而欲有为者,表志愿也。盖以拟诸屈大夫之辞云。然楚辞得朱子发明之,而陶之志,悟者盖鲜。又因二子,而推言张子房、诸葛孔明,区区之心,欲明君臣之大义于天下,则同也。留侯、武侯事业可见,而屈、陶托诸空言,而其心之明白,天下万世信之,何其伟欤!予尝以斯言也,想见四君子于千载之上,恨不得为之执御焉。幼尝游楚,见屈大夫像于山泽之荒祠,称其所谓憔悴枯槁者。留侯像世或传之,而画者以太史公言其状貌乃若妇人女子,不胜其志气,乃以意而仿佛之,似否未可知也。归蜀,见武侯像,衣冠良是,而年代深远,传仿疑未必尽然。江乡之间,传写陶公像最多,往往翰墨纤弱,不足以得其高风之万一。必也诵其诗,读其书,迹其遗事以求之,云汉昭回,庶或在是云耳。临川郡贰幕大梁邵宏父得吴兴赵公子昂所写渊明像,盖公之胸次知乎渊明者既深且远,而笔力又足以达其精蕴,是以使人见之,可敬可慕,可感可叹,而不忍忘。若此,乃为之述

---

① 《跋子昂所画陶渊明像》有"子昂所写渊明像"之语,见虞集《道园学古录》,第40卷第9页下—第10上。

赞云:

田园归来,凉风吹衣。窈窕崎岖,遐踪远微。

帝乡莫期,乘化以归。哲人之思,千载不违。

吴澄所提到的四人:陶渊明、屈原、张良和诸葛亮分别代表了四种不同的忠诚,这也为那些想要弄清他们的行为动力、表达方式与作为历史榜样的意义的人提出了挑战。屈原和陶渊明一样,是早期超越自己所处时代的伟大诗人。作为公元前4世纪末到3世纪初楚国的官员,他坦率正直、无私奉献,却因敌党诽谤而被流放,眼看着楚国走向灭亡,他悲愤抗争。《楚辞》中有"楚歌"之称的《离骚》,通常被认为是屈原所作,表达了他的赤诚之心。在之后的论述中我们可以看出,屈原和陶渊明代表了入仕与出仕两个不同的选择,陶渊明也觉察到了这种区别,通过《感士不遇赋》表达了他对屈原的看法:

坦至公而无猜,

卒蒙耻以受谤。

虽怀琼而握兰,

徒芳洁而谁亮①!

然而,陶渊明的处境也可以从忠诚的角度来理解。从这个角度来看,陶渊明辞官是源于道德上的愤怒,人们可以责怪他不懂坚持,但却无法无视他的热血激情,这即是吴澄看待他的方式。吴澄认为屈原作品的政治意义已经在宋朝哲学家朱熹的评论中被阐明了,但陶渊明却缺少这样一个评论者来剖析赞赏他的儒家式忠诚②。换句话说,吴澄坚持认为,即便

---

① 《靖节先生集》第5卷第2页上;海陶韦:《陶潜》(T'ao Ch'ien),第261页。

② 见大卫·霍克斯(David Hawkes):《〈楚辞〉:南方之歌》(Ch'u Tz'u: The Songs of the South),伦敦:牛津大学出版社,1959年,第21—34页。吴师道(1283—1344年)和吴澄一样,认为屈原和陶渊明有相似之处,见《陶渊明研究资料汇编》,第1卷第130页。

陶渊明选择了退隐，但他仍是儒家"三纲"的履行典范，为父、为夫如此，为臣亦然①。

陶渊明与屈原政治上的功绩都并非源于他们的领导力，这种领导力犹如像张良那样"见微知著②"，成为汉高祖（刘邦，公元前 256—前 195，汉朝建立者）身边不可或缺的谏臣；抑或是如诸葛亮那般，在四川担任辅佐刘备（？—223 年）的传奇军师，成为一个把握战争风云、王朝更替历史规律的伟大辅佐大臣。依吴澄之见，张良与诸葛亮这类务实之人的政治性很好解读，而前二者，虽然同样有所建树，但却很难去评述，尤其是在时过境迁的后世。

受到老师吴澄观点的触动，虞集陷入了"想见四君子于千载之上"的渴望之中，并最终将视角转向了他们的肖像画。

在虞集的时代，古代的图画是很有利用价值的。他很清楚地知道，即便是那些他特别关注的来自古迹原址的图画也不可避免地有传闻与历史的成分，任何保留的实物画像都必然被时间冲淡，乃至湮灭。他想从这些视觉图像资料中获得他大半辈子从英雄们的作品中都未知晓的什么信息呢？他遍历这些画作，寻觅一些能够使对应人物形象更加锐化具体的信息，以便能够写下些有价值的评论（就像朱熹对屈原那样）。想要达到他的目的，画作的质量必须达到 12 世纪一位学者发现的大智律师（又称元照，1048—1116 年，律宗高僧）肖像画的水平。

> 端严俱足，
>
> 相如其心。
>
> 耿介孤高，

---

① 吴师道："陶公胸次冲淡和平，而忠愤激烈"。见钟优民《陶学史话》，第 78 页。

② 华兹生（Burton Watson）：《史记》（*Records of the Grand Historian of China*），纽约：哥伦比亚大学出版社，1961 年，第 1 卷第 134 页。

心如其相。①

这段赞词出自刘涛(11 世纪晚期—12 世纪早期)之手,他似乎和大智有私交,了解他的人格与外表,洞悉他自我表现的内在与外在。然而,从"相(countenance)"所指并不是僧侣本人,而是这幅画作描绘的内容,刘涛真挚地夸赞这份肖像画的价值与真实性。这就是虞集一直在寻求的特质心理与外在特征之间的关系。

他在一座不起眼的寺庙(可能正是苏轼途经长江去到楚地时写到的那座屈原祠)里找到的屈原肖像画,作画风格可能在 14 世纪已经广为知悉了,当今也留存了大量的样本与复制品②。双臂交叉,高耸其肩,屈原在画中看起来十分疲惫与沮丧,虞集也相信了文本中对他的描述。在虞集看来,张良的画像可以从司马迁(约前 145—前 85)《史记》的论述中得到一定的暗示。这位优秀的历史学家写道:

> 余以为其人计魁梧奇伟,至见其图,状貌如妇人好女,盖孔子曰:"以貌取人,失之子羽。"留侯亦云。③

---

① 卜寿珊(Susan H. Bush)、梅维恒(Victor H. Mair):《12—13 世纪中国的律宗、禅宗图像》(Some Buddhist Portraits and Images of the Lü and Ch'an Sects in Twelfth- and Thirteenth-Century China),《亚洲文化档案》第 31 期,1977—1978 年,第 32—34 页。此画藏于克利夫兰艺术博物馆,见《八代遗珍》,第 29—30 页(图 17)。

② 这些肖像通常作为屈原《九歌》(Nine Songs)插图的卷首画出现。其中几幅见黛博拉·德盖斯·穆勒(Deborah Del Gais Muller):《张渥:十四世纪画家研究》(Chang Wu: Study of a Fourteenth-Century Figure Painter),《亚洲艺术 47》,1986 年第 1 期,第 3、9、10、14、22 页。明代屈原图像汇编《历代古人像赞》,见《中国古代版画丛刊》,上海:上海古籍出版社,1988 年,第 1 卷第 450 页。苏轼相关条目,见《屈原庙赋》,载《苏轼文集》,北京:中华书局,1986 年,第 1 卷第 2—3 页,英文译文见李高洁(Cyril Drummond Le Gros Clark):《苏东坡诗》(The Prose-Poetry of Su Tung-p'o),上海:别发印书局,1935 年,第 99—105 页。

③ 华兹生:《史记》,第 1 卷第 151 页。张良的传记见第 134—151 页。司马迁也说,张良身体虚弱,很少积极参加他所进谏的许多成功远征。司马迁参考《论语》(公冶长第五第十句),孔子说他向弟子宰予(司马称子予)学习,以身作则而不是以言教人,没有提到长相。要么是司马迁记错了文章,要么就是参考了别的文本。

司马迁认为他看到的是真实的图画，实际上，它很大程度上应当是真的，毕竟它绘于张良生活的那个年代。很明显，张良的外表和子予那些儒家弟子一样（而非像大智这种律宗高僧），并不能反映他的内在特质。后世的肖像画家不停强调张良的女性化外表，让虞集和司马迁一样，很渴望一睹其雄伟刚毅之气质①。诸葛亮也是如此，虽然历史上对他们的衣着装饰有着细腻准确的描述，但虞集却更想看看人物本身的容貌。

上述三位先贤的画像似乎比陶渊明的起到了更大的作用，虞集的工作好像是错误而无意义的，只是找到了先贤一些无用的"高贵气质（noble air）"。虞集别无他法，只能独自一头扎进陶渊明的生平与作品中，尝试以一己之力将诗人形象勾勒出来。但最终他发现了赵孟頫对陶渊明的那张肖像画，帮助他写下了那些评论。多亏赵孟頫的先见之明与卓越画技，他的作品让陶渊明的个性与抱负浮出了水面。赵孟頫对陶渊明完成了所有朱熹曾对屈原所做的工作。虞集的喜悦之情很好地证明了这些图像有足够的力量去激发与满足历史想象方面的力量。

我们无法判断虞集的作品是否是为一幅类似于现存于台北的赵孟頫画作而写的，或是为某个我们至今还未知晓的画作，毕竟，他没有给我们任何关于画作的细节。但这幅作品传递了一种令他满意的儒家正直感，与他在大多数作品中看到的陶渊明之软弱形成了鲜明的对比。受到赵孟頫思想的启发，他这首关于陶渊明的赞体现了陶渊明高尚的思想与深邃的哲理。赵孟頫留于台北的手卷中的行者有力、强壮又散发着理想主义魅力，确实有一种"高贵气质"。

存于台北的画像似乎也符合我们所知的赵孟頫对陶渊明的看法。虽然他是第一代宋帝直系后裔，赵孟頫选择了一条与陶渊明截然不同的生涯道路。他身兼要职，在为忽必烈可汗效力时达到鼎盛时期。许多受过教育的人与旧王朝没有祖先上的联系，他们尖锐地与新王朝保持着距离。

① 描绘张良面黄肩瘦、一幅惟命是从的样子的肖像画，见《历代古人像赞》，《中国古代版画丛刊》，第1卷第451页。

这使得赵孟頫处于一个非常复杂的政治地位上,对某些人是一种冒犯,有时也会给自己带来麻烦。的确,王世贞(1526—1590)在为一幅《归去来兮辞》图所作题跋中讽刺地评价赵孟頫为侵略王朝效力,做了他画中的陶渊明所不齿的事①。

对于赵孟頫来说,陶渊明所做的对他既是一种训诫,也是一种启发。在为一幅已遗失的《归去来兮辞》绘画所作诗中,他描述了陶渊明入仕与归隐的道德困境:

> 生世各有时,出处非偶然。渊明赋归来,佳处未易言。
> 后人多慕之,效颦惑蚩妍。终然不能去,俯仰尘埃间。
> 斯人真有道,名与日月悬。青松卓然操,黄华霜中鲜。
> 弃官亦易耳,忍穷北窗眠。抚卷三叹息,世久无此贤②。

作为对陶渊明的描述,这首诗与赵孟頫存于台北的手绘《归去来兮辞》图非常吻合。图中场景设定为深秋,一阵风从大门的方向吹来,吹动了柳枝、芦苇和人物的衣服。柳树粗糙碎裂的树皮,旁边的杂草与笼罩于沼泽的昏暗雾气都显示出了环境的艰难。至于陶渊明本人,他似乎正如赵孟頫诗中所赞扬的自信正直那样,依照他"崇高的方式"生活着,这也正是虞集所找寻的坚决而有原则的陶渊明。他的嘴咬得很紧,眼神不在任何物体上停留,而是流露着思想。虽然仆人们所携带的东西将带来数小时的欢愉,但这幅画的主题,正如赵孟頫的诗一样,写的是他毅然退隐,而非享受生活。

的确,他的身上仍有着一些官员的神韵,他牢牢地控制着他的仆人,

---

① 王世贞的跋被记载于汪珂玉的《珊瑚网》中,2:8.897。

② 《陶渊明研究资料汇编》,第1卷第127页。译文,有轻微改动,引自牟复礼(Mote)《儒家隐逸主义》(*Confucian Eremitism*),第286—287页。牟复礼写道:"对赵孟頫而言,陶渊明是一个难以书写的主题。"也见于吉田良次(Yoshida Yoshitsugo)《子昂和陶渊明》一文,收录于《赵子昂:人与艺术》(东京,1991年),第193—197页。赵孟頫的艺术成就与政治职位之间的关系,见乔迅(Jonathan Hay)*Khubilai's Groom*,res16\18(1989年),第117—139页。

浑身散发着权威。尽管他步履蹒跚，但却看起来坚定不可动摇。朱有燉（1379—1437）是明初宗室杂剧作家，他关于《归去来兮辞》的辞赋被附在画作之上。此文本用文书的形式书写，与政府的事务公告相关联，唤起了官方而非个人的关注，很好地契合了图片的内容。

在宋元画作中寻找陶渊明

虞集在评论的开头引用了吴澄的观点，将陶渊明诗中的宁静满足和他的政治立场与意愿（"will"）进行对比，这种对比真实地存在于早期与后世对陶渊明退隐重要性的看法之间。《归去来兮辞》的早期读者往往专注于对陶渊明隐逸生活和精神状态的描述，而元代评论家则倾向于将其视为陶渊明儒家原则和道德正义在其所处时代的一种反映。陶渊明退隐图是图像化阐明这一观点的方式。

在宋元的陶渊明图画中，那些对比鲜明的阐释是显而易见的。宋代有三幅关于陶渊明的杰出画作保存至今，都与他的退隐生活相关。最早的是"故宫博物院"馆藏的一幅佚名手卷《柳阴高士》，最早可追溯到 11 世纪（图 3）①。一个醉酒的学者坐在豹皮席上，面前是摊开的卷轴和酒杯，正如李霖灿根据大量图像线索所追寻的那样，画中有杨柳，有据说被陶渊明用来滤酒的头巾，说明这画中的大概率正是陶渊明②。诗人的眼神内敛，衣服不经意地从肩头滑落，他的姿势与表情暗示了一个充满着酒与诗的头脑，正如陶渊明在《饮酒二十首》中所描述的那样：

① 《"故宫"书画图录》，台北"故宫博物院"，彩色重制版，3：69；也见于《渊明逸致》，8（＃2）。这幅画的收藏者之一孙承泽（1592—1676）云"是陶征君归后像也"，将这幅图与陶渊明退隐之事联系在一起。见《庚子销夏记》（1671 年序），卷三第 5 页上下，收录于《艺术赏鉴选珍》，台北：汉华出版社，1970 年，第 123—124 页。

② 李霖灿（Li Lin-ts'an）：《柳阴高士》，《"故宫博物院"公报》5.4，1970 年 9—10 月，第 1—5 页；《宋人柳阴高士》，《中国名画研究》，台北艺文艺术馆，1973 年。哈弗福格艺术博物馆收藏了这幅画后来的一个版本，这幅画中陶渊明的特征更加明显。他的脸和头巾看起来更像描绘生活片段的陶渊明肖像画轴。参见铃木敬（Suzuki Kei）：《中国绘画总合图录》（*Chūgoku kaiga sōgō zuroku*），东京：东京大学出版会，1982 年 3 月，1：A10—11（第 1—54 页）。一条相关的跋文称这幅画归属武洞清，为北宋人物画家，作品收录在徽宗藏品中。

图3　佚名《柳阴高士》，中国台北"故宫博物院"

　　偶有名酒，无夕不饮。顾影独尽，忽焉复醉。既醉之后，辄题数句自娱①……

　　陶渊明之归隐也被李公麟（约 1041—1106）画在了《渊明归隐图卷》中，其早期摹本被保存在华盛顿的弗利尔美术馆。李公麟的手卷是第一个由归隐进行拓展叙事的卷轴，由七幅图画和文本交替组成。卷轴以一幅他乘船回家的图片开始，他手中拿着行走的拐杖，他的家人与仆人都兴奋地出门迎接他（图 4）。随后的场景中，他正忙于辞赋中描述的弃官后的愉快消遣：在家中与妻子儿女放松，抚摸他最心爱的松树，与朋友喝酒，骑着牛车，与农民蹲坐在田地中。在最后一节中，他再次出现：站在山顶的树旁，坐在水边，身旁有提有一壶酒的仆人相陪同（图 5）。这个具有双重意象的场景与辞赋的结尾相对应：

　　登东皋以舒啸，临清流而赋诗。聊乘化以归尽，乐夫天命复奚疑！

李公麟与北宋晚期参与意识形态和政治派别斗争的一批士大夫是朋

　　①　《饮酒二十首》（*Twenty Poems After Drinking Wine*）序，《靖节先生集》卷三，第 15 页上下；海陶韦译《陶潜》，第 124—157 页。

图 4　李公麟《渊明归隐图》摹本,景一,华盛顿弗利尔美术馆

图 5　李公麟《渊明归隐图》摹本,华盛顿弗利尔美术馆

友,在这些圈子中,流亡是一种普遍存在的威胁,常常成为现实,早早隐居过平常的生活往往是明智的选择。陶渊明的《归去来兮辞》容易引起这种处境的人的共鸣,李公麟的手卷被认为是对其文本的经典阐释。陶渊明后期许多意象的运用都符合李公麟的分析规律①。

现存第三幅宋代的陶渊明画像其实就是一个很好的例子。那是活跃

————————

① 　这个卷轴的一小部分章节未在此展示,读者可以在罗覃(Thomas Lawton)《中国人物画》(*Chinese Figure Painting*)(华盛顿:史密斯学会,1973 年)第 38—41 页图 4 中找到。关于这幅画及相关问题的更多研究见 Elizabeth brotherton《李公麟及其长卷〈渊明归隐图卷〉》(Li Kung-lin and Long Handscroll Illustrations of Tao Ch'ien's Returning Home)(普林斯顿大学博士论文,1992 年)。

于 13 世纪初的南宋宫廷画家梁楷所绘的绢本墨色挂轴《东篱高士图》，现存于"故宫博物院"①。陶渊明站在松树下捧花远眺，身后衣带飘荡。附于其上的不是《归去来兮辞》，而是陶渊明二十首饮酒诗中的第五首，其中写到"采菊东篱下，悠然见南山"②。不过，这幅图是据李公麟卷轴第七幅中陶渊明站在东山上的情景改编而成的。

三幅宋画的主题都是陶渊明的隐居生活：思考、饮酒、写诗，与家人朋友放松，欣赏花园与周边的风景，品味他的自由和闲适。从记载的题名来看，其他宋代关于陶渊明的画像也是围绕着他自在隐逸的生活展开的。事实上，从徽宗皇帝（1082—1135）的绘画收藏著录《宣和画谱》（1120 年序）的评论中可以看出，"在他的松花园里"或多或少成为了描述陶渊明当时生活的标准方式③。为了描述陶渊明的归隐，李公麟还在《渊明东篱》与《松下渊明》④中为他的诗作画。由李公麟同时代人吴元瑜所作的《陶潜夏居》也以其生活的放松惬意为主题，被收于《宣和画谱》中⑤。胡祗遹在一个题跋中提到了宋徽宗的《渊明夏居》⑥，一份南宋 1199 年宫廷藏品著录的序言中也记录了一位佚名画家所绘的《陶潜高卧夏境》⑦。所有的标题

---

① 此画的彩色重制版见《"故宫"书画图录》，第 2 卷第 219 页；也见于《渊明逸致》，7（♯1）。

② 《靖节先生集》，卷三，第 16 页上—第 17 页下；海陶韦《陶潜》，第 130 页，稍有改动。

③ 于安澜：《画史丛书》，上海人民美术出版社，1982 年，2：7.74。

④ 苏轼为前者写了跋，记载于孙绍远的《声画集》（1187 年序），见《四库全书》，台北："商务印书馆"，1978 年，213—14：1.21a—b。黄庭坚（1045—1105）为后者作跋，见《四库备要·山谷全集》，卷九第 2 页下—第 3 页下。黄跋也见于《声画集》（卷一第 2 页下—第 3 页上），但跋中未提及画家姓名。可能李公麟自己也画过陶潜归乡场景，弗利尔手卷上的一条 1110 年的跋文提到了李公麟画陶渊明毅然归乡的画作，见 brotherton《李公麟》，第 106—107、111 页。Brotherton 接着简短地讨论了和其他隐士相比陶潜的归乡行为。

⑤ 《宣和画谱》，2：19.242。

⑥ 记于陈高华《宋辽金画家史料》，北京：文物出版社，1984 年，第 617 页。Brotherton 认为这幅画是王元玉画作的摹本，见《李公麟》，第 81 和 58 页。

⑦ 杨王休：《宋中兴馆阁储藏图画记》，见《美术丛书》18（4/5），第 211 页。"高卧"常指放松置身于青山中或长榻上。唐代描绘陶潜退休生活的图像，相关资料也提供了一些信息。《宣和画谱》的目录列举了 8 世纪画家郑虔所画陶潜人物像，编者的评议暗示着画中陶潜醉醺醺的且怡然自得，见《宣和画谱》2：5.57。米芾（1052—1107）写下《归去来》，包含了庐山（mount lu）的观点，见《美术丛书·画史》，10（2/9）：13。周密（1232—1308）提到了三幅唐代佚名画家的归去来主题画作，其中一幅归属于韩滉（723—787），尽管米芾对这些画作的内容未置一词，见《美术丛书·云烟过眼录》，6（2/2）：1.31,50。

都暗示图画中所绘是诗中那种宁静的乡村归隐生活。他是如何回到那的
似乎不是个问题。

这是一个悬而未决的问题,然而,在赵孟頫为陶渊明《归去来兮辞》所
作画中,我们看到的不是"夏居"的生活状态,而是一种在压力下的决心。
大量的当代画作同样展现的是诗人回家的过程,而非在菊花与松树间安
然自得。在这种与时代特征十分吻合的一类画作中,我们可以看到陶渊
明文本乃至生命意义的重塑。

纽约大都会博物馆收藏着与赵孟頫同时代的年长者钱选(约 1235
前—1307)一幅关于《归去来兮辞》的短手卷,它可能是最著名的单风景返
乡图(图 6),展现了陶渊明是乘船抵达的。这幅图像改编自李公麟存于弗

图 6　钱选《归去来辞图》,大都会博物馆

利尔美术馆的《渊明归隐》的开篇场景(图4),将李公麟对陶渊明复杂的多景插图浓缩至了其归隐的瞬间。此外,正如钱选所想的那样,这一时刻有一种悬而未决的紧张感,李公麟所描绘出的明亮乐观的景象在新的版本中散发出了不安的气氛。钱选的画中没有轻盈的腰带,这位诗人长袍凌乱,看起来渴望多于希望。李公麟版本中的手杖也被钱选移除了,诗人看起来举步维艰。事实上,他的船似乎在水中停滞不前,周边景观僵硬古老,人烟稀少,将观看者置于一个遥远的视角。这位归隐学者的美好生活看上去荡然无存①。

在宋败于元后,钱选展现出了消极抵抗的态度,在当时被称为"孤老"或"遗民"。事实上,他是批评赵孟頫与蒙古朝廷相勾结的人之一。他经常以陶渊明的辞官归隐来进行自我描述与解释,他为自己《归去来兮辞》卷轴所作的诗很尖锐,富有同理心:

> 衡门植五柳,东篱采丛菊。
> 长啸有馀清,无奈酒不足。
> 当世宜沉酣,作色召侮辱。
> 乘兴赋归欤,千载一辞独②。

钱选的描述如他所绘图像一样,关注的是归隐的过程,与世界的磕

---

① 彩色重制版见方闻《超越再现》,314-15,第70页。石守谦《钱选山水画中的隐逸主义》(*Eremitism in Landscape Paintings by Ch'ien Hsüan*)(美国普林斯顿大学博士论文,1984年)讨论了陶渊明画中短暂停留的地方,以及钱选的生平和自画像。

② 该翻译基于何伟溢(Wai-kam Ho)[《蒙古统治下的中国艺术》(*Chinese Art under the Mongols*),克利夫兰美术馆,1968年,图184]与班宗华(Richard Barnhart)[《桃花源》(*Peach Blossom Spring*),纽约大都会博物馆,1983年,第42页],有所改动。《归去来兮辞》的卓越成就是一个共通的主题。欧阳修(1007—1072)言"晋朝无文章,惟陶渊明《归去来兮辞》耳"。魏庆之之在《诗人玉屑》(上海:中华书局,1959年,8.188)中称《归去来兮辞》为"千古绝唱",尽管陶渊明并不是辞官回乡的第一人("古人亦有所祖")。

碰,以及学者那由于无法一醉不醒而长存的无家可归之感①。虽然钱选在纽约的画与赵孟頫在台北的画一样都关注于陶渊明归隐的行为,但他向我们呈现了一种十分不同的角度:悲伤大于喜悦。

在钱选的另一幅单景短手卷中,我们发现了一个与赵孟頫风格更像的陶渊明归乡形象:诗人步行,向左而趋,手握乐谱,神情冷肃,一个仆人端酒紧随其后(图7)。这实际上是李公麟卷轴第七幅画(图5)中要素的叠加组合:陶渊明的形象是模仿其站在东山时的情景,仆人是从陪伴陶渊明坐在水边的男孩改变而来。钱选采用的是白描的绘画风格,线条少有油墨纹理,没有任何的背景设置。这幅画聚焦于陶渊明的行走中:他的双腿摆得很有力,长袍上挽,展现他的步态②。

图7　钱选《渊明归隐》,下落不明,图由哈佛大学图书馆提供

①　钱选对寻找避难所的悲观情绪也反映在他画上的题词(已遗失)中,说明了陶渊明对乌托邦式的土地“桃花源”的向往,“始信桃源隔几秦”。见卞永誉《式古堂书画汇考》(1682年序),台北:正中书局,1958年,第4卷第165页。也见于其他资料。

②　这幅画当前下落未知。最好的复制版见《唐宋元明名画大观》,东京:大塚巧艺社,1930年,第3卷第2页。关于这一点的讨论,也见于高居翰《钱选及其人物画》(Archives of the Chinese Art Society of America12),1958年,第23页,以及徐邦达《中国绘画史图录》,上海人民出版社,1984年,第1卷第301页(图159)。

这是一个如漫画般简单的形象，提炼成了几个基本的组成部分。元代的观者非常满意，认为这是描绘陶渊明形象的极佳方式，以至于这变成了一种潮流，被反复地运用。元代艺术家在模仿李公麟的著名手卷《归隐图》时，往往在前面加上他步行的形象，正如两幅可能追溯到 14 世纪的匿名画作——分别存于台北"故宫博物院"与波士顿美术馆中展示的那样。台北的卷轴是用白描的手法完成的，开篇就是一个与钱选所画几乎一样的陶渊明步行图：掀起长袍，大步向左，后面跟着一个扛着一壶酒的男孩（图 8）①。波士顿的那一版图画是彩色的，但第一幅陶渊明的步行图是白描而成的，他的腰带卷成了一个特殊的样式，和原版也十分接近②。其他元代关于《归去来兮辞》的多景手卷也是以陶渊明的步行图开篇，明代亦延续了这一传统③。的确，在明清《西园雅集图》中，李公麟常以绘制《归去来兮辞》卷轴的形象出现，所描绘的都是陶渊明大步向前，而非退而

① 这幅"故宫博物院"的作品被记录在《"故宫"书画图录》，15：303－09；也见于《渊明逸致》，第 20—21 页、第 72—79 页（图 13，部分彩色）。卷尾仆从的角色为了避免和卷首服侍陶的仆从重复，他手中的物品从茶具、壶具、盘子换成了纸笔。

② 见吴同《龙之国的传奇：中国绘画一千年》（*Tales from the Land of Dragons: 1,000 Years of Chinese Painting*），波士顿博物馆，1997 年，第 191—193 页（图 89），提出这幅波士顿博物馆的画作作于 13 世纪。李公麟作品的后两幅图已佚失，陶渊明身旁没有仆从陪伴，也许仆从被剪裁掉了。这幅画与顾复在《平生壮观》（1692 年序）中提到一幅不完整的归去来图卷相符。顾复将这幅图卷归属于青绿山水画家赵伯驹，出现了序言中提到的人物，不过是黑白绘制的。顾复言："前白描靖节像，五寸余，衣褶宛似唐人，真古真妙！"见《平生壮观》，上海：上海人民美术出版社，1962 年，第 8 卷第 18 页。

③ 在元与明初的一些归去来主题手卷中，都描绘陶渊明停下来问路，即"问征夫以前路"，见于吉林省博物馆何澄的《归庄图》手卷，《艺苑掇英》1978 年第 3 期，第 3—6 页。近期对何澄《归庄图》的研究，见 brotherton《李公麟》一书的第 4 章节"何澄的《归庄图》"（"Ho Ch'eng's Returning to the Village"），第 211—265 页，以及魏盟夏《何澄与元初中国北方绘画》（Ho Ch'eng and Early Yuan Dynasty Paintings in Northern China），见《亚洲艺术文献》1986 年第 29 期，第 6—22 页。这种卷首传统，也见于克利夫兰博物馆所藏的一幅可能是元代佚名画家的卷轴（系列画，非正文所提之画，重制版见《文人画料编》，东京：中央公论社，1977 年，2：图 53—54），以及藏于辽宁的一幅 1425 年明初合作绘制的卷轴（见《艺苑掇英》1978 年第 3 期，第 3—6 页）。更多彩色细节见《中华五千年文物集刊——明画篇》（台北中华五千年文物集刊编辑委员会，1985—1987 年，第一卷第 146—181 页）。

享乐①。

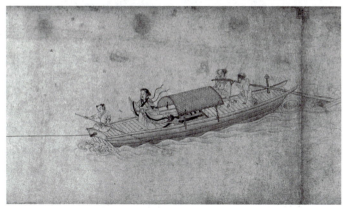

图 8 [元]佚名绘李公麟《渊明归隐图》摹本,景一、二,中国台北"故宫博物院"

在《归去来兮辞》卷轴中有目的地引入了这一陶渊明行走的形象,李公麟在对陶渊明插图叙事中忽略的方面得到了拓展:在这篇辞赋的序言中,一切都是关于担任官职的利益、道德的个人得失,以及他最终是如何

---

① 陶渊明在西园雅集中身处船上的图画,见道济(《中国美术全集 绘画9》,第78页,彩色细节见《艺苑掇英》1987年第36期,第7—9页)和1746年华嵒(《华嵒书画集》,上海:上海文物出版社,1987年,第52—53页)的作品。陶渊明大步向前的步伐画法,很像台北"故宫博物院"中刘松年的作品,见《刘松年画罗汉》,台北:"故宫博物院",1980年,第69—73页。刘松年活跃在13世纪,不过这幅画作的年代要稍往后。

设法摆脱它的;在辞赋的开头几行,陶渊明怀着紧迫感与决心,怀着"正确"(right)的感觉谈到了他的旅程:

> 归去来兮,田园将芜胡不归?⋯⋯
>
> 悟已往之不谏,知来者之可追。
>
> 实迷途其未远,觉今是而昨非。

一个更为简明扼要的陶渊明行走图延续了白描的手法,图画没有背景,仆人也被略去了。它成为了手卷《陶渊明故事》的装点。这个作品很大程度上基于陶渊明早期传记中的传闻轶事,就像《宋书》所载那样,内容大多与他的酗酒怪谈有关。显然,这些活泼流行的卷轴很受欢迎,因为它们流传至今。这些作品大多可追溯到明清时期,但这种体裁似乎起源于元代,钱选、赵孟頫与朱德润(1294—1365)就是相关的例证。这些作品无一例外地都包含了陶渊明坚定向前的情景,手策黎杖,神态威严①。

图 9 [明]佚名《渊明轶事》,华盛顿弗利尔美术馆

---

① 这些卷轴见古原宏伸《李宗谟笔〈陶渊明事迹图卷〉》,《大和文华》第 67 期,1981 年 2 月,第 33—63 页。此处的例图为弗利尔美术馆所藏,据传是朱德润的作品。"故宫博物院"所藏李公麟作品图例,见《"故宫"书画图录》第 15 辑,第 333—336 页,以及《渊明逸致》,第 48—49 页(图 33)。

虽然现存于台北的赵孟頫画卷与其他许多画卷同属一种类型，但却在表现力和技巧性上独树一帜，最有力地通过行步图提示了个人选择与政治原则方面的紧迫问题。正是对陶渊明历史图像的研究使得虞集发现了赵孟頫所作的肖像画，并感到十分仰慕。在虞集看来，很多固化的版本（图7、8、9）和赵孟頫的比起来显得绵软无力（也有可能是虞集反对这种在元代画集中继续出现的图画——陶渊明穿着懒散，醉醺醺地享受"夏日生活"）。但是，随着这种类型的流行，这种步姿本身成为了一种展示时代对陶渊明美德与归隐之义理解的方式。

这种步姿是如此的有用，以至于虽然人物是原地不动的，却可以展现出动画的效果。这种动感在很多不一定有这种需求的集子与文章中都有出现，14世纪画家王仲玉现存于北京故宫博物院的一幅陶渊明画像就是例子（图10）①。画中没有设置物景，但陶渊明的目光聚焦在他面前远方的某样东西上。他右手拿了一张长长展开的纸，取代了原本的手杖，《归去来兮辞》被用苍劲的字体写在了人物之上；

图10　王仲玉《渊明画像》，中国北京故宫博物院

---

① 见《艺苑掇英》1981年第13期，第19页；人物的更多色彩细节见弗朗索瓦·福凯德（Francois Fourcade）：《北京博物馆的艺术珍宝》（*Art Treasures of the Peking Museum*），纽约：艾布拉姆斯出版社，日期不详，第69页（图24）。这幅人物画很可能作于明初宫廷，显示了明廷对于陶渊明高洁隐士形象的认可。

画卷中的卷轴即是用来展现这段文本的。虽然他看起来不是真的在走,但他的姿势与飘扬的长袍有力地传达了他大步迈入退休生活的中心思想,他的头脑中填满了理想主义与一往无前的决心。将《归去来兮辞》以这样的姿态展现给读者,它展现的是一种政治态度,而非人物回忆。

这些 14 世纪的陶渊明归隐图都借鉴了北宋晚期李公麟《归去来兮辞》手卷的构想,特别是诗人在其中第七幅图像中登临山巅的景象(图 5)。正如我们所关注到的,陶渊明的归隐反映了李公麟时代同样存在的紧迫政治问题。北宋被流放或被迫退休的士大夫们可以从陶渊明朴素隐逸的生活中得到些许安慰,更重要的是,从他对这种生活的满足中得到安慰。陶渊明在那微风习习的东山上的形象——"听天由命,有何不可?"就是这种安慰精神的体现。他告诉自己"觉今是而昨非",这是一句话,是一个瞬间,似乎已经平息了他辞赋开头时的紧张感。然而,反过来说,正是元代在图像上将登临山顶的陶渊明重塑为一个四面楚歌的行者,他留给世界一个背影,其深邃的思想永存人间。

何澄与元初北方绘画

[美]魏盟夏（Marsha Weidner）著　李瑞琪 译

据载何澄是燕人（今北京）①。公元 1215 年蒙古人洗劫烧毁了金朝宫殿，仅十年后何澄出生，并最终臣服于这些征服者。忽必烈在位时（1260—1294），他供职于从废城之上崛起的首都大都。与大都的建设并行而来的是大规模的宫殿、寺庙修筑风潮，幅员辽阔的元帝国也开始广泛推崇绘画、雕塑和装饰艺术。许多文人都受到了新朝廷的青睐，何澄就是其中之一。

在现代的中国绘画史中，很少提及公元 13 世纪和 14 世纪初的大都及北方画家。绘画史的记载以宋廷在 12 世纪南迁到杭州为主线，重点关注杭州南宋画院及禅宗大师的作品，以及之后的吴兴和苏州地区的元代文人画家的成就。明初绘画的发展导向主要是根据这一先前脉络进行阐释的。这种路径被后来的中国权威绘画史家沿袭，且论及当时最能体现地域特色的画家，大多数都是南方人。因此何澄、刘贯道和蒙古宫廷的其他画家被认为是不重要的，因为他们学古守旧，致力于保护艺术传统的存续。然而，在当时众多创新派大师中间，他们不仅没有显得另类，反而拥有影响力。例如，有人认为，刘贯道等人遵李成和郭熙之法创作山水画，对赵

---

① 《归庄图》赵孟頫跋言"燕人何澄"。

孟頫及其弟子们的作品产生了极大的冲击①。在更广泛的意义上来讲,这些北方艺术家的作品无疑构成了一个渠道,通过这个渠道,宋朝和金朝处理各类画作的技法被传给了明朝的艺术家。

由于生平和作品记录缺失,这些艺术家们的贡献鲜少受到赏誉。通常情况下,在错综混乱的画家传记中方能一瞥他们的身影,因为艺术家们的大部分精力都倾注在了壁画、围屏和大型卷轴上,而这些作品都已随时间风化。不过,他们极有可能就是一些现存作品的主人,这些作品现在或被贴上了匿名的标签,或被归于更著名的大师。目前,仅何澄和王振鹏(活跃于14世纪的前二十五年)是因其作品同时有文字记录和实物留存,而得到了合理赏评的元代宫廷画家,而有关何澄的大部分资料是最近才由薛永年和徐邦达发掘并引起了学界的注意②。

据元代文献记载,何澄倾洒笔墨于各种题材,如人物、马匹、建筑和山水③。这样的全才并不罕见。何惠鉴曾注意到一位金朝(1115—1234)的画家——山西平阳的孙尚志,其技法甚至更加多样化,以掌握十三种绘画题材而闻名④。而与何澄同时代的刘贯道几乎画遍了从人物画到山水画的所有品类。以界画和工笔画(fine-line drawing)闻名的王振鹏,其画作题材也十分丰富⑤。

---

① 高居翰(James Cahill):《隔江山色:中国元代绘画(1279—1368 年)》(*Chinese Painting of the Yüan Dynasty 1279 - 1368*),纽约和东京:韦瑟希尔出版社,1976 年,第 153 页;李竹青:《蒙古统治下吴兴在元初艺术发展中的作用》(The Role of Wu-hsing in Early Yüan Artistic Development under Mongol Rule),见蓝德彰(John D. Langlois. Jr.)主编:《蒙古统治下的中国》(*China Under Mongol Rule*),普林斯顿:普林斯顿大学出版社,1981 年,第 362 页。

② 薛永年:《何澄和他的〈归庄图〉》,《文物》1973 年第 8 期,第 26—29 页;徐邦达:《有关何澄与张渥及其作品的几点补充》,《文物》1978 年第 11 期,第 53—54 页。

③ 陈高华:《元代画家史料》,上海:人民美术出版社,1980 年,第 321—325 页。

④ 何惠鉴(Wai-kam Ho):《中国绘画的方方面面(1100—1350)》(Aspects of Chinese Painting from 1100 to 1350),何惠鉴等《八代遗珍》(*Eight Dynasties of Chinese Painting*),克利夫兰:克利夫兰艺术博物馆与印第安纳大学出版社合作出版,1980 年,第 26 页。

⑤ 夏文彦称,刘贯道工画道释、人物、鸟兽、花竹,亦善山水,宗郭熙。见夏文彦《图绘宝鉴》,台北:"商务印书馆",1970 年,第 99 页。现存的以王振鹏名字命名的作品,如《伯牙鼓琴图》和诸多版本的《龙舟竞渡图》,都证明了其人物画和界画水平之高,而元代史料则认为他善画山水、鬼怪和猫,见陈高华《元代画家史料》,第 265 页。

在仁宗朝(1311—1320),何澄与王振鹏一道付诸笔墨于界画。1312年,他向元廷进献《姑苏台》《阿房宫》《昆明池》三幅界画,这一事件被程钜夫(1249—1348)记录在案①。程钜夫同样记录了何澄的一幅骏马图②,而虞集(1271—1348)和夏文彦将此画师称作"何大夫",显然就是何澄。夏文彦在《图绘宝鉴》中对这位画师有过简单的记录:"何大夫,工画人马。虞先生诗云:'国朝画手何大夫,亲临伯时《阅马图》。'"③

不过,何澄最出名的还当属人物画和故实画。《陶母剪发图》便是一例,讲述了一个自我牺牲的母亲卖掉自己的头发,以获得钱财来促进儿子事业的故事,原典见于《元史·岳柱传》。岳柱年方八岁,性聪颖,发现了何澄画中的缺陷,亦即过度美化之处。岳柱指陶母手中金钏诘之曰:"金钏可易酒,何用剪发为也?"何大惊,即异之④。何澄其他有记载的作品还包括《四皓图》和《泣麟图》⑤。而曾被程钜夫引录的《村田乐》,可能与宋元时期流行的理想化田园生活的思潮有关⑥。何澄的弟子们在传统人物画方面也很出色。据《新元史》,受学于何澄的直系弟子刘仲谦、为元顺帝(1333—1370 在位)效忠的李时,曾受诏于殿壁画樊姬、冯婕妤及唐长孙皇后进谏图⑦。

目前,有两幅画作确系何澄所作:现存于吉林省博物馆的墨笔纸本《归庄图》(图 1),画陶潜《归去来辞》诗意,以及收藏于弗利尔美术馆的浅设色墨笔纸本《下元水官图》(图 2)。两者都是大型手卷,前者画面纵 41厘米,横 723.8 厘米,后者画面纵 49.9 厘米,横 263.5 厘米。

---

① 程钜夫:《雪楼集》(台北,1970 年),卷九,第 14 页下—15 页上。
② 同上,第 30 卷,第 9 页上。
③ 虞集:《道园学古录》,台北:"中华书局",1971 年,卷一八,第 2 页下;夏文彦:《图绘宝鉴》,第 106 页。虞集也写道:"此都大夫八九十,千马万马在胸臆。"从诗中可知何大夫被视为国朝画手,活了八九十岁以上,且工画人马。此外,《归庄图》表明在艺术渊源上受过李公麟的影响。
④ 宋濂等:《元史》,台北:"中华书局",1971 年,卷一三〇,第 10 页下。
⑤ 陈高华:《元代画家史料》,第 258—259 页。
⑥ 程钜夫:《雪楼集》卷二九,第 13 页下。
⑦ 柯劭忞:《新元史》(1919 年),卷二四二,第 11 页下—12 页上。

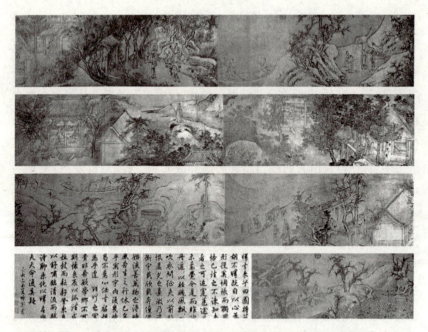

图1　何澄《归庄图》，14 世纪初。手卷，墨笔纸本，纵 41 cm，横 723. 8 cm。1309 年张仲寿书《归去来辞》于其后。吉林省博物馆藏，1—4 页

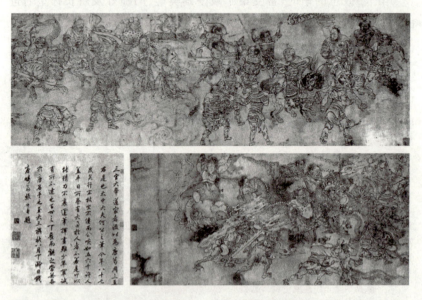

图2　何澄《下元水官图》，14 世纪初。手卷，浅设色墨笔纸本，纵 49. 9 cm，横 263. 5 cm，1310 年张仲寿跋。弗利尔美术馆藏，华盛顿

从这些卷轴上的题跋、元代文献中的一些条目,以及《新元史》中关于李时的部分,我们可以拼凑出何澄的简介。不过,首先应当澄清前人的错误论断。高士奇(1645—1704)把何澄和元末的一位同姓山水画家混为一谈,其人和何澄一样在秘书监任职,作品也得到了朝廷的欣赏①。《新元史》的错误则相反,将何澄的活动时期放得太早。根据这本正史,何澄年九十余,既拜(忽必烈),因伏不能起。问之,对曰:"臣耄矣,弟子刘仲谦可以奉诏。"②若据此,在 1294 年忽必烈去世之前,何澄已经九十岁了。然更早的资料证实了忽必烈在位期间何澄的活动,而他当时不可能有九十岁的高龄。

程钜夫作诗以录何澄三幅界画之时,回顾了何澄在忽必烈宫廷中,从待诏始的仕途高光时刻③:至大初,兴圣宫成。皇太后旨总绘事。迁太中大夫、秘书监,致仕④(也许《新元史》所载之事就发生在这个时候,即武宗朝而非忽必烈朝)。然而在 1312 年,何澄又回到了宫廷,向仁宗进献《姑苏台》《阿房宫》和《昆明湖》三幅界画。这位元朝最主要的艺术赞助人大异之,超授何澄昭文馆大学士、中奉大夫,并诏程钜夫为之诗。程钜夫记为皇庆元年(1312)二月,何澄年九十所进。

这段简短的描述与《下元水官图》跋文基本一致,应验了此画为何澄手笔。《下元水官图》上既无落款,也无印章,但在 1310 年,著名的书法家和翰林学士张仲寿(1252—1324)为这幅画写下了第一份跋文。跋云:"太

---

① 高士奇《江村销夏录》卷一,第 46 页。高将何澄与何思敬混淆;两人都在秘书监工作,但职位不同。薛永年在《何澄和他的〈归庄图〉》中讨论了这一问题,见第 26—27 页。

② 柯劭忞《新元史》,第 11 页下。

③ 程钜夫:《雪楼集》卷二九,第 14 页下—15 页上。

④ 在《归庄图》有关文献记载中,程钜夫引用了何澄的官名,但《秘书监志》(宫廷档案的记录)中并无何澄姓名。秘书监是古代绘画以及书籍和书法的存放处,对于像何澄这样的画家来说是一个合适的地方。在某种程度上,它可能取代了早期的画院。许多著名的元代艺术家都供职于此,包括尚志、刘融、王振鹏、李肖岩和刘元(见夏文彦《图绘宝鉴》卷七,第 10 页下—11 页上)。雕塑家刘元与何澄地位相当,两位艺术家同样受到宫廷的重视。虞集对此有详细说明:"非有旨不许擅为人造它神像者,其见贵异如此。"(见虞集《道园学古录》卷七,第 10 页上)如果何澄也享此殊荣,那么还有更多史料等待发掘,但可以肯定的是,何澄为统治者服务是很出色的。

中大夫何公之笔。今年八十七岁矣。"同样，据程钜夫，何澄是在武宗至大年间（1308—1311）被授予这一职位的，且 1310 年何澄的年龄是 88 岁。《归庄图》卷上题画是确定其归属的力证，1309 年张仲寿在卷后拖尾处书行书《归去来兮辞并序》（见图 1），使这幅画归属的可信度进一步提高。因此徐邦达在研究何澄的生平和《归庄图》创作日期时，认为《下元水官图》确为何澄手笔，甚至和程钜夫之言相比，张跋更可据，何澄应当是生于1224 年①。

关于何澄的生平和作品资料，散见于癸丑年后的元代学者和鉴赏家所作的《归庄图》跋文中②。其顺序为姚燧（1309 年）、赵孟𫖯（1315 年）、邓文原（1309 年）、虞集（1325 年）、刘必达（1309 年）、揭傒斯（1336 年）、太玄子（张嗣成）③、柯九思、危素（1364 年）和吴勉④。赵孟𫖯写道："图画总管燕人何澄年九十作此卷，人物树石，一一皆有趣，京师甚爱重其迹。又得承旨张公书渊明《归去来》于后，遂成二绝。延祐乙卯（1315）九月七日吴兴赵孟𫖯书。"

虞集还肯定了何澄画受时人所重，不惜千金争售之，死后其画益贵数倍。揭傒斯跋称何昭文画在当时极为人所重，至今京师之人犹然。而虞集进一步指出，何澄活到了九十多岁。徐邦达认为这一信息与赵孟𫖯的跋文相合，在赵写下跋文之时，何澄还活着，何澄的生平似为 1224—1315 年。

薛永年提到了更早的时间，其依据是《新元史》中关于李时的记载有问题，以及《归庄图》画卷上的信息，亦即赵孟𫖯所跋何澄年九十作此画，张

---

① 徐邦达：《有关何澄与张渥及其作品的几点补充》，第 53—54 页。

② 相关跋文见《文物》1973 年第 8 期和《艺苑掇英》1979 年第 6 期。本文参考了吴升编《大观录》抄本（1920，斯坦福大学图书馆）。《归庄图》相关文献见于：顾复《平生壮观》、卞永誉《式古堂书画汇考》、陈撰《玉几山房画外录》、高士奇《江村销夏录》和《江村书画目》、《石渠宝笈三编》和《故宫已佚书籍书画目录四种》。

③ 张嗣成自署"太玄子"，并加盖两枚印章，一枚印为"太玄子"，另一枚印为"三十九代天师"。

④ 此外，卷轴上还附有清代学者高士奇和张照的跋文。薛永年提供了一份《何澄〈归庄图〉著录表》以记款识题跋和鉴藏印记，见《何澄和他的〈归庄图〉》，第 29 页。

公书于后(1309 年)①。《新元史》暂且不提,但赵孟頫跋确实需要考虑。如果他们的意思是如薛永年所推测的那样,《归庄图》是在张仲寿 1309 年的跋文之前完成的,而当时何澄已经 90 岁了,那么他们就与程钜夫的记录相冲突。徐邦达解决了这个问题,他提出这幅画的创作时间实际上比张仲寿的跋文和最早的三篇跋文(均为 1309 年)晚了几年。他指出,三跋中都没有提到何画,且赵孟頫和虞集跋文是后来插入的,而赵孟頫跋是第一个提到何画。徐邦达认为,获得张书之人请何澄配图,何澄于 1313 年应邀而作,当时他已经 90 岁了。最后,徐邦达指出赵孟頫所说"又得承旨张公书渊明《归去来》于后"的"后"字,指的是书写的位置而非时间②。

有一个证据仍需考虑,那就是《归庄图》上的补款"太中大夫何秘监笔",谁人所书不得而知,不过薛永年认为是何澄同时人,而最近有人认为很可能就是何澄所写③。不管是哪种情况,如果这句话准确地记录了画家作画时的官阶,那么这幅画一定是在至大年间(1308—1313)或皇庆元年的第一个月完成的,也就是何澄任此职的时间。或许赵孟頫提到的画家作画时的年龄并非准确。考虑到这幅画的主题——陶潜辞官回乡,至大年间将是一个有趣的日期,因为根据程钜夫的说法,在这一时期,何澄自己也退休了。然而,我们对何澄的生活情况知之甚少,无法推测这个议题对他的意义。

许多艺术家都以《归去来兮辞》为题作画,绘陶潜像亦蔚然成风。以陶潜(365—427,又称陶渊明)的生平或作品为题材挥墨的元代大师包括赵孟頫、钱选、王渊、张渥和朱德润。陶潜的形象对元朝的学者来说一定是有特别的意义,他们和诗人一样,不得不决定在艰难境遇下是入世还是归隐。以上的学者都不同程度地对这个问题作出了回答。钱选效仿陶渊明,弃

---

① 薛永年:《何澄和他的〈归庄图〉》,第 29 页。
② 徐邦达:《有关何澄与张渥及其作品的几点补充》,第 53—54 页。
③ Tzu Chung:《何澄归庄图卷》,《艺苑掇英》1979 年第 6 期,第 46 页。

官回乡,耕耘艺术①,而赵孟𫖯和他的弟子们王渊和朱德润则为蒙古人服务②。陶潜这一主题似乎并不与任何一个政治上的团体有特别的联系,它属于学者画家和专业艺术家的范畴。在《归庄图》之前,陶潜已然出现在了宫廷画中③,"故宫博物院"藏南宋画院派梁楷所绘《东篱高士图》(图 3)即是一例。

在画家们所画的众多陶潜人物像中,首屈一指的当然还是李公麟的作品④。蒙古人从南宋宫廷继承的皇室藏品中,有一幅李公麟的画卷,记为渊明,亦即陶渊明⑤。元朝官员和宫廷画家都能接触到这一藏品,这幅画可能被何澄、赵孟𫖯等人所知。《归庄图》中的人物白描是北宋大师的传统,但该卷与现存的李公麟所作《归去来兮图》,特别是与美国弗利尔美术馆所藏,后来"故宫博物院"收藏的纸本水墨画传本的 12 世纪彩色绢本手卷,传为李公麟现证实为佚名所作的《陶渊明归隐图》(图 4)⑥,几乎没有相似之处。

---

① 钱选传记见高居翰《钱选及其人物画》(美国:中国艺术学会档案馆)(12)(1958 年),第 11—29 页。也见于何鉴惠等《八代遗珍》(*Eight Dynasties of Chinese Painting*),第 90—91 页。班宗华(Richard Barnhart)在《桃花源》(*peach blossom spring*,美国:大都会艺术博物馆,1983 年)中简要介绍了大都会艺术博物馆收藏的钱选《归去来辞图》及其所附诗句,第 42 页。

② 在讨论赵孟𫖯的仕元选择时,牟复礼(Frederick Mote)提请注意赵孟𫖯反映陶潜致仕的一首诗——"青松卓然操",表达了他对陶潜的钦佩;他也写"生世各有时",肯定了陶选择的合理性。参见牟复礼《元代儒士的隐逸》(*Confucian Eremitism in the Yüan Period*),《儒家信念》(*The Confucian Persuasion*),芮沃寿编,斯坦福:斯坦福大学出版社,1960 年,第 236—237 页。

③ 伊丽莎白·布鲁瑟通(Elizabeth Brotherton)在其普林斯顿大学博士论文《陶潜归乡图画》中研究了"归去来"作为宫廷画主题的重要意义。笔者感谢 Brotherton 女士提供的资料。

④ 宋廷藏李公麟所画"归去来"主题图画见《宣和画谱》,台北:"商务印书馆",1971 年卷七,第 205 页。17 世纪的学者顾复将何澄置于这一脉络中,认为何澄效仿 12 世纪李公麟的弟子梵隆的作品,而创作了《归庄图》,见下文注释。

⑤ 王恽:《书画目录》,1276 年序,载《美术丛书》,第 18 卷,第 4—6 页。

⑥ 罗覃(Thomas Lawton)在《中国人物画》(*Chinese Figure Painting*,华盛顿:史密森学会,1973 年)中描述了《下元水官图》的人物特征和图中物品,第 4 卷,第 38—40 页。台北"故宫博物院"藏李公麟《归去来图》手卷(钱穆 SH55)为墨笔纸本。其构图与《下元水官图》相同,只是后者没有包含开篇诗人执杖行走的场景。两者皆为未被文字干扰的连续构图,各个场景被巧妙地分割而又自然地衔接在一起。

图 3　梁楷所绘《东篱高士图》。13 世纪初。悬挂式卷轴，墨笔绢本，
纵 71.5 cm，横 36.7 cm。中国台湾，台北"故宫博物院"收藏

图4　佚名《陶渊明归隐图》，12世纪，局部，墨笔绢本，纵37.0 cm，横518.5 cm，华盛顿特区史密森学会弗利尔艺术馆所藏

与何澄的作品不同，弗利尔的画卷不是一个连续的长卷，而是选取了一连串基本自成一体的情节分别配图，并由几行文字分隔。克制、细腻的笔触，较为静态的构图，复古的画意如急剧倾斜的地面、平直勾勒的叶子和卷曲的云朵，以及装饰性的色彩，使其具有沉着的文化性。纽约大都会博物馆传为钱选的手卷也是如此，不过它只描绘了诗人乘船归来的图景①。两幅画的风格特征都强调了这一主题画的复古文学性，并据其画卷侧重将画家独特的绘画兴味突显。

从《归庄图》来看，何澄就是这样的画家。他为陶潜归去来的描绘提供了一个有趣的派头，并且很少主动运用旧式的绘画技法。何澄采用了宋代成熟的描绘技法，细致描绘了诗人心目中的田园魅力，包括风景、建筑和人物衣着等，并在其中安排了许多从事日常生活的人，像欢迎诗人回家的人比李公麟的版本多得多。何澄以传统的方式组织了这个繁忙的编

---

① 　见班宗华(Richard Barnhart)《桃花源》(peach blossom spring)，第44—45页。

排:场景以风景和建筑元素为框架,开放和封闭的视角交替出现(山水间带有庭院场景),所有的画面空间都被从下到上的图案所填充。因而《归庄图》让人想起前人的手卷,如张择端的《清明上河图》和佚名的《文姬归汉》[①]。

《归庄图》中的建筑和前面所提画作,以及其他宋金画作中的建筑也有关联。画中陶渊明回到了一个舒适的庄园,这里的瓦顶建筑适宜主仆居住,他享受着诗中所说的悠闲时光。结构元素、内部空间和服饰的描绘都体现着艺术家的自信与娴熟,这让我们想起何澄界画成就之高。然而,这种自信偶尔会变成马虎,这一点后来也遭到过批评[②]。

《归庄图》更清楚地展现了何澄人物画的成就。作品中的各式姿态,特别是那些生动的次要人物的姿势,表明对动态人物的捕捉是他的独特能力之一。摇船的人背对着诗人紧张地工作,而在同一场景中,另外三个人举起双手、张开手指,做着富有表现力的手势,热烈地交谈着。在别处,仆从们打扫卫生、做饭上菜、喂食牲畜、互相打交道,田间地头耕锄不停。当然,这样繁重的劳动只见于平民百姓,而且和宋代其他画作一样,这些人物的卑微处境是通过他们的服装打扮进一步体现出来的,通过瘦削的、起伏的、偶尔逸出的线条,描摹他们的皱纹和皱巴的裙摆。12世纪的岩山寺壁画、上海博物馆收藏的13世纪的佚名挂轴《望贤迎驾图》以及刘贯道的《消夏图》(图5)[③]等,也可看到对仆从和其他平民的类似画法。

---

① 临摹本。张择端《清明上河图》,见徐邦达等《中国绘画史图录》,上海:上海人民美术出版社,1984年,第159—165页;《文姬归汉》(*The Return of Lady Wen-chi*),见富田幸次郎等《波士顿美术馆藏中国画帖:自汉至宋》,波士顿:波士顿美术馆,1938年,第61—64页。

② 吴升(1712年或不久后去世)言:"树石屋宇行笔俱疏落,未见有精能绝诣处,不知文敏(赵孟頫)诸巨公何以交相引重,至谓一卷千金、贵比连城,可诧也。"见《大观录》1920年第15卷。顾复(1692年)言:"何澄以画鸣北方。所作《归去来图》师梵隆而笔致不高,树石坡陁,用墨粗率异常。元世诸巨公跋者推重之,不解也。"见《平生壮观》,浙江省博物馆临摹本,上海,1962年,第8卷第87页。

③ 临摹本。岩山寺壁画,Patricia Eichenbaum Karetzky《最近发现的金朝山西岩山寺佛像图》,《亚洲艺术42》(*Artibus Asiae*)1980年第4期,第245—252页;《望贤迎驾图》,梁庄爱伦(Ellen Laing)《李嵩及南宋人物画的一些方面》(Li Sung and Some Aspects of Southern Sung Figure Painting),《亚洲艺术27》1975年第1、2期,图19—21。

图 5　刘贯道《消夏图》，13 世纪末至 14 世纪初，水墨淡彩绢本手卷，纵 30.5 cm，横 71.1 cm。堪萨斯城密苏里内尔森·阿特金斯艺术博物馆藏

在何澄的时代，陶潜的形象有了定型的经典图式，他穿着特定的服装。宽袍大袖，两袖飘举，肩披鹿皮，头戴葛巾①，一手持杖，组成了这套游玩装束。在弗利尔美术馆的《陶渊明归隐图卷》和梁楷的《东篱高士图》中，陶渊明都是这种装扮。

何澄起笔独具特色，曲线勾勒和角度转换并具，将长长的、横扫的线条和锋利的、尖细的笔触结合在一起，以宋代画院的传统笔法，描述了诗人独特的长袍和卷轴中其他人的服装。生动的多重褶皱图案贯穿其中，并通过卷曲的裙摆使之变得柔和。刘贯道在他的《消夏图》中设计了类似的图案，用直笔在卷曲的角度和流畅的曲线上反复勾勒。事实上，刘贯道画卷上坐着的绅士和仆从在很多方面都和《归庄图》类似。

单看这些人物像，《归庄图》也可能与梁庄爱伦研究的一组佚名元末图画有关，尤其是其中一张陶潜人物像（图 6）②。图中花园和庭院的景象运用单支笔触，有些比《归庄图》的笔法要松散得多，但和何澄一样，这位佚名画家用尖锐的笔刷、勾线、波动或急促的笔法创造了复杂的褶皱图案。梁庄爱伦观察到图中的叶子图案与刘贯道的《消夏图》有关。高居

① 梁庄爱伦（Ellen Johnston Laing）：《六幅元代晚期人物画》（Six Late Yüan Dynasty Figure Paintings），《东方艺术 20》（Oriental Art）1974 年第 3 期，第 305 页。

② 同上。第 305—316 页。

翰也认为此图"与刘贯道或这一传统的明初效仿者有关"①。我们同样可以把它们与何澄及其弟子的画法联系起来,换句话说,它们反映了宫廷中许多专业画家流行的画法,包括何澄、刘贯道和其他作品已经失传的画家。

图6 佚名《吟诗》。14世纪,册页。北京故宫博物院藏

北宋的传统塑造了何澄对陶潜田园观念的理解②。诗人乘车、乘船,最终在溪边写下诗句,场景中充斥着枯木、被早春的嫩叶所缓和的扭曲赤裸的树枝轮廓,以及被侵蚀的土堤,就像郭熙及其众多金元效仿者所画的

---

① 高居翰:《中国早期绘画索引》(*Index of Early Chinese Paintings*),伯克利:加州大学出版社,1980年,第303—304页。

② 《归庄图》可以与堪萨斯城纳尔逊画廊马远的《西园雅集图》(*Composing Poetry on a Spring Outing*)手卷创作的典型南宋园林图画做比较。事实上,这两幅手卷的相关主题——学者游于山水——可以用来说明13世纪和14世纪初北方和南方艺术家在这一类型画中的不同风格方向。

荒凉的北方景色。他用松散的"斧凿"笔触、鲜明勾勒的曲状图案和分叉的落叶树，轻描出地块的棱角，这些都能找到李唐画派的影子。何澄对其中的许多元素进行了快速的勾勒，在一些诸如花园中的陶潜等场景中，他有意识地对线条、薄涂和墨色进行渐变的处理，类似夏圭的画法。不过，他还是花时间来描绘大量植株和树木的特征，展示不同的纹理，并直观勾勒出大量的生机勃勃的叶片。刘贯道在他的《消夏图》的花园环境中也同样结合了快速勾勒的和细节聚焦的书法式绘画。

同样的，赵孟頫山水画宗李郭，鞍马人物画宗李公麟，这点类似何澄。对于当时的艺术家来说，这样的选择并不稀奇，但由于这些大师同时活跃在大都，而且考虑到赵孟頫知道何澄的《归庄图》，我们可以推测赵很有可能受到过何澄的影响。就像有人称赵孟頫可能受到刘贯道的李郭画派山水画的启发，所以很可能赵孟頫对李郭画派和其他北方传统画的兴趣是由何澄引起的。然而，从两位艺术家现存的画作之间很难找到更紧密的关系①。他们似乎是以不同的方式和目的从传统汲取营养。至少在《归庄图》中，何澄并没有尝试像赵孟頫那样对传统样式进行复杂的改造。他仅仅是和 13 世纪大多数活跃在北方的专业画家一样，采取了保守的绘画方式。

因此，比起对同时代知名画家的影响，何澄将古老的传统传之后世，显得更有意义。《归庄图》是元朝 14 和 15 世纪众多以历史和文学为主题的绘画的早期先例之一。除了上面提到的册页，这幅卷轴还经常与克利夫兰博物馆收藏的佚名的《归去来兮图卷》以及马轼、李在、夏芷的《归去来

---

① 薛永年在《何澄和他的〈归庄图〉》一文中也讨论了《归庄图》的北方渊源，指出了画中的北宋传统"云头皴""蟹爪树"，以及李唐传统"斧劈皴"，不过他尤其关注干笔技术。他承认何澄并没有完全放弃宋人的湿笔画法，但却非常明显地追求着枯笔焦墨的表现效果。薛认为在这一点上，何追随了北宋和金朝苏轼、王庭筠等人以枯木竹石所代表的文人画先例，并对赵孟頫等的干笔画法起到了承前启后的作用。

兮图》等作品相提并论①。

何澄的第二幅作品是《下元水官图》,张叔安为之题四字名"下元水官"。张仲寿的跋文写道:"三官大帝,道家者流以为唐、葛、周三真君是也。"据倭纳,三官大帝亦称"三官",又称"三元",即天官、地官、水官,早期道教徒认为天官赐福,地官赦罪,水官解厄。三官的历史可以追溯到汉朝末年,当时信徒们将自己的罪过和名字写在卷轴上,供奉给每个神仙来寻求祝福。5 世纪东晋时期,三位神仙开始在时间上被联系在一起称"三元",意味三个时期或三个纪元。当时道教大师寇谦之将一年分为三个不同长短的时期,每个时期由以上的一个神仙控制。第一个时期,从年初到六月,是由上元天官(主持第一时期的天官)主导的。中元天官(中间时期的地官)主导第七至第九个月,而下元天官(最后时期的水官),即《下元水官图》中提到的神,主导其余三个月。张仲寿提到的三个人物:唐、葛、周,是为周朝厉王服务的官员,他们成为了隐士,最终成仙。当他们后来出现在北宋真宗面前时,被封为圣人,并被赋予统治天、地、水的权力,并称为"三官"②。

---

① 摹本。马轼、李在、夏芷《归去来兮图》,《艺苑掇英》1978 年第 3 期,第 3—6 页;佚名《归去来兮图卷》,古原宏伸,东京:中央公论社,1977 年,第 53—54 页,图 23。后一卷带有伪造的李唐落款,古原宏伸推定画作时间为金朝。最近它被克利夫兰博物馆收购(82.152),被认为是一幅元画并被编为 14 世纪的作品。画中不包括诗人乘船抵达的著名场景(这部分很可能是要添加伪造印章而被切断的),但它在其他方面相当忠实地展现了这一作品。就像何澄的《归庄图》一样,它是一个连续的叙事,有宏大的山水和建筑布局。但它缺乏强烈的古体风格,包括一些松散的、潦草的笔触,特别是在田园描绘方面。画作中紧凑、起伏的笔触以及岩石和山脉的形状,通常是倒垂、头重脚轻的形式,突起或卷曲,这也将这幅画与纳尔逊画廊中太谷义民的手卷所代表的金朝传统联系起来(见何惠鉴等《八代遗珍》第 25 卷),以及吴元济的《赤壁》[见喜龙仁(Osvald Siren)《中国绘画:大师和技法》(*Chinese Painting, Leading Masters and Principles*),第 3 卷,纽约:罗纳德出版社,1956 年,第 262—263 页]。这幅《归去来兮图卷》的作者即便不是北方人,至少也是精通北方风格。然而,正如克利夫兰博物馆的馆长根据画卷的风格所建议的那样,作者并不是一个金人。在我看来,一些山水画的逸笔线条和由此产生的地块的平坦化、构图的简单性,大部分动作都紧紧围绕着中央的水平面,以及对某些形式的处理,如松树的扇形轮廓和树干的斑纹,都表明这件作品是明初的作品。尽管如此,这幅卷轴和吴元济、太谷义民和何澄的卷轴构成了一个有趣的群体,它使我们对金代艺术家的持久贡献有了更多的了解。

② 倭纳(E. T. C. Werner):《中国神话词典》,上海:别发洋行,1932 年,第 400—403 页。

画上跋文没有记录何澄因何作画，但这一主题应该是符合皇室赞助人的迷信口味。众所周知，蒙古统治者对各种宗教信仰、实践和仪式都有浓厚的兴趣，尤其是那些涉及仙术、占卜和与神灵世界沟通的内容。他们特别青睐道教，道教领袖在大都享有显赫的地位，他们为皇帝提供问询，担任官职，并与当时的著名学者交往①。我们可以回顾一下前面提到的，天师张嗣成也是为何澄的《归庄图》作跋的文人之一。蒙古人也支持道观的兴建，帝国官署和工厂负责修缮、建造和装饰道教殿堂以及绘制道教图像②。

在张仲寿跋之后，是江苏海陵学者李用的三篇跋文。第一篇写于1449年，提到了卷轴的三官主题。他写道，这幅画在他家收藏了好几年，但他既不知道画家的名字，也不知道他的家乡。然后，他试图根据张仲寿的跋文和《图绘宝鉴》中的何大夫条目为其作传。二跋是关于何澄的人物画，赞美何澄达到了古人的境界，呼应了张仲寿的看法，即何澄人物画"无忝于唐"。三跋署名为时行，书于1450年，讨论了绘画艺术与书法艺术之间的关系，认为这种关系在此卷中得到了很好的体现。由于李用与张仲寿在同一张纸上书写，并且李用在画卷和自己的跋文上都盖了印章，我们可以肯定，至少在15世纪中期，他和张仲寿的题记就已经同时出现在画上了③。

在此之后值得一提的是吴觐的跋文，跋文描述了《下元水官图》在1815年出现时的情况。其时，只剩水官图流传，天官图和地官图皆已不存。不过吴觐断言，这幅画以其令人钦佩的笔力和对古代传统的传承，不需要与其他两幅图组成《三官出游图》而自成一体。

① 关于元代道教的讨论，见孙克宽《虞集和元代南方道教》，收录于蓝得彰主编《蒙古人统治下的中国》，第212—253页。
② 《元代画塑记》中记录了元廷对道教寺庙和道教艺术的赞助，第7—13页，见《寺塔记 益州名画录 元代画塑记》，北京：人民美术出版社，1964年。
③ 李用可能对该残卷负有部分责任。他的印章"李氏家藏"出现在卷首和卷尾的接缝处，以及王叔安的书法纸张上。这幅卷轴最初可能是他装裱的一套三件作品的一部分，或者很可能通过重新装裱，把一个连续的作品变成了现在的样子。

吴觐作跋时,这幅画就像我们现在看到的这样。其言"不在天兮不在地,湿云濛濛含水气。闪尸魍像竞前驱,旌盖辉煌矛戟利"。接以"水府之宝那可名,鲤鱼掉尾游晶瓶。灵犀独角服衔勒,鞭之不异鸡猪行",所有这些在画卷中仍然可以找到。然而,在接下来,吴觐提到了画卷中没有的图像:"龙王驼背手持笏,或后或先当道谒。蜿蜒龙子驾飞辇,辇上尊官解灾厄。解厄无如拯旱灾,可怜中泽鸿鸣哀。"

今天,在作品的三分之二处出现了明显的断裂,残卷中并没有出现确切的人物可以被认定为水神。有人主张卷轴中间那个拿着两个瓶子、骑在龙身上的老先生可能是水官①。然而,他的身材矮小,与其他图画人物相比处于从属地位,这并不能使人信服。说他为一名掌管着雷鸣和风暴的雨师反倒贴切②。在他身旁的是同级的另两名成员,右边的是风伯,捏着他的风袋;左边的是雷公,凶猛地敲打着他的环形鼓链。

画卷前三分之二的许多人物,在风神、雨神和雷神的前面和下面,都向后看,似在开路,又似在期待着神的降临。就在断裂处之前,一个人影僵硬地站立着,面向左边,他的剑柄高高举起,恭敬地行礼,但他所尊崇之人却不在。此时场景突然转到了雷公和电母身上,正如吴觐的题记所说,他们在画卷的最后。《下元水官图》似乎巧妙的被人分成了两部分:一部分是放肆的暴风雨神和恶魔,另一部分是神和他的信徒们。何澄的水官神像,与波士顿美术博物馆所藏 18 世纪颜洪烈的《三官图轴》手卷中的神像有一些相似之处③。

13 世纪,许多画家都曾为三官作画。宋朝宫廷藏品中包含了唐和五

---

① 罗覃:《中国人物画》,第 156 页。

② 雷部的主要官员是五位雷神(掌管雷电和风暴):雷祖、雷公、雷母、风伯、雨师,见倭纳《中国神话词典》,第 244 页。在鬼子母相关卷轴中也有描绘雨师。参见孟久丽:《中国绘画中的鬼子母及揭钵主题》,《亚洲艺术》,1982 年,第 158 页,图 5。

③ 载富田浩二郎、曾宪梓编:《博物馆中的中国绘画作品》第二卷《元清时期》(*Portfolio of Chinese Paintings in the Museum*, *vol. 2, Yüan to Ch'ing Periods*),波士顿:美术博物馆,1961 年,第 178 页。

代时期一些主要大师的作品①，但这些作品都没有流传下来，我们只能将何澄的画卷与后来的天官像进行比较，包括波士顿美术博物馆馆藏的 12 世纪佚名画家的三幅挂轴（图 7—8）和台北"故宫博物院"收藏的马麟的

图 7　佚名《道教水官图》，挂轴，墨笔金彩绢本，纵
125.5 cm，横 55.9 cm，波士顿美术博物馆藏

①　《宣和画谱》（台北："商务印书馆"，1971 年）列出了以下内容：唐——范琼，卷二，第79 页；孙位，卷二，第 82 页；张素卿，卷二，第 88 页；周昉，卷六，第 169 页。五代时期——左礼，卷三，第 98 页；朱繇，卷三，第 99 页；杜齿龟，卷三，第 107 页；曹仲元，卷三，第 109 页。宋代——孙知微，卷四，第 120 页。郭若虚在《图画见闻志》（索伯 Alexander Soper，*KuoJo-hsii's Experiences in Painting*，华盛顿：美国学术团体理事会，1951 年）也提到了左全（卷二，第 5 页）、左礼和张南（卷二，第 15 页）的三官图。

**图 8 佚名《道教地官图》,挂轴,墨笔金彩绢本,纵
125.5 cm,横 55.9 cm,波士顿美术博物馆藏**

《三官出巡图》挂轴(图 9)。这些色彩斑斓的绢本画因其宫廷式的优雅而
有别于连环画式的《下元水官图》,但在一定程度上说明了何澄活跃时期
三官主题图画的变化。

　　格式、材料和装饰风格上虽有所不同,但波士顿这套作品中的水神图
像(图 7),与何澄作品具有相同的戏剧性能量。画家甚至可能是何澄的同

图 9　马麟《三官出巡图》,挂轴,绢本墨色,纵 174. 2 cm,横 122. 9 cm,中国台湾台北"故宫博物院"藏

时代人之一。这三幅卷轴也许源于北方画家,也许是元代的作品,因为这三幅卷轴的人物造型复古,衣着厚重,其中《地官图》带有郭熙式山水画的装饰处理(见图 8)。

《三官出巡图》和《下元水官图》之间的对比则更加明显。当何澄画中的神灵们在地平线之上激烈地奔跑,以行动和反应创造出一系列的戏剧情节时,马麟挂轴的戏剧性时刻却被拥挤的构图和多个焦点所缓和,并被作为装饰性的海洋图案抑制。蓬松的云朵、翻滚的波浪和卷曲的旗帜,威胁着要吞噬这些平静的神灵们。这些元素和众多的画上人的动作搅动着画面并填充它,创造一种恐怖的空虚感。这幅画的年代被认为是

14世纪①,它至少显示了明代画家对南宋传统的装饰性阐释,而《下元水官图》则坚定地回顾了更古老的传统。

具体说来,《下元水官图》源于唐以来的宗教壁画传统。吴觌也强调了这一点,他发现卷轴中画的褶布似在追忆壁画大师吴道子的风格。元代为寺庙作装饰的画家大多受命于朝廷,何澄也不例外,他们使用传统画法绘制神灵和宗教组画,类似画作在山西省的佛光寺(唐)、塔云院(五代时期)和燕山寺(金,12世纪中期)等寺庙中仍可看到②。于元朝末年(1343年)左右完成的令人印象深刻的北京北面的祝融观浮雕,还有永乐宫的四幅10世纪的壁画③,证实古老的壁画传统在元代仍有持续的活力,并且这些壁画在风格上与《下元水官图》相近。

岩山寺金代壁画《降魔》的有力描绘(图10),为《下元水官图》提供了一个紧密的对照。两幅画中都出现了云层中龙背上的神灵、嚎叫的恶魔还有电母。恶魔的形象是按照传统范式塑造的,他们张着大嘴,近乎骷髅的脸上眼睛鼓着,披散着头发,摆出戏剧性的、紧张的姿态——尤其是伸出的手臂,拳头紧握或手指张开着,还有多节的、波纹状的肌肉(值得注意的是,《下元水官图》中紧张波动的线条,显现了与恶魔和神话中的野兽的身体不相匹配的发达肌肉,显然导致一些学者将其归为较晚的时期)。电母们围着飞舞的披巾,挥舞着她们闪烁的镜子。她们修长饱满的脸庞和丰满的身体反映了永乐宫的宗教壁画上的唐代美学标准,这也见于北方的非宗教画中,如金朝的木刻插画《四美图》和刘贯道的《消

---

① 高居翰:《早期中国画家画作索引》,第148页。《"故宫"书画录》(台北:"故宫博物院",1965年)的编者认为,这幅画看起来像是元人的作品,第5卷,第102—103页。

② 见《佛光寺和大云院唐五代壁画》,北京:文物出版社,1983年。关于岩山寺,见前文注释。

③ 村田治郎和藤枝晃(Murata Jiro、Fujieda Akira)在《居庸关》(*Chü-yung-kuan*,关于北京西北长城关口公元14世纪的过街塔,京都:京都大学,1955年)中详细描述了居庸关的浮雕。关于永乐宫的绘画,见《永乐宫壁画选集》(*Yung-lo pi-hua hsüan-chi*),北京:文物出版社,1958年,或《永乐宫壁画》(*Yung-lo kung pi-hua*),北京:人民美术出版社,1978年。

图 10　《降魔》，岩山寺南、西壁壁画。12 世纪。据潘絜兹，
《灵岩彩壁动心魄——岩上寺金代壁画小记》，《文
物》1979 年第 2 期，第 2 页

夏图》[①]。

　　然而，与岩山寺的壁画不同的是，《下元水官图》有一种俏皮的特质，归功于何澄的敏捷，有时是简单的笔触和灵巧的人物描绘，适合手卷的非正式形式，也适于展现诸神本身受欢迎的特性。在这场异世界的游行中，所有参与者似乎都很开心，他们咆哮着前进，刮风，打雷，降服百怪，并恭敬地开路。有喙的雷鸟欢快地演奏着刮板状的乐器，而画轴中间，一个恶魔战士弯下腰，透过云层向下看，似乎在检查所有的骚动对下面世界的影响。

---

　　①　有关山西平阳池家的木刻，参见 K. T. Wu《四个外民族王朝统治下的中国绘画》(Chinese Printing Under Four Alien Dynasties)，《哈佛亚洲研究学报》，I3，1950 年第 3、4 期，第 2 页。

飞龙们有不同的特点,末尾的大龙虎视眈眈,让人想起13世纪道家陈容的《九龙图》中的无赖野兽①。

其他一些宗教题材的水墨画也可被视为《下元水官图》的艺术历史背景的一部分。这些作品包括大阪市立博物馆收藏的《送子天王图》,这是一幅历来署名吴道子的手卷;史蒂芬·琼肯三世所藏的受吴道子和李公麟影响的《搜山图卷》中的道教神仙、钟馗阎王的场景;还有由王季迁收藏的武宗元的作品《朝元仙仗图》手卷;以及两幅《劫钵图》手卷,即鬼子母的故事,其中一幅盖有王振鹏的印章,收藏在印第安纳波利斯艺术博物馆,另一幅(图11)②盖有王振鹏的弟子朱玉的印章,收藏在浙江博物馆。尽管这些作品中有些是以吴道子的飘逸风格大胆地涂刷,而另一些则遵李公麟的精细白描风格,但所有这些作品,就像《下元水官图》一样,在主题和构图上都与上述的壁画传统有关。它们可能是为寺庙壁画写生或从寺庙壁画上取下的。

孟久丽认为,在北宋首都汴梁的相国寺大殿中绘制的一幅名为《佛降鬼子母揭盂》的壁画是描绘揭钵的先导之一③。这种原型可以解释手卷中人物的排列方式,即佛陀在前面,恶魔从后面出现。正如古原宏伸所观察

---

① 参见富田浩二郎(Kojiro Tomita)编《博物馆藏画卷·卷一汉至宋》(*Portfolio of Paintings in the Museum*),第127—129页。

② 吴道子的《佛祖诞生》,参见喜龙仁(Osvald Siren):《中国绘画大师和技法》(*Chinese Painting, Leading Masters and Principles*),第3卷,第86—87页;史蒂芬·琼肯三世收藏,参见Fredrik Robert Martin:《中国神仙与传说的世界:吴道子的绘画》(*Zeichnungen nach Wu tao-tze aus der Götter-und Sagenwelt Chinas*),慕尼黑:布鲁克曼出版社,1913年;《武宗元及其道教天师像》(*Celestial Rulers of Taoism attributed to Wu Tsung yuan*),参见Kawakami Kei等《水墨美術大系》,东京:讲谈社,1975年,第27—30页;带有王振鹏印章的《揭钵图》,襄丰、詹姆斯·罗宾逊(James Robinson):《美与宁静:伊莱利莉中国艺术品》(*Beauty and Tranquility: The Eli Lilly Collection of Chinese Art*),印第安纳波利斯:印第安纳波利斯艺术博物馆,1983年,第302—305页;带有虞集印章的《揭钵图》,《艺苑掇英》1982年第18期,第3—6页。鬼子母故事的各种版本,包括有王振鹏落款的版本,载孟久丽《中国绘画中的鬼子母和揭钵主题图画》,第253—268页。

③ 孟久丽:《中国绘画中的鬼子母和揭钵主题图画》,第259页。

图 11　朱玉《揭钵图》残卷，水墨纸本，纵 27.7 cm，横 111.4 cm。藏于浙江省博物馆

到的，要想欣赏这个故事，必须将手卷完全展开，才能看到其全部内容①。当然，这也是他们在寺庙墙壁上看到的构图的方式。

　　鬼子母的故事图画特别适合与何澄的作品进行比较，因为它们采用了许多相同的人物——雨神、雷公、电母等。朱玉的作品是两幅《揭钵图》作品中最早的，在风格上最接近《下元水官图》。鬼子母与风神一起出现在水洗线和三角线所暗示的阴云密布的天空中。水神的随从以同样的方式穿越云层，水洗线流畅地覆盖在人物的部分上，时而遮挡，时而显露，同时勾勒出一个可居住的、三维立体的异世界场所。这两幅画卷之间的其他相似之处还包括动态描绘整个画面空间，斜线的有力部署，人物的重叠复

---

　　① 古原宏伸：《叙事性插图——纸本中的文字与图像：中国诗歌、书法和绘画》，1985 年5 月 20—22 日，大都会艺术博物馆，第 30 页。孟久丽引用的鬼子母故事的插图，构图是相反的。她将王振鹏和朱玉的画作中的构图称为 A 型，而将反转的构图称为 B 型，并认为 B 型是由 A 型发展而来的。也许这种发展的部分原因是人们意识到在手卷格式中，B 型更有利于叙事，开篇是魔军从右至左，结尾是佛像。

杂组合,以及对服装细节的关注,特别是那些行列的服装。

鉴于元朝宫廷对画家的要求,复刻旧的壁画作品一定是司空见惯的事,即使是像何澄这样的顶尖大师也是如此。为蒙古宫廷服务的画家的主要工作之一就是用壁画、屏风和大型挂轴装饰宫殿和寺庙建筑。虽然执行这些作品的大多数画家都是隶属于官方工艺机构的不知名的大师或工匠,但也有更多杰出的人被雇用。不仅是何澄,李时及其同僚也作这些画,甚至如商琦、李衎、唐棣和王渊等学者也在其中①。因此,我们可以想象,何澄一会儿为通俗文学作品作插图,一会儿为适合寺庙墙壁的场景作素描,在不同的项目中,使用一些特定的构图方法和笔触。如果何澄曾有为大型装饰作品预先设计的习惯,这就可以解释《归庄图》中的一些凌乱之处。

事实上,在《下元水官图》和《归庄图》之间可以找到许多联系。例如,前者第一个庭院里路上那个满脸长发的女人,就酷似后者中在队伍后面的电母。更为普遍的是,这两幅画卷都显示了艺术家对超越叙事需求的活泼生命力的喜爱,以及展现了艺术家从奇特的角度、动态的行为和各异的姿态绘制人物的非凡能力。在陶潜的门前,三个人比划着热烈地交谈,就像《下元水官图》中的一些恶魔一样。最后,这些画作以同样的比例结合了抽象和表象,写意和工笔兼备。这些元素,如木质马车线条细致有力,而《归庄图》中仆人的衣服、土墙和地块,以及《下元水官图》长卷中的恶魔和神兽的描绘则使用了灵动的、飘逸的钩状、吊扣式笔触。

从这两幅画以及有关何澄的生活和工作的文字记录中,我们捕捉到了艺术家的整体形象。何澄因继承了他北方家乡的风格传统,即由金朝艺术家传播的唐和北宋院体画法,并因表现出符合其宫廷赞助人需求的多面性,而在画坛赢得了一席之地。他可以轻松地捕捉到故事的氛围、地方的面貌、个人的地位或神的力量。因此,他在自己的时代很有影响力,通

---

① 陈高华:《元代画家史料》,第140—141、214—215、521—522页。事实上,王渊曾被要求在一个寺庙的门墙上画一个巨大的恶魔。陶宗仪在《辍耕录》(台北:世界书局,1971年)中详细描述了这项工作,第118—119页。

过《归庄图》和《下元水官图》等作品，以及其弟子们的努力，给元末明初的画家们留下了宝贵的财富。

这篇文章的部分研究由欧柏林学院的研究和发展基金支持。

附　录

中央美术学院罗世平教授访谈录

罗世平　吴光正

一、本体研究与文化观照

吴光正(以下简称吴)：罗先生，中央美术学院博后办委托我们这些博士后给自己的合作导师做一个访谈，主要是把导师的学术经历和学术理念给访谈出来。我看了您的资料，也看了您写的论文，我记得您在回顾金维诺先生的学术经历时说过一句话：金先生本来是想做画家的，但机缘巧合，做了美术史家。我发现您的经历也跟金先生差不多，您也做过当画家的梦，后来也成了美术史家。当年您是怎么想到要去报考美术专业的？

罗世平(以下简称罗)：这是时代给我们这代人的一个机遇，也可以说是一个偶然。读高中的时候，对写写画画有兴趣，学校出墙报就是我的活。知青到了农村，踏踏实实干了两年农活，因为有这点业余爱好，后抽调到大队部里负责宣传。当时全国农业学大寨，各生产队的学习生产情况要及时汇总，出墙报、写广播稿，接着又去放电影，画幻灯片。"文革"后期推荐上大学，自我觉着画画比较对我的胃口，经过考试，被湖北高等艺术专科学校美术系(现湖北美术学院)录取。就是这样一个偶然的机会，开始了我在美术专业上的学习。

吴：学的是什么专业？

罗：那个时候还不太强调专业分科，美术类什么专业都学，当时的教育理念是要一专多能。进校头两年是基础学习，到了第三年分专业时，我选修了油画，有做一位油画家的梦。

吴：毕业之后您是在做油画教学还是什么？

罗：毕业时留校，服从工作需要。当时学校教学逐渐走上正轨，但教师队伍青黄不接，尤其缺美术理论教员，学校有计划地培养年轻的美术史论教师。当时教中外美术史和艺术概论各有一位教师，阮璞先生教中国美术史，汤麟先生教外国美术史，王道明先生教艺术概论，还有蒲新成先生教技法理论。根据学校的安排，我有幸做了阮璞先生的助教。阮璞先生早年就读于北平艺术专科学校，文史功底深厚，治学严谨，在中国古代画学史研究方面多有建树。让我做他的助教，当时的心情既兴奋，又忐忑。我入学期间虽说修过阮先生的课，对于美术史论也有兴趣，但还没入门，更别说当助教了。阮先生深知我们这代人的知识基础，他一方面鼓励我，一方面对我提出要求。记得他对我说，要从事美术史论教学，文史基础最要紧，不要急于求成，要坐上几年冷板凳。根据我的特点，他一面带着我随他做一些课程上的准备，亲自领我到图书馆挑选指定的书目，对各位学者的著述特点进行讲解。当时图书资料并不算丰富，供教学所用的书，主要是马克思主义文艺理论、唯物辩证法、美学概论，另有部分古代文论、各家的文学史和美术史论著作。为了提高我的文史基础，他还专门为我联系武汉师范学院（今湖北大学）古典文学系，随青年教师古典文学培训班听课。他对我有两个要求：第一，读书做笔记，用文言文写作；第二，每周交笔记，他给批改。回想当年，阮师批阅讲解字词句的场景至今还历历在目，所得的教导让我终身受益。经过一段这样的训练，后来就慢慢开始承担部分课程。

由画画转向美术史，另外还有一个机会。1978年中央美院美术史系首届研究生班招生，同时扩招了一个师资班，我作为委培生进入师资班学习。师资班学制两年，在金维诺先生的主持下，系统开设了中外美术史、艺术概论、美学史、论文写作等专业课程,这样就进入了美术史论专业的系统学习。湖北美术学院推荐我读师资班是带了任务的,让我今后教外国美术史。当年中央美院在王府井,大学刚刚恢复招生,教学条件不算好,老师自编刻印教材,自制幻灯片,但是学术风气很浓,教学一流。当时师资班和研究生班专业课程很多时候是合班上课,有问题共同讨论。这样的学术环境对我进入专业学习影响至深,为我后来的美术史教学和研究打下了系统的专业基础。正是有了起步时阮璞先生手把手的指导,接着经过中央美院的系统化的专业学习,对于学术是什么样子才多少有了概念,对美术史这个专业也有了基本认识。1980年师资班结业后,中央美院学报编辑部与湖北美院协商,借调我在《世界美术》编辑部工作。在编辑《世界美术》杂志的过程中,我接触了更多美术研究的新动向和新方法。因教学需要,我于1981年回到湖北美院,主讲外国美术史、艺术概论等史论课程。1984年,我考研回到中央美院,随邵大箴先生学习西方美术史。研究生毕业继续读博士,跟随金维诺先生研究中国古代美术史,毕业后留在美术史系任教。我从最初入湖北美术学院学画,是出于对绘画的兴趣。留校后因为教学需要改学美术史论,是一次专业的调整。再后来经过中央美院的硕、博士的学习,又从西方美术史跨到中国美术史,又是一次转换。这以后画画的念想虽然一直都在,但再难得上手画了,多少还是有些遗憾。

吴:我还看到您撰文评论一些当代艺术创作,您的科班出身和您参加当代美术评论的经历对您进行美术史的本体研究具有一种什么样的优势?

罗:画画对我后来从事美术史、美术批评、理解艺术创作活动起了打基础的作用,起码不是门外汉。美术史的教学和研究,对象是艺术家,是作品,要看懂一件作品是怎样创作出来的,知道艺术的创作过程和艺术家的所思所想、表现技法和风格特点等等。这是前提,如同读书,这叫读画,也就是所说的艺术本体的常识规律。一般来说,有过专业训练和没有经过训练的,研究的关注点是不同的。我们常能读到两类美术史论的文章:一种是内在的,一种是外在的。内在研究重在揭示艺术的本体规律,外在研究偏重政治经济、历史文化与艺术的关联。二者虽然都必要,但对于揭示人的审美创造规律而言，内在的研究更具有建构常识体系的作用，是学科的基石。画家在关心什么？表达什么？艺术理念与表现能力如何？哪些要素造就了独特的艺术风格？这些艺术的本体内容，也是形成常识和规律的条件。所以我还是主张，做美术史和美术批评的人要懂画，最好是能动动手，体会一张画从构思到完成的过程，如何分别好的画和不好的画、大画家与普通画家，理解时代风格、个人风格之间的关系等等，这些都是不可缺少的准备。我们熟悉的美术史家阮璞先生和金维诺先生，他们都是先入画学，后转向美术史学。阮璞先生对古代画学的源流名实考索，金维诺先生运用史论结合的方法对敦煌石窟艺术和藏传佛教美术领域的开拓，为我们后学树立了典范。有这方面的准备和没有这方面的准备，决定了问题意识和审美认知能力的广度和深度。"不入行"毕竟是从事美术史论专业研究者的一个缺憾。

对美术评论的写作，我仍是作为本体研究的一个部分，谈两点体会：其一，在方法论层面，史论本是不分家的。至于史和论的关系，学界曾有讨论，大体可以概括为"以论带史"和"论从史出"两类，我个人倾向于论从史出。文艺批评的对象是艺术家和作品，不能用一把尺子、一种既定理论去度量个体的、多样化的艺术。其二，在艺术的生态系统中，古与今的逻辑链是彼此相关的，当代美术与古代美术表现出来的种种现象看似大不相同，但透过现象看本质，古今中外仍然是可贯通关联的。这也是我不排斥当代美术评论写作的一个原因。

吴：现在报考美术史专业，不再要求考画画。现在的学生做论文呐，比较热衷于做视觉文化的研究，对交游的研究、对文化内涵的研究比较多，对美术本体的观察比较少。您是怎么看待这个美术的本体研究和文化研究的？

罗：文化研究，现在渐成学界的一个趋势，当然新鲜，也有吸引力。好处是提供了多向度观察问题的角度，能够让研究者跳出圈外，从不同角度、不同的层级上观察问题，这点应该肯定。它的不足呢，容易流于一般性，或者泛泛而论，或者隔靴搔痒，甚至飘在空中。文化这是个大概念，什么都可以冠以文化，可以说无所不包，大到没有边界。专业学术如果这样做的话，那就有可能空壳化，去掉了本体，游谈无根。与文化研究相关，另有跨学科的说法，初衷是因研究对象具有的多维度信息，并不受限于固有的单一学科。以近期热搜的四川广汉三星堆的出土品为例，从发现挖掘到整理描述到解读分析，就关联到多个学科。限于人的学习能力，跨学科研究通常是由学科与学科之间的互动形成的，这是因为每一学科都有本体的知识系统、认知维度以及所运用的方法论体系，并不是谁说跨就能跨进去的。跨学科、跨专业尚且如此，更何况是跨文化呢！学科本身讨论和关心的问题，应该以学科自身的问题为中心。如果连核心的基本问题都不关心，或者没有能力去关心了，那么结果就是学术"大同"。我们注意到，近些年艺术史研究出现了"泛视觉文化"的倾向。视觉文化这个说法原是由现代视觉艺术(Visul Art)引申而来，用于指称数字虚拟技术实现的图形化设计，并借助于多媒体平台进行展示和传播，也因此开启了读图时代。对于这一文化现象的诠释，流行的做法是站在观看者的角度来说事，主体是观者的眼光。将这种接受者主体的研究方法转用于艺术史的研究，往往在讨论问题时，更多地关注的是"如何看"，而不是"如何画"。因此"观看"就成为近年出现在美术史话语中的一个热词。如何看，所展开的诠释自然是观者的经验和与他相关的知识系统。至于图像的创造主体、创作过程、创作理念以及表现技法手段等"如何画"的问题，也就被搁置在了一边了，这就是我说的"泛视觉化"。如果回到艺术创作的原点去求答案，我们到底是采信作者的还是采信观者的呢？不用多说，答案应该是不言自明的。

也许是因为艺术史的写作较多依赖于美术作品，艺术的审美与观看感受有着更紧密的联动，但我们不能因为供人观赏就将美术创造活动界定为视觉艺术。研究中国绘画史的都知道，古人用"画学"来指称绘画创作活动，而研究不同时期的画学发展演变的规律，称之为画学史，意思很清楚，绘画创作自有它自成体系的学问，既有形而上的画道，也有得心应手的悟对，还有物我相印的理法范式、独特的语言系统……如此种种，一些是留在画上的,一些则是画作上看不见的,而画上看不见的那部分,往往更为关键,这可不是一个视觉观看所能交待得了的。

吴:您的博士论文《四川唐宋佛教图像学研究》比较早地应用了图像学的研究方法。我记得毕业答辩的时间是 1990 年。当时很多先生都在做这个关于风格的本体研究,但是您这个论文好像已经采用了本体研究和文化研究相结合的方法,当时是在什么样的情境之下做出这样一种思考的?

罗:这跟我硕士的学习阶段有关。我的硕士导师是邵大箴先生,研究方向是西方现代美术、后现代艺术史。进行这个课题的研究,自然会较多地关心西方文化思潮,关注西方现当代学术的研究方法,关心他们讨论问题的角度。八九十年代正是西方学术翻译引进最热的时期,当时贡布里希、潘诺夫斯基的图像学派的著述也有部分得到了翻译介绍,中央美院还为研究生提供了购置西方学术原著的专项经费,在引进的原著中就有潘诺夫斯基的图像学原著。让我受到启发的是读潘诺夫斯基对文艺复兴时期绘画的研究,了解他怎么去读解乔托、奇马布埃、达芬奇的,了解如何从中世纪的圣像画到图像学的方法转换,而图像学方法的运用是我当年最感兴趣的部分,这为我读博士期间研究石窟艺术提前作了一个准备。

硕士毕业,我转随金维诺先生读博士,从西方现代美术史转向中国古代美术史,这对我来说,也算是一次跨学科了。对我的这一转向来说,读外国美术史的一大好处是对西方美术史的各家学说、各种方法论有了更多了解,尤其是他们分析个案的专题研究方法。随金维诺先生做佛教石窟艺术研究,给了我将西方图像学研究方法转用于佛教美术的一个尝试机会。研究佛教美术和基督教美术,都有一个宗教图像的阐释问题,解读二者的共同基础是图像与经典的对应和变动关系,涉及图典互动和传播路径。如何解读这些问题,既涉及艺术创作的本体,也关系文化理念和意义,关注的问题层级要比艺术风格学更为丰富。以我的理解,这种方法很适合用于石窟和寺观艺术的研究。

比如说,画面和经典之间有哪些内容是可以进行对读的? 画工在绘制画面的时候是如何理解经典的？古代画工从选用粉本到上墙作画，这中间哪些工序环节是规定性的？哪些又是画工自主性的？特定的图像和艺术风格的构成要素是如何发生关联的？如此等等，要解答这些问题，就不单单是风格的问题。再比如图像本身的传播、图式语义的转换问题。同样一个题材在不同的文化背景、不同的时间、不同的族群中移植转换的动因是什么？语义发生了哪些变化？它的转换和接受为什么会是合逻辑的？在面对古代作品时，研究者所看到的往往是断片的信息，有些缺环可能是找不到的，我曾用"半入江风半入云"来比喻这一状况。比如说某一图本经过了几百年甚至上千年之后它仍在流传，像《妙法莲华经》《法华经》《华严经》这些经典，它是持续使用的，是活态的，直到今天它还在使用。有些就中断或改变了，原始的信息链已找不见了。中国石窟艺术就很典型，早期印度传入的痕迹明显，进入中国后，儒、释、道三家都在其中起作用，佛学的语义变了，图像自然会变，越是到后期，三教合流就越明显，杂糅的内容就越多，这就是前贤多有讨论的"中国的佛教"。所以，在经典和图像语义之间既有紧密的联系，也有游离和变化的部分。如何在我们的研究中把这种联系体现出来？当时我想到了图像学的方法。借用图像学来揭示彼此相关又是不同层面的这些问题，在国内美术史的研究中，大概我是较早做尝试的。当然，我也清楚地知道，艺术史的研究，无论历史过程中发生过多少变化，寻绎合乎逻辑的艺术本体规律仍是问题的核心。

吴：读研期间您翻译的康定斯基《点线面》影响很大，这是不是第一本翻译过来的康定斯基的书啊？

罗：康定斯基的代表著作有《论艺术中的精神》和《点线面》两种。在我之前有人翻译了《论艺术中的精神》，这本书偏重于谈艺术与精神之间的关系、艺术和神性的联系，带有一种宗教心理学的特点，谈的是形而上的问题。《点线面》则是有关绘画本体论的著述，讲绘画元素的本体内涵、作为艺术语言的要素的情感属性及其相互关系，对抽象绘画创作具有方法论的价值。我的硕士论文《情感与符号——康定斯基的抽象绘画》，是关于康定斯基的抽象画理论和创作的研究。这期间，我翻译了他的《点线面》，通读了康定斯基本人的抽象绘画及理论的原著，也研读了康定斯基同时代的艺术史家和批评家的相关文献，现在这个译本已经再版了多次。通过读原著，再经过翻译，加深了理解，看人家是怎么提出问题，又如何通过个案分析展开论述的。这是我读原著、翻译原著的一点体会，同时也加深了对于艺术本体价值及其语素内涵的理解。

有了这段翻译原著的体会，对于博士阶段的学习起了作用，我做的四川石窟研究，选择了典型案例的深入，也是受益于研究方法的训练。

吴： 当时，四川这一块，石窟考古也好，图像整理也好，都还没有展开，您为什么选择这个地方？

罗： 选择做川渝地区的石窟得益于金先生的指导。在确定选题期间，金先生在国外讲学，我写信向金先生汇报研究选题。他给我一个建议，说国内的几个重要的石窟群都有研究单位，也都有过一定的研究成果，唯有四川这个地方，石窟比较分散，系统的调查和研究不多，是不是可以去看一看，了解一下，如果能做你就做，如果不能做你就再想别的题目。这个建议的重要性，开始我并没能完全领会。当我到四川调查时，才逐渐意识到这个课题的重要程度，真正理解了金先生建议的学术价值。这期间也恰好有一个机会，中国社科院世界宗教所丁明夷先生的研究团队正启动做川北石窟的调查。感谢丁先生吸纳我加入其中，参与他们的项目调查。

调查活动过程的前后，一方面接触实物，熟悉运用石窟考古调查的方法，一方面阅读了相关的文献。川渝石窟主要是以唐宋时期的遗存为主，早期的数量不多。川渝石窟点分散，地域性特征明显，如何形成对于川渝石窟的整体认识？唯一的办法是全面调查，获取第一手资料。我用了一年多的时间，先后跑了川北、成都周边、安岳、大足和重庆周边的石窟分布区。通过实地调查，抄录碑刻题记，从中发现了四川地区石窟造像在唐朝和长安的关系，尤其是唐高宗、唐玄宗时期，开窟造像风气流行，开元年间已形成了规模。安史之乱，玄宗避乱到四川，长安造像的图本样式随之传入四川各地，后来又有唐僖宗避乱四川，这就形成了以成都为中心的文化累积，这是我得到的第一个认识。第二个认识，是受苏轼一句话的启发。苏轼说："唯我蜀人,独存古法。"从文献碑刻中我们知道,进入四川的不只是跟皇帝随行的朝廷官员,同时还有宫廷的画师相匠,他们将长安的文化风尚和造像样式也带到了四川地区。在调查中发现,文献中记载的一些重要的图像和样式在四川石窟中得到了模写复制,正是在这个认识基础上,我写了《广元千佛崖菩提瑞像考》《巴蜀唐代佛教造像与长安样式》《巴中石窟三题》等一组文章,讨论了长安样式和四川地区佛教造像之间的关系。这样就将读图与读文献的双重证据建立了起来,也将风格学和图像学的方法进行了组合运用,博士论文通过个案研究,提出了"巴蜀唐代石窟的长安样式"这一学术概念。

吴:您刚才谈到样式问题,您的文章也经常讨论样式问题,您认为样式研究在整个美术史的研究中有一种什么样的意义?

罗:这是把握古代美术史本体规律的一个关键,所以要重视它。在古代中国美术史上,尤其是唐宋绘画史上,古人已明确将"样式"作为一个规律提了出来。张彦远的《历代名画记》、郭若虚的《图画见闻志》等画史著作都特别论述过"张家样""曹家样""吴家样""周家样"等等,而这些样式概念主要是用于指称佛画。我的理解,在唐宋人的眼里,佛画有仪轨的规定性,是作画时必须遵循的,这是第一层意思。第二层意思,佛画仪轨传入中国后要符合中国人的审美,有一个"改梵为夏"的图像修正过程,完成改造靠的是画家和雕塑家,是一个将原有仪轨加以艺术化和在地化,同时又不失其造像仪轨的创作过程,只有具备高超艺术创作能力的画家和雕塑家才可能做到立标起样而为"百工所范"。这也就是古代画家重视图样粉本的原因。

美术史文献上的提法往往会被人忽视,有时被认为是一家之言。我们通过对石窟的实地调查,能看到相关的、跟文献记载相吻合的实物遗存,这些遗存表明文献对这些样式的记载既是客观的记录,也是对规律的把握。当然,通过对遗迹的考察来领会古人提出的样式问题是否存在,则是一个求证的过程。通过实地调查和文献的考证比较,我们才能理解在中国古代美术中,"样式"不仅存在,而且是一个带有普遍性的规律。这些

473

年我讲课或指导学生论文,会时常提醒,要理解美术本体的规律,要根据对象调整研究方法,重要的不在方法本身,是在于方法的有效。通过一种途径解决如何进入到一个族群、一个地域、一种文化语境,分析其生存方式、思维方式、表达方式。只要是深入进去了,你才可能比较贴近地去解释一个艺术现象,解释一幅作品的产生。如果不能进到这个层面里,就应该反省方法的有效性了,我认为这是所有方法论的基础。所以我长期以来都在关注的一个问题,就是美术史迁延变动的动力问题。为什么样式会引领和形成一个时期乃至一个时代的风格?又为何会被不同时代推为经典范式而得以传承。这个问题既是外在的,与美术本体之间存在关联性,但同时呢,更是一个艺术本体规律的问题。我的意思很明确,做美术史的研究可以从文化的角度去观察,但最后的这个结果必须是美术史的问题,落脚点应该归结到美术史上来。我们要对美术史、对美术发生发展的现象做出解释,揭示出合乎美术本体的规律来。我认为,这是美术史学科的重点,形成这个想法也是在做论文的过程中逐渐清晰起来的。

吴:您这本书后来获得吴作人国际美术基金博士论文奖,在当时已经产生了影响,在美术史研究上它的意义在哪?

罗:这篇论文只是一个阶段性的研究成果,我一直感到不满意。不满意的原因一个是它的体量还不够大,有一些面还没有完全注意到,所以还要补充完善。这些年我一直在考虑这个问题,一些内容还需要再扩充,所以这本书在中国大陆还没有正式出版,唯一的出版物,就是以博士论文的方式收入到台湾佛光山的法藏文库中。论文出来了以后呢,当时也引起了国内,至少是做石窟寺研究、做佛教美术史研究者的重视,也曾经产生过一定影响。曾有朋友打电话来,问这个论文什么时候能出版。我想它的一个作用还是因为一种新的研究方法的使用。以前做石窟、做宗教美术史研究使用的方法,通常是两种:一种是风格分析,另一种是题材辨识。到八十年代以后考古学介入,像宿白先生将考古类型学、年代学这样一种做法用来探讨洞窟的形制、打破叠压关系,按照地层学、类型学的方法来做,这种方法是石窟考古的方法创新。当时整个石窟研究大体也就是这三种方法。我这个做法当然不在这个范围内,而是跟西方的学术有连接。做中国宗教美术的研究,我个人觉得,借鉴西方研究的方法为我所用,如果能够恰当地应用于研究对象,这个方法就是有效的,这也是在检验一个方法在使用过程中的有效性问题,这是一个方面。第二个方面,引入图像学与风格样式结合,我不敢说是开了先例,但客观上对于后来做佛教美术、基督教美术、道教美术的研究,至少是推开了一扇窗。这些年来图像学已经广为使用,已经成为美术史研究的常用的一种方法。宗教美术研究,首先是辨识图像,要找到图像的经典出处,解决它的经典依据问题,这是最基础的问题,在图像学方法中是属于图像志的层面。再一个,是要探讨某个图像在不同的时空中、语境中的转换,在不同的时空条件和文化语境中,一些图像相似但它不一定是,有些不相似它却是,这既要刨根问底,寻找线索,也要找到图像变体的发生条件以及形成转换的逻辑。我的体会,美术史的研究过程、探讨的问题都可以作为中间过程看待,尤其是面对历史遗存,留给我们的并不全都是终极的结果,也并不一定是发生的原点;它既关系到文化生态的大背景,也离不开具体的实证。

吴:您的这个博士论文应该是美术史研究上的一个学术品牌。就我对品牌的理解,品牌应该是传统加个性,个性就是创造,传统就是对学术的薪火传承。所以我在这里想问一个问题,您怎样看待您和您的导师金维诺先生之间的异同的?

罗:金维诺先生是一个能站在学术前沿上思考问题的美术史大家,是中国美术史学科的奠基人和开拓者。50 年代他就开始投入到敦煌石窟的调查研究,敦煌学在那个时候还处于中华人民共和国成立后的起步阶段。金先生在敦煌调查的时候,他就关注到一些别人不太关注的问题。例如,他调查石窟壁画,记录壁画的分布位置,画上的中文和藏文、西夏文的榜题、功德主和画工的题记,通过识读考证榜题和画面之间的关系,留意画面和佛教经典以及变文的关系等问题,这在当时是超出一般人的观察思考范围的。当时的研究常见的是就画面谈画面,就题材谈题材,就文书谈文书。从佛经里面找出敦煌壁画题材出处的做法当时已经有人在做,进展较大的主要集中在本生故事、佛传故事上。在敦煌学的起步阶段，金先生已经开始注意到变文和经变画的关系，充分利用敦煌藏经洞出土的变文文书与壁画榜题进行比对，还原到敦煌洞窟的历史原境中，得出了唐朝经变画题材不少出自变文的独到见解，这是敦煌石窟研究方法上的一次推动。他将自己的治学方法归纳为：史与论的结合，文献与实物的结合。这在中国美术史的起步阶段是具有示范引领作用的。

我受金先生治学方法的影响很深，在与金先生合著《中国宗教美术史》之前和写作过程中，我通读了金先生发表的全部著述，了解先生的治学方法、学术观点和史论结合的特色。以敦煌学石窟艺术的研究为例，金先生《敦煌窟龛名数考》一文，是根据敦煌唐写本《腊八燃灯分配窟龛名数》提供的线索，加上考察比对莫高窟的洞窟分布写成的，解决了现存部分洞窟的位置、名称和修建年代等问题，文章发表于 1959 年《文物》月刊，这是敦煌学史上的一篇划时代文献，成为做石窟美术史的方法论基础。同时金先生特别重视绘画的风格、技法、样式问题，这也与原来学画的经历有关。讨论古代美术史的本体问题，不只是解决如何看，而且要知道如何画，所以金先生对于古书画的鉴定也是有贡献的。我想这两个方面对我影响都很大。我有一个接受西方学术的学习过程，对于西方的学术理念、学术方法有所了解，借鉴了现代西方学术的方法。这些年的研究，我也不完全是在做图像学，图像学也只是我使用的方法之一，我个人觉得，只要是好的方法都不要排斥，尽可能多些尝试。目前我主持的教育部人文社科重点研究基地重大项目——"吐蕃时期的敦煌艺术研究"，带着硕、博士生共同参与，一起探讨研究石窟艺术的方法，既不同于石窟考古，也不是传统的风格学或图像学的方法。因为石窟艺术综合性的因素太多，石窟从开凿到完成再到使用的每一过程都混杂了诸多因素，我们希望在研究中能尽量观照到这些不同层级因素，寻找解答的方法，通过一个特殊的手段，在文献、文物、洞窟空间等综合要素之间建立起可能的逻辑联系，尝试一种石窟语境复原的方法。能否找到这个方法，现在还不好说，不过应该试试。

吴：这个课题的总体构想是什么？

罗：敦煌的位置比较特殊，它处在西域丝绸之路的交通孔道上，敦煌虽是以汉民族为主体，但处在多民族相互交流、互动、融合的特殊环境中，所以它的文化构成因素相对复杂，有的时间段还很冲突剧烈，因此敦煌石窟的历史也是变动的。吐蕃有一段时间占领了这个地区，成了这个地区的统治者，吐蕃人盘踞敦煌前后有 60 多年，莫高窟、榆林窟等河西地区石窟在一段时间里都打上了吐蕃的印记。直观现象告诉我们，在一个汉民族文化的环境中，吐蕃文化如何进入石窟，又如何调适而被接纳的？回答这样一个文化互动的问题，是这个项目的宗旨。另外一方面的工作是通过这个项目，希望形成研究石窟的美术史方法，或者不一定限于美术史，但一定是一个行之有效，同时可以得到复制的方法。

吴：敦煌石窟研究的成果已经很多了，您这个课题对研究吐蕃时期的佛教艺术、对研究敦煌佛教艺术具有什么样的推进作用，它的创新和突破点在哪里？

罗：现在只能是一个尝试设想，能不能突破还不好说，但预期的目标是有的。关于敦煌吐蕃艺术，20 世纪一百年来有几方面的成果体现：一个是对图像及其风格的讨论；第二是洞窟的类型与年代；再一个就是题材的辩识，大致上集中在上述这三个方面。近年来学界逐渐注意到，吐蕃时期在石窟的形制和壁画彩塑上有新的因素出现。比如说，穿虎皮衣服的天王像，这是以前的天王像没有的造型要素，跟吐蕃有直接关系。再比如说，壁画上波罗风格的密教菩萨像的出现，就与印度密教图像的输入中介有关联。至于吐蕃洞窟的年代和数量，也存在不同的意见。有些因素它到底是不是吐蕃时期特有的，还是在交流过程中新出现的，类似这样一些问题注意得还不够充分；在洞窟分期排年上提出的一些问题，也还有待推进。另外要引起足够重视的是艺术本体的问题，是否也能对石窟年代的讨论有一定的帮助？比如说家族窟的问题，有文书印证的这部分已有过讨论，但是家族窟的使用、家族窟的祭祀活动、家族窟的图像应用等都还有待考虑。还有，吐蕃在进入到敦煌地区之前的信仰和艺术状况如何，而在据有了敦煌之后,和敦煌原有的佛教传统又是一个怎样的状态? 要解决的问题很多。总体来看,对于敦煌吐蕃时期的石窟艺术研究还有进一步探讨的空间。这样的问题都需要通过实地的调查,图像与经典之间的对照,出土文书和洞窟调查的成果相互结合起来,才有可能针对性地解决这些问题。目前我们知道,吐蕃前期的洞窟和敦煌既有的传统之间是存在隔碍的,中期以后和汉族传统有了结合。洞窟中保存的种种迹象提示我们,一个外来的文化在通过军事占领,在强力的推动下硬着陆,族群与族群之间,文化与文化之间的关系有一个从对立到适应到接受的调适过程,而洞窟的空间形制、壁画、彩塑等遗迹是最直观的史料,这些恰恰是美术史研究要重点关注的内容,是美术史着力要解决的问题。

吴:除了做石窟壁画外,您还花了很大精力去做墓室壁画。墓室壁画和石窟壁画在研究方法上有什么区别?

罗:是的,最近一些年我持续地关心墓室壁画的问题。在学术的层面看,画和画之间其实都是有相通的,不管是墓室里的还是石窟里的,它们都属于壁画,在功能和绘制上既有差别,也有共同之处。在时代风格方面尤其明显,有些因素其实在同样一个时期不同类型的绘画上都会表现出共性。除此之外,引起我兴趣的另有一个现象,是墓室和石窟壁画之间的动态关系问题。我们知道,墓室壁画通常是在一个封藏的空间里,经过考古出土,年代比较明确,壁画面貌清楚。石窟壁画则不同,多数是存在于跨时段长期使用的宗教活动空间里,常有重修、改造、新装、补画等功德行为,外加上自然风化和人为的损坏,因此留存在石窟中的壁画,它的年代、风格、题材等是变动的,甚至是杂乱的、有缺失的,并不像墓室壁画那样单纯。二者之间的相同和不同,我认为正好可以互补。墓室壁画的大量出土,尽管有绘画技艺精粗的不同,但时代面貌是明确的,这就提供了观察年代、图像、风格等壁画要素的参照,提供了展开研究的基础条件。比如说,我们要了解唐朝艺术不同阶段的发展,了解唐朝的带有普遍意义的一些经典样式,它不是在某一个地方、某一个方面表现出来,在另一个方面就不表现出来的。我讨论过唐代的仕女画,讨论过花鸟画,关注过辽代墓室壁画和唐、宋壁画的关系,参与这些讨论是基于两个方面的考虑。一个是搞清楚壁画的时代面貌。因为传世的绘画作品真迹不多,加上鱼龙混杂,文献记载又相对简略,不具备建构起"标准"的基本条件。那么有着考古学环境的墓室壁画就特别应该重视。第二是画史文献提供的美术史概念和知识系统可以通过墓室壁画得以互证,是证实也好,证伪也罢,总之通过比较辨析,可以透过现象多少能看到普遍的规律性,帮助建立起某一时段的画学史常识。由于墓葬功能,墓室壁画通常照应到一时一地的习俗,高等级的墓葬要遵循一定的礼仪制度,所以题材和画风是有地方和时代特点的。而在通常情况下,都城的风尚会影响传递到地方,民间画师往往会追摹时尚,按名家的图本依样画葫芦。我曾讨论过内蒙古宝山辽墓出土的壁画《织锦回文图》《写经图》,壁画的题材和画风是按张萱、周昉的仕女画图样绘制的,这是长安的经典样式被辽代画家摹画到墓室中的现象。再举个关于胡化的例子。北齐的墓室壁画,从太原出土的娄叡墓、徐显秀墓壁画,我们看到了北朝后期鲜卑化和胡化这一思潮的表现,在墓室壁画的晕染、线条、题材、装饰图案上都有反映。有意味的是,在同时期的新疆龟兹石窟壁画中能找到与北齐墓室壁画的画法几乎相同的技法。近些年,西安、太原、天水、邯郸、安阳等地出土了北朝至隋唐时期的祆教墓葬,浮雕和绘制的壁画是胡汉杂糅的特点。当然,对于墓室壁画,在使用资料时对它要有清醒的认识。墓室壁画往往因为葬礼习俗,大部分都是在较短的时间画成,绘制相对比较简率,而大多又是由当地民间的画师绘制,即便是在汉唐的都城长安高规格的墓葬中,壁画的艺术水准也有高低之别,在品质上仍不能与文献记载的经典作品等量齐观。墓室壁画和石窟壁画两者之间既有相同处,也有不同处,但二者的亲缘关系只要加以观察分析,是有可能互补的。我做敦煌壁画的研究也是出于这样一个基本考虑。

吴:一般来说,早期绘画都有它的特殊功能。墓室当中的图像和墓主或者墓主的亲人要表达的理念存在着一个什么样的关系?这种关系在不同的时代是否有所变迁?

罗:对于这个问题,从大的方面来说,每一个图像进入到墓葬,都存在一个主使观念的问题，因为古代的丧葬习俗因时、因地，也因族群而存在差别，如楚人好巫鬼，有招魂葬的习俗，长沙战国墓和汉墓中出土有帛画，就是楚地丧葬习俗的实例。在古代礼制文化的流布地区，在"死后升仙"观念的主导下，神仙、孝子成为墓葬中的主体图像。山东的汉画像石、四川的摇钱树、西安的墓室壁画都出土了多例这类图像，甚至像俞伯牙、竹林七贤等历史人物也进入到了墓葬中，成为神仙谱系中的一员。比如，在一次有关四川汉阙图像的讨论课上，王中旭通过绵阳府君阙上钟子期与俞伯牙一组鼓琴图像的辨识引申到音乐与升仙的关系，这是有《太平经》等道教文献作为依据的。竹林七贤、李广射虎、孝子等历史人物，包括印度的佛陀都是在某种类似的观念主使下进入墓葬图像系统的。再比如，易晴的博士论文研究宋代的黑山沟墓室壁画，通过实地考察，发现图像的分布和八卦的方位有关系，从而找到了读解黑山沟墓室壁画的逻辑关系。举这些例子，主要是想说明墓葬中的图像的使用可能与某种观念有关联，或者是葬制葬俗，或者是功能，或者是某种学说，所以主使观念是与礼制和习俗联系在一起的，这是理解墓葬图像的一把钥匙。古人营建墓室，图像在墓室中的分布方位，从生死到升仙，灵魂的去向，其实都有讲究。最近一些年来我考虑让学生做唐宋绘画观念的转型问题，所说的转型，它既是历史现象，也是文化现象，在美术作品中有比较充分的表现，墓葬、石窟、宗教美术遗存以及卷轴画，都有体现。可以将这些因素综合考虑进去，看到底有哪些因素促成了时代风格的演变，促成了转型的发生。最终是要归结到美术史本体规律上的问题，而观照面却可能是多角度的。

吴：我记得您谈到墓室壁画的时候曾经使用了这么一个词——埋藏的绘画史，那么您觉得这一批画在整个美术史上是一个什么样的位置，怎么去看待它在美术史上的特点？

罗：我曾经将"埋藏的绘画史"作为讨论 20 世纪墓室壁画的一个主题词，这是基于我们的地下埋藏的绘画资料的丰富性。20 世纪以来考古发掘的墓室壁画，包括画像砖画像石在内，各个时段都有，几乎没有间断。这些出土的绘画资料比传世绘画丰富，足够形成一部绘画的历史。墓葬壁画的起点,大概从春秋战国时代开始,往下差不多每一个时代都有。有的虽然没有发掘,但文献记载可以肯定绘饰有壁画,比如秦始皇的墓,司马迁《史记》已经记载了墓室绘制的图像内容,如果有一天秦始皇陵被打开,也许比司马迁记载的还要丰富。20世纪经过发掘出土的壁画,已经可以排列出时代的序列,比传世的绘画作品还要成系统,只要加以整理就可以建构起一个时代明确的绘画发展脉络。还是我前面说过的话,墓室壁画不一定是最好的画,它不一定能代表一个时代的精品,但是它可以说明某个时代的普遍性。比如在讨论某一个时代流行的题材时,墓室壁画就是可用的实物资料。如果是得到广泛使用的题材,又与文献的记载可以对应起来,这就可以知道当时的人在关心什么,墓室壁画兴许就是答案。另外,这些壁画对于呈现绘画的时代风格、演变关系也是难得的资料。尽管够不上画史上的经典之作,但其中也不乏有高质量作品,时代的印迹很明显。唐墓壁画就是唐人画的风格,宋墓壁画就有宋人的面貌,所以墓室壁画是可以帮助我们找出时代的规律的。还有,从墓室壁画中我们可以看到不同阶层、不同族群的社会生活、风俗习惯和宗教观念。虽然不一定是全面的呈现,至少它反映了丧葬习俗以及有关丧葬的文化形态。比如屏风画,在"事死如事生"观念下,屏风也成为墓葬壁画的题材。我们知道,石窟中有屏风画,传世的画中有屏风画,文献记载的生活中也有屏风画,墓室壁画中的屏风画与日常生活、宗教空间之间都能彼此相应,这种情形并不是特例。总的来说,墓室壁画给我们从外部研究美术史和从内部研究美术史提供了一种规律性的、有年代参照、成系统的实物资料。

吴:您研究壁画时经常考虑民族因素,您能谈谈民族美术史的研究吗?

罗:民族美术史实际上是一个很重要的角度,因为它是中国美术发展的一个重要规律。中国美术的发展虽说是以汉民族为主体,历史的传统文脉从来没有间断过。但这个没间断的传统不是由一个民族发展传承的,而是通过多民族的互动形成的。这点就确定了民族美术在其中的地位,也应该作为中国美术的发展史观被确定下来。如果回到历史的语境中,更开放地看中国美术的历史,这里所说的民族,不只是指现在中国的

56个民族,还应该包括跟古代中国有着交往的民族,他们或者通过商贸,或者宗教,甚至是战争等多种渠道而发生过交往,大家熟悉的丝绸之路沿线的民族就是例证。在古代,民族因为迁徙而将原生地的文化带到了迁徙地,或者也有将某一族群的特色文化带到了被认为是文化发达的地区,从而形成了民族之间的交流互动。前面谈到的胡化是其中的一类,再举一个佛教传播与民族迁徙的例子。南北朝时期,鲜卑拓跋族崛起于北方,用武力建立起北魏政权后,将本民族的习俗带入了中原,也因战争移民将物质文化和宗教信仰传了进来。《释老志》记载北魏拓跋焘征服凉州和长安,将凉州的佛教僧人和姚秦的工匠迁到首都平城(今大同),出现"沙门佛事皆俱东"的移民景象。佛教最初在汉人眼里被看作是胡人的宗教,后来通过持续的东传而进入中国,最终与儒、道合流,成为中国文化史不可剥离的部分。在中国中古时期,胡化和汉化曾是历史语境中一对热词,民族融合的进程没有中断。唐朝实际上是更大的一次、更持久的一次胡汉融合,算是第三次的胡化。明清以来西方天主教美术进入中国,西学的传入引起了美术上的第四次变化。每一个时期,在民族交流互动的背景下,中国的文脉在传承中又都有新因素的加入。这个题目是我的课程内容,在台湾客座期间我也讲这个题目,中国的文脉传统不是一成不变的,它是在不断变动中发展形成的。新因素加入使得文化更具有活力,接受和融汇外来文化和他族文化的能力是文化自信的表现。

吴:西方的美术史系,我感觉它大多放在考古学系,您的墓室壁画研究也好,洞窟壁画研究也好,也和考古学密切相关。您能谈谈这两个学科的关系吗?

罗:现在学科与学科之间的关系越来越紧密了。考古学开始是从古物学起步,史前考古是考古学的重点,进入历史年代以后的历史学考古是在这个基础之上逐渐发展起来的。美术考古在西方原本属于美术史学,随着考古出土的古迹资料日渐丰富,带有高度审美价值的作品增多起来,时间轴线也从史前到历史时期,这些发掘品也就逐渐成为考古学和美术史共同的研究对象。郭沫若翻译的《美术考古半世纪》讲的主要是美术史的内容。在美术考古没有分离出来之前,都含在美术史的研究范围内。所以这两者之间原本也没有绝对严格的分界,直到今天美术考古作为独立的学科到底是什么模样也还不容易说清楚。严格地说,考古学和美术史是什么关系,彼此是能说清楚的,而美术考古和美术史是什么关系,其实是不容易严格界定的。今天因为学术的分工更细致、更注重专业化以后,学术的目标可能有些差别。一件具备美术特色的物品,可以将它作为考古学的对象,不讨论美术史要解决的本体问题,而是在历史年代、文化成因上作出客观描述。比如,对于彩陶器,除了讨论陶罐上的装饰,更多是讨论陶器的考古学环境、相对年代、器型特征、陶器的烧结度、使用者的社会身份、使用功能等问题,这些并不一定是传统美术史研究的重点,但可以对美术史关心的问题提供参考,讨论由此引申出的各种功能和文化意义。美术史也同样关心作品的外延问题,探讨美术外部的规律,在这个层面上美术史和考古学的目标也就有了较多的重合。问题在于我们的重点放在哪里? 我以为,做美术史研究,重点更多应放在与艺术本体关系更直接的方面,探讨审美现象、代表作品及其规律。

二、学术反思与学术交流

吴:20 世纪的社会科学尤其是人文科学,它的分类体系是完全从西方倒进来的,现有的学科建置是用西方的知识体系来切割糅合中国传统的经史子集和方外的释道体系建立起来的,这种体系非常便于中国学者进行系统化和理论化的学科探索、理论建构,但是在很大程度上遮蔽了中国文化、中国艺术的民族传统。近些年来,各个学科,像我所在的古代文学,都在反思,我们套用西方那套东西来建构我们的文学史,研究我们的文学史,到底掩盖了什么? 所以转过来思考自身的文学史到底应该是一个什么样子。理论界甚至失去了我们的自己的论述话语,没有自己的话了,全部是西方的,离开西方就不会说话了。我们能不能建立自己的论述话语? 我想美术史这个学科也是从西方倒进来的,而您一直在西方美术史、中国美术史这两个行当里面从容行走,从您的这种经历来看我们的美术史的建构，它存在哪些优点和缺陷？

罗：现代美术史和学术的现代思潮是完全同步的。文学史上是这样的表现，美术史上也是这样的表现，而且美术史这个学科诞生就是西学影响下的产物。中国美术史这个专业很年轻，它的年头一百年可能都不到。从滕固这一辈人留学归国后，开始用西方美术史的方法整理国故，开设了美术史的课程，研究的对象从古代的画学史扩大到田野考察和考古出土品，50年代后期才有美术史的学科建制，规模比较小。中央美院美术史系是当时全国第一个成立的美术史系，也是全国唯一的专业系科，"文革"期间还中断了。欧洲美术史起步较早，希腊、罗马、两河、埃及的古物遗迹被发现，被运到欧洲，进入博物馆，他们在这个基础上形成了美术史的专门学问。加上欧洲的基督教美术这样一个系统，经过文艺复兴和启蒙运动的推进，逐渐扩展形成了一个美术史的学术体系。我们的学科设置是参照了西方的模式来的，从诞生时开始就是西方式的。从这一点来说，现代美术史意义上的西化痕迹是很重的，西方的美术史家也像传教士一般，不断地向学术界讲述他们的方法、他们的理论见解、他们的某些术语概念，进而影响了我国的美术史学的导向。

中国古代没有美术史的学科概念，但有一个千年之久的书画史学传统，这个记录书画传承文脉发展的传统，以考镜源流、书画家、书画品评、风格流派、书画鉴藏为中心，同时也照应到部分雕塑和古物，对于这样一个美术史，以前学界关注不够，研究也不够。直到一批学者从西方留学归来，才开始整理中国自己的东西，这个时候开始发现中国有自己的美术史。这个状况跟中国美学史的境况差不多。美学这个学科概念是西方的，美学史著作的撰写，也是按照西方既有的体系来整理的。最近一些年尤其是这二三十年来，学界开始意识到自己的学术传统，也有了回到这个传统中来思考一些问题，来考虑自身的文脉关系的做法：到底我们有没有一个体系存在？这个体系的方法是什么？这种考虑目前还是处在一个被唤醒的状态下。这些年来美术史学界学习了西方，接受过西方学术的启蒙，但是如何从自身的历史进程中整理出一个自己美术史学的文脉线索，还有许多工作要做。以书画史而言,有关的著述历朝历代都有,至少从东晋以来,这个传统一直在延续,没有间断。我们说,古人已传下来一个史论相融、评传结合、器道参同的传统,但这个传统重实录、重经验、重范式而疏于学理、疏于逻辑、疏于分判提升,与现代学术精神和方法仍不能顺利接轨,这就是现在美术史学界仍然倚重于西方的原因。

吴:我们现在有没有建立起自己的论述话语?

罗:在目前来说恐怕还没有,整体上还不具备条件。对于具体问题,比如在古书画鉴定方面,我们可能拥有的话语权多一些。老外看古代书画会听中国专家的意见。可以这么说,在以经验为主的领域里,中国的话语权比重会大一些,但整体的学术空间还是西方占优势。

吴:从历史语义学的角度来看,艺术或者说美术,艺术史或者说美术史,这两对概念是通过日本这个中介传到中国的,这两个概念的内涵和外延决定了中国艺术史的论述对象和叙事逻辑。金先生和您的《中国宗教美术史》出版之后之所以能获得重大反响并且荣获奖项,有两个奖项,一个是1997年的全国优秀美术图书提名奖,一个是1999年的文化部第一届文化艺术科学优秀成果二等奖。是不是在这方面做出了一些重大的突破?

罗:这是一部通史,还只是一个纲要,并不是面面俱到,获奖是对我们的鞭策。1999年是中华人民共和国成立50周年,文化部特别设了文化艺术科研成果奖项。《中国宗教美术史》能得奖,我想有几个原因。首先这部书第一次把历史上留存下来的各种宗教美术遗迹做了一个成系统的通史的观照,这在以前没人做过,也没有成果体现,按套话说是具有填补空白的作用,直到今天它还是第一部。第二,在写这部书的时候,我们有一个观察。从流传下来的美术品的遗迹来看,多种宗教美术都有,但是呈现方式还是有主有次的,以某个宗教为主体,然后有些宗教掺和进来,有主有次,这个关系要分明地在书中体现出来。其中还有一个难题,宗教在中国美术的发展过程中呈现江海汇流的趋势,以儒、道、释三教汇通作为全书展开的基本脉络,兼顾其他。这样一个脉络是作为我们通史写作的潜在的动线,根据历史时空的变化而有藏有露,只不过没在书中明说,但我们取舍资料、设置章节的时候是遵循这一思路的。比如说伊斯兰教、天主教这样的宗教美术，不管发生的早晚，它最终还是依附于儒道释三教这一主流上的。对于儒、道、释三者的关系，儒家在事实上是三者的核心，道教为辅佐，佛教是依附。这样的几层关系是我们编写该书时事先确定下来的。从资料看，虽然佛教美术遗存是最多的，但是它进入中国后，始终是在主动依附、被动改造的过程状态中，佛像的"改梵为夏"就是中国佛教美术进程中的主题词。这样，我们编写中国宗教美术史就有了逻辑的主线。美术史作为教科书来说不是摆资料的过程，要尽可能地揭示规律。编写美术通史最是不容易，什么原因呢？这是因为通史写作首先应该有一条贯穿通连的线索，有事实依据，有资料佐证，有文脉贯通。在写宗教美术史过程中这个主线起到了穿针引线的作用，其他的宗教美术遗存，如三夷教中的摩尼教也好，拜火教也好，景教也好，它们各自有自身的发展轨迹，但在通史的脉络中它不是最紧要的。事实上一些曾在历史上留有作品的宗教，一方面是遗存的数量少，最主要是它在中国的政治、文化和社会生活中扮演的作用也不那么大。

佛教美术也是输入的，从东汉时传进来，因为供设佛像，所以中国人称为像教。传入之初，佛教就依附于中国的本土传统上，呈现出的特点与当时佛学的翻译同一个做法，也是格义性质的。南北朝以后它成为一个庞大的体系，上至帝王，下至百姓，拥有了广大的信众，有了更多的话语权，这时它的方式变得丰富起来。比如，早期流行本生故事，到后来转向了经变画，本生故事照样在流行，所以我们在写作的时候，到经变画大流行时期，本生故事就可放下不写了。每个时代有它最突出的现象，是时代的主流，这是我们在写作时的另一个原则。也就是把握住时代特色，将代表时代面貌和水准的宗教美术品汇辑起来，做比较式的、结论性的、规律性的描述，把每一历史阶段的突出贡献揭示出来。这本书1996年出版，距今已有二十来年了，这期间又有大量的新发现，也有新的研究成果不断呈现出来，对一些问题的认识也深化了。例如四川广汉三星堆遗址，原书依据的是80年代发掘的两个祭祀坑的出土品，目前三星堆又发掘了六个祭祀坑，清理文物超出万件之多,这样震惊学界的重大发现给出了可能复现商代宗教祭祀场景的基本条件。近 30 年间,宗教美术品的新发现不断,高品质、高规格的作品也在不断更新我们原有的认知,所以需要作整体修订增补,现在增订稿已经大头朝下,后期还有一些工作要做,上海书画出版社已纳入出版计划。

吴:中国的这个画学传统比较重视文人画,后来董其昌他们还搞了一个画分南北。我记得梁启超认为这是一个虚构,他强调不仅要重视文人画,还要重视院体画。您的这本著作在论述对象上好像和以往的美术史有很大的差异,做了很多突破。当时是怎么考虑这个问题的?

罗:我们的写作是依据作品来说话的,保存下来的作品是什么属性,根据作品来作出判断。书中所涉及的宗教美术品大体归属于以下四个类别:自然宗教、礼仪宗教、偶像宗教、民俗宗教。作品的起点可以溯源到石器时代,秦汉之前的美术品更多表现为自然宗教和礼仪宗教,有明显的地域和族群的特色。佛教传入中国后,改变了中国本土宗教方技符箓的方式,受佛经和造像仪轨的双重启发,中国的神仙道教模仿佛教的做法,也步入了偶像宗教的行列。这样的偶像化过程,改变了中国的审美表现方式,道释人物画也因此进入了中国画学的评鉴系统。评价这种影响,我在增订本前言中写了这么一句话:道释人物画进入中国画学的评鉴系统,不仅重新塑造了儒、释、道的图像谱系,而且也最大程度地开发了民俗宗教的偶像化。

在我们所了解的中国古代画学史著述的分类中,专有"道释人物门",其下的画家不仅数量多,而且有成就的画家也多。古人作这样的分类,我的理解,一方面是看到美术"成教化,助人伦"的功用,所以将古圣先贤、孝子列女、天神地祇、佛道神明等都统在一起,我们不妨看作是撰写画学史的"史观"。另一方面可能是更便于评述画理和画法的内在逻辑和演变规律,可以看作画学史的"史识"。如唐人张彦远的《历代名画记》在论述晋唐人物画时,就辟有专论来说明"顾、陆、张、吴用笔""疏密二体"等内容。顾恺之、陆探微、张僧繇、吴道子这四位是晋唐画史上领新制样的画家,他们在人物画上的成就无一不是从道释画中变通新法而自成一家的。这说出了一个道理，道释画不仅在绘画功能上起的作用有目共睹，而且对于形成中国绘画的理法体系和样式风格的作用也是显而易见的。

画学史上存在一个唐宋转型问题，到南宋时"文野之分"开始变得越来越明显，宗教美术后来基本上就在民间画工中师徒相传。尤其是在禅宗兴盛以后，禅宗的思维方式、修行方式、表达方式对文学和艺术的影响很深刻。文人中苏轼、赵孟頫这些画家都跟寺庙有关系，赵孟頫也画过《红衣罗汉图》，不过文人很少为寺院画壁画，寺观壁画、彩塑就成了画师相匠手里的活计。这就形成了文野之分。在晋唐属于画史主流的画家到了宋元以下整体打入了另册，成了不入流的民间画工。我们写宗教美术史，跳开了后期古代画学史的做法，没有按董其昌的南北宗论来分别画家。一部宗教美术史是由职业画家、文人画家、民间画工共同参与完成的，职业画家更多时候为朝廷所用，文人画家通常与个人志趣和交游相关，而民间画工则是大众文化的传播主体。这是宗教美术史写作的关注角度。一个民族的宗教信仰在不同阶段、不同族群中的转变，在宗教美术里体现得是最充分的。一部没有宗教美术的美术史，那是不可想象的。如果一部中国文人画史里抽去了与宗教相关的内容，那也是不可接受的。因为唐宋以后文人的思想和表达方式是和禅宗紧密联系在一起的，这是美术史中很重要的一个组成部分。如果把这个宗教美术拿开了，剩下的全是那些传世的卷轴画，其中还真真假假。因为有这个传承，有这个系统的宗教体系的绘画放在那，中国美术史的写作，才可能有一个完整的线索可以通连。

吴：从这批工匠画当中，是否可以发现工匠画和文人画之间的一种互动？

罗：互动在早期是没有问题的。文人和工匠实际上是一体的，相互之间都在进行互动。后期的文人画和工匠画在部分画家和部分文人中有着互动关系。比如说白描，画史上说是吴道子创造的，称为白画，准确地说，应该是从画稿出来的。他一辈子主要活动是画壁画，身份是职业画家，在道释画领域属于立标制样的代表人物，在人物线描上有他鲜明的风格。

传为吴道子的《道子墨宝》,与敦煌藏经洞的白画,性质基本相同,就是壁画的稿样。白描到宋代的李公麟又向前推进了一步,传世的李公麟作品好多是白描。李公麟把文人的修养融入了白画,他的线描有笔墨形神关系的讲究,作品有白画独有的审美价值。到明朝归纳总结出的十八描,应该是职业画家、文人画家、民间工匠合力的结晶,形成了古代绘画的笔墨范式,大多数职业画家、民间画工照着十八描的技法程式来作画。文人画家在参用这些描法的同时,也把个人的修养和性情加入其中,更有他的自主性,风格化的特色更鲜明。这样,一个由职业画家和工匠创造传承的绘画体系,经过文人画家的提炼升华所形成的美学范式,又会反馈回来,影响到职业画家和民间的画师。近些年我在调查山西寺观壁画时,就发现多处明清之际的寺观壁画模仿文人的水墨画法,还有些画一定要摹绘出卷轴画的装裱格式,失去了壁画本有的特色,这就是后期民间画工追摹或者说迎合世风的结果。也有相互学习而有成就的画家。任伯年既从民间学习,也学习文人画,还学习西洋画,成为了海上画派的巨子。齐白石是民间工匠出身,既从民间学习,也从文人画学习,是二者兼收并蓄的大画家。这样的例子很多,就不多说了。

吴:这几年您一直在从事学术史的回顾,比如说 2000 年 10 月发起主持"回顾与展望——中国 20 世纪美术史学讨论会",并写了一系列的文章,比如说《回望张彦远》《二十世纪唐代书画研究》《中国墓室壁画研究》,还有关于方闻《夏山图》的讨论。看这些论文的时候,我有一个最大的感觉就是您行文特别凝练,而且用词非常到位。我觉得这种行文特征应该是反映了您对整个学术史研究的一种思考。您能谈谈这方面的体会吗?

罗:做学术史其实并不容易。它首先要求你要对本学科的研究现状熟悉了解;第二,你对学术研究成果的优长和不足要有自己的判断;第三,你要对学术界的状况有整体地把握;第四,对国际学术动向和前沿研究要有观察。我们现在做研究不是一个局部性的、地域性的,而是国际化的,对国际学术的动向要有把握,才能把相关成果放到一个准确的方位上,这点尤其重要。所以做学术史的观察,实际上是个大考。我们现在有很多的学术评述，写得不够学术，往往是因为站位不够高，整体了解不够透彻。前人常说，学术是公器，以前的研究是对国内而言的，现在可是国际化的。那次会后，《文艺研究》约稿，我写了篇《作为美术文化观照的美术史学》（2001年第5期），其中一个方面说的就是美术史研究的国际视野问题。是站在圈内，还是圈外，站在国内，还是国际的视点上看自己和看别人，标高是不同的，研究者的格局和器量也是不同的，这是其一；其二，学术史的评述者也是这个领域的研究者。只要是在其中下过功夫的人，自然就知道其中的深浅，这样才可能下一个准确的判断，给出相对恰当的评述。

吴：通过这几年的反思或者说思考，您觉得我们现在的美术史研究应该做些什么？注意些什么问题？

罗：现在美术史学科规模不同于以往，人数多了，年轻学者也不断涌现出来，整体上热度高了起来，跨学科的研究成果也多起来，而且观察的维度、研究方法也呈现出多样化，整体发展良好，这是一个基本估计。但也有要引起注意的问题，其中最明显的一个问题是，从事绘画史、美术史的研究对本体内的一些规律性的研究比较疏远，甚至认为太基础、太老旧、不时髦，这是认知上的一个误区。文化研究大有成为美术史研究的一种时尚趋势，好像不挂上个文化，就显不出前沿性。实际上学问没有这么回事，没有过时不过时的问题，也没有保守还是先进的问题，能够发现问题并把它说清楚，这就是对的。学术讲新旧，好像在王国维的时代也有过，王国维在《国学讲演录》的序言里就批评过当时学界的这种风气。他认为，学问没有古今，没有新旧，没有有用和无用的分别。他批评得对。我们今天的学界似乎又走入了这个误区，把学术前沿当作时尚，做研究往热闹的问题上凑，文化热都去谈文化，方法论热就围着方法论打转，学术的本体可以不必在意，这不是学术应该有的风气。新观点和新方法不是学得的，而是针对发现的问题，为有效地解答它而形成的，这是学术的应有样态，原创性才是学术的路径。

学术研究还是要踏踏实实地一步一步做起。美术史本体毕竟还是美术史研究的基础和核心，由于这么多年来受到各种观念的影响，美术本体规律的研究进展并不是很理想。80年代以前,美术研究讨论经济基础、上层建筑的时候比较多。80年代以后,运用西方现代、后现代理论,从文化观念的角度讨论现象问题的比较多,艺术本体内的具体问题仍然少有关心。当前美术史学界的一个现象,时兴讨论如何观看,而疏于讨论如何画,对于美术的本体问题,如何画是核心,这点仍是不可偏离的。

第二是方法论的误区。这些年来,西方有很多方法论介绍进来,大学里也在开设有关方法论的课程。方法论对于学术研究确实很重要,但是不能唯方法论而方法论,目前这个现象也比较普遍。好像讨论问题你不用某个西方的方法论,你的研究好像就不够学术。关于方法论这个问题,简单地说,就是为研究问题而建立的工具理论。在西方学界,方法论的创始人,通常是因为发现了问题,尝试去解答问题时,觉得常用的方法已不好用了,于是拿出一个他自己用来研究特定对象的方法,又一步步逐渐推进,最终形成有关这一方法的理论并使它系统化。我们把他们的方法拿过来,有的时候是可以合用的,有的时候不免生搬硬套。这方面我们曾有过教训。比如受苏俄文艺理论的影响,美术史研究基本被圈在现实主义方法论里,这就是唯方法论而方法论的例子。中国美术史上的很多问题是由中国自有的因素决定的,做研究时方法论的意识要有,而且越强越好,但是不是一定要套用别人的方法,这是要有自觉意识的。

第三点,美术史属于大历史学科中的专业史,性质上还属于历史学的范畴。我认为,做中国美术史的研究,两个能力最重要:一个是读文献的能力,另一个是读图的能力。读文献的能力相对好理解,有成熟的历史文献学的规范要求可以参照。读图的能力要求更加专业化,在研究中,如果对象是图文互鉴的,或者可以整理出图文间相关线索的,研究时注意做好相互间的关联就可以得出结论,但不少时候研究者面对的只有图像而没有文献可以对应,这就得看研究者的读图能力了。培养起这两个能力就可以找到学术的创新点,处理重大的学术问题,甚至可能带动方法论的思考。老实说,这两个方面的能力我们做得还不太够,尤其是读图的能力,这深刻地关联着学科的本体规律,特别需要加强。

吴:罗先生,您这些年来一直在组织中外学术交流活动,其中最重要的一次是对中国美术史研究产生重大影响的"汉唐美术"大型国际学术论坛(1999—2001 年),作为中方美术史的召集人,这个论坛的缘起、目的和影响,您能说一说吗?

罗:这个论坛的发起人是美国芝加哥大学的巫鸿教授,经费是美国路丝基金会资助的。项目为期三年,每年办一次会,分别在美国和中国办。会议议题围绕汉唐之间的历史文化展开。汉唐之间主要是南北朝这样一个阶段,在南北分治、汉皇权一统格局打破之后,文化上出现了很多新的因素,改革开放以来有关这一时间段内的考古新成果令学界关注。在宗教美术、墓葬美术、古丝绸之路民族美术方面都有丰富的新资料可供研究,所以这个课题主要涉及考古学和美术史领域。分三个专题:第一年是关于宗教的,第二年是文化与艺术之间的互动,第三年是关于视觉文化和物质文化方面的。美国两所大学:芝加哥大学和哈佛大学,中国是北京大学的考古系、中国社科院的考古所、中央美术学院美术史系。项目论文以邀约和征稿的方式进行,每年开完会出一本会议论文集。项目国际化程度很高,做得很规范,学术成果很受学界关注。

吴:谈到这个项目,我想请您谈谈这个项目的外方负责人巫鸿。他的著作这几年翻译过来后,个人影响力已经跃出了美术史学界,而在文史哲领域产生了反响。您是怎么看他的学术成果的?

罗:巫鸿是中国美术史研究领域的国际著名学者,他的研究能够把西方的学术方法和观察视角与中国的学术传统很好地加以衔接,这是他治学的一大特色。巫鸿出国前在中央美术学院美术史系学习,又曾在北京故宫博物院从事研究,有扎实的美术史专业和文史功底。到了哈佛大学跟随张光直研究考古学和人类学,积累了相关学科的系统知识和方法论。在学术上始终保持与中国学界的密切联系,既关注考古新材料,又能有效地运用学科交叉的优势。他的博士论文武梁祠研究和后来的几本书以及发表的一些论文,不只对问题具有多维度的观察分析,而且在讨论问题的同时作方法论的建构,提出了原创性学术理念。比如同样是研究墓室壁画,美术史的习惯只是看画,将画当做作品。巫鸿看画,是将墓葬当做一个整体作品,画属于作品中的一个要素,因而墓葬中存在一个"图像程序",这样对于解读墓葬就有了一个逻辑关系的整体观照。他研究敦煌石窟,不仅考虑图像程序,同时还将宗教仪式和石窟功能纳入考虑的范围,作为时空关系中的动态系统加以观察。所以研究成果不限于美术史,而得到考古学、历史学、文化人类学等多个领域的关注。他的人类学和考古学训练,他的美术史的系统积累,加上他在古代文献和文史方面的功底,种种优势集于一身。在巫鸿先生的研究中,我们看到了现代学术的视野和开放性。

吴:好像在他之后,西方学者阅读中国文献的能力就差多了。

罗:那是当然,尤其是西方的学者,他们在阅读中国文献上的能力远不如从前的汉学家。据说研究中国古代文化能熟练地运用古代文献的西方学者人数已不多,所以他们避其所短,以他者的眼光谈如何观看。这股洋风,现在也吹到了中国的学术界。

三、学科建设与人才培养

吴:西方的美术史系一般都设在综合院校,作为一门人文学科而存在;我们的美术史系却是设立在美术院校,作为美术专业的一个理论课程或者是公共课程而存在的,您能以中央美术学院的美术史学科建设为例,谈谈这两者的得失吗?

罗:美术史系在中国设在美术院校是特定的历史下的选择。西方把美术史系设在综合性的大学里,他们是作为一个纯粹的学科来看待的。我们现在的设置跟中国近现代美术的教育有关。民国时期在引进西方美术教学体系的背景下,蔡元培提出"以美育代宗教"的教育理念,大概从那个时候开始,师范院校、美术院校先后建立了美术教育科。美术教育一方面学习美术技艺,属于术科,与之相关联的课程是美术鉴赏和美术史,所以那个时候,包括陈师曾、姜丹书、潘天寿、傅抱石等他们这一代人,除了教画以外,还讲授美术史,这是作为学美术的学生的必修课程。新中国成立后,50 年代后期在筹建美术史这个学科的时候,讨论过是设在北京大学,还是设在中央美术学院，那个时候就有过两种意见，最后还是决定放在美术学院。美术院校里面设美术史系，是为了更能结合教育，美术创作和美术研究、术科和理论之间互补，发挥理论和实践相结合的优势。即便不是专门学画的人，在美术院校的这个氛围里泡上几年，他的审美感受力也会得到提高，读画的能力也能增强。如果将美术史放在综合院校内，学科可以借助于文史哲的综合资源，培养学生的目标可能会是人文学者，而在审美的感受力方面可能相对弱化。所以两种模式不好说谁优谁劣，而是互有短长的。我个人觉得，中国现在这样一个教学模式，也不是什么坏事情，或者更能显出专业研究的特色，学生更能理解美术的本体规律，更能理解美术作品创作的过程，比单纯去做美术史要更好一些。

吴：近几年美术史的人文蕴含越来越为各个学科的学者们所认识。现在不仅做美术史的人在关注，而且其他专业的人也在关注。您作为中国第一届美术史专业毕业的博士生，毕业后一直从事美术史系和研究生院的管理工作，最近您还被聘为"楚天学者"，指导湖北美术学院美术史专业的学科建设。在这整个过程当中，您是否感觉到了美术史已经跨越了美术这个专业，开始走向人文专业的这种趋势？我发现中央美院的招生简章上谈到培养人才有两个关键词：一个叫实践型，一个叫学者型。这是否体现了中央美术学院的一种应对策略？您能在教学理念、课程设置和生源吸纳方面谈一谈吗？

罗：关于培养人才的目标，我因参与筹建研究生院，可以简单说说当初培养实践类研究生和博士生的定位。中央美院自打成立以来，在人才培养上已形成了三方面的共识：一是基本功；二是艺术创作；三是学术化。这三个方面贯穿从本科到博士生培养的全过程，称为"三足鼎立"。所以研究生院拟定招收美术实践类博士生的培养目标就是"学者型艺术家"，强调的是艺术的学术品质。

关于美术史人才的培养，学科定位就是以史论研究作为目标的，不管是从国际的角度，还是从国内的角度来说，这个学科的学术性质是明确的。在教学和人才培养上也包括了三个方面：一个是文史哲基础，第二是美术专业理论和美术史的系统训练,第三是对考古学和历史学等相关学科的理论、方法的了解,这是美术史学科建设不可缺少的内容。培养美术史人才,一要宽基础,不能太单一。二要专业化,不能做外行。三要知识旁通,不能一孔之见。本科生阶段要打宽的基础,知识要系统化。到硕士、博士生阶段进入专业学术研究,史和论不能偏废,这是中国已有的学术传统,同样也是现代学术的要求。从事美术史的研究,如果不通理论,不做理论思考的话,这个美术史是做不好的。古人治史还强调史观、史识、史才,更何况现代的学术呢?

吴:我查了您的博士生的论文选题,发现了一个特别的现象,就是选题的视野非常开阔。从题材上说,有的做佛教,有的做道教,有的做基督教;从时间上说,有的做上古,有的做中古,有的做近古,有的甚至做近代。这些时空跨度巨大的选题对导师来说是一种挑战,您是如何指导的?

罗:我指导学生,因人、因基础进行指导,论文选题是在设限和不设限之间。指导的过程也是我学习的过程。我有两个博士招生方向,一个是汉唐美术研究,一个是中国宗教美术研究。这两个方向看起来范围比较明确,但是内容和时间跨度都比较大。比如说宗教美术史的研究当然就会包括历史上的几大宗教在内,重点是放在历史上有影响,今天仍是进行时的宗教美术上,如佛教、基督教、道教等,相关的还有新发现的古代宗教美术遗迹,如拜火教、摩尼教等,这些美术品多数情况下都曾在同一时空下发生过交集,存在着互动关联,所以都不是独立的现象。只知其一,那就可能导致认识问题时有所局限。如果是未曾被揭示的问题,我们会同时做准备,是个互相学习、教学相长的过程。我们定期有讨论课,有时候是我出题目,有时候是他们自己提问题。提前在资料、方法、问题范围等方面有一些准备,通过讨论问题,学生和学生之间相互启发,老师和学生之间相互启发,时间长了,就有了学术意识。通过这种方式,一方面训练发现问题、提出问题、分析问题的能力,另一方面可以激发学生主观能动性和对学术研究的兴趣。

当然,在我的研究方向内也会有意识地提出带有探索性的课题要求。

比如，我主导过唐宋美术转型问题的内部讨论，启发学生去做这方面的选题。目的是让他们在更大的时空框架中思考审美形态的变迁，打通知识系统和文脉的逻辑关联。已经完成的博士论文中，就有墓室壁画、石窟寺和寺观壁画等方面的选题。

吴：这几年您指导的博士生都纷纷获奖，比如说这个任平山的博士论文《克孜尔中心柱窟的图像构成——以兜率天说法图为中心》，获王森然奖学金；王中旭的《吐蕃时期文殊、普贤并侍从图与相关化现、行愿图》，这个大概是他博士论文的一章，得了这个敦煌石窟保护基金会颁的一等奖，听说这个奖很厉害，多年来这个一等奖都没有设置。作为导师，您觉得这些选题成功的关键是什么？

罗：这个王森然奖学金是专为美术史研究论文设的一个奖项，最初是给本科生和硕士生的，后来扩大到博士生。我指导的硕、博士生中，毕业论文获得奖项的前后有十多位吧。论文评奖的条件，一看论文的难度，二是做论文投入的程度，第三是论文的学术水准，都有很具体的标准。举例来说吧。任平山的论文是做龟兹石窟的研究，他在实地调查上有超大的投入，不仅带着问题多次往返于新疆和学校，在石窟现场核对资料，发现问题。为了寻找源头上的问题，他冒险只身自费前往还在战乱中的巴基斯坦、阿富汗地区考察石窟遗址，收集博物馆藏品资料。他这种学术精神既让我担心，也让我很感动。最终他的论文取得了突破性的成果。近十来年我因主持教育部的一个重点攻关项目"敦煌吐蕃时期石窟艺术"，先后有王中旭、刘颖、陈粟裕、王治、阮丽、郑弌等博士生参与其中，他们的博士论文分别在这个项目上做出了阶段性的成果，论文也都获得了不同的奖项。这个项目结项后又得到国家出版基金的资助，即将由江苏凤凰美术出版社出版。王中旭进入项目比较早，他的研究得奖，说明成果得到敦煌学界的肯定。敦煌研究是个热门，因为是国际显学，所以也是最大的难题。近期获王森然奖的是赵蓉博士论文，是关于敦煌北凉三窟的研究。北凉三窟是莫高窟最早的洞窟遗存，对于三窟的年代争论一直不断，是敦煌石窟中最有挑战性的难题。赵蓉因工作在敦煌，参加了北凉三窟考古报告的编写工作,有条件对北凉三窟做进一步的研究。做的过程中的确碰到很棘手的问题,但最终有了突破。导师的作用就是尽可能创造一些条件,对于选题的学术价值作出评估,鼓励年轻人去大胆尝试,在做论文的过程中给出一些建设性的意见。

吴:最后一个问题,就是这个博士后的培养问题。我们这些博士后基本上都是从一个比较熟悉的领域走进一个相对陌生的领域。我们在自己的学科里面来关注美术史的问题会有难度:在自己的学科内提问题,我能提出来;但是要在美术史的本体研究方面提出问题,暂时还很困难。比如说,我一直在做这个宗教文学史,在个案研究中发现,宗教文学与宗教图像关系密切,更重要的是发现了图像和文字上的表达差异,文字的表达受一种权力话语的限制,但是图像是一种超越文字的客观的、真实的载体,更能揭示历史的真相。带着这种兴趣,我跟您做《魂归何处——汉宋死后世界的图像再现与文字表达》。在做的过程中我就感觉到,在本体研究这一块,我这方面的知识储备不够。在这么短的时间内如何跟着导师去发现问题,然后把自己的这个优势体现出来,按质按量地完成出站报告?

罗:国家设博士后流动站的宗旨是强调进行跨学科的研究,这种性质也决定了博士后和导师是合作者,调动相互的学科优势,共同来讨论问题,完成在站期间的研究课题。研究主体还是以博士后自己为主,合作导师做些辅助性的工作,提些建议供博士后研究时参考。所以博士后在进站前就有了选题的基本方向,进站后在完成课题的过程中双方有交流,合作导师更多是一个互补的合作者。你进站前做过道教文学的系统研究,这方面是你的长处。有关汉宋死后世界的图像再现与文字表达,你在研究中关注到了图像的问题,文图之间彼此有关联的时候,也有剥离的情况,你的这一发现就很值得探讨,是重要的学术问题。文献这一块你做了比较好的准备,图像的收集问题也不大,花一些时间大概就能整理清楚。关键是怎么样把这两者之间的关系建立起来。死后世界本是不容易言说的系统,加上时间跨度大,图像和文字都是变动的,加上中国的地域很广,族群对死后世界的理解各有差异。即便是汉民族,主体也有上流社会礼制和底层百姓习俗的差别，文字表述和图像再现都需要通过整理加以区分，这是一个大课题，涉及的问题太大也太多，可以分阶段、分族群做。就你在站的时间完成其中的一部分，或者做几个线索相对明确的个案。在这个过程当中，尝试将文学和图像的联系建立起来，在研究方法上作些探讨，作为阶段性的成果呈现出来，为后续展开研究准备条件。这是我的建议，仅供你参考。

本访谈初稿完成于 2008 年 12 月，定稿于 2022 年 6 月。

本访谈得到王中旭先生的帮助，特致谢意。

礼仪美术:超越文字的集体记忆

——从巫鸿的《礼仪美术》说开去

吴光正

《礼仪中的美术——巫鸿中国美术史文编》(郑岩、王睿编,郑岩等译,三联书店,2005 年)选译了著名美术史家、芝加哥大学美术史系讲座教授巫鸿自 1985 年以来发表的 31 篇论文,主要围绕礼仪美术(ritual art)这一基本概念探讨了"史前至先秦美术""汉代美术""中古佛教与道教美术""古代美术沿革"中的若干重大问题和若干重要作品,对中国礼仪美术的表现方式、历史进程及其背后的政治、宗教思想内涵进行了深入探讨。作为一个研究宗教文学的学人,笔者阅读这部专著的目的不在于"美术"本身而在于"美术"背后的"政治、宗教思想内涵"。读罢全书,笔者为巫鸿教授那深邃的洞察力和独到的研究方法拍案叫绝的同时,深深地为礼仪美术所表现出来的超越文字的集体记忆所震撼,笔者深刻地体会到,通过图像艺术来探询民族的集体记忆,会对传统文化和传统文学尤其是宗教文化和神话以及宗教文学的研究带来新的突破。

一、超越文字的文化载体

巫鸿教授的研究显示,礼仪美术的起源和发展实际上是中国古代政治文化、宗教文化的起源和发展,礼仪美术以最为直观的方式表达了古人在特定历史条件下的集体理念,从而成了传统文化的独特纪念碑。礼仪美术作为一种集体记忆,为修正、补充、拓宽我们对传统文化的理解提供了新资料和新思路。因此,我们可以说礼仪美术是一种超越文字的文化载体。

中国历史叙事的发达不仅表现为汗牛充栋的史学著述,而且表现为一套成熟的叙事规则,不过礼仪美术却表明这些史学著述和叙事规则总是受一定的权力话语支配,总是有意无意地遮蔽、重塑甚至歪曲了许多历史和文化的真相。东周秦汉以来的历史叙事把黄河中游的夏、商、周三代视为中华文明的正统历史传统,而把中原以外的其他地区视为蛮夷之地,但是河姆渡文化与红山文化、大汶口文化与良渚文化以及龙山文化中的玉礼器和鸟图像则说明广大东部地区曾存在着一个被权力话语遮盖的夷人集团,这一集团在所有文化领域中都比同时期的华夏集团先进。透过战国都城遗址这些视觉材料,我们可以发现都城的结构、规模及其累积性建造过程实际上反映了都城作为政治、经济、军事等方面的功能,彰显了社会制度和权力结构的变迁以及都城营建者的心理动机,这些信息对于我们重新认识《考工记》对都城规则的记载有着重要的意义:《考工记》记载的是战国之前中国都城的主要模式而非东周晚期的实际情形,东周晚期儒家为了"复"周之正统把它推崇为一种理想化的城市模式;而《考工记》记载的都城模式也不是西周的都城模式,其首重宫殿而将宗庙置于次要地位的形制表明当时的权力中心已经从宗庙转换到宫殿。

礼仪美术还以其直观的图像传达了文字失载或文字语焉不详的历史和文化,为我们探询文化的真实面貌提供了宝贵的资料。在文字记忆中,佛教进入中国的早期历史一直不甚明了并一直困扰着佛教史学者,但早期中国艺术中的佛教因素却为我们提供了一线希望:汉代麻濠墓以及其他东汉墓葬和祠堂中的佛像布置情况说明,佛像进入中国后离开他接受礼拜的圣殿而进入坟墓,是因为佛像成了死者期望死后升仙的个人愿望的象征,佛及其象征符号还被融入多种地方宗教信仰和祥瑞思想中,从而丰富了中国本地宗教信仰和传统观念的表达;装饰在东吴那一大批铜镜上的佛像所代表的含义与中国传统铜镜上的仙人和圣贤的含义并无二致;3世纪长江下游的魂瓶是儒、佛和南方巫教思想融合的一个突出代表,魂瓶用佛像来装饰,表明灵魂的理想归宿不再被想成是死者的不朽之身而是由魂瓶所象征的佛的乐土;孔望山石刻表现的不是正统的佛教概念,而是中国道教文化对佛教元素的吸收并使之成为道教信仰的组成部分。这些现象向我们展现了一幅佛教最初传入中国的历史面貌,在一定程度上弥补了文字记载的缺陷。由于文献记载不详,自宋代以来就有学者用考古资料来探讨道教的起源和早期发展,而对汉代道教美术的探讨则更有助于这一问题的解决:满城汉墓用"玉"来表现死后成仙的理念,东方仙山和西方昆仑山图像的形成和演变显示出方仙道之流行及其对神仙信仰象征符号的创造,西王母图像的发展表明西王母在两汉之际至东汉初经历了一个从个人成仙之象征向集体崇拜之偶像的转化,对主神与群神的图像表现则显示太一神、西王母、三蹻、天地使者、地下冥吏等形象和思想已经确立,早期道教信仰和组织已经形成;画像崖墓、画像石馆、钱树、铜镜以及各种神像的时空分布和文献记载中,五斗米道的时空分布完全一致,它们不仅表现了五斗米道的历史和信仰,而且提供了文字文献无法提供的信息。如四川汉代画像主要流行于五斗米道盛行的地区和盛行的时期,其与东部画像的共同因素(如西王母、六博、舞乐、魂门或天门等形象)说明艺术题材的传播及两地思想和宗教的联系,其与东部画像的不同因素(如主神的特殊形象和对"秘戏"题材的兴趣等)则说明地方文化的差异及思想和宗教的侧重。

礼仪美术还以其直观的形态展示了历史文化乃至文化概念在时空上的动态进程,从而补充、拓宽了文字典籍的记忆空间。从整体概貌上看,中国礼仪美术自三代至秦汉经历了种种变化,最重要的一变是以玉器、青铜为代表的礼器艺术逐渐为画像艺术所取代。礼仪美术的这一变迁反映了祖先崇拜内部的演化,其最直接的表现就是祖先崇拜中心逐渐由宗族祖庙迁至家族墓地,其直接动因就是周秦之际政治格局的变迁而导致的宗教格局的变迁(因为庙代表着宗族的世袭,墓象征着个人在新的官僚系统中的位置成就）。相应地，同为祖先崇拜艺术的礼器艺术和画像艺术，其表现内容也发生了变化，整个宗庙建筑和礼器系统体现的是庙祭的核心思想，即返古复始以寻找生者存在的依据，而东汉的祠庙建筑和墓葬装饰艺术主要体现为给灵魂布置理想的居所。其表现方式也发生了变化，前者的视觉表达系统以抽象的象征符号和图形图解宇宙，后者的视觉表达系统则以具体的形象描画宇宙。从具体事例上看，礼仪美术可以透视一定时期、一定地域的文化贡献和文化变迁，乃至文化上的微妙差异。如，汉代都城长安形成发展的复杂过程反映了各个时期不同的纪念碑性的概念：汉高祖仅建造了一座宏伟的宫殿用作新政权的象征，惠帝在传统政治势力的影响下建了城墙，武帝在郊区建了反映其文治武功的上林苑和象征天堂的建章宫，王莽则拆毁上林苑并用其原料建辟雍和明堂等儒家建筑用来宣示其对汉代天命的合法继承。又如，墓葬艺术显示房形椁是鲜卑、粟特和其他从西域迁徙到中国北方的汉人和胡人的葬具，但在随后一个世纪中逐渐进入主流成了唐代贵族和皇室喜欢的葬具，为研究民族变迁和融合提供了崭新的史料。再如，对徐州不同时期的图像的考察可以彰显徐州在历史上处于艺术史和文化史的要害地位，即在东西、南北文化艺术传播中扮演着重要的角色。从具体的文化概念上看，礼仪美术为我们提供了概念形成和演变的历史以及概念内涵、外延的多样性，从而为我们阅读文字典籍和理解特定思想变迁提供了鲜活的史料。如，不断发展变化的墓葬结构和装饰是为超越"大限"而作的种种努力，它实际上展示了古人对于死亡、死后世界的动态理解过程：汉代以前的丧葬艺术表明理想的来世只不过是生活本身的镜像（通过模拟和美化现实而为死者提供理想家园）；公元前2世纪的马王堆一号墓墓葬艺术为死者安排了宇宙、阴间、仙境和阴宅四个空间，从而显示了对死后世界的多重想象；公元前1世纪后期卜千秋墓的叙事性绘画试图表现死者灵魂进入仙境的旅程；公元2世纪四川简阳鬼头山石棺画像则力求把来世中各种不相关的境地融入一个单一的图像系统；东汉山东苍山墓葬艺术则运用象征转化的仪式画面试图融合这两种趋向并将其推向极致。汉代墓葬艺术还为我们提供了时人对于"天"或"天堂"这一概念的三种理解:一是把天看成是由天体星辰构成的物质实体,因此墓葬被布置成一个人造宇宙;一是用祥瑞来表示天,这样,天就具有了儒家的政治色彩或道德色彩;一是把天或天堂看成是人们幻想中朝拜的对象与旅行的终点,其图像是超越或异化现实世界的仙境,因而采用了非写实性造型传统,如用三峰、蘑菇形山或由抽象图案构成的博山炉来象征仙山,如用与仙界有关的动物、植物、器物来表示天堂或仙界,尤其是用构图的对称性和中心人物的正面性来表现西王母及其天庭。

二、超越文字的文学载体

巫鸿教授的研究显示,礼仪美术所承载的政治文化和宗教文化内涵,不仅为我们研究古代文学尤其是远古神话和宗教文学,提供了重要的甚至可以说是重构性的材料,而且由于礼仪美术总是利用特定的神话资源和文学资源来表达特定的政治文化和宗教文化理念这一特性,从而为我们提供了超越文字的、可以补充修正乃至重构神话史和文学史的材料。在这个意义上,我们可以认为礼仪美术是一种超越文字的文学载体。

中国古代神话由于文字记载本身的原因,不仅显得零乱不系统,而且严重影响了后代学者对神话的还原释读。礼仪美术和神话一样,都是表现政治文化和宗教文化的载体,因此礼仪美术不仅可以扩充神话的疆域,而且有着释读和缀合神话的功能。东夷艺术中大量存在的鸟图像不仅提醒我们重新释读夏、商、周三代的鸟神话,而且告诉我们夏、商、周三代关于东夷的种种神话传说充满着文化偏见,因此,我们有必要也有可能重构远古神话的历史。三星堆文化的石人和铜人都反映出对眼睛威力的深刻认识:铜人的眼睛被夸大,石人的眼睛被省略(或被减弱),前者令人敬畏,显然是祭祀中的偶像;后者令人恐惧,可能是被用作人牲的俘虏或奴隶。这种对眼睛的表现方式对于我们研究四川的宗教神话无疑具有启迪意义:"蜀"字的产生、蜀国国王蚕丛"其目纵,始称王"的建国神话都与眼睛密切相关。东汉石馆的画像装饰遵循着如下一种结构程序:天空的场景出现在顶部；入口的场景和宇宙的象征分别占据着前档和后档；石馆两侧的画面由多种题材组合而成，但总是突出了某种特定主题，如对灵魂的护卫、宴饮、超凡的仙界或儒家伦理。这些主题的传达都要借助神话传说题材来实现，因此墓葬艺术为我们提供了一个鲜活的神话世界，我们甚至可以借助考古学的研究成果构拟神话的生态地图。

礼仪美术为我们研究文学流传的地域性和时代性差异提供了文字传达望尘莫及的直观信息。礼仪美术对于题材的选择和处理，不仅保留了大量的神话传说、世俗故事，而且反映了艺术家或赞助人的特殊需要和偏好。如，儒家故事和升仙题材在汉代丧葬艺术中并行不悖、相辅相成，但前者在山东地区更为流行，后者在四川地区占主导地位；神农在山东武梁祠置身于古代帝王之列，而在四川地区则和仓颉被描绘成了仙人或道教隐士；孔子见老子图像在山东被表现出老子对孔子的敬意，而在四川则被表现出孔子对老子的敬意。这些差异与当地对儒家和道教思想的崇奉程度密切相关。再如，俞伯牙故事本来传达的是高山流水遇知音的信息，可是在四川礼仪美术中俞伯牙却进入了蓬莱仙山，这意味着该故事在具体的时空条件下发生了变异。以上情况在文字记载中是无法看到的。

礼仪美术所承载的相关信息可以帮助我们重新认识许多文学作品，甚至修正我们对于许多文学现象的理解。比如，长期以来，我们都认为《补江总白猿传》是唐代传奇成熟的标志性作品，其实，这个故事和二郎神降伏猴精的故事在汉代四川地区的画像艺术中有着清晰而完整的表现。这些画像不仅以连环画的形式表现了妇女被劫被救的过程，而且显示这个故事就是四川地区特有的故事，《补江总白猿传》只是增加了被劫妇女的作用，并借助其口塑造了一个新的白猿形象。可见，图像为我们重新认识《补江总白猿传》乃至唐传奇提供了崭新的材料和视角。又如，自敦煌藏经洞发现变文以来，学界普遍认为变文是一种流行故事的讲稿，变相是变文表演的"辅助视觉"。对变相这一美术术语和敦煌变相功能的考察则可发现，在 8 世纪之前，变相这个词被用于许多艺术形式，包括立体的塑像、浮雕、书籍插图、手卷和壁画。自盛唐起,变相一般被认为是一种二维的复杂的绘画表现形式,而且仅仅指某种特定的宗教性的——多为佛教的——绘画。题为变相的大多数绘画无论在内容还是在形式上都不是"叙事性的",画在佛教石窟中的变相也并非用于讲述故事。作为石窟的一个有机组成部分,制作这些壁画是为了宗教奉献,而非用于通俗娱乐活动。敦煌变相可以分为"经变"以及与变文密切相关的绘画两类,前者使我们看到佛教的教义是如何浓缩为偶像式的构图,后者中的"降魔变"绘画则体现了如下一种复杂关系:"降魔"变相与变文都是源于一部佛教经典,但是变相的出现年代早于变文。描写这一故事的北周壁画尚模拟经文的叙事结构,而初唐出现的一种新的绘画形式,则根据其自身逻辑将文献转化成一种空间性的表现方式。这种图像一旦出现,便激发起人们的巨大想象力并影响到了变文的写作,变文反过来又成为创作变文表演中所使用的画卷,以及石窟内大幅变相壁画的一个重要的源泉。

礼仪美术所体现的文化内涵,尤其是政治、宗教文化内涵,为我们理解文学提供了重要的参照系。比如,通过对汉代丧葬艺术中儿童图像的分析可以发现,"私爱"的概念常常与其生身父母尤其是与母亲相关,且很少得到表现,而"公义"则是对孩子的继母、亲戚、奴婢的要求,且是儿童图像中最常见的主题。这种排斥个性、张扬一般社会与道德意蕴的表现方式显示了当时社会对体现男性视角的儒家道德理想的高度崇奉,这为我们理解汉代《孝子传》《列女传》以及其他相关作品的文化内涵提供了重要的材料和思路。又如,祥瑞、神山、云气、狩猎图案是汉代政治文化的生动体现,这些图案排列汇集成的持续流变的循环系统也是汉代阴阳五行思想的再现,对这些图案的把握有助于我们理解汉代的思想、历史和文学风貌。再如,敦煌第172窟壁画的"三分构图"法将具有不同宗教含义的三种绘画模式融为一体,即居于中心的尊像是宗教礼拜的主体,一旁的历史故事绘画阐释经文,另一旁所绘的王后韦提希的"十六观"则可作为"观想"礼仪的视觉向导。这类绘画对于分析当时两种越来越流行的礼仪和礼仪文学——讲经和观想有着重要意义。与刘萨诃相关的圣像和瑞像反映了中国中古佛教艺术对宗教偶像的观念和表现,这对于我们分析作为神话创作对象的刘萨诃有着重要的意义。

三、礼仪美术的独特逻辑

巫鸿教授在论著中一再对礼仪美术及其历史进行界定,一再强调研究礼仪美术必须重视方法,其目的在于说明礼仪美术不仅有着特殊的功能,而且有着特殊的逻辑。

通过作者对礼仪美术所进行的多层面的界说,我们可以知道,礼仪美术中的"美术"一词实际上接近"视觉文化"这一概念,包括单独画像或器物、画像程序与器物组合、建筑环境和礼仪功能、制作者、赞助人及使用者、地理分布和时代特性等要素;礼仪美术是宗教的内在组成部分,目的在于通过物质和视觉符号组织人们的行为,把抽象的宗教思想和程式转化为可见可触的具体形象;礼仪美术从属于为祖先崇拜所建的宗庙和墓葬,或是佛教和道教的寺观道场等礼仪场合和空间,因此有资格被称为纪念碑,或者是纪念碑群体的组成部分;礼仪美术是中国美术在魏晋以前的主要传统,大多是无名工匠的创造,反映的是集体的文化意识而非个人的艺术想象,其个人创造性通常要服从于约定俗成的文化礼制传统;从 4、5 世纪开始,一批独立的个人开始创造自己的艺术史,从此以后,独立艺术家即使在礼仪美术的创作中,也试图通过艺术媒介、风格和精神的渠道将大众和礼制的艺术"升华"为个人的表现。

礼仪美术往往通过质料、形状、装饰图像的选择和设计以及铭文题记的宣示来表达自身的政治内涵和宗教内涵。满城汉墓采用了颇具象征意义的建筑材料:墓葬前半部分(包括盖有瓦顶的木构建筑、陶俑和木制车马行列的模型)模仿墓主前世生活,后半部分(包括石室、石俑、玉俑和玉衣)则表现死者化为仙人的地方。由于玉被视为永恒和升仙观念的象征,满城汉墓的一组组玉器有次序地将墓主的尸体填塞、封闭、保护、掩盖、包装,尤其是具有基本面部特征和人体解剖特征的玉衣将尸体转化为玉人,从而象征着墓主已得道成仙。孔望山摩崖造像的服饰、动作、手势和所持物品等形式特征包含着特定的宗教含义，通过这些特征我们可以断定孔望山摩崖造像石刻不是正统的佛教艺术而是道教艺术，其中的佛教因素是道教艺术吸收佛教艺术因素的结果。三星堆艺术显示眼睛就是一切：眼睛的特定表现形式具有特定的象征意义，与特定的礼仪、宗教观念密切相关。礼仪美术总是有着特殊的构图，强调观者和作品间的相互联系。如，敦煌3式洞窟（有后壁大龛）和4式洞窟（洞窟中央有凹字形平台）的壁画和雕刻主要表现大乘佛经的内容。这两种石窟及其所属壁画和雕刻的宗教功能是佛教的崇拜仪式——"观像"，即通过供奉、凝视"经变"来表达对宗教的虔诚。这种宗教功能决定了图像的表现形式和构图特点：变相的表现形式都是偶像式的而非典型叙事性图画，即以一个偶像（佛或菩萨）为中心的对称式组合（偶像高大的形体和庄严的形貌形成视觉中心，而环绕偶像的其他人物及建筑设置也将观众的目光首先引导到中心偶像身上，强化了这一向心式视觉效果）以及假定礼拜者试图与偶像发生直接联系的开放式绘画结构（中心偶像被表现成一位庄严的圣像，毫不顾及环绕的众人，却凝视着画像以外的观者）。

礼仪美术总是与特定的礼仪程序和空间结构相联系，单体的图像是为用于宗教崇拜的某种特殊礼仪结构而设计的一个更大的绘画程序的组成部分。有了这样的理论前提，我们就可以根据葬仪将帛画确定为铭旌，而非复衣或非衣，我们就可以根据葬仪确定汉代墓葬中的车马图像和实物遗存具有表现礼仪事件和表现死后时空的双重功能：一为魂车运载死者的灵魂、柩车运载尸体，由祖庙驶往墓地，二为墓主乘车前往仙境。马王堆随葬品（包括帛画）和墓葬结构以及丧葬仪式过程之间存在着内在联系，而正是这种联系将墓葬分成了三个有着特殊含义的空间。一为保护轪侯夫人尸体的墓葬内核：在死者的尸体被衣衾层层包裹并仔细密封在内馆时，她的形象被保存在她的铭旌上，而铭旌代表她的尸体和她在阴间的永恒存在这两种形象；二为由三重外棺组成的空间：不同的图案和色彩分别把第二、第三外棺表现为阴间和不死之境，而最外一重的全黑外棺又把这些境界和人世隔离开来；三为黑棺之外的椁，这个空间盛满了各种随葬品，模仿死者生前的居家。敦煌石窟建筑的结构类型分别有着不同的宗教功能，石窟中的绘画正是为这种宗教功能而设计的。如，1 式窟（毗诃罗窟）主室周围附设许多小室，其后壁有一主尊佛像，墙壁和天顶饰以大量的偶像和叙事性画面；僧人们日夜静坐在小室中，主室的佛像是他们身心所关注的目标，而壁上叙事性绘画的内容则为他们提供了献身宗教的先例。又如，2 式窟（塔柱式窟）的洞窟中心有一雕刻的塔柱，绕塔礼仪和叙事性绘画密切相关，前者表达了对佛陀的礼拜，绕塔者也因此而积累了善行，后者主要表现佛本人在过去和现在无休止地积累功德的故事，其功能在于唤起礼拜者的信仰。空间的特殊表现也往往传达出特殊的宗教内涵。如，中国古代视觉文化中的"位"是一种特殊的视觉艺术，通过标记（通过多种器物组成的空间）而非描绘的方法来表现主体，一个祭祀场合中的空位代表着该场合供奉的对象，同时也意味着供奉者精神集中的焦点。正是这种"位"体现了早期人们对老子的非偶像崇拜，从而有效地说明 5 世纪老子偶像崇拜出现以前，老子在一些特殊的建筑场所中得到供奉并接受固定的享祠的特殊方式。又如，作为人殉替代品，为死者服役的墓俑组成的场面的功能与它们为死者建构象征空间的功能密切相关，礼仪美术的创作者经常使用"框定"来体现其中的一些功能："框定"的表现方式有"凝注"和"运动"，前者将灵魂固定于某一个特定位置，后者则为灵魂创造一个移动的位置，将灵魂送入理想境界。

本文刊载于《中国比较文学》2007 年第 3 期

后　记

　　《四海同风:古代中国的族群、文化与文学》和《澄怀观道:古代中国的文化、文学与图像》两本书是武汉大学"古代中国的族群、文化、文学与图像"讲座教授报告团系列活动的最终成果。该活动由武汉大学人事部支持,由吴光正、余来明、申万里、鲁小俊教授组成的跨学科团队承办,以"回归历史语境,探寻传统文学的文学传统;参与学术对话,探讨族群互动与文化认同;因应新技术新媒体,探寻新文科发展路径"为宗旨,邀请海内外26位学者开展系列学术活动。讲座教授报告团自2019年5月17日至12月6日先后向武汉大学师生作了32场讲座,并于2019年6月22—23日举办了专题报告会。遗憾的是,德国莱比锡大学的柯若朴教授由于疫情未能成行,廖肇亨教授的论文由于特殊原因未能收入论文集。这次活动的缘起,与吴光正在中央美术学院从事博士后研究有关,与吴光正与余来明、申万里、鲁小俊的学术互动有关,与课题组对海外学术的跟踪有关,因此《澄怀观道:古代中国的文化、文学与图像》还收录了海外学者研究陶渊明图像的系列论文以及一篇访谈和一篇书评。讲座教授报告团活动非常成功,各位先生的精彩发言得到了武汉大学广大师生的赞叹,对于推动"古代中国的族群、文化、文学与图像"跨学科团队的发展具有重要意义。

该跨学科团队将在元代文学与文化、古代科举与文学、书院与文学、文学图像学领域开展跨学科建设。其中，申万里、余来明、吴光正的元代文化与文学研究，余来明、鲁小俊的科举、书院与文学研究，均已经取得了不少成果。目前，该跨学科团队已经成功开设"文学图像学"的本、硕、博课程，希望在不久的将来，能够整合文学、图像、计算机三个学科的优势，探索新文科发展路径，取得一批成果，培养一批学生。收入本书的一组陶渊明图像研究论文的译文，就是本、硕、博课程的课堂和期末作业。此次活动的展开，特别要感谢来自美国、德国、日本、韩国、新加坡以及中国大陆、中国香港、中国台湾的诸位先生对我们这个"草根"团队的扶持，特别要感谢武汉大学人事部、人文社会科学研究院、中国传统文化研究中心、文学院诸先生提供的帮助，尤其要感谢人事部边金鸾副部长、中国传统文化研究中心杨华主任、人文社会科学研究院张发林副院长以及文学院尚永亮、陈文新教授的鼎力支持。巫鸿、罗曼玲等学者帮忙联系了海外作者，为版权的获取提供了诸多支持。我的研究生孙文歌、雷璐璨等人承担了讲座教授报告团的大量事务性工作。本书的出版，得到武汉大学人文社会科学研究院经费的支持。樊昕、吴琼先生为本书的编辑出版付出了心血。在此，特致谢意。

编者

2021 年 6 月 2 日